Kevin B. MacDonald

LA CULTURE DE LA CRITIQUE
Les Juifs et la critique radicale de la culture des Gentils

Une analyse évolutive de l'implication juive dans les mouvements politiques et intellectuels du XXe siècle

Kevin B. MacDonald

Kevin MacDonald est un professeur de psychologie américain de la *California State University*, chef de file du courant dit de la psychologie évolutionniste.

LA CULTURE DE LA CRITIQUE

*Les Juifs et la critique radicale
de la culture des Gentils*

The Culture of Critique: An Evolutionary Analysis of Jewish Involvement in Twentieth-Century Intellectual and Political Movements (1998), traduit de l'américain par www.blancheurope.com.

Publié par
Omnia Veritas Limited

www.omnia-veritas.com

© Omnia Veritas Limited – Kevin B. MacDonald – 2020

Tous droits réservés. Aucune partie de cette publication ne peut être reproduite par quelque moyen que ce soit sans la permission préalable de l'éditeur. Le code de la propriété intellectuelle interdit les copies ou reproductions destinées à une utilisation collective. Toute représentation ou reproduction intégrale ou partielle faite par quelque procédé que ce soit, sans le consentement de l'éditeur, de l'auteur ou de leur ayants cause, est illicite et constitue une contrefaçon sanctionnée par les articles L-335-2 et suivants du Code de la propriété intellectuelle.

CHAPITRE I 11
INTRODUCTION ET THÉORIE 11
Conceptualisation de la critique radicale juive de la société des gentils 27

CHAPITRE II 41
L'ÉCOLE BOASIENNE D'ANTHROPOLOGIE ET LE DÉCLIN DU DARWINISME EN SCIENCES SOCIALES 41
L'après boas : exemples récents d'influence de la recherche en sciences sociales par des juifs dans un but politique 58
Conclusion 87

CHAPITRE III 93
LES JUIFS ET LA GAUCHE 93
Première partie 93
Radicalisme politique et identification juive 94
Partie 2 105
Le communisme et l'identification juive en Pologne 105
Partie 3 115
Gauche radicale et identification juive en Angleterre et aux États-Unis ... 115
Partie 4 132
Processus d'identité sociale, intérêts collectifs juifs perçus et gauche radicale juive 132
Partie 5 147
Processus d'identité sociale, intérêts collectifs juifs perçus et gauche radicale juive (suite et fin) 147
Partie 6 154
Conclusion 154

CHAPITRE IV 165
L'IMPLICATION JUIVE DANS LE MOUVEMENT PSYCHANALYTIQUE 165
Partie 1 165
Partie 2 173
Partie 3 182
Le statut scientifique de la psychanalyse 182
Partie 4 191
La psychanalyse en tant que mouvement politique 191
Partie 5 200
La psychanalyse en tant que mouvement politique (suite et fin) 200
La psychanalyse, instrument de la critique radicale de la culture occidentale : l'influence culturelle du freudisme 204
Partie 6 210
La psychanalyse et la critique de la culture occidentale 210
Partie 7 218
Conclusion 218

CHAPITRE V **228**

L'ÉCOLE DE FRANCFORT ET LA PATHOLOGISATION DES LOYAUTÉS NON-JUIVES 228
   Partie 1 .... *228*
      La vision politique de l'Institut de Recherche Sociale de Francfort 228
   Partie 2 .... *238*
   Partie 3 .... *247*
      Compte-rendu de la *Personnalité autoritaire* 247
   Partie 4 .... *257*
      Compte-rendu de la *Personnalité autoritaire* (suite) 257
   Partie 5 .... *266*
      Compte-rendu de la *Personnalité autoritaire* (suite et fin) 266
   Partie 6 .... *274*
      Discussion 274
   Partie 7 .... *286*
      L'influence de l'École de Francfort 286
   Partie 8 .... *294*

CHAPITRE VI **302**

LA CRITIQUE JUIVE DE LA CULTURE DES GENTILS, UNE REPRISE 302
   Partie 1 .... *302*
   Partie 2 .... *310*
   Partie 3 .... *319*
   Partie 4 .... *329*
   Partie 5 .... *337*

CHAPITRE VII **348**

L'IMPLICATION JUIVE DANS L'ÉLABORATION DE LA POLITIQUE MIGRATOIRE U.S. 348
   Partie 1 .... *349*
   Partie 2 .... *356*
      1. Efforts intellectuels et universitaires. 357
   Partie 3 .... *366*
      2. Rapports entre églises et État. 366
      3. Organisation des Afro-américains et du mouvement pour les rapports interethniques de l'après-Deuxième Guerre mondiale.. 368
   Partie 4 .... *373*
      L'activité politique juive anti-restrictionniste L'activité juive anti-restrictionniste aux États-Unis jusqu'en 1924 374
   Partie 5 .... *384*
      L'activité juive anti-restrictionniste aux États-Unis jusqu'en 1924 (suite et fin) . 384
   Partie 6 .... *394*
      L'activité juive anti-restrictionniste, 1924-1945 394
      L'activité juive anti-restrictionniste, 1946-1952 396
   Partie 7 .... *403*
      L'activité juive anti-restrictionniste, 1946-1952 (suite et fin) 403
   Partie 8 .... *413*

    L'activité juive anti-restrictionniste, 1953-1965 413
  Partie 9 .... *424*
    Appendice : l'effort juif immigrationniste dans d'autres pays occidentaux 425

CHAPITRE VIII **433**

  CONCLUSION : OÙ VONT LE JUDAÏSME ET L'OCCIDENT ? 433
    Première partie *433*
    Seconde partie *444*
  DÉJÀ PARUS 457

Chapitre I

Introduction et théorie

> Pendant 1500 ans, la société juive a surtout œuvré à la production d'intellectuels. Elle était en mesure de les soutenir ; de riches commerçants pouvaient épouser des filles d'érudits. Puis, soudainement, au tournant des années 1800, cette formidable et ancestrale usine à intellectuels s'est mise à diversifier ses débouchés. Au lieu d'injecter toute sa production dans le milieu fermé des études rabbiniques, une part de celle-ci, qui n'a cessé de grossir depuis, a été redirigée vers le monde sécularisé. Cet événement est d'une importance capitale dans l'histoire du monde.
>
> (*A History of the Jews*, Paul Johnson 1988, 340-341)

L'un des thèmes importants de *Separation and Its Discontents* (ci-après *SAID*) était la manipulation de l'idéologie à des fins de rationalisation de certaines formes du judaïsme, d'interprétation de l'histoire et de lutte contre l'antisémitisme. Le présent ouvrage constitue, à plusieurs égards, un approfondissement de ces thèmes.

Toutefois, les mouvements intellectuels et l'activité politique traités dans cet ouvrage se sont généralement produits dans l'ensemble du monde intellectuel et politique et n'avaient pas pour dessein la rationalisation de certaines formes du judaïsme évoquée plus haut. Ils doivent plutôt être vus, de manière plus globale, comme des tentatives de critique culturelle et, en certaines occasions, comme un moyen d'influence de la culture de la société en général de manière à la rendre plus conforme aux intérêts juifs.

Il n'est pas question ici de spéculer sur un « complot » juif général ayant pour but de détruire la culture des Gentils, tel qu'évoqué dans les célèbres *Protocoles des Sages de Sion*. Depuis l'époque des Lumières, le judaïsme n'a été ni unifié, ni homogène ; il y a eu, depuis cette époque, de nombreux points de discorde au sein de la communauté juive en ce qui concerne la façon de se protéger en tant que peuple et de faire prévaloir leurs intérêts.

Les mouvements dont cet ouvrage fait l'objet (anthropologie Boasienne, radicalisme politique, psychanalyse, École de Francfort et Intellectuels de New York) n'ont été embrassés que par peu de gens dont la communauté juive ne connaissait pas ou ne comprenait pas les points de vue. La thèse défendue ici consiste à affirmer que ces mouvements intellectuels ont été dominés par les Juifs, que la pensée de la plupart de ceux qui ont pris part à ces mouvements fut caractérisée par un fort sentiment identitaire juif et que ces mêmes personnes ont, de par leur engagement, agi dans l'intérêt de la communauté juive.

Il n'y a donc rien, dans ce qui est évoqué plus haut, qui indique que le judaïsme est un mouvement unifié ou que toutes les couches sociales de la communauté juive ont été impliquées dans ces mouvements. Les Juifs peuvent représenter un élément majeur, voire nécessaire au sein des mouvements politiques radicaux ou des mouvements issus des sciences sociales, et leur judéité peut être fortement compatible avec ceux-ci ou même faciliter leur développement sans que la majorité des Juifs n'y prennent part.

Conséquemment, la question des effets de l'influence juive sur la culture des Gentils est indépendante de la question de la proportion de la communauté juive ayant été impliquée dans les mouvements visant la destruction de la culture des Gentils. Il est important d'établir cette distinction, car, d'une part, les antisémites ont souvent, de manière implicite ou explicite, considéré que l'implication juive dans les mouvements politiques radicaux s'inscrivait dans le cadre beaucoup plus large d'un complot juif dans lequel étaient aussi impliqués de riches capitalistes juifs ainsi que les Juifs à la tête des différents médias, du monde académique et de tant d'autres domaines de la vie publique.

D'autre part, les Juifs ayant tenté de désamorcer l'antisémitisme résultant de leur prééminence dans plusieurs mouvements politiques radicaux ont souvent argué qu'une faible part de la communauté juive y a été impliquée et que des Gentils y ont également pris part. Ainsi, par exemple, la réponse typique de l'*American Jewish Committee* (ci-après *AJCommittee*) au cours des années 1930 et 1940 à la question de la prééminence des Juifs dans les mouvements politiques radicaux était de mettre l'emphase sur le fait que la grande majorité des Juifs n'étaient pas des radicaux. Néanmoins, au cours de cette même période, l'*AJCommittee* a entrepris de combattre le radicalisme au sein même de la communauté juive (e.g., Cohen 1972).

L'*AJCommittee* reconnaissait implicitement que les affirmations stipulant que seule une minorité de la communauté juive est radicale était, bien que véridique, sans rapport avec la question de (1) l'identité juive qui peut être fortement compatible avec les mouvements politiques radicaux ou même faciliter leur développement, (2) du fait que les Juifs représentent un élément majeur, voire essentiel des mouvements politiques radicaux et (3) des effets sur la société des Gentils résultant de la prééminence juive au sein des mouvements radicaux (ou des autres mouvements intellectuels juifs traités dans cet ouvrage) qui peuvent être vus comme une conséquence du judaïsme en tant que stratégie collective évolutionniste.

De la même façon, le fait que la plupart des Juifs d'avant 1930 n'étaient pas sionistes, du moins pas ouvertement, n'implique sans doute pas que l'identité juive était sans rapport avec le sionisme, ou que les Juifs n'exerçaient pas une influence considérable sur le sionisme, ou que le sionisme n'avait pas d'effet sur les sociétés des Gentils, ou que certains Gentils ne soient pas devenus d'ardents défenseurs de la cause sioniste.

Le radicalisme politique a représenté un choix parmi d'autres pour les Juifs dans le monde d'après le siècle des Lumières, et cela n'implique pas que le judaïsme constitue un groupe homogène et unifié dans ce monde d'après le siècle des Lumières. Que les Juifs aient eu une plus grande propension que les Gentils à adopter le radicalisme politique et qu'ils aient exercé une influence majeure dans certains mouvements politiques radicaux sont ainsi des faits d'une grande pertinence pour le présent ouvrage.

Que certains Gentils aient été impliqués dans ces mouvements n'est pas non plus surprenant. Au niveau théorique, ma pensée s'appuie une fois de plus sur une interprétation évolutionniste de la théorie de l'identité sociale (voir *SAID*, Ch.1). Les Gentils peuvent être tentés par les mouvements politiques et intellectuels qui sont préconisés par les Juifs essentiellement pour les mêmes raisons, c'est-à-dire des raisons d'identification sociale et de compétition intergroupes.

Par exemple, les intellectuels Afro-américains ont souvent été attirés par les mouvements intellectuels de gauche et par la mise en avant des facteurs environnementaux pour expliquer les différences de QI observées entre les différents groupes raciaux, au moins en partie du fait de leur perception de l'animosité des Blancs à leur égard et de l'implication d'infériorité génétique qui y est sous-jacente.

De façon analogue, je défends l'idée que l'antisémitisme a constitué une force motrice pour de nombreux intellectuels juifs. Il y a également lieu de rappeler que l'estime de soi, en tant que force motrice, constitue l'un des fondements de la théorie de l'identité sociale.

Les gens qui, pour une raison ou une autre, se sentent opprimés par un système sociopolitique donné se portent vers les mouvements qui critiquent ce système, blâment les autres pour leurs propres problèmes et qui justifient généralement la perception positive qu'ils ont d'eux-mêmes et de leur groupe ainsi que la perception négative qu'ils ont de ceux n'appartenant pas à leur groupe.

L'identité juive et le combat contre l'antisémitisme font partie intégrante de chacun des mouvements intellectuels et politiques que je traite dans le cadre de cet ouvrage.

Par ailleurs, lorsque les Juifs auront atteint l'hégémonie sur le plan intellectuel, il ne faudra pas s'étonner de voir que les intellectuels juifs exerceront une certaine attraction sur les Gentils en tant que groupe socialement dominant et prestigieux et comme une entité recelant de ressources de grande valeur.

Une telle perspective s'inscrit bien dans une perspective évolutionniste de la dynamique des groupes : Les Gentils visant les plus hauts niveaux hiérarchiques intellectuels seraient ainsi attirés par les caractéristiques des personnes occupant les plus hauts niveaux hiérarchiques, particulièrement s'ils considèrent cette hiérarchie comme perméable.

Le Gentil William Barrett, éditeur de *Partisan Review*, a fait part de son « admiration » pour le groupe *New York Intellectuals* (un groupe majoritairement composé d'intellectuels juifs présenté et discuté au Chapitre 6) très tôt dans sa carrière. « Je percevais en eux un prestige à la fois étrange et mystérieux » (Cooney 1986, 227). *Partisan Review* était un journal phare de ce mouvement intellectuel très influent et a eu une incidence décisive sur le succès ou l'échec dans le monde littéraire. Leslie Fiedler (1948, 872, 873), lui-même un membre de *New York Intellectuals*, a présenté toute une génération d'écrivains juifs américains (dont font notamment partie Delmore Schwartz, Alfred Kazin, Karl Shapiro, Isaac Rosenfeld, Paul Goodman, Saul Bellow, et H. J. Kaplan) comme « représentative des Juifs de seconde génération, généralement urbains. Les travaux de ces écrivains ont régulièrement été publiés dans *Partisan Review*, et Fiedler a mentionné que « l'écrivain tiré de sa province pour se rendre à New York se sent comme un péquenaud et essaie tant bien que mal de se conformer aux normes de son nouvel environnement ; et la quasi-parodie de la juiverie réalisée par l'écrivain gentil à New York est un témoignage de notre époque à la fois étrange et crucial ».

Près de la moitié de l'échantillon d'intellectuels prestigieux d'après la seconde guerre mondiale réalisé par Kadushin (1974, 23) était composée de Juifs. L'échantillon était composé de ceux ayant contribué le plus fréquemment aux principaux journaux et ayant par ailleurs été considérés comme parmi les plus influents par d'autres intellectuels. Plus de 40% des Juifs de cet échantillon ont été désignés comme les plus influents à au moins six reprises [ndt : par au moins 6 personnes différentes], comparativement à seulement 15% des non-Juifs de ce même échantillon (p.32). Il n'est donc pas surprenant que Joseph Epstein (1997) considère qu'être Juif, au cours des années 1950 et au début des années 1960, était un « honneur » dans la communauté intellectuelle en général. Les intellectuels gentils « ont scruté à la loupe leurs arbres généalogiques dans l'espoir d'y trouver des ancêtres juifs » (Epstein 1997, 7).

Dès 1968, Walter Kerr écrivait ainsi que « ce qui s'est produit depuis la seconde guerre mondiale est que les sensibilités américaines sont devenues en partie juives, peut-être même dans une proportion égale à tout ce qu'elles sont par ailleurs... L'esprit intellectuel américain en est venu, dans une certaine mesure, à penser de manière juive. Cela lui a été enseigné, et il y était prêt. Après les artistes et les romanciers vinrent les critiques, politiques et théologiens juifs. Les critiques, politiciens et théologiens sont, de par leur profession, des meneurs ; ils construisent des façons de percevoir [les choses]. »

Selon mon expérience personnelle, ce statut honorifique des intellectuels juifs fait consensus parmi mes collègues et est mentionné, par exemple, dans les récents travaux d'Hollinger (1996, 4) sur la « transformation de la démographie ethno-religieuse du monde académique américain par les Juifs » au cours de la période allant des années 1930 aux années 1960.

Finalement, il est important de souligner que des Gentils ont souvent été activement recrutés par les mouvements discutés dans le cadre de cet ouvrage et se virent accorder des postes leur conférant beaucoup de visibilité, cela dans le but d'atténuer les apparences de mainmise juive sur ces mouvements ou pour ne pas que l'on croie que ces mouvements sont avant tout des instruments au service des intérêts juifs.

Du point de vue de la théorie de l'identité sociale, une telle stratégie vise à ce que les Gentils voient les mouvements intellectuels et politiques comme étant accessibles aux non-Juifs et, qui-plus-est, conforme à leurs intérêts. Tel qu'indiqué dans *SAID* (Chapitres 5, 6), la rhétorique de l'universalisme et le recrutement des Gentils en tant que défenseurs des intérêts juifs ont été utilisés de manière récurrente dans le cadre du combat contre l'antisémitisme, et ce tant dans le monde moderne qu'en des temps plus anciens.

Il faut également garder en tête que l'efficacité et l'importance historique de l'implication juive dans les mouvements étudiés dans le cadre de cet ouvrage sont sans aucun doute largement disproportionnés par rapport au nombre de Juifs effectivement impliqués. Par exemple, même si, au cours de certaines périodes spécifiques de l'histoire, les Juifs n'ont pu représenter qu'une petite minorité au sein des mouvements politiques radicaux ou des mouvements intellectuels, ils ont également pu constituer une condition nécessaire de l'efficacité et de l'importance historique de ces mouvements. Les Juifs qui devinrent radicaux le doivent à leur QI élevé, leur ambition, leur résilience, leur éthique de travail et leur capacité d'organiser et d'être impliqués dans des groupes à la fois cohésifs et hautement impliqués [dans leur domaine d'activité](voir *PTSDA*, Chapitre 7). Comme le souligne Lindemann (1997, 429) à propos des Juifs bolcheviques « faire référence aux Juifs en termes de leur nombre ou de leur proportion dans un groupe a pour effet de gommer certains facteurs qui, bien qu'intangibles, n'en sont pas moins importants : les très grandes capacités oratoires des Juifs Bolcheviques, leur énergie et leur force de persuasion. » Les Juifs sont souvent nettement au-dessus de la moyenne pour ce qui est de ces caractéristiques, et ces caractéristiques ont été d'une importance majeure pour le judaïsme au cours de l'histoire dans le cadre d'une stratégie évolutionniste de groupe.

Écrivant à propos des Juifs radicaux américains, Sorin (1985, 121-122) a remarqué leur ardeur au travail et leur implication, leur désir de marquer l'histoire et leur aspiration à devenir plus puissants à l'échelle mondiale, à se promouvoir eux-mêmes et à obtenir l'approbation du public – des caractéristiques qui favorisent toutes l'ascension sociale. Ces activistes sont ainsi devenus plus puissants et plus efficaces que les différents groupes de Gentils qui s'étaient « prolétarianisés » de façon analogue. « Un prolétariat juif, conscient des intérêts de sa classe sociale et de son identité culturelle, s'est progressivement développé, et avec lui se sont également développés l'activisme et l'organisation » (Sorin 1985, 35).

Sorin (1985, 28) reconnaît l'affirmation voulant que la moitié des révolutionnaires en Russie, en 1903, était juifs et souligne que le militantisme de la classe ouvrière juive, lorsqu'exprimé en termes de nombre de grèves et de temps de travail perdu, était trois fois plus important que celui de n'importe quel autre groupe de la classe ouvrière européenne entre 1895 et 1904 (p. 35). Au sein des cercles gauchistes, les Juifs étaient considérés comme étant à l'avant-garde de ce mouvement. Lorsque ce groupe de Juifs, par ailleurs influent, s'est radicalisé, cela a, sans surprise, eu des répercussions importantes en Europe et en Amérique du Nord. En plus d'être radicaux, ces Juifs formaient un groupe de gens talentueux, intelligents et dévoués à leur cause. De façon analogue, Hollinger (1996, 19) souligne que les Juifs ont pu exercer davantage leur influence que les catholiques au cours de la période du déclin de la culture protestante autrefois dominante aux États-Unis, du fait de leur richesse, de leur statut social et de leurs compétences dans l'arène intellectuelle.

Il importe de souligner, par conséquent, que les Juifs qui ont à la fois fondé et dominé ces mouvements et dont cet ouvrage fait par ailleurs mention, se caractérisaient par leur intelligence, leur résilience et leur capacité de s'intégrer à des groupes qui sont à la fois cohésifs, coopératifs et hautement dédiés à la cause qu'ils défendent.

Ces groupes peuvent ainsi être vus comme autant de versions sécularisées des différents mouvements Juifs qui ont existé auparavant, et ce non seulement de par la grande proportion de leurs membres revendiquant une identité juive, mais aussi parce que la stratégie évolutionnaire de ces groupes a conservé les principales caractéristiques du judaïsme. Ce sont par ailleurs ces caractéristiques qui ont permis à ces groupes d'être hautement efficaces dans la réalisation de leurs objectifs.

Les études de cas présentées ici, indiquent, globalement, que des groupes très disciplinés et coopératifs peuvent surpasser des stratégies davantage individualistes. En effet, l'un des thèmes importants des chapitres qui suivent est que les intellectuels juifs ont mis sur pied des groupes dont l'influence est en grande partie imputable à la solidarité et à la cohésion qui y prévalent. L'activité intellectuelle n'est pas différente des autres types d'efforts que les êtres humains sont amenés à faire ; les groupes cohésifs y dominent les stratégies individualistes. Cette réalité fondamentale a joué un rôle de premier plan dans le succès du judaïsme au cours de l'histoire, et ce tant dans les relations d'affaires et l'établissement de monopoles commerciaux que dans les mouvements intellectuels et politiques qui font l'objet de cet ouvrage[1].

L'un des autres thèmes principaux de cet ouvrage est que les intellectuels juifs ont mis sur pied des mouvements intellectuels critiquant de manière radicale les institutions des sociétés des Gentils.

---

[1] Voir en particulier *PTSDA*, Ch. 5.

Inversement, les sociétés dirigées par les Gentils ont souvent été à l'origine d'idéologies ayant pour but de justifier de manière rationnelle les institutions d'une société donnée à une époque donnée. Cela semble avoir été le cas des principales religions du monde et, plus récemment, d'idéologies telles que le communisme, le fascisme et la démocratie libérale. Le judaïsme représentant une stratégie de groupe minoritaire [ndt : minoritaire notamment au sein de sociétés dominées démographiquement par les Gentils] ayant sa propre vision du monde, celui-ci a eu tendance à embrasser des idéologies dont la perception des idéologies et des institutions de la société hôte est négative.

Cet état des choses découle directement de la théorie de l'identité sociale. La perception négative des Gentils, visible dans les écrits religieux juifs, est remarquable. La Loi de la Pureté considère les Gentils et leurs terres comme intrinsèquement impurs. Les Gentils y sont typiquement assimilés à des animaux prompts à sombrer dans la pire des débauches, tel qu'indiqué dans les écrits de Maïmonide, où les femmes païennes sont soupçonnées de s'adonner à la prostitution, et où il est mentionné que les hommes païens ont une tendance à la bestialité[2].

Les Juifs se considèrent comme les descendants de Jacob, que la Genèse représente comme un être à la peau lisse, délicat et contemplatif. Quant aux Gentils, ils y sont incarnés par Ésaü, qui est à la fois le frère jumeau et l'antithèse de Jacob – hirsute, vulgaire et brutal. Tandis qu'Ésaü mène une vie de chasseur et de guerrier, Jacob est mû par son intelligence et sa ruse et est le maître d'Ésaü, auquel Dieu a commandé de servir Jacob. Lindemann[3] montre que ces stéréotypes sont toujours portés par les Juifs du monde moderne.

Le judaïsme peut en venir à être vu comme subversif lorsque les Juifs tentent d'inculquer aux Gentils une perception négative de leur propre culture. L'association du judaïsme aux idéologies subversives est relativement ancienne. Ayant relevé le lien entre les Juifs et les idées subversives dans les pays musulmans, Lewis (1984, 104) souligne que le

---

[2] The Code of Maimonides, Book V : The Book of Holiness, XXII, 142.
[3] Lindemann 1997, 5.

sujet de la subversion juive est aussi le fait « d'autres époques et d'autres endroits. » Johnson[4] note qu'à partir du Moyen-Âge, les Juifs convertis [ndt : ayant renié le judaïsme de gré ou de force], et plus particulièrement ceux s'étant convertis de force, représentaient « une faction critique, revendicatrice et dérangeante au sein de l'intelligentsia [...] [ce qui] va dans le sens de l'affirmation selon laquelle les Juifs étaient intellectuellement subversifs. »

Le titre d'un récent ouvrage portant sur l'art juif au Moyen-Âge exprime bien cette affirmation : *Dreams of Subversion in Medival Jewish Art and Literature*[5] [ndt : le titre de ce livre peut être traduit en français de la manière suivante : Rêves de subversion dans l'art et la littérature juives du Moyen-Âge]. L'une des remarques d'Epstein à ce sujet est que « l'on peut sentir la rage qui habitait les Juifs de la fin du Moyen-Âge lorsqu'ils ont appelé à l'éradication du christianisme »[6].

De l'Antiquité au Moyen-Âge, les perceptions négatives des institutions des Gentils n'ont pas, pour l'essentiel, débordé du cadre de la communauté juive. Toutefois, à partir du bouleversement causé par les conversions forcées en Espagne, au XVème siècle, ces perceptions négatives ont fait leur apparition dans les cercles d'intellectuels les plus prestigieux ainsi que de dans les médias de masse.

Ces perceptions critiquaient les institutions des sociétés des Gentils de manière radicale, ou alors menaient au développement de structures intellectuelles qui justifient le caractère juif [ndt : des différents mouvements politiques et intellectuels] dans un contexte de sécularisation de l'environnement intellectuel.

Faur[7] montre que les conversos [ndt : les Juifs s'étant convertis au christianisme en Espagne et au Portugal, notamment au cours des XVème et XVIème siècles, de gré ou de force] étaient largement surreprésentés au sein des groupes de penseurs humanistes qui s'opposaient à la nature

---

[4] Johnson 1988, 214-215.
[5] M.M. Epstein 1997.
[6] M.M. Epstein 1997, 115.
[7] Faur 1992, 31ff.

corporatiste de la société espagnole, au sein de laquelle le christianisme jouait un rôle de premier plan. Analysant le fil conducteur des travaux de ces penseurs, Faur[8] souligne que « bien que les stratégies aient pu varier – de la production d'œuvres littéraires très sophistiquées à l'écriture d'articles académiques ou philosophiques – l'objectif demeurait le même ; présenter des idées et des méthodes qui auraient pour effet d'écarter les valeurs et les institutions portées par les « vieux chrétiens » […] L'urgence que représentait le remplacement des valeurs et des institutions de l'Espagne chrétienne est devenue encore davantage évidente lors du premier massacre des conversos commis par les vieux chrétiens à Toldeo, en 1449. »

De façon analogue, Castro[9] souligne que les écrits porteurs d'une « violente critique sociale » et de « rancœur antisociale », et tout particulièrement les satires sociales, ont été le fait d'auteurs conversos au cours du XVe siècle.

Un bon exemple de cette tendance est l'œuvre *La Célestine* (dont la première édition a été publiée en 1499) de Fernando de Rojas, qui l'a écrite « avec toute l'angoisse, tout le pessimisme et tout le nihilisme d'un converso ayant perdu la religion de ses ancêtres tout en étant incapable de s'approprier le christianisme et de s'y intégrer. Rojas a soumis la société Castillane de son époque à « une analyse tranchante, détruisant, avec un esprit qualifié de « destructeur », toutes les valeurs traditionnelles et les représentations mentales du système à la fois nouveau et intolérant. En commençant par la littérature, puis en poursuivant avec la religion, en passant par toutes les « valeurs » du système des castes – honneur, courage, amour – tout y est pulvérisé de façon perverse »[10].

Cette association des Juifs aux idéologies subversives s'est poursuivie pendant et après l'époque des Lumières, les Juifs étant en mesure de participer au débat intellectuel public en Europe occidentale.

---

[8] Faur 1992, 31.
[9] Castro 1954, 557-558.
[10] Rodríguez-Puértolas 1976, 127.

Écrivant à propos de Baruch Spinoza, Paul Johnson[11] l'a qualifié de « premier exemple majeur du pur pouvoir destructeur du rationalisme juif lorsque celui-ci n'est plus confiné à la communauté [ndt : juive] traditionnelle. » De façon analogue, Heinrich Heine est « à la fois le prototype et l'archétype d'un nouvel acteur dans le monde littéraire Européen : l'homme de lettres juif et radical sachant user de ses compétences, de sa réputation et de sa popularité pour miner la confiance intellectuelle de l'ordre établi »[12].

Ce « pur pouvoir destructif » de l'intelligence juive a été un aspect important de l'époque ayant précédé le national-socialisme en Allemagne. Tel qu'indiqué dans *SAID*[13], l'une des caractéristiques principales de l'antisémitisme au sein des conservateurs sociaux et des antisémites raciaux en Allemagne, entre 1870 et 1933, était leur croyance en un rôle de premier plan des Juifs dans le développement d'idées subversives pour les idéologies et croyances traditionnelles allemandes.

Au cours des années 1920, les Juifs ont été largement surreprésentés parmi les éditeurs et les écrivains en Allemagne, et « l'une des causes générales de la montée de l'antisémitisme [ndt : au cours de cette période] était la forte propension des Juifs dissidents à attaquer les institutions et les coutumes nationales, et ce tant dans des écrits socialistes que non socialistes »[14]. Cette « violence médiatique » dirigée contre la culture allemande par des écrivains juifs tels que Kurt Tucholsky – qui « avait son cœur subversif sur la main »[15] – a été abondamment relayée par la presse antisémite[16].

Les Juifs n'étaient pas simplement surreprésentés au sein des journalistes, intellectuels et autres « producteurs de culture » dans la République de Weimar, ils ont essentiellement créé ces mouvements. « Ils attaquaient violemment tous ce qui était lié à la société allemande.

---

[11] Johnson 1988, 291-292.
[12] Johnson 1988, 345.
[13] *SAID*, Ch. 2,5.
[14] Gordon 1984, 51.
[15] Pulzer 1979, 97.
[16] Johnson 1988, 476-477.

Ils méprisaient l'armée, le pouvoir judiciaire, et la classe moyenne en général »[17]. Massing[18] souligne la perception que l'antisémite Adolf Stoecker avait du « manque d'estime pour le monde chrétien et conservateur » dont faisaient preuve les Juifs.

L'antisémitisme au sein des professeurs d'université à l'époque de la République de Weimar était tout particulièrement alimenté par l'idée que « le Juif représentait le côté critique ou « négatif » de la pensée moderne, l'analyse et le scepticisme qui aidaient à détruire les certitudes morales, la ferveur patriotique et la cohésion sociale des États modernes »[19].

La propagande nationale-socialiste de cette période, reflétant bien cette perception, affirmait que les Juifs tentaient de miner la cohésion sociale des sociétés des Gentils tout en demeurant eux-mêmes impliqués au sein d'un groupe fortement cohésif – un deux poids, deux mesures selon lequel la base de la cohésion sociale au sein des Gentils était fortement critiquée, alors que, parallèlement, « les Juifs entretenaient leur propre cohésion à l'échelle internationale, leurs liens de sang et leur unité spirituelle »[20].

Cet angle d'analyse permet de saisir l'un des principaux buts de l'effort intellectuel juif, à savoir la déconstruction des stratégies de cohésion des Gentils tout en poursuivant le développement et l'utilisation des leurs. Cette question est par ailleurs également soulevée dans la discussion portant sur l'implication juive dans les mouvements politiques radicaux et dans l'École de Francfort aux chapitres 3 et 5.

Ce phénomène n'était pas spécifique à l'Allemagne. Gilson[21], discutant de ses professeurs juifs au tout début du XXème siècle en France, a dit :

Les doctrines de ces professeurs d'université était en réalité assez

---

[17] Rothman et Lichter 1982, 85.
[18] Massing 1949, 84.
[19] Ringer 1983, 7.
[20] Aschheim 1985, 239.
[21] Gilson 1962, 31-32.

différentes les unes des autres. Même la philosophie personnelle de Levy-Bruhl différent quelque peu de celle de Durkheim, alors que Frederic Rauh avait des idées bien à lui. [...] Le seul élément commun à toutes ces doctrines est négatif, mais néanmoins réel et important. On pourrait présenter cet élément commun comme une opposition radicale à tout ce qui est socialement perçu comme une contrainte dont il faut se libérer. Spinoza et Brunschvieg ont réalisé cette libération par la métaphysique, alors que Bergson l'a fait par l'intuition.

Les Juifs ont également été en première ligne de la culture de l'opposition aux États-Unis, en Angleterre et en France depuis le milieu des années 1960, tout particulièrement en tant que défenseurs de la culture de l'opposition dans les médias et dans le monde universitaire[22].

Stein [23] montre que son échantillon, majoritairement composé d'écrivains et de producteurs d'émissions télévisées des années 1970 étaient très hostiles à ce qu'ils percevaient comme une caste culturelle dominée par les Gentils, bien que leurs critiques les plus sévères étaient formulées non pas lors d'entretiens officiels, mais plutôt dans le cadre de conversations informelles.

Les représentations, à la télévision, des figures de proue de l'élite des Gentils issues du monde des affaires et de l'armée étaient le plus souvent très négatives. Par exemple, « l'idée que se faisaient les écrivains des militaires était celle d'hommes parfaitement glabres, blonds et exclusivement d'ascendance WASP [ndt : WASP est l'acronyme de White Anglo-Saxon Protestant, ou « Blanc Anglo-Saxon protestant »– Ce groupe a traditionnellement représenté une large part des américains blancs.]. Dans l'esprit de quelques-unes des personnes que j'ai interrogées, ces officiers blonds étaient toujours à un cheveu de basculer dans le national-socialisme. Ils étaient considérés comme appartenant à une classe dirigeante aryenne qui pouvait potentiellement prendre des mesures répressives à l'égard des individus d'autres origines ethniques,

---

[22] Ginsberg 1993, 125ff et Rothman et Isenberg 1974a, 66-67.
[23] Stein 1979, 28 ; Voir aussi Lichter et al. 1994 et Powers et al. 1996.

ou qui prenait de telles mesures dans les faits »[24].

En effet, Glazer et Moynihan[25] voient l'émergence de la culture de l'opposition aux États-Unis comme le triomphe du point de vue politico-culturel juif new-yorkais. Certains écrivains et artistes visuels juifs (parmi lesquels figurent E. L. Doctorow, Norman Mailer, Joseph Heller, Frederick Wiseman et Norman Lear) ont été impliqués de manière disproportionnée dans différentes tentatives de représenter la société américaine comme une société « malade »[26].

L'une des méthodes classiques de subversion culturelle « implique une attaque d'inégalités et d'irrationalités réelles. Puisque toutes les sociétés en sont composées, il y aura toujours une abondance de cibles potentielles. Toutefois, l'attaque n'est généralement pas dirigée spécifiquement contre les inégalités et les irrationalités elles-mêmes. Ces inégalités et irrationalités sont instrumentalisées dans le but de réaliser un objectif plus important : l'affaiblissement de l'ordre social lui-même »[27].

Dans cet ouvrage, je me suis concentré sur l'implication juive dans des mouvements opposés aux découvertes d'ordre évolutionnaire, biologique et génétique en sciences sociales, dans les idéologies politiques radicales, dans la psychanalyse, dans l'École de Francfort et dans les *New-York Intellectuals*.

Ces mouvements ne sont pas spécifiquement juifs en ce qu'ils n'ont pas pour but de justifier certains éléments spécifiques du judaïsme tels que le séparatisme culturel et génétique. L'une de leurs caractéristiques principales, toutefois, est que les Juifs ont été largement surreprésentés au sein de ces mouvements, que la majorité de ces individus étaient caractérisés par un fort sentiment identitaire juif, et qu'ils étaient tous porteurs d'une attitude négative à l'égard de la culture des Gentils.

La présente discussion reflète ainsi la description des intellectuels

---

[24] Stein 1979, 55-56.
[25] Glazer 1963 et Moynihan 1970.
[26] Rothman et Lichter 1982, 120.
[27] Rothman et Lichter 1982, 120.

juifs allemands du XIXe siècle faite par Sorkin[28], qui les présente comme les éléments constitutifs d'une « communauté invisible de Juifs allemands acculturants qui ont pérennisé certaines cultures distinctes au sein de la culture de la majorité. »

La contribution culturelle juive à la culture des Gentils, au sens large, a donc été assurée d'une manière très particulariste et par laquelle la judéité de cette communauté a constitué un élément important tout en demeurant « invisible ». Même Berthold Auerbach (né en 1812), illustre représentant des intellectuels juifs assimilés, a « manipulé certains éléments de la culture de la majorité d'une façon spécifiquement juive allemande. »[29]. Auerbach en est venu à faire figure de modèle pour les intellectuels juifs sécularisés qui étaient des Juifs assimilés n'ayant pas renié le judaïsme. La plupart d'entre eux ne côtoyaient d'ailleurs que des gens appartenant à cette communauté [ndt : d'autres intellectuels juifs] et considéraient leur contribution à la culture allemande comme une forme spécifique et séculaire du judaïsme – la « communauté invisible » d'intellectuels fortement attachés à leur identité juive.

Cette manipulation de la culture au bénéfice de groupes particuliers a représenté un thème majeur de la littérature antisémite. C'est ainsi que la critique de la culture allemande formulée par Heinrich Heine était perçue [ndt : par les auteurs antisémites] comme un outil utilisé par son groupe [ndt : le groupe de Heine – son cercle d'intellectuels juifs] dans sa recherche du pouvoir, au détriment de la cohésion sociale des Gentils[30].

Il importe de souligner que dans nombre des mouvements qui font l'objet des chapitres qui suivent, les instigateurs desdits mouvements ont tenté de couvrir leur discours d'un vernis scientifique, la science étant, à l'époque moderne, un gage de vérité et de respectabilité intellectuelle. White[31] souligne, en ce qui a trait à l'école Boasienne d'anthropologie, que l'aura de la science est trompeuse : « Ils font en sorte que leurs prémisses et leurs buts paraissent avoir été déterminés par la scientifique,

---

[28] Sorkin 1985, 102.
[29] Sorkin 1985, 107.
[30] Mosse 1970, 52.
[31] White 1966, 2.

et que tous croient en cette origine scientifique. En vérité, ce n'est absolument pas le cas… Ils sont, de manière évidente, sincères. Leur sincérité et la loyauté dont ils font prévue à l'égard de leur groupe est, toutefois, de nature à persuader et, par conséquent, à tromper. »

Cette remarque illustre bien la théorie évolutionnaire de l'aveuglement développée par Robert Thriver (1985) : Les meilleurs dupeurs sont ceux qui se sont dupés eux-mêmes. Par moments, la duperie devient consciente. Charles Liebman [32] évoque son acceptation inconsciente des idéologies universalistes (béhaviorisme et libéralisme) en tant que scientifique social et suggère qu'il est lui-même aveuglé en ce qui concerne l'effet de l'identité juive dans ses croyances : « En tant que béhavioriste (et libéral), je peux dire que j'ai été relativement inconscient dans l'usage de ma méthodologie académique, mais je crois que cela devait se passer ainsi. Dans le cas contraire, je travaillerais à déconstruire cet universalisme que j'ai embrassé. »

Conceptualisation de la critique radicale juive de la société des gentils

Les sections précédentes ont montré la tendance générale qu'ont eu les intellectuels Juifs à être impliqués, dans diverses période de l'histoire, dans la critique sociale, et j'en ai livré une analyse sous l'angle de la théorie de l'identité sociale. De façon plus formelle, il y a deux différents types d'explications de la tendance des Juifs à promouvoir les idéologies et les mouvements politiques qui visent à miner l'ordre social des Gentils [ndt : l'ordre social en place].

Premièrement, de telles idéologies et de tels mouvements peuvent avoir pour dessein de profiter économiquement ou socialement aux Juifs. De manière évidente, l'un des thèmes principaux du judaïsme post-Lumières a été l'ascension [ndt : sociale] rapide des Juifs et les tentatives de limitation, par le pouvoir Gentil, de leur accès au pouvoir et à des statuts sociaux [ndt : plus importants]. Étant donné l'évidence de cette

---

[32] Liebman 1973, 213.

réalité, les Juifs, pour des raisons pratiques liées à leurs propres intérêts économiques et politiques, sont naturellement attirés par les mouvements qui se veulent critiques envers les structures de pouvoir des Gentils, et qui peuvent même aller jusqu'à prôner le renversement complet de ces structures.

C'est ainsi que le pouvoir tsariste russe prônait une politique de fermeté envers les Juifs par peur d'être dépassé par ceux-ci dans le cadre d'une économie libérale[33]. Cette fermeté du régime tsariste à l'égard des Juifs s'est révélé être un puissant facteur d'unification des Juifs du monde entier, et il n'est pas déraisonnable de faire l'hypothèse que l'implication juive au sein des mouvements radicaux en Russie était motivée par l'intérêt qu'avaient les Juifs à renverser le régime tsariste. En effet, Arthur Liebman[34] souligne que le radicalisme politique juif dans l'Empire russe doit être vu comme la résultante des restrictions économiques imposées aux Juifs, dans un contexte de pauvreté et d'explosion démographique au sein même de la communauté juive. De façon analogue, le mouvement socialiste des travailleurs juifs des années 1930, aux États-Unis, avait pour objectif l'amélioration des conditions de travail de ses membres, qui étaient majoritairement juifs[35].

Un autre objectif important des mouvements politiques et intellectuels juifs a été de combattre l'antisémitisme. Par exemple, l'intérêt porté par les Juifs envers le socialisme, dans de nombreux pays, au cours des années 1930, était en partie imputable à l'opposition des communistes [ndt : sur le plan doctrinal, à tout le moins] au fascisme et à l'antisémitisme[36]. L'association générale qui est faite entre antisémitisme et conservatisme politique a souvent été expliquée par le fort engagement des Juifs à gauche, ce qui inclut les tendances gauchistes de nombreux Juifs fortunés[37]. Le combat contre l'antisémitisme est également devenu l'un des principaux objectifs des Juifs radicaux aux

---

[33] Lindemann 1991 ; *SAID*, Ch. 2.
[34] Liebman 1979, 29ff.
[35] Liebman 1979, 267.
[36] Lipset 1988, 383 ; Marcus 1983.
[37] Lipset 1988, 375ff.

États-Unis après qu'une large part de la communauté juive ait avancé socialement jusqu'à devenir partie intégrante de la classe moyenne[38]. La montée de l'antisémitisme ayant conséquemment freinée l'ascension sociale des Juifs au cours des années 1930, l'intérêt des Juifs pour la gauche ne s'en est trouvée que renforcée[39].

Le chapitre 2 du présent ouvrage montre clairement que le déterminisme culturel de l'école Boasienne d'anthropologie, permettait de combattre l'antisémitisme en combattant la pensée racialiste et les programmes eugénistes, majoritairement défendus par les Gentils. La psychanalyse (chapitre 4) et l'École de Francfort (Chapitre 5) ont également fortement contribué au développement et à la propagation de théories de l'antisémitisme qui attribuent celui-ci à des projections irrationnelles des Gentils. La théorie portée par l'École de Francfort était également de nature à désigner les allégeances groupales des Gentils comme autant de pathologies, ou plus précisément comme des symptômes de troubles psychiatriques, tout en demeurant silencieux au sujet de ces mêmes allégeances qui existaient pourtant au sein de la communauté juive.

Par ailleurs, l'implication juive dans la critique sociale peut avoir été influencée par des processus liés à l'identité sociale, et ce indépendamment des objectifs plus pratiques tels que le combat contre l'antisémitisme. La recherche concernant les processus liés à l'identité sociale a permis de mettre en lumière une tendance à la différenciation entre les normes externes à un groupe social et les points de vue caractérisant spécifiquement ce même groupe social[40]. Dans le cas du contact entre Juifs et Gentils, les normes externes seraient représentées par les consensus existant au sein de la société des Gentils. Dans un tel scénario, on pourrait s'attendre à ce que les individus s'identifiant comme juifs développent une perception négative de l'environnement externe à la communauté juive, principalement représenté par la structure de

---

[38] Levin 1977, 211.
[39] Liebman 1979, 420ff, 507.
[40] Hogg et Abrams 1988.

pouvoir et la structure sociale des Gentils.

L'on pourrait s'attendre à ce que la représentation que se fait la communauté juive de la société des Gentils soit à la fois négative et marquée par une tendance à l'exagération des aspects négatifs de cette société et de sa structure sociale. Du point de vue de l'identité sociale, la tendance des Juifs à subvertir l'ordre social ne devrait donc pas se limiter aux idéologies et aux programmes sociaux qui sont conformes aux intérêts économiques et sociaux de la communauté juive, mais également être porteuse d'une critique générale négative et d'une dépréciation de la culture des Gentils – « le pur pouvoir destructif du rationalisme juif lorsqu'il n'est plus confiné à la seule communauté [ndt : juive] traditionnelle »[41].

Une analyse sous l'angle de l'identité sociale permet également de prédire que de telles perceptions négatives sont d'autant plus probables que la structure de pouvoir des Gentils fait preuve d'antisémitisme, que celui-ci soit réel ou simplement perçu. L'une des conclusions élémentaires de [ndt : la théorie de] l'identité sociale est que des groupes vont tenter de subvertir les catégorisations sociales négatives qui leurs sont imposées par un autre groupe[42].

Les processus liés à l'identité sociale seraient alors intensifiés par l'impression qu'ont les Juifs que la culture des Gentils leur est hostile et que ces derniers les ont souvent persécutés. Ainsi, Feldman[43] fait état de fortes corrélations entre l'intensification du sentiment identitaire des Juifs et leur rejet de la culture des Gentils comme conséquences de l'antisémitisme depuis les tous débuts du judaïsme, dans l'Ancien monde, et jusqu'à aujourd'hui. Dans *Lord George Bentnick: A Political Biography*[44], le théoricien racialiste Benjamin Disraeli, qui était fortement attaché à son identité juive bien qu'ayant reçu le baptême chrétien, disait que « la persécution [...] bien qu'injuste, pourrait avoir réduit la juiverie des temps modernes à la quasi-justification de leur

---

[41] Johnson 1988, 291-292.
[42] Hogg et Abrams 1988.
[43] Feldman 1993, 43.
[44] Disraeli 1852, 489.

vengeance malveillante. Ils sont devenus odieux et hostiles aux hommes au point de mériter les mauvais traitements que leur infligent actuellement les sociétés au sein desquelles ils vivent et auxquelles ils ne peuvent pratiquement pas se mêler. » Il en résulte ainsi, selon Disraeli, une perception extrêmement négative, par les Juifs, de la société des Gentils, et une volonté de renversement de l'ordre social de cette société :

Mais la société existante a choisi de persécuter cette race, qui devrait en fait constituer un allié de choix pour elle, et quelles en ont été les conséquences ?

Celles-ci peuvent être trouvées dans la dernière manifestation du principe destructif en Europe. Une insurrection survient contre les traditions et l'aristocratie, contre la religion et la propriété [ndt : privée]. [...] Des hommes de Dieu collaborent avec des athées, des capitalistes rusés et avides font alliance avec des communistes ; la race élue tend la main aux classes sociales inférieures de l'Europe ! Et tout cela parce qu'ils souhaitent détruire cette ingrate chrétienté, qui leur doit tout jusqu'à son nom, et dont ils ne peuvent plus endurer la tyrannie[45].

En effet, Théodore Herzl a embrassé le socialisme, au cours des années 1890, en ce que cela représentait une réponse à l'antisémitisme qui continuait de sévir ; il ne s'agissait pas tant d'une conformité à ses intérêts politiques et économiques qu'à une volonté de destruction de la structure de pouvoir antisémite des Gentils : « Les Juifs, jusqu'alors bannis de la société, deviendront l'ennemi de celle-ci. Ah, leur honneur civique n'est pas protégé, il est permis de les insulter, d'être condescendant envers eux, et, à l'occasion, de les piller et de les battre – qu'est-ce qui les retiendrait alors de basculer dans l'anarchie ? » Les Juifs « n'ont plus d'attache dans l'État. Ils rejoindront les partis révolutionnaires, rendant leurs armes plus nombreuses et plus dangereuses. Ils veulent mettre les Juifs du côté de la foule – tant mieux, ils iront eux-mêmes vers le peuple. Prenez garde, ils ont atteint leur limite ; n'allez pas trop loin. »[46].

---

[45] Disraeli 1852, 498-499.
[46] Kornberg 1993, 122.

De façon analogue, Sammons[47] décrit les bases de l'attraction mutuelle entre Heinrich Heine et Karl Marx en notant « qu'ils n'étaient pas réformateurs mais plutôt haineux, et cela représentait certainement leur principale caractéristique commune. »

L'hypothèse, cohérente avec la théorie de l'identité sociale, est que la motivation fondamentale des intellectuels juifs impliqués dans la critique sociale est simplement la haine qu'ils éprouvent envers la structure de pouvoir des Gentils, qu'ils perçoivent comme antisémite. Cette antipathie à l'égard du monde non-juif est également évoquée dans le commentaire du sociologue et intellectuel new-yorkais Michael Walzer[48] à propos des « pathologies dans la vie des Juifs », et plus particulièrement de « leur impression que « toute la planète est contre nous », la peur qui en résulte, le ressentiment et la haine du goy et les rêves secrets de revanche et de victoire. » De tels « rêves secrets de revanche et de victoire » constituent l'un des thèmes abordés au chapitre 3 du présent ouvrage, qui porte sur les personnalités radicales juives, ainsi qu'au chapitre 4, qui traite de Freud et de la psychanalyse.

En effet, cette haine intense de ceux qu'ils voient comme leurs ennemis semble être une caractéristique psychologique majeure des Juifs. Il doit être souligné que Schatz[49] a noté qu'alors que tous les communistes polonais de l'entre-deux-guerres haïssaient leurs ennemis, les communistes juifs avaient, d'une part, plus d'ennemis [ndt : plus de gens ou groupes de gens qu'ils percevaient comme tel] et, d'autre part, éprouvaient une haine plus profonde à l'égard de ces ennemis.

Tel que discuté plus en détails au chapitre 3, ces groupes communistes étaient en fait très cohésifs, et, de surcroît, tout à fait analogues aux groupes juifs traditionnels de par leur structure et leur orientation psychologique. L'idée que les communistes juifs éprouvent davantage de haine envers leurs ennemis est tout à fait cohérente avec celles présentées au chapitre 8 de *PTSDA* et au chapitre 1 de *SAID*, ce qui

---

[47] Sammons 1979, 263.
[48] Walzer 1994, 6-7.
[49] Schatz 1991, 113.

indique que les Juifs peuvent être vus comme porteurs de systèmes d'identité sociale hypertrophiés et d'une forte prédisposition aux structures sociales collectivistes.

Cette plus forte intensité envers les groupes n'appartenant pas à la juiverie et ceux qu'ils perçoivent comme leurs ennemis pourrait n'être qu'une manifestation affective de ces tendances. D'ailleurs, le chapitre 7 de *PTSDA* présente une synthèse des éléments qui indiquent une forte compartimentation de la vie affective des Juifs – celle-ci est caractérisée tout à la fois par des interactions sociales positives avec les autres membres de leur groupe, réels ou perçus, et par une hostilité marquée envers les membres d'autres groupes, réels ou perçus.

La théorie de l'identité sociale permet également de prédire que l'activité intellectuelle juive sera dédiée au développement d'idéologies qui mettent en avant une identité sociale qui leur est propre, dans un contexte d'opposition aux catégories sociales définies par les antisémites. Ce thème a été, au cours de l'histoire, couramment utilisé pour faire l'apologie du judaïsme sur le plan religieux[50], mais des auteurs juifs sécularisés s'en sont également saisis. Castro (1954, 558) décrit les tentatives des intellectuels néo-chrétiens de « défense de la lignée hébraïque » contre les insultes antisémites au temps de l'Inquisition. L'évêque *Converso* de Burgos avait dit : « Ne croyez pas pouvoir m'insulter en traitant mes ancêtres de Juifs. Il est évident qu'ils le sont, et j'en suis fier ; car si l'ancienneté est synonyme de noblesse, qui d'autre peut alors remonter aussi loin dans le temps ? ». Le Juif, descendant des Maccabées et des Lévites, est « noble de naissance ». Castro[51] souligne que l'un des thèmes retrouvés dans la littérature néo-chrétienne de cette période était celui de « l'estime pour l'homme appartenant aux classes sociales inférieures et marginalisé. » La catégorie [ndt : sociale] à laquelle les Juifs estiment appartenir est présentée de manière résolument positive.

De façon intéressante, l'idéologie humaniste des *Conversos*

---

[50] *PTSDA*, Ch. 7.
[51] Castro 1954, 559.

valorisait le mérite individuel, par opposition à la nature corporatiste de la société chrétienne des Gentils[52]. Reflétant l'importance du conflit entre Juifs et Gentils à cette époque, les chrétiens considéraient que le mérite individuel était une forme d'égarement par rapport à la religion (e.g. par rapport à l'identité de groupe) plutôt que par rapport à l'effort individuel : « au XVIème siècle, le déséquilibre de l'échelle des valeurs s'est encore accentué, ce qui a introduit le concept selon lequel il était davantage important d'établir qui était la personne que d'évaluer sa capacité de travailler et de penser »[53]. L'idéologie présentant le mérite individuel comme la base sur laquelle reposent toutes les autres valeurs, promue par les *Conversos*, peut donc être vue comme une arme pour le combat contre les catégories de l'identité sociale au sein desquelles ils s'estiment dévalorisés.

L'envers de la médaille est que les Juifs ont souvent mal réagi aux représentations d'eux-mêmes qui, tout en étant le fait d'auteurs juifs, leur attribuaient des caractéristiques négatives ou socialement désapprouvées. Par exemple, Philip Roth a été largement critiqué par des individus et organisations juives pour avoir dépeint les Juifs d'une telle manière, ou du moins pour l'avoir fait aux États-Unis, où ses écrits étaient accessibles aux antisémites[54]. Alors que la raison la plus évidente de la formulation de ces critiques est que de telles représentations puissent alimenter l'antisémitisme, Roth[55] suggère également que « ce qui fait le plus mal [ndt : dans ces représentations négatives] […] est leur effet direct sur certains juifs. « Vous avez heurté les sentiments de beaucoup de gens en révélant des choses dont ils ont honte » ». Les critiques formulées à l'endroit de Roth impliquent que le groupe [ndt : des Juifs] doive être représenté de manière positive ; en effet, la littérature juive a, le plus souvent, positivement représenté les Juifs[56]. Ces mêmes critiques reflètent également l'analyse de l'aveuglement de soi dont font preuve les Juifs, présentée au chapitre 8 de *SAID*. La honte [ndt : qu'éprouvent

---

[52] Faur 1992, 35.
[53] Castro 1971, 581 ; mots en italique dans le texte.
[54] Roth 1963.
[55] Roth 1963, 452.
[56] Alter 1965, 72.

les Juifs] découlant du fait que beaucoup de gens aient conscience des actions et des comportements des Juifs n'est qu'à demi consciente, et toute atteinte à cet aveuglement est nécessairement accompagnée d'un conflit psychologique sérieux.

L'importance des processus d'identité sociale dans l'activité intellectuelle juive a été précédemment relevée par Thorstein Veblen (1934). Veblen a souligné la prééminence des universitaires et des scientifiques juifs en Europe et relevé leur tendance à l'iconoclastie. Il a remarqué qu'alors que les Lumières ont enlevé aux intellectuels juifs la capacité d'affirmer sans tracas leur identité religieuse, ceux-ci n'acceptent pas d'emblée les structures intellectuelles de la société des Gentils, sans la moindre critique. Veblen suggère qu'en s'engageant sur la voie de l'iconoclastie, les Juifs soumettent en réalité à la critique le système de catégorisation sociale de la société des Gentils – un système de catégorisation dans lequel le Gentil est à l'aise, mais pas le Juif. Le Juif « ne porte pas [...] cet héritage, spécifique aux Gentils, d'idées préconçues conventionnelles qui ont été préservées, du fait de l'inertie d'habitudes de longue date et qui, d'une part, contribuent à rendre le Gentil sain d'esprit conservateur et complaisant et, d'autre part, a pour effet de brouiller la vision intellectuelle de ce même Gentil, et, ultimement, de le rendre intellectuellement sessile[57].

En effet, les scientifiques sociaux juifs ont, au moins par moments, été au fait de ces liens : Peter Gay[58] cite le passage suivant provenant d'une lettre rédigée par Sigmund Freud, dont l'aversion pour la culture occidentale est décrite au chapitre 4 du présent ouvrage :

> « Parce que j'étais juif, je me suis trouvé être immunisé contre beaucoup de préjugés qui étaient de nature à limiter les autres [ndt : les non-Juifs] dans l'utilisation de leur intellect, et, en tant que juif, j'étais préparé à me trouver du côté de l'opposition et à ne pas bénéficier de l'approbation du « bloc majoritaire » ». Dans une lettre ultérieure, Freud a dit que l'acceptation de la psychanalyse « requiert de se préparer, dans une certaine mesure, à être seul contre tous – une situation à laquelle personne n'est

---

[57] Veblen 1934, 229.
[58] Gay 1987, 137.

davantage familier qu'un Juif⁵⁹.

Il s'agit là d'une sorte d'aliénation par rapport à la société hôte. L'intellectuel juif, selon l'intellectuel new-yorkais et radical politique Irving Howe, a tendance à « se sentir éloigné de la société [ndt : hôte] ; à adopter, presque comme un droit inaliénable, un point de vue critique envers les doxas, à estimer qu'il n'a pas sa place en ce monde »⁶⁰.

De Solomon Maimon à Normon Podhoretz, de Rachel Varnhagen à Cynthia Ozick, de Marx et Lassalle à Erving Goffman et Harold Garfinkel, de Herzl et Freud à Harold Laski et Lionel Trilling, de Moses Mendelssohn à J. Robert Oppenheimer et Ayn Rand, Gertrude Stein et Reich I et II (Wilhelm et Charles), il y a une structure dominante, en lien avec une impasse commune et un même destin, qui s'impose à la conscience et au comportement de l'intellectuel juif en Galut [exil] : avec l'avènement de l'émancipation juive, lorsque les murs du ghetto s'effondrent et que les shtetlach [les petites villes juives] commencent à disparaître, la juiverie – tel un anthropologue ébahi – entre dans un monde étrange, pour y découvrir un peuple étrange observant un halakah [code] étrange. Ils observent ce monde avec consternation, avec étonnement, colère et objectivité punitive. Cet étonnement, cette colère, et cette objectivité vindicative de [ndt : l'homme] marginal constituent autant de récidives ; ils sont parvenus jusqu'à notre époque parce que l'émancipation juive est toujours en cours à ce jour.⁶¹

Bien que la critique intellectuelle résultant des processus d'identité sociale n'ait pas forcément pour but de réaliser un quelconque objectif concret du judaïsme, ces éléments de théorie sont fortement cohérents avec l'idée que l'activité intellectuelle juive puisse viser à influencer les processus de catégorisation sociale d'une manière qui bénéficierait aux Juifs. Les chapitres subséquents présentent les éléments sur lesquels s'appuie l'idée que les mouvements intellectuels juifs ont promu des idéologies universalistes destinées à l'ensemble de la société et pour

---

⁵⁹ Gay 1987, 146.
⁶⁰ Howe 1978, 106.
⁶¹ Cuddihy 1974, 68.

lesquelles l'importance de la dichotomie Juif-Gentil a été minimisée et n'a pas d'importance théorique.

Ainsi, par exemple, les conflits sociaux ne résultent, du point de vue marxiste, que de conflits économiques entre les différentes classes sociales au sein desquelles la compétition pour les ressources entre différents groupes ethniques est ignorée. La recherche en identité sociale prédit que l'acceptation [ndt : par la société] d'une telle théorie réduirait l'antisémitisme puisque la dichotomie Juif-Gentil n'est pas de première importance dans l'idéologie universaliste.

Finalement, l'on a de bonnes raisons de supposer que les points de vue des minorités sont susceptibles d'exercer une grande influence sur les comportements de la majorité[62]. La recherche en identité sociale indique que le point de vue d'une minorité donné, *a fortiori* lorsqu'il présente une grande constance interne, peut avoir un impact :

> [...] car il fait naître la possibilité d'une alternative au point de vue consensuel de la majorité, jusqu'alors pris pour acquis et non remis en question. Les gens peuvent soudainement apercevoir des fissures sur la façade du consensus de la majorité. De nouveaux problèmes et de nouvelles questions surgissent et nécessitent que l'on s'y attarde. Le *statu quo* n'est plus accepté passivement comme s'il s'agissait de quelque chose d'immuable, de stable et de l'unique et légitime arbitre de la nature des choses. Les gens ont la possibilité de changer de croyances, de points de vue, de coutumes, entre autres choses. Et vers quoi se tournent-ils ? L'une des avenues possibles est la minorité active. Par définition et intrinsèquement, cela fournit une solution conceptuellement cohérente et élégamment simple aux problèmes qui, du fait de son activité [ndt : de la minorité], empoisonnent désormais la conscience collective. Dans le langage de l'« idéologie » [...], les minorités actives ont pour objectif de remplacer l'idéologie dominante par une autre, nouvelle.[63]

L'une des composantes essentielles de l'influence des groupes minoritaires est la constance intellectuelle[64], et un thème important de ce

---

[62] Pérez et Mugny 1990.
[63] Hogg et Abrams 1988, 181.
[64] Moscovici 1976.

qui suit sera que les mouvements intellectuels dominés par les Juifs ont présenté un haut niveau de cohésion et ont souvent été caractérisés par une pensée dichotomique marquée mettant en opposition, d'un côté, leur propre groupe et, de l'autre, les autres – une caractéristique historique du judaïsme. Toutefois, puisque ces mouvements étaient destinés à être embrassés par les Gentils, il était nécessaire que l'importance de l'identité de groupe juive ou des intérêts de groupe juifs aux yeux des militants soit minimisée.

Un tel résultat est également cohérent avec la théorie de l'identité sociale ; Le degré auquel des individus peuvent être influencés dépend de leur volonté d'accepter la catégorie sociale dont est issue l'opinion divergente. Les Juifs tentant d'influencer la société dans laquelle ils vivent [ndt : la société des Gentils], ceux-ci ne pourront affirmer publiquement leur identité juive, ni ouvertement affirmer leurs intérêts que si ces mouvements parviennent pas à influencer les personnes qu'ils ont ciblées. Conséquemment, l'implication juive au sein de ces mouvements a souvent été sciemment dissimulée, et les structures intellectuelles elles-mêmes étaient formulées en utilisant des termes universalistes de manière à minimiser l'importance de la dichotomie Juif-Gentil.

De plus, puisque la propension d'un individu donné à accepter une influence dépend de sa propension à s'identifier aux attributs caractérisant un certain groupe, les mouvements ont non seulement été conceptualisés de manière universaliste plutôt que en des termes exprimant un particularisme juif ; ils ont également été présentés comme usant des plus hauts standards en matière de morale et d'éthique. Comme le souligne Cuddihy[65], les intellectuels juifs ont acquis la conviction que le judaïsme avait été investi d'une « mission dans le monde occidental », selon laquelle la civilisation occidentale serait confrontée à une forme de moralité spécifiquement juive. Ces mouvements constituent d'importants et concrets exemples de cette tendance, ancienne mais récurrente, des Juifs à se considérer comme une « lumière pour les peuples », tel que

---

[65] Cuddihy 1974, 66n.

montré dans *SAID* (Chapitre 7).

Cette rhétorique de la condamnation morale des autres groupes représente ainsi une version séculaire de l'idée centrale portée par les intellectuels Juifs d'après l'époque des Lumières, voulant que le judaïsme constitue un guide moral pour le reste de l'humanité. Mais pour établir leur influence, ils ont été obligés de minimiser l'importance de l'identité et des intérêts juifs, deux éléments au cœur de ces mouvements.

Le haut niveau de cohésion groupale, caractéristique des mouvements étudiés dans le cadre de cet ouvrage, a été accompagné du développement de théories qui, en plus de présenter une forte constance intellectuelle, pouvaient prendre, comme dans le cas de la psychanalyse et de la théorie politique radicale, la forme de systèmes herméneutiques pouvant expliquer n'importe quel évènement à la lumière de leurs schémas interprétatifs. Et bien que ces mouvements se soient réclamés de la science, ils ont inévitablement fait entorse à ses principes fondamentaux en ce qu'ils représentaient une forme de quête individuelle dans le monde de la réalité (se référer au chapitre 6).

Même si le degré d'influence qu'ont eu ces mouvements intellectuels et politiques sur la société des Gentils ne peut être déterminé avec certitude, les éléments présentés dans les chapitres qui suivent sont fortement compatibles avec l'idée que les mouvements intellectuels, dominés par les Juifs, ont été une condition nécessaire au triomphe de la gauche intellectuelle dans les sociétés occidentales vers la fin du XXe siècle.

Aucun individu rallié aux thèses évolutionnaires ne devrait s'étonner du fait que la théorie sous-jacente à tout ce qui a été discuté jusqu'ici implique que dans tout type d'activité intellectuelle, il peut y avoir, à la base de celle-ci, une guerre ethnique, tout comme il n'y a pas lieu de s'étonner du fait que les idéologies politiques et religieuses reflètent généralement les intérêts de leurs créateurs. L'idée dont devraient réellement douter les évolutionnistes est celle de la possibilité même d'expliquer, de manière désintéressée, les comportements humains par le biais des sciences sociales.

Cela n'implique pas que tous les scientifiques sociaux fortement attachés à leur identité juive aient pris part aux mouvements étudiés aux chapitres suivants. L'unique implication est que l'identité juive et ce qui est perçu comme des intérêts juifs ont constitué une puissante force motrice pour les meneurs de ces mouvements, ainsi que pour beaucoup de leurs militants. Ces activistes-scientifiques avaient une forte identité juive. Ils étaient particulièrement préoccupés par l'antisémitisme et ont consciemment développé des théories visant à démontrer que les agissements des Juifs étaient sans rapport avec l'antisémitisme, et que, dans le même temps (dans le cas de la psychanalyse et de l'École de Francfort), l'ethnocentrisme des Gentils ainsi que leur participation à des mouvements antisémites cohésifs étaient autant de symptômes d'une psychopathologie.

Collectivement, ces mouvements ont remis en question les fondements moraux, politiques, culturels et économiques de la société occidentale. Il deviendra évident que ces mouvements ont servi certains intérêts juifs avec une certaine efficacité. Il deviendra également évident, toutefois, que ces mouvements ont souvent été en conflit avec les intérêts culturels et, ultimement, avec les intérêts génétiques de larges pans des peuples non-juifs d'origine européenne des sociétés occidentales de la fin du XXème siècle.

Chapitre II

L'école boasienne d'anthropologie et le déclin du darwinisme en sciences sociales

> « Si nous considérions que l'ouvrage de Margaret Mead, *Coming of Age in Samoa*, relève de l'utopie et non de l'ethnographie, nous pourrions alors mieux le comprendre et ainsi nous épargner de nombreux débats inutiles. »
>
> (Robin Fox 1989, 3)

Plusieurs auteurs se sont exprimés au sujet des « changements radicaux » qui se sont produits en ce qui a trait aux buts et aux méthodes des sciences sociales, suite à l'entrée des Juifs dans ces disciplines[66].

Degler note[67] que la perte de terrain du darwinisme, en tant que paradigme fondamental des sciences sociales, résulte davantage de changements idéologiques que de l'émergence de nouvelles données empiriques. Il souligne également que les intellectuels juifs ont largement contribué au déclin du darwinisme et d'autres angles d'analyse biologique dans les sciences sociales américaines depuis les années 1930 (p. 200).

L'opposition des intellectuels juifs au darwinisme est connue de longue date[68], [69]. En sociologie, l'avènement des intellectuels juifs dans

---

[66] Liebman 1973, 213 ; voir aussi Degler 1991 ; Hollinger 1996 ; Horowitz 1993, 75 ; Rothman & Lichter 1982

[67] Degler 1991, 188ff

[68] Lenz 1931, 674

[69] Voir les commentaires de John Maynard Smit dans Lewin [1992, 43]

la période précédant la seconde guerre mondiale a mené à un « degré de politisation auquel les pères fondateurs de cette discipline étaient totalement étrangers. Il ne s'agit pas seulement d'un remplacement des noms de Charles Darwin et d'Herbert Spencer par ceux de Marx, Weber et Durkheim, mais aussi du fait que la vision des États-Unis en tant qu'expérience consensuelle a cédé la place à une représentation de ce pays en tant que série de définitions en conflit les unes avec les autres »[70].

Dans l'immédiat après-guerre, le domaine de la sociologie « comptait tant de Juifs que des blagues ont commencé à circuler à ce sujet : on racontait ainsi que les synagogues n'étaient plus nécessaires, le minyan [c'est-à-dire le nombre minimal de Juifs requis pour un service religieux communal] pouvant être trouvé dans les départements de sociologie ; on racontait également qu'une sociologie de la vie juive n'était pas non plus nécessaire, puisque les deux [ndt : la sociologie de la vie juive et la sociologie tout court] étaient devenus synonymes »[71].

En effet, le conflit ethnique au sein de la sociologie américaine est similaire, en de nombreux points, au conflit ethnique dans le milieu de l'anthropologie américaine, qui fait également l'objet de ce chapitre. Dans ce dernier cas, le conflit opposait les scientifiques juifs de gauche et une vieille garde protestante qui fut éventuellement éclipsée[72] :

> La sociologie américaine a été aux prises avec une opposition venant des chercheurs et plus généralement de ceux qui reprochent aux sciences sociales son « degré de mathématisation insuffisant » [ndt : par comparaison avec les sciences plus « rigoureuses » que sont les mathématiques et la physique], ceux-ci étant davantage impliqués dans les dilemmes de la société. Dans ce combat, les protestants du Midwest, tenant d'une science positiviste, ont souvent été en conflit avec des Juifs de la côte Est qui, à leur tour, se battaient contre leur propre engagement marxiste ; d'éminents chercheurs, comme Paul Lazarsfeld de l'université Columbia, ont lutté contre la complaisance de leurs homologues autochtones.

Le présent chapitre met l'emphase sur le programme ethnopolitique

---

[70] Horowitz 1993, 75
[71] Horowitz 1993, 77
[72] Sennet 1995, 43

de Franz Boas, mais il convient de souligner le travail de l'anthropologue structuraliste franco-juif Claude Lévi-Strauss, car il semble être mu par les mêmes motivations, bien que le mouvement structuraliste français, dans sa globalité, ne puisse être considéré comme un mouvement intellectuel juif.

Lévi-Strauss et Boas ont collaboré de façon importante, le premier ayant reconnu l'influence du second[73]. Lévi-Strauss a été, quant à lui, très influent en France, Dosse l'ayant décrit[74] comme « le père commun » à Michel Foucault, Louis Althusser, Roland Barthes et Jacques Lacan. Il était très attaché à son identité juive et était fortement préoccupé par l'antisémitisme[75]. En réponse aux assertions selon lesquelles il serait « l'archétype de l'intellectuel juif », Lévi-Strauss a répliqué[76] que :

> Certaines attitudes mentales sont sans doute plus fréquemment retrouvées chez les Juifs qu'au sein des autres groupes [...] des attitudes qui proviennent d'un profond sentiment d'appartenance à une communauté nationale, tout en sachant qu'il y a certaines personnes de cette communauté – dont le nombre va décroissant, il est vrai – qui vous rejettent. Cela contribue à entretenir une certaine sensibilité [ndt : chez les membres de la communauté juive], tout comme cette impression irrationnelle qu'en toute circonstance, l'on doit en faire un peu plus que les autres pour désamorcer les critiques potentielles [ndt : à l'endroit de sa propre personne ou de son propre groupe].

Tout comme plusieurs des intellectuels juifs dont cet ouvrage fait l'objet, les écrits de Lévi-Strauss visaient à mettre en relief les différences culturelles et à subvertir l'universalisme occidental, une prise de position qui confirme que la juiverie est un groupe n'ayant pas vocation à être assimilé.

Tout comme Boas, Lévi-Strauss réfutait les théories biologiques et évolutionnaires. Il avançait plutôt l'idée que les cultures, tout comme les langues, sont un regroupement aléatoire de symboles sans le moindre lien

---

[73] Dosse 1997 I, 15, 16
[74] Dosse 1997 I, xxi
[75] Cuddihy 1974, 151ff
[76] Lévi-Strauss et Eribon 1991, 155-156

naturel avec leurs référents. Lévi-Strauss rejetait la théorie occidentale de la modernisation, étant plutôt favorable à l'idée qu'il n'existe pas de sociétés supérieures [ndt : aux autres].

Le rôle de l'anthropologue était d'être « naturellement subversif, ou un opposant résolu au traditionalisme » [77] au sein des sociétés occidentales, tout en respectant, voire même romançant les sociétés non occidentales [78]. L'universalisme occidental et les idées associées aux droits de l'Homme étaient vus [79] comme des paravents visant à masquer l'ethnocentrisme, le colonialisme et le génocide :

> Les travaux les plus importants de Lévi-Strauss ont tous été publiés à l'époque de la dislocation de l'empire colonial français, et ont grandement contribué à façonner la perception de cette époque des autres intellectuels. Ses écrits élégants produisaient un tel effet sur ses lecteurs, que ceux-ci en venaient, subtilement, à avoir honte d'être européens. [...] Il évoquait la beauté, la dignité, et le caractère irréductiblement mystérieux des cultures du Tiers-Monde, qui ne faisaient que tenter de préserver leur caractère distinctif. [...] Ses écrits ont eu tôt fait de semer le doute au sein de la nouvelle gauche. [...] relativement au fait que les idées que l'Europe affirmait défendre – la raison, la science, le progrès, la démocratie libérale – étaient des armes culturelles spécifiquement européennes utilisées pour subtiliser aux non européens leur différence.

Degler souligne [80] le rôle de Franz Boas dans la transformation antidarwinienne des sciences sociales américaines :

> « L'influence de Boas sur les scientifiques sociaux américains en ce qui a trait aux questions raciales peut difficilement être exagérée. »

Boas s'est engagé dans le

> « combat d'une vie contre l'idée selon laquelle la race était l'une des principales sources de différences entre les différents groupes humains en ce qui a trait à leurs aptitudes mentales et sociales. Il a mené ce combat à terme par son incessante et implacable évocation du concept de culture ».

---

[77] Cuddihy 1974, 155
[78] Dosse 1997 II, 30
[79] Lilla 1998, 37
[80] Degler 1991, 61

« Boas a, avec une facilité presque déconcertante, développé aux États-Unis le concept de culture qui, tel un solvant puissant, allait éradiquer les questions raciales de la littérature des sciences sociales »[81].

Boas n'en est pas arrivé à ces conclusions par le biais d'une démarche scientifique objective [82] visant à traiter d'une question controversée [...] Il ne fait nul doute qu'il avait grand intérêt à collecter des arguments et autres éléments pouvant réfuter une idéologie – le racisme – qu'il considérait comme contraignant du point de vue de l'individu et donc non souhaitable pour la société [...] il y a un intérêt persistant à promouvoir ses valeurs sociales au sein de la profession et du public.

Comme le souligne Frank[83], « la prépondérance des intellectuels juifs au cours des premières années de l'anthropologie boasienne, ainsi que l'identité juive des anthropologues des générations subséquentes ont été minimisées dans les récits officiels de cette discipline. »

L'identité juive et la poursuite des intérêts juifs perçus, particulièrement à travers la promotion d'une idéologie faisant du pluralisme culturel un modèle pour les sociétés occidentales, ont constitué le « sujet invisible » de l'anthropologie américaine – invisible du fait de la dissimulation de l'identité et des intérêts ethniques de ses promoteurs par l'usage d'un discours aux relents scientifiques en vertu duquel cette identité et ces intérêts étaient illégitimes.

Boas est considéré comme appartenant à une famille « juive-libérale » dans laquelle l'influence des idéaux révolutionnaires de 1848 a été préservée. Il a développé un « positionnement libéral de gauche qui [...] est à la fois scientifique et politique[84].

Boas a pris pour épouse un membre de son groupe ethnique[85] et a

---

[81] Degler 1991, 71
[82] Degler 1991, 82-83
[83] Frank 1997, 731
[84] Stocking 1968, 149
[85] Frank 1997, 733

été, dès son plus jeune âge, fortement préoccupé par l'antisémitisme[86]. Alfred Kroeber a relaté[87] une histoire selon laquelle « [Boas] aurait révélé, de manière confidentielle, sans que l'on puisse toutefois en être certain,[...] qu'ayant été témoin d'insultes antisémites dans un café public, il a mis l'auteur des insultes à la porte, ce qui lui a valu d'être convoqué en duel. Le lendemain matin, son adversaire lui a présenté ses excuses ; mais Boas a tenu à ce que le duel ait lieu. Qu'elle soit ou non apocryphe, cette histoire est tout à fait cohérente avec la manière dont il est perçu aux États-Unis. »

Dans un commentaire révélateur sur l'attachement de Boas à son identité juive ainsi que sur son point de vue sur les Gentils, Boas a déclaré[88], en réponse à une question l'interrogeant sur les raisons de ses relations professionnelles avec des antisémites tels que Charles Davenport, « si nous, Juifs, ne devions travailler qu'avec des Gentils exempts de tout sentiment antisémite, avec qui pourrions-nous réellement travailler ? ».

De plus, comme cela a été le cas au sein de la communauté juive au cours de nombreuses périodes de l'histoire, Boas était profondément aliéné de la culture des Gentils et y était particulièrement hostile, cette hostilité et cette aliénation concernant tout particulièrement l'idéal culturel de l'aristocratie prussienne[89],[90].

Lorsque Margaret Mead a voulu persuader Boas de la laisser poursuivre ses recherches dans les îles du Sud, « elle avait trouvé une manière sûre de lui faire changer d'idée. « Je savais qu'il y avait une chose à laquelle Boas accordait davantage d'importance encore que la direction empruntée par la recherche en anthropologie. Cette chose était qu'il se devait [ndt : par souci de cohérence idéologique] de se comporter en homme libéral, démocrate et moderne, et non comme un aristocrate prussien. » La manœuvre a fonctionné, car elle lui a permis de découvrir

---

[86] White 1966, 16
[87] Kroeber 1943, 8
[88] Sorin 1997, 632n9
[89] Degler 1991, 200
[90] Stocking 1968, 150

ses vraies valeurs personnelles »[91].

J'en conclus donc que Boas était fortement attaché à son identité juive et qu'il était fortement préoccupé par l'antisémitisme. Sur la base de ce qui suit, il est raisonnable de supposer que son inquiétude relativement à l'antisémitisme a fortement influencé le développement de l'anthropologie américaine.

En effet, il est difficile de ne pas conclure que le conflit ethnique a joué un rôle de premier plan dans le développement de l'anthropologie américaine. Les vues de Boas étaient en conflit avec l'idée dominante de l'époque, à savoir que les cultures ont évolué en une série d'étapes de développement, nommément sauvagerie, barbarie, et civilisation. Ces étapes étaient associées aux différences raciales, et la culture européenne moderne (et principalement, je suppose, la détestée aristocratie prussienne), se trouvait au plus haut niveau de cette échelle.

Wolf présente [92] l'attaque des Boasiens comme une remise en question « du monopole moral et politique d'une élite de Gentils qui a justifié sa domination en affirmant que sa supériorité représentait l'aboutissement du processus évolutionnaire. » Les théories de Boas visaient également à contrer les théories racialistes de Houston Stewart Chamberlain[93] et d'eugénistes américains tels que Madison Grant, dont le livre *The Passing of the Great Race*, critiquait fortement [94] les recherches de Boas concernant l'effet des facteurs environnementaux sur la taille du crâne. Il en résultait ainsi que "dans son message et dans ses objectifs, [l'anthropologie boasienne] était une science ouvertement antiraciste"[95].

[Madison] Grant a décrit les immigrés juifs comme des égoïstes sans scrupules alors que les Américains de race nordique se suicidaient

---

[91] Degler 1991, 73
[92] Wolf 1990, 168)
[93] *SAID*, Ch. 5
[94] Grant 1921, 17
[95] Frank 1997, 741

racialement en tolérant le fait d'être expulsés de leur propre terre[96]. Grant estimait également que les Juifs se mobilisaient afin de discréditer toute recherche concernant les races :

> Il est à toute fin pratique impossible de publier, dans les journaux américains, de quelconques propos au sujet de certaines religions et de certaines races, qui deviennent littéralement hystériques lorsque désignées de façon explicite... À l'étranger, le contexte est tout aussi mauvais, et, selon l'un des plus éminents anthropologues français, la réalisation de mesures anthropologiques et la collecte de données concernant les recrues [ndt : de l'armée] françaises au commencement de la Grande Guerre ont été empêchées du fait de l'influence des Juifs, qui visaient à éliminer toute forme de différenciation raciale en France97.

L'une des méthodes de l'école Boasienne était de jeter le doute sur les théories générales de l'évolution humaine, telles que celles qui impliquent des séquences de développement, en mettant l'accent sur la grande diversité et la complexité chaotique du comportement humain, ainsi que sur le relativisme des critères de l'évaluation culturelle. Les boasiens faisaient valoir que les théories générales de l'évolution devaient se baser sur une étude très détaillée de la diversité culturelle, mais en réalité, n'a pu être dégagée aucune théorie générale des résultats de cette recherche dans le demi-siècle qui a suivi l'avènement de cette profession en tant que profession dominante[98].

Du fait de son rejet des opérations scientifiques que sont la généralisation et la classification, l'anthropologie boasienne se définit donc davantage comme une anti-théorie que comme une théorie de la culture humaine[99]. Boas s'opposait également à la recherche en génétique humaine – ce que Derek Freeman[100] appelle son « aversion obscurantiste pour la génétique ».

Boas et ses disciples étaient affairés à mettre sur pied un programme

---

[96] Grant 1921, 16, 91.
[97] Grant 1921, xxxi-xxxii.
[98] Stocking 1968, 210.
[99] White 1966, 15.
[100] Freeman 1991, 198.

idéologique au sein du monde de l'anthropologie américaine[101] [102] [103]. Boas et ses associés avaient le sens de l'identité de groupe, se consacraient à une vision des choses commune et à un programme faisant office d'outil de domination de la structure institutionnelle de l'anthropologie[104].

Ils formaient un groupe soudé et doté d'un programme politique et intellectuel clair, plutôt qu'un regroupement d'individualistes recherchant la vérité de façon désintéressée. La défaite des darwinistes « ne s'est pas produite sans une forte exhortation de tous les fils de leurs mères soutenant la « Droite ». Elle ne s'est pas non plus produite sans une forte pression exercée à la fois sur les amis fidèles et sur les « camarades plus faibles » – souvent induite par la seule force de la personnalité de Boas »[105].

À partir de 1915, les boasiens contrôlaient l'*American Anthropological Association* et constituaient les deux tiers de son exécutif[106]. En 1919, Boas pouvait affirmer que « l'essentiel des travaux en anthropologie actuellement réalisés aux États-Unis » étaient faits ses étudiants à l'Université Columbia[107]. À partir de 1926, tous les principaux départements d'anthropologie étaient dirigés par des étudiants de Boas, pour la plupart juifs. Son protégé, Melville Herskovits[108] soulignait que les quatre décennies de présence de Boas à l'Université Columbia ont assuré la continuité de son enseignement, ce qui a permis la formation et le développement d'étudiants qui ont fini par constituer l'essentiel du noyau dur des anthropologues américains, et qui en sont venus à diriger la plupart des principaux départements d'anthropologie aux États-Unis. Ceux-ci ont ensuite, à leur tour, formé des étudiants qui… ont perpétué la tradition selon laquelle leurs professeurs avaient eux-mêmes été

---

[101] Degler 1991.
[102] Freeman 1991.
[103] Torrey 1992.
[104] Stocking 1968, 279-280.
[105] Stocking 1968, 286.
[106] Stocking 1968, 285.
[107] Stocking 1968, 296.
[108] Herskovits 1953, 23.

formés.

Selon Leslie White[109], les étudiants de Boas les plus influents ont été Ruth Benedict, Alexander Goldenweiser, Melville Herskovits, Alfred Kroeber, Robert Lowie, Margaret Mead, Paul Radin, Edward Sapir et Leslie Spier. Les individus constituant ce « petit groupe d'universitaires soudé […] unis sous la bannière de leur maître »[110] étaient tous Juifs, à l'exception de Kroeber, Benedict et de Mead. Frank[111] mentionne également plusieurs autres notables étudiants de Boas de première génération (Alexander Lesser, Ruth Bunzel, Gene [Regina] Weltfish, Esther Schiff Goldfrank et Ruth Landes).

La famille de Sapir avait fui les pogroms de Russie en s'exilant à New York, alors que sa langue maternelle était le Yiddish. Bien que non-religieux, il s'est progressivement intéressé, tôt dans sa carrière, aux sujets touchant les Juifs et s'est plus tard engagé dans l'activisme juif, plus spécifiquement en mettant sur pied un centre d'éducation sur le judaïsme en Lituanie[112]. Les origines de Ruth Landes permettent aussi de mettre en lumière la dimension ethnique du mouvemet boasien. Sa famille était notoirement impliquée dans la sous-culture gauchiste de Brooklyn, et elle a par ailleurs été présentée à Boas par Alexander Goldenweiser, à la fois un proche ami de son père et l'un des principaux étudiants de Boas.

Contrairement à la nature idéologique et politique des motivations de Boas, le militantisme environnemental de Kroeber et sa défense du concept de culture étaient « entièrement théoriques et professionnels »[113]. Ni ses écrits privés, ni ses écrits publics ne contiennent beaucoup d'allusions aux questions d'intérêt public concernant les Noirs ou, plus généralement, la question raciale aux États-Unis, en comparaison avec les écrits professionnels et les publications de Boas, dans lesquels ces allusions sont si fréquentes et apparentes. Kroeber, tout autant que Boas,

---

[109] White 1966, 26.
[110] White 1966, 26.
[111] Frank 1997, 732.
[112] Frank 1997, 735.
[113] Degler 1991, 90.

réfutait l'utilisation de la race comme une catégorie analytique, mais il est parvenu à cette conclusion davantage par le biais de la théorie que par celui d'une idéologie. Kroeber soutenait que « notre travail est de promouvoir l'anthropologie plutôt que de mener des batailles au nom de la tolérance dans d'autres domaines »[114].

Ashley Montagu était également un étudiant de Boas à l'influence considérable[115]. Montagu, dont le nom à la naissance était Israel Ehrenberg, était un combattant remarquable dans la guerre menée contre l'idée que les différences de capacités intellectuelles au sein du genre humain étaient, entre autres, de nature raciale. Il était également fortement conscient de son identité juive, affirmant, à un moment, que « si vous êtes élevé en Juif, vous savez que tous les non-Juifs sont antisémites. [...] Je crois qu'il s'agit d'une bonne hypothèse de travail »[116]. Montagu affirmait que la race est une construction sociale, que les êtres humains sont intrinsèquement coopératifs (mais pas intrinsèquement agressifs) et qu'il y a une fraternité universelle entre les hommes – une idée hautement problématique pour beaucoup au commencement de la Seconde Guerre mondiale.

Il convient également de mentionner le nom d'Otto Klineberg, professeur de psychologie à l'Université Columbia. Klineberg était « infatigable » et « ingénieux » dans son argumentaire contre l'existence même de différences raciales au sein de l'humanité. Il fut influencé par Boas lors de son passage à l'Université Columbia, et lui a dédicacé son ouvrage, *Race Differences*, publié en 1935. Klineberg « s'est donné pour mission de faire pour la psychologie ce que son ami et collègue à l'Université Columbia [Boas] a fait pour l'anthropologie : purger sa discipline de toute explication raciale des différences sociales au sein du genre humain »[117].

Il est donc intéressant, dans ce contexte, de souligner que les membres de l'école boasienne ayant acquis la plus grande notoriété

---

[114] Stocking 1968, 286.
[115] Shipman 1994, 159ff.
[116] Shipman 1994, 166.
[117] Degler 1991, 179.

publique ont été deux Gentils, à savoir Benedict et Mead. À l'instar d'autres grandes périodes de l'histoire (se référer aux chapitres 3 et 4 du présent ouvrage et au chapitre 6 de *SAID*), les Gentils sont devenus les porte-paroles, et donc les membres les plus visibles, d'un mouvement dominé par les Juifs. En effet, tout comme Freud, Boas recrutait des Gentils dans son mouvement, étant préoccupé par le fait que « la judaïté de ce mouvement rendrait sa science partisane aux yeux du public, ce qui la compromettrait »[118].

Boas entrevoyait l'étude de Margaret Mead sur l'adolescence aux Samoa sous l'angle de son utilité dans le débat portant sur l'inné et l'acquis qui faisait rage à l'époque[119]. Les résultats de ces recherches ont été publiés dans *Coming of Age in Samoa* – un livre qui a révolutionné l'anthropologie américaine en la tirant dans la direction de l'environnementalisme radical. Son succès est essentiellement dû à la promotion qui en a été faite par les étudiants de Boas dans les départements d'anthropologie de prestigieuses universités américaines[120]. Cet ouvrage, ainsi que celui de Ruth Benedict, *Patterns of Culture*, ont également eu une influence considérable sur d'autres acteurs des sciences sociales, des psychiatres, et plus généralement sur le public, au point où, à partir du milieu du XXe siècle, il était désormais chose courante pour les Américains les plus éduqués que d'expliquer les différences observés au sein du genre humain en termes culturels, et de dire que « la science moderne a montré que toutes les races humaines sont égales »[121].

Boas ne citait que très rarement les travaux de gens ne faisant pas partie de son groupe, sauf lorsqu'il s'agissait de les dénigrer alors qu'il promouvait et citait sans relâche les travaux de gens de son groupe, comme ce fut le cas pour ceux de Mead et Benedict. L'école boasienne d'anthropologie en est donc venue à ressembler à un microcosme similaire au judaïsme à plusieurs égards, notamment du fait qu'elle constitue une stratégie évolutionnaire de groupe hautement collectiviste,

---

[118] Efron 1994, 180.
[119] Freeman 1983, 60-61, 75.
[120] Freeman 1991.
[121] Stocking 1968, 306.

qui se caractérise par un fort attachement à l'identité du groupe, des politiques d'exclusion et une forte cohésion dans la poursuite des intérêts communs au sein du groupe.

L'anthropologie boasienne, du vivant de Boas, à tout le moins, s'apparentait aussi au judaïsme traditionnel d'une autre manière : elle était hautement autoritaire et ne tolérait pas la dissension. Comme dans le cas de Freud (se référer au chapitre 4 du présent ouvrage pour plus de détails), Boas était une figure patriarcale, soutenant fortement ceux qui partageaient ses points de vue tout en excluant ceux qui les rejetaient : Alfred Kroeber considérait Boas comme « un vrai patriarche » qui « faisait office de puissante figure paternelle, soutenant ceux auxquels il s'identifiait dans la mesure où il percevait une certaine réciprocité, tout en étant totalement indifférent, voire hostile aux autres lorsque le contexte l'exigeait »[122]. « Boas a toutes les caractéristiques d'un gourou, d'un professeur charismatique adulé et d'un maître, « littéralement glorifié » par des disciples dont il s'est « assuré une loyauté permanente » »[123].

Comme dans le cas de Freud, pratiquement tout ce que faisait Boas était considéré, aux yeux de ses disciples, comme étant de la plus haute importance et lui faisait mériter sa place parmi les plus grands intellectuels de tous les temps. Tout comme Freud, Boas ne tolérait pas les divergences théoriques ou idéologiques entre lui et ses étudiants. Ceux qui n'étaient pas d'accord avec le meneur, ou qui étaient impliqués dans des conflits personnels avec lui, comme Clark Wissler et Ralph Linton, étaient tout bonnement exclus du mouvement. White [124] voit dans l'exclusion de Wissler et Linton des relents de conflit ethnique, tous deux étant des gentils. White[125] suggère également que la condition de gentil de George A. Dorsey n'est pas étrangère à son exclusion du groupe de Boas en dépit de ses efforts pour s'y intégrer. Kroeber[126] décrit la façon

---

[122] Stocking 1968, 305-306.
[123] White 1966, 25-26.
[124] White 1966, 26-27.
[125] White 1966, 26-27.
[126] Kroeber 1956, 26.

dont George A. Dorsey, « gentil américain et titulaire d'un doctorat de l'Université Harvard, a échoué dans sa tentative d'être admis dans ce groupe sélect ». Un aspect de ce caractère autoritaire peut être vu à travers l'implication de Boas dans la suppression complète de la théorie évolutionnaire en anthropologie[127].

Boas représentait la quintessence de l'homme sceptique et était un ardent défenseur de la rigueur méthodologique en ce qui concerne les théories de l'évolution culturelle et l'influence de la génétique sur les différences entre différents individus ; pourtant, « le fardeau de la preuve ne reposait que très peu sur ses propres épaules »[128].

Bien que Boas (à l'instar de Freud ; se référer au chapitre 4) ait formulé ses conjectures d'une façon très dogmatique, ses « reconstructions historiques sont des conclusions, des suppositions et des affirmations non justifiées, allant du simplement possible au manifestement absurde. Pratiquement aucune n'est vérifiable »[129].

En tant qu'ennemi éternel de la généralisation et de la construction théorique, Boas a néanmoins accepté sans réserve la « généralisation absolue à laquelle est parvenue Margaret Mead après une étude de quelques mois du comportement des adolescents aux Samoa », bien que les résultats de Mead différaient grandement de ce qui avait jusqu'alors été publié dans ce domaine[130]. De plus, Boas a permis, et ce sans la moindre critique, à Ruth Benedict de falsifier ses propres données sur les Kwakiutl[131].

Toute cette entreprise peut ainsi être considérée comme un mouvement politique fortement autoritaire et ayant à sa tête un meneur charismatique. Les résultats furent éclatants : « La profession, dans son ensemble, a été unifiée au sein d'une unique organisation nationale d'anthropologues universitaires. Ceux-ci partageaient une même

---

[127] Freeman 1990, 197.
[128] White 1966, 12.
[129] White 1966, 13.
[130] Freeman 1983, 291.
[131] Torrey 1992, 83.

compréhension de ce que représentait la variété historiquement conditionnée de cultures humaines dans l'étude du comportement humain[132]. La recherche sur les différences raciales a cessé, et des théoriciens du racialisme et de l'eugénisme tels que Madison Grant et Charles Davenport ont été complètement exclus de la discipline.

À partir du milieu des années 1930, le point de vue boasien de la détermination culturelle du comportement humain avait acquis une forte influence sur les chercheurs en science sociale en général[133]. Les disciples de Boas ont pu aussi être comptés parmi les plus influents promoteurs universitaires de la psychanalyse[134]. Marvin Harris souligne que la psychanalyse a été adoptée par l'école boasienne parce qu'elle pouvait être utilisée comme outil pour la critique de la culture euro-américaine et, en effet, comme nous le verrons dans les chapitres suivants, la psychanalyse représente un vecteur idéal de critique culturelle. Une fois entre les mains de l'école boasienne, la psychanalyse a été complètement purgée de tous liens qu'elle pouvait avoir avec les théories évolutionnaires, et elle s'est bien mieux accommodée de l'importance des variables culturelles[135].

La critique culturelle représentait également un aspect important de l'école boasienne. Stocking montre que plusieurs boasiens influents, dont Robert Lowie et Edward Sapir, ont été impliqués dans la critique culturelle de l'époque des années 1920, qui mettait l'accent sur une perception de Amérique comme trop homogène, hypocrite, et émotionnellement et esthétiquement répressive (surtout en ce qui a trait à la sexualité).

L'un des objectifs principaux de ce programme était la création d'ethnographies de cultures idylliques exemptes de tous les aspects de la culture occidentale qui sont mal perçus. Parmi ces boasiens, la critique culturelle a pris la forme d'une idéologie de « primitivisme romantique », dans laquelle certaines cultures non-occidentales sont érigées en modèle

---

[132] Stocking 1968, 296.
[133] Stocking 1968, 300.
[134] Harris 1968, 43.
[135] Harris 1968, 433.

à suivre pour les sociétés occidentales.

La critique culturelle a été le thème central de deux des principales ethnographies boasiennes, à savoir *Moeurs et Sexualité en Océanie* de M. Mead et *Échantillons de civilisations* de R. Benedict. Ces travaux, en plus d'être erronés, présentent de manière inexacte de nombreuses problématiques associées à une analyse des comportements humains selon une perspective évolutionnaire.

Par exemple, les Zuni de Ruth Benedict étaient présentés comme exempt de guerres et d'homicides et préoccupés par l'accumulation de richesses. Les enfants n'y étaient pas disciplinés. Les rapports sexuels étaient sans engagement, la virginité, l'appartenance réciproque et la paternité étant par ailleurs ignorés. Les sociétés occidentales contemporaines sont, bien entendu, à l'opposé de ces paradis idylliques, et Benedict suggère que nous étudions de telles cultures afin de « juger les aspects dominants de notre propre civilisation »[136].

De façon similaire, la représentation des Samoans faite par Margaret Mead ignore tout ce qui s'oppose à la thèse qu'elle défend[137]. Les comportements négativement perçus des Samoans de Mead, dont le viol et l'importance accordée à la virginité, y sont attribués à l'influence occidentale[138].

Ces deux récits ethnographiques ont été la cible de critiques dévastatrices. L'évolution dans le temps de ces sociétés est plus conforme aux théories évolutionnaires qu'aux représentations de ces sociétés faites par Benedict et Mead[139]. Dans la controverse entourant l'ouvrage de Mead, certains de ses défenseurs ont souligné les possibles implications politiques négatives de la démythologisation de son ouvrage[140]. Quoi qu'il en soit, les questions soulevées par ces travaux de recherche demeurent toujours aussi chargées politiquement.

---

[136] Benedict 1934, 249
[137] Orans 1996, 155.
[138] Stocking 1989, 245.
[139] Caton 1990 ; Freeman 1983 ; Orans 1996 ; Stocking 1989.
[140] Caton 1990, 226-227.

En effet, l'une des conséquences du triomphe des boasiens était qu'il n'y eut pratiquement aucune recherche menée au sujet de la guerre et de la violence au sein des peuples étudiés par les anthropologues[141]. La guerre et les guerriers étaient ignorés, et les cultures étaient vues comme fabricantes de mythes et donneuses de cadeaux. Orans montre que Mead a systématiquement ignoré les cas de viols, de violence, de révolution et de compétition dans son récit sur les Samoans. Seuls 5 articles sur l'anthropologie de la guerre ont été publiés au cours des années 1950.

De manière révélatrice, lorsque Harry Turney-High a publié son ouvrage intitulé *Primitive Warfare* en 1949, étudiant l'universalité de la guerre et ses fréquentes manifestations de sauvagerie, il a été complètement ignoré par le milieu de l'anthropologie – ce qui constitue un autre exemple des tactiques d'exclusion utilisée par les Boasiens contre les dissidents, également caractéristiques des autres mouvements intellectuels étudiés dans le cadre du présent ouvrage. L'abondance de données de Turney-High sur les peuples non-occidentaux entrait en conflit avec l'image d'eux favorisée par une profession fortement politisée et dont les membres ont purement et simplement exclu certaines données du discours intellectuel.

Ces exclusions ont donné lieu à un « passé pacifié »[142] et à une « attitude d'auto-culpabilisation » selon laquelle les comportements des peuples primitifs étaient expurgés [ndt : de tout ce qui pourrait être perçu négativement chez eux] alors que le comportement des peuples européens était non seulement présenté comme étant particulièrement diabolique, mais aussi comme étant responsable des guerres dans lesquelles les peuples primitifs sont impliqués. Selon ce point de vue, il n'y a que l'inadéquation fondamentale de la culture européenne qui empêche l'avènement d'un monde idyllique exempt de tout conflit entre les différents groupes qui le composent.

La réalité, bien entendue, est bien différente. La guerre a été et demeure un phénomène récurrent au sein des sociétés primitives. Des

---

[141] Keegan 1993, 90-94.
[142] Keeley 1996, 163sq.

études indiquent que plus de 90 % des sociétés sont impliqués dans une guerre quelconque, une forte majorité d'entre elles étant impliqués dans des activités militaires au moins une fois par an[143]. De plus, dès lors que des êtres humains modernes entrent en scène, il y a des indications claires d'une augmentation de la violence homicide, étant donné le nombre suffisamment élevé d'enterrements[144]. En raison de sa fréquence et de ses conséquences sérieuses, la guerre primitive a été plus mortelle que la guerre civilisée. La plupart des hommes dans les sociétés primitives et préhistoriques ont « été témoins de la guerre à de nombreuses reprises au cours de leur vie ».[145]

L'après boas : exemples récents d'influence de la recherche en sciences sociales par des juifs dans un but politique

L'influence juive sur les sciences sociales s'est poursuivie bien au-delà de l'époque de Boas et de l'*American Anthropological Association*. Hollinger[146] note « la transformation de la démographie ethno-religieuse du monde universitaire américain par les Juifs » au cours de la période allant des années 1930 aux années 1960, ainsi que l'influence juive sur les tendances à la sécularisation de la société américaine et à la progression d'un nouvel idéal de cosmopolitisme[147].

Dès le début des années 1940, cette transformation s'est traduite par « une intelligentsia séculaire, de plus en plus juive, résolument à gauche et basée largement, mais pas exclusivement, sur les communautés issues de la philosophie et des autres disciplines des sciences sociales »[148].

En 1968, les Juifs représentaient 20% du corps professoral des plus grandes universités américains, et près de 30% des corps professoraux

---

[143] Keeley 1996, 27-32.
[144] Keeley 1996, 37.
[145] Keeley 1996, 174.
[146] Hollinger 1996, 4.
[147] Hollinger 1996, 11.
[148] Hollinger 1996, 160.

« les plus libéraux ». À cette époque, les Juifs, constituant moins de 3% de la population, représentaient 25% des corps professoraux des sciences sociales dans les grandes universités, et 40% des corps professoraux libéraux qui publiaient le plus [149]. Les universitaires juifs étaient également beaucoup plus susceptibles d'être favorables aux partis « progressistes » ou communistes au cours de la période allant des années 1930 aux années 1950. En 1948, 30% des Juifs du corps professoral ont voté en faveur du Progressive Party, contre seulement 5% des Gentils de ce même corps professoral[150].

Boas, qui était socialiste, est un bon exemple des tendances gauchistes des chercheurs en sciences sociales juifs, et plusieurs de ses disciples étaient politiquement radicaux [151]. Des constats similaires peuvent être faits en observant le mouvement de la psychanalyse et l'École de Francfort de Recherche en Sciences Sociales (se référer aux chapitres 4 et 5), mais aussi les critiques de la sociobiologie évoqués dans ce chapitre (Jerry Hirsch, R.C. Lewontin et Steven Rose). L'attraction exercée par la gauche sur les intellectuels Juifs est un phénomène général et a typiquement été corrélé avec un fort sentiment identitaire juif ainsi qu'avec un certain zèle dans la protection des intérêts juifs (se référer au chapitre 3).

Stephen Jay Gould et Leon Kamin sont d'éloquents exemples de ces tendances. Le point de vue de Gould[152] au sujet des influences sociales sur la théorie évolutionnaire est présenté dans *SAID* (chapitre 5), et Gould lui-même illustre particulièrement bien cet amalgame d'intérêts personnels et ethno-politiques dans le développement de la science. Gould fut un farouche opposant de l'approche évolutionnaire dans l'étude du comportement humain, et a de surcroit bénéficié d'une grande visibilité. À l'instar de plusieurs autres illustres opposants à la sociobiologie (J. Hirsch, L. Kamin, R. C. Lewontin, and S. Rose)[153],

---

[149] Rothman et Lichter 1982, 103.
[150] Rothman et Lichter 1982, 103.
[151] Torrey 1992, 57.
[152] Gould 1992.
[153] Myers 1990.

Gould est juif, et Michael Ruse[154] souligne que l'un des principaux thèmes d'une des œuvres de Gould, *The Mismeasure of Man*, était de montrer comment l'approche héréditaire dans l'étude de l'intelligence avait été utilisée par des « suprématistes teutoniques » à des fins discriminatoires contre les Juifs au début du XXe siècle. Le point de vue de Gould, en ce qui concerne les débats sur le QI des années 1920 et leurs liens avec la problématique de l'immigration, puis plus tard avec l'Holocauste est par ailleurs marquant. Il montre à quel point le talent de propagandiste et d'activiste ethnique, lorsque combiné à une profession prestigieuse conférant beaucoup de visibilité, peut permettre d'influencer l'esprit du public dans un domaine de recherche qui n'est pas sans effet sur les politiques publiques.

Ruse souligne que l'ouvrage de Gould a été écrit avec passion tout en ayant été « largement critiqué » par des historiens de la psychologie, suggérant que Gould a incorporé les sentiments qu'il éprouve à propos de l'antisémitisme à ses écrits scientifiques sur les influences de la génétique sur les différences d'intelligence à l'échelle individuelle.

Ruse explique son raisonnement[155] de la manière suivante :

> Il ne me paraît pas totalement absurde de suggérer que l'opposition passionnée de Gould à la sociobiologie humaine était liée à sa peur que cette discipline eut pu être utilisée à des fins antisémites. J'ai ainsi, une fois, posé la question à Gould lui-même […] Il n'a pas totalement rejeté l'idée, mais a tout de même expliqué que cette opposition provenait davantage du marxisme et qu'il se trouve que la plupart des marxistes américains sont issus de familles juives originaires d'Europe de l'Est. Il est possible qu'une combinaison de ces deux éléments permette d'expliquer le phénomène [ndt : le phénomène de l'incorporation de sentiments dans ses écrits scientifiques].

Les commentaires formulés par Gould mettent en lumière le fait que le rôle des universitaires juifs dans l'opposition à l'approche darwiniste dans l'étude du comportement humain a souvent été associé à une forte implication dans un agenda politique résolument gauchiste. Gould lui-

---

[154] Ruse 1989, 203.
[155] Ruse 1989, 203.

même a reconnu que sa théorie de l'évolution, basée sur le modèle de l'équilibre ponctué, lui convenait tout à fait en tant que marxiste, car elle impliquait des épisodes révolutionnaires sporadiques dans le processus de l'évolution, par opposition au modèle conservateur du changement graduel et constant.

Gould a étudié le marxisme « sur les genoux de son père »[156], indiquant ainsi qu'il a grandi tout en faisant partie intégrante de la sous-culture juive marxiste présentée au chapitre 3. Dans un article récent, Gould[157] se remémore, non sans joie, le *Forward*, un journal rédigé en Yiddish, se caractérisant à la fois par un radicalisme politique et par une conscience ethnique (se référer au chapitre 3), affirmant que plusieurs des membres de sa famille y étaient abonnés. Comme le souligne Arthur Hertzberg[158], « Les lecteurs du *Forward* savaient que la volonté des Juifs de préserver leur intégrité ethnique était bien réelle, et forte de surcroît. »

Bien que la famille de Gould ne fût pas pratiquante, elle demeurait « attachée à la culture juive »[159]. L'un des traits majeurs de la culture juive est la perception d'une prévalence de l'antisémitisme au cours des différentes périodes de l'Histoire[160] et la perception de Gould d'une constante oppression des Juifs au cours de l'histoire imprègne sa récente critique de *The Bell Curve*[161], dans laquelle il rejette le concept de Herrnstein et Murray[162] d'une société socialement cohésive où chacun y a un rôle important à jouer : « Ils [Herrnstein et Murray] ont oublié les Juifs des villes et tous ces habitants laissés pour compte dans beaucoup de ces villages idylliques. » Il est clair que Gould reproche aux sociétés occidentales de n'avoir pas su intégrer les Juifs dans leurs structures sociales d'harmonie hiérarchique et de cohésion sociale. Au chapitre 8, j'aborderai plus en détails la problématique de l'incompatibilité du

---

[156] Gould 1996a, 39.
[157] Gould 1996c.
[158] Hertzberg 1989, 211-212.
[159] Mahler 1996.
[160] *SAID*, chapitre 6.
[161] Gould 1994b.
[162] Herrnstein et Murray 1994.

judaïsme avec la quintessence de cette forme occidentale de structure sociale.

Kamin et Gould ont des parcours relativement similaires au sein de la sous-culture juive gauchiste, décrite plus en détails au chapitre 3, et ils présentent, à l'instar de nombreux Juifs américains, une forte animosité personnelle envers les lois sur l'immigration des années 1920 (se référer au chapitre 7).

Kamin, fils d'un rabbin ayant immigré aux États-Unis en provenance de Pologne, reconnaît que « l'expérience de vivre et de grandir, en tant que juif, dans une ville majoritairement chrétienne l'a fortement sensibilisé à la capacité de l'environnement social de forger la personnalité [ndt : d'un individu] »[163] – un commentaire qui suggère également que Karmin a grandi dans un milieu où les gens étaient fortement attachés à leur identité juive. Au cours de son passage à l'Université Harvard, Kamin a rejoint le Parti Communiste et est devenu l'éditeur du journal du parti en Nouvelle-Angleterre. Après avoir quitté le parti, il est devenu, en 1953, l'une des cibles des audiences de sous-comité de Joseph McCarthy au Sénat. Kamin a été accusé, puis acquitté, les chefs d'accusation portant sur son mépris criminel du Congrès, n'ayant pas répondu à toutes les questions du sous-comité. Fancher décrit les travaux de Kamin sur le QI comme « ne prétendant que très peu à l'objectivité »[164], et suggère qu'il existe un lien entre le parcours et les origines de Kamin et son point de vue sur le QI : « Il ne fait nul doute que, sachant que sa propre famille originaire d'Europe centrale [et, je suppose, d'autres Juifs] eut potentiellement pu être visée par les lois restreignant l'immigration, Kamin en est arrivé à la conclusion que l'hypothèse à la fois arrogante et infondée du caractère héréditaire du QI a contribué à la mise en place d'une politique sociale injuste au cours des années 1920 »[165].

---

[163] Fancher 1985, 201.
[164] Fancher 1985, 212.
[165] Fancher 1985, 208.

Kamin [166] [167] et Gould [168] [169] ont été à l'avant-garde de la désinformation en ce qui concerne le rôle des épreuves de QI dans les débats sur l'immigration au cours des années 1920. Snyderman et Herrnstein[170] (voir aussi Samelson[171]) montrent que Kamin et Gould ont faussement représenté l'étude de H. Goddard (1917) sur le QI des immigrants juifs, en indiquant que « 83% des Juifs, 80% des Hongrois, 79% des Italiens et 87% des Russes étaient « faibles d'esprit » »[172]. Comme le soulignent Snyderman et Herrnstein[173], « Le « fait » le plus souvent mis en avant en guise de preuve du biais nativiste que présenterait le QI ne reposait pas sur des scores de QI, n'était pas considéré, et ce même par ses propres inventeurs, comme une représentation suffisamment précise des immigrants ou comme une mesure fiable des aptitudes héritées, et utilisait un test dont la tendance à exagérer la faiblesse d'esprit chez tout type de population adulte était bien connu à l'époque. » En effet, Goddard[174] note que « nous ne disposons pas de données sur ce sujet, mais nous pouvons indirectement affirmer qu'il est beaucoup plus probable que leur condition résulte de l'environnement dans lequel ils ont vécu que de ce dont ils ont hérité de leurs parents, » et il a cité ses propres travaux en indiquant que les immigrants ne représentaient que 4,5% des résidents des établissements pour faibles d'esprit.

Degler[175] note que Gould s'était engagé dans une « poursuite à tout prix » de Goddard[176], le présentant de manière erronée comme un « élitiste et un défenseur radical de la perspective héréditaire. » Gould a ignoré les doutes et les réserves émis par Goddard, ainsi que ses

---

[166] Kamin 1974a.
[167] Kamin 1974b.
[168] Gould 1981.
[169] Gould 1996a.
[170] Snyderman et Herrnstein 1983.
[171] Samelson 1982.
[172] Kamin 1974, 16.
[173] Snyderman et Herrnstein 1983, 987.
[174] Goddard 1917, 270.
[175] Degler 1991, 39.
[176] Degler 1991, 40.

déclarations sur l'importance de l'environnement. Il ne fait pas de doute que Gould a fait preuve de malhonnêteté académique dans le cadre de ce projet : Degler[177] note que Gould a cité Goddard tout juste avant le passage qui suit, et qu'il était donc conscient que Goddard était loin d'être radical sur le plan de ses croyances au sujet des origines de la faiblesse d'esprit : « Même à l'heure actuelle nous sommes loin de pouvoir trancher la question de la nature de la faiblesse d'esprit. Ce problème est trop complexe pour pouvoir être résolu facilement. » Néanmoins, Gould a sciemment choisi d'ignorer ce passage. Gould a également ignoré les commentaires de Degler dans sa révision de 1996 de *The Mismeasure of Man*, qui est détaillée plus bas.

De plus, Kamin et Gould mettent en avant une influence fortement exagérée et essentiellement fausse des attitudes générales de la communauté de test au sujet des différences d'intelligence entre les différents groupes ethniques, ainsi que de la place qu'occupait l'évaluation du QI dans les débats de l'époque au Congrès[178,179,180] – ce dernier point ayant été confirmé par ma propre lecture des débats. En effet, l'évaluation du QI n'a été mentionnée ni dans le rapport de la majorité du Congrès, ni dans celui de la minorité. (Le rapport de la minorité a été rédigé et signé par les deux membres juifs du congrès, les parlementaires Dickstein et Sabath, figures de proue du combat contre la restriction [ndt : de l'immigration].) Contrairement à ce qu'affirme Gould[181], à savoir que « les débats du Congrès qui ont mené à l'adoption de l'*Immigration Restriction Act* de 1924 étaient focalisés sur l'épreuve de QI de l'armée », Snyderman et Herrnstein notent que l'Immigration Restriction Act ne fait aucunement mention de l'évaluation de l'intelligence ; les résultats des épreuves associés aux immigrants ne sont que brièvement évoqués dans les audiences, pour être par la suite essentiellement ignorés, voire critiqués, et le sujet n'est abordé qu'une fois sur les quelques 600 pages que compte la transcription des débats, ou, qui-plus-est, les épreuves de

---

[177] Degler 1991, 354n16.
[178] Degler 1991, 52.
[179] Samelson 1975, 473.
[180] Snyderman et Herrnstein 1983.
[181] Gould 1981, 232.

QI y sont largement critiquées. Aucune des principales sommités en matière d'évaluation du QI ne furent consultées, tout comme leurs travaux ne furent pas intégrés aux archives législatives »[182]. De plus, comme le remarque Samelson [183], la volonté de restriction de l'immigration est née bien avant l'existence des épreuves de QI, et cette restriction a été favorisée par divers groupes, incluant les syndicats d'ouvriers, pour des raisons n'ayant aucun lien avec la race ou l'intelligence, parmi lesquelles on compte notamment le caractère juste du maintien du *statu quo* ethnique aux États-Unis (se référer au chapitre 7).

Samelson [184] décrit plusieurs autres domaines dans lesquels la malhonnêteté intellectuelle de Kamin est perceptible, l'exemple le plus probant étant ses propos diffamatoires sur Goddard, Lewis M. Terman et Robert M. Yerkes dans lesquels ces pionniers de la mesure de l'intelligence sont présentés comme des gens ayant produit des résultats imprégnés de leurs propres opinions politiques. Terman, par exemple, a conclu suite à ses recherches que les Asiatiques n'étaient pas inférieurs aux Caucasiens, résultat qu'il a raisonnablement interprété comme mettant en lumière l'insuffisance de l'argument culturel ; ces résultats sont par ailleurs cohérents avec les conclusions d'études plus récentes[185][186]. Les Juifs étaient également surreprésentés dans l'étude de Terman sur les enfants particulièrement doués, ce qui avait été largement rapporté par la presse juive de l'époque (i.e. *The American Hebrew*, 13 juillet 1923, p.177), tout en étant cohérent avec les résultats de plus récentes recherches[187]. Ces deux conclusions vont à l'encontre de la théorie de la supériorité nordique.

Kamin[188] a également conclu que « l'utilisation du recensement de

---

[182] Snyderman et Herrnstein 1983, 994.
[183] Samelson 1975.
[184] Samelson 1975.
[185] Lynn 1987.
[186] Rushton 1995.
[187] *PTSDA*, Ch. 7.
[188] Kamin 1974a, 27.

1890 n'avait qu'un but reconnu par les partisans de la loi. La « nouvelle immigration » avait commencé après 1890, et la loi était conçue pour exclure les être biologiquement inférieurs [...] c'est-à-dire les gens du sud-est de l'Europe. » Il s'agit d'une interprétation très tendancieuse des motivations qui animaient les partisans d'une restriction de l'immigration.

Tel que discuté au chapitre 7, le recensement de 1890 concernant les gens nés à l'étranger a été utilisé car les pourcentages des groupes ethniques provenant de l'étranger en 1890 représentait approximativement les proportions de ces mêmes groupes dans la population globale au recensement de 1920. Le principal argument pour justifier l'utilisation du recensement de 1890 était qu'il représentait adéquatement tous les groupes ethniques [ndt : on parle ici de l'utilisation des données ethniques et raciales tirées du recensement de 1890 dans les études portant sur la mesure de l'intelligence par le biais du QI].

Cette fausse représentation des débats des années 1920 a par la suite été utilisée par Gould, Kamin et d'autres encore pour faire valoir que « la loi sur l'immigration de 1924 était ouvertement raciste »[189], qu'elle a été adoptée en raison du biais raciste émanant des partisans des épreuves de QI et qu'elle a constitué la cause première de la mort des Juifs lors de l'Holocauste. Ainsi, Kamin[190] a conclu que « la loi, qui doit essentiellement son existence à la science de la mesure de l'intelligence, a eu pour principale conséquence la mort de centaines de milliers de personnes jugées indésirables au regard des théories racistes nazies. Les victimes se sont vu refuser l'accès aux États-Unis parce que le « quota d'Allemands » avait déjà été rempli. »

La représentation de l'étude de la mesure de l'intelligence du début de XXe siècle proposée par Kamin fut bien reçue et abondamment relayée par la presse, les magazines les plus populaires, tout en ayant influencé des décisions prises en Cour et des publications universitaires. Ma propre introduction aux idées de Kamin se fit par le biais d'un ouvrage bien connu sur la psychologie développementale, que j'ai par

---

[189] Kamin 1982, 98.
[190] Kamin 1974, 27.

ailleurs utilisé dans le cadre de l'enseignement que je dispensais.

De façon similaire, Gould suggère l'existence d'une relation de cause à effet entre le point de vue héréditariste sur le QI et la loi sur l'immigration de 1924 restreignait l'immigration en provenance d'Europe de l'Est et du Sud en faveur des immigrants originaires du nord et de l'ouest de l'Europe. Cette loi est par la suite mise en rapport avec l'Holocauste :

> Les quotas […] ont fortement réduit l'immigration en provenance du Sud et de l'Est de l'Europe. Au cours des années 1930, des réfugiés juifs, ont souhaité émigrer, mais n'ont pas été admis [ndt : aux États-Unis]. Les quotas légaux, ainsi que la propagande eugéniste permanente, leur interdisait complètement l'immigration, parfois pour plusieurs années, lorsque les quotas augmentés concernant les pays d'Europe du Nord et de l'Ouest n'étaient pas remplis. Chase (1977) a estimé que les quotas ont empêché l'immigration aux États-Unis de jusqu'à 6 millions de personnes en provenance d'Europe centrale, du Sud et de l'Est entre 1924 et le début de la seconde guerre mondiale (en supposant que l'immigration en provenance de ces pays se fusse poursuivie au rythme d'avant 1924). Nous savons ce qui est arrivé à ceux qui voulaient partir mais qui n'avaient nulle part où aller. Les chemins menant à la destruction sont souvent indirects, mais les idées peuvent y contribuer au même titre que les armes à feu et les bombes.[191] [192]

En effet, bien que rien ne montre que les épreuves de QI ou les théories eugénistes aient eu autre chose qu'une influence marginale sur l'élaboration et l'adoption de la loi sur l'immigration de 1924, on peut montrer que cette loi était perçue par les Juifs comme leur étant dirigée contre eux (se référer au chapitre 7). De plus, les inquiétudes au sujet des Juifs et de leur impact sur la société américaine peut très bien avoir représenté un motif pour certains des Gentils qui étaient partisans d'une restriction de l'immigration, dont les intellectuels Madison Grant et Charles Davenport.

En raison de son désir de contrer la publicité dont jouissait *The Bell*

---

[191] Gould 1981, 233.
[192] Gould 1998.

Curve[193], Gould a republié *The Mismeasure of Man* en 1996 avec une nouvelle introduction dans laquelle il déclare : « Que l'on me jette en enfer avec Judas Iscariote, Brutus et Cassius si j'échoue à présenter mon étude la plus honnête et ma meilleure analyse des preuves de la réalité empirique »[194]. En dépit de cette déclaration d'objectivité académique (qui est consciemment formulée sur un ton défensif), Gould ne prend pas la peine de considérer les critiques qui lui sont adressées – ce qui est le genre de comportement auquel on peut s'attendre de la part d'un propagandiste, mais pas d'un universitaire[195]. L'article de Snyderman et Herrnstein, les travaux de Samelson et l'ouvrage de Degler[196] n'y sont pas cités, et Gould ne retire pas sa déclaration selon laquelle les épreuves de QI ont occupé une place prépondérante dans les débats sur l'immigration au Congrès, au cours des années 1920.

De façon plus flagrante encore, Gould avance l'argument stupéfiant selon lequel il continuera d'ignorer toutes les récentes études sur le QI, leur préférant la recherche « classique » d'autrefois, en raison de la nature « transitoire et éphémère » de la recherche moderne[197]. L'argument, en substance, consiste à dire qu'il n'y a pas eu d'avancées en matière de recherche sur le QI, mais plutôt que les mêmes mauvais arguments sont constamment ressassés – un commentaire que Gould n'aurait, à mon avis, pas fait dans un quelconque autre domaine de la science. Ainsi, Gould continue de dénigrer les études cherchant à établir un lien entre la taille du cerveau et le QI, en dépit d'un grand nombre d'études qui tendent à montrer ce lien, qui ont été réalisées tant avant qu'après la publication de son édition de 1981 (se référer au sommaire plus bas).

L'utilisation de l'imagerie par résonance magnétique dans le but d'effectuer une mesure plus précise de la taille du cerveau dans le cadre de la recherche moderne confirme ainsi les découvertes de pionniers du XIXème siècle en la matière, comme Paul Broca, Francis Galton et

---

[193] Gould 1996a, 31.
[194] Gould 1996a, 39.
[195] Rushton 1997.
[196] Degler 1991.
[197] Gould 1996a, 22.

Samuel George Morton, qui sont tous systématiquement dénigrés par Gould. Toutefois, comme le souligne Rushton[198], l'édition de 1996 de l'ouvrage de Gould semble avoir omis la discussion de l'édition de 1981 portant sur les recherches d'Arthur Jensen sur la corrélation entre la taille du cerveau et le QI car les données récentes ne présentent qu'un faible coefficient de corrélation (coefficient proche de 0,40). En lieu et place de cette discussion, l'édition de 1996 de Gould présente son approbation d'une revue de littérature, publiée en 1971, qui concluait à l'absence de toute relation entre ces deux variables. Cette nouvelle édition ignore donc sciemment 25 années de recherche, dont la publication de Van Valen[199], sur laquelle sont fondées les idées développées par Jensen.

Dans cette révision, Gould passe également sous silence une publication de J.S. Michael[200] qui montre que, contrairement à ce qu'affirme Gould, Samuel George Morton n'a pas truqué ses données sur les différences raciales en termes de taille crânienne, intentionnellement ou non. De plus, bien que l'étude de Morton « ait été réalisée avec intégrité »[201] ;, elle comportait une erreur en faveur d'un groupe non caucasien – une erreur que Gould a omis de mentionner, alors qu'il faisait lui-même, systématiquement, des erreurs tout en utilisant des procédures choisies arbitrairement pour réaliser ses calculs. Et Gould le faisait d'une façon qui favorisait la vérification de sa propre hypothèse de recherche, à savoir qu'il n'y a pas de différence entre les races en matière de volume crânien.

Gould a par ailleurs omis de revoir sa critique de H.H. Goddard dans laquelle il affirmait que celui-ci aurait modifié des photographies de la célèbre famille Kallikak afin de faire paraître ses membres menaçants et mentalement arriérés. (Dans son étude, Goddard avait comparé les Kallikaks, qui étaient les descendants d'une tenancière de bar et d'un honnête citoyen, avec les descendants de ce même homme et de sa

---

[198] Rushton 1997.
[199] Van Valen 1974.
[200] Michaels 1988.
[201] Michaels 1988, 253.

femme.) Une étude subséquente de Glenn et Ellis[202], qui a été publiée bien avant l'édition révisée de 1996, concluait, toutefois, que ces photographies étaient jugée « gentilles ». Pour être charitable, l'on peut dire que les présuppositions de Gould au sujet des mauvaises intentions des chercheurs dans le domaine du QI proviennent son biais démesuré à l'égard des autres [ndt : de ceux qui ne font pas partie de son groupe ethnique].

Finalement, l'édition de 1996 ne présente aucune réfutation des arguments avancés contre les propos de Gould selon lesquels g (l'intelligence générale) ne serait rien de plus qu'un artifice statistique[203] [204] [205]. Cela est remarquable puisque dans l'introduction de l'édition de 1996, Gould reconnaît clairement son manque d'expertise en matière d'histoire des sciences et de psychologie, tout en prétendant être un expert en analyse factorielle. Le fait qu'il ait omis de répliquer à ses critiques universitaires est donc un autre exemple de sa malhonnêteté intellectuelle au service de son agenda ethno-politique. Comme l'indique la revue de l'édition de 1996 publiée par Rushton[206], il y a encore bien d'autres erreurs de commission et d'omission dans *The Mismeasure of Man*, qui sont toutes en lien avec des questions politiques sensibles impliquant l'idée de différences raciales et sexuelles en matière de capacités cognitives.

Gould était également opposé à l'idée que l'évolution puisse être porteuse de progrès, possiblement parce qu'il estimait que de telles idées, défendues par les évolutionnistes allemands, furent à l'origine du national-socialisme[207]. Comme le souligne Lewin[208], Gould reconnaît que ses croyances sont sous influence idéologique, mais réaffirme sa croyance en l'idée que la tendance selon laquelle l'intelligence croît avec

---

[202] Glenn et Ellis 1988.
[203] Carroll 1995.
[204] Hunt 1995.
[205] Jensen et Weng 1994.
[206] Rushton 1997.
[207] Lewin 1992, 143 : commentaires de Robert Richard.
[208] Lewin 1992, 144.

le volume crânien ne serait que d'importance marginale lorsque l'on analyse l'évolution dans sa globalité. (L'idée voulant qu'une augmentation de la complexité soit importante dans le cadre de l'évolution est toujours largement soutenue[209] [210] [211][212]).

Toutefois, Gould reconnaît qu'il y a un problème plus important que de déterminer si tous les groupes animaux présentent cette tendance. Il y a, à la base de cette perspective, l'affirmation de Gould selon laquelle la conscience et l'intelligence humaine, de même que la tendance générale d'augmentation du volume crânien au cours de l'évolution ne sont que des événements fortuits et n'ont, dès lors, pas contribué à la sélection naturelle ou à résoudre les problèmes d'adaptation à l'environnement rencontrés qui se sont posés au fil du temps[213]. Cette perspective, que Gould a fait sienne, est donc destinée à alimenter le débat portant sur la question du caractère inné ou acquis de l'intelligence.

De plus, l'analyse dévastatrice de Dennett[214] [215] des éléments de rhétorique utilisés par Gould dans le cadre de son combat contre l'adaptationnisme ne laisse guère place au doute en ce qui concerne la malhonnêteté intellectuelle fondamentale de Gould. Dennett conclut que les motivations de Gould ne sont nullement scientifiques, mais sans toutefois avancer d'explications concernant l'origine de ces motivations.

Gould lui-même[216] relate un incident dans lequel le biologiste britannique Arthur Cain, faisant allusion à la publication anti-adaptationniste de Gould et Lewontin[217] *The Spandrels of San Marco and the Panglossian paradigm : A critique of the adaptationist programme*, l'accusait d'avoir « enfreint les règles de la science et de la décence

---

[209] Bonner 1988.
[210] Russel 1983.
[211] Russel 1989.
[212] E.O. Wilson (Miele 1998, 83).
[213] Lewin 1992, 145-146.
[214] Dennett 1993.
[215] Dennett 1995.
[216] Gould 1993, 317.
[217] Gould et Lewontin 1979.

intellectuelle en niant une chose, que nous savions vraie par ailleurs (l'adaptationnisme), simplement parce qu'il n'appréciait pas les implications politiques de la sociobiologie, qui repose sur l'adaptationnisme. »

La conclusion de tout cela est que Gould a cessé d'appartenir au groupe des « érudits anciens et universels », et passera l'éternité en enfer. Toutefois, il est bien connu que bien que Gould ait un fort agenda politique et qu'il soit à la fois malhonnête et égoïste en tant qu'intellectuel, John Maynard Smith[218], biologiste évolutionnaire de renom, note qu' » il [Gould] en est venu à être considéré comme le principal théoricien évolutionnaire. À l'inverse, les biologistes évolutionnaires avec lesquels je me suis entretenu tendent à le percevoir comme une personne dont la pensée est si confuse qu'elle ne vaut même pas la peine que l'on s'y attarde… tout cela ne nous préoccuperait pas s'il ne s'agissait pas de cette fausse image de la théorie évolutionnaire qu'il transmet aux non-biologistes. »

De façon similaire, Steven Pinker[219], linguiste reconnu et figure majeure du mouvement de la psychologie évolutionnaire, qualifie les idées de Gould, au sujet de l'adaptationnisme, de « dévoyées » et de « mal informées ». Il reproche également à Gould d'avoir omis de citer les travaux, par ailleurs bien connus, de G.C. Williams et de Donald Symons, dans lesquels ces auteurs exposent des arguments non-adaptatifs pour expliquer certains comportements humains, bien que leurs travaux soient globalement caractérisés par une perspective adaptationniste en ce qui concerne l'explication des comportements humains. C'est ainsi que Gould s'est approprié, de façon malhonnête, les idées d'autres auteurs, tout en les ayant utilisé d'une manière inappropriée dans le but de discréditer l'adaptationnisme en général.

Dans un article intitulé *Homo deceptus : Never trust Stephen Jay Gould*, le journaliste Robert Wright[220], auteur de *The Moral Animal*

---

[218] Smith 1995, 46.
[219] Pinker 1997.
[220] Wright 1996.

(Basic Books, 1994) adresse à Gould [221] les mêmes reproches d'interprétation malhonnête de la psychologie évolutionnaire des différences sexuelles. Wright souligne que Gould « a convaincu le public qu'à défaut d'être un bon écrivain, il est un grand théoricien de l'évolution. Il n'en reste pas moins qu'au sein de l'élite des biologistes évolutionnaires, il est considéré comme une véritable nuisance – non pas comme une nuisance mineure, mais comme une personne qui a littéralement embrouillé le public en ce qui a trait à la compréhension du Darwinisme. » Il s'agit certes d'une fausse représentation du Darwinisme, mais celle-ci s'est toutefois révélée fort utile dans la défense de ses intérêts politiques, et, sans doute, ethniques.

Un autre biologiste de renom, John Alcock[222], propose une analyse approfondie et, à mon avis, juste de plusieurs aspects de la rhétorique de Gould : démonstrations d'érudition – phrases en langues étrangères, style poétique – non pertinentes au regard des arguments intellectuels, mais largement admirées, et ce même par ses détracteurs ; affubler ses opposants de qualificatifs dénigrants, tels que « science à la mode », « psychologie à la mode », « Darwinisme de carton », ou « Darwiniens fondamentalistes » (de façon similaire, Pinker[223] critique la rhétorique chargée d'hyperboles de Gould, incluant sa description des idées à la base de la psychologie évolutionnaire, la qualifiant de « stupide », de « pathétique », et d' » incroyablement simpliste », et son usage de vingt-cinq synonymes du mot « fanatique » ») ; simplification outrancière des idées de ses détracteurs, résultant en la mise en avant d'arguments fallacieux, l'un des plus classiques étant de qualifier ses détracteurs de « déterministes génétiques » ; protection de sa propre pensée en faisant d'illusoires concessions à ses opposants, créant ainsi une illusion d'intégrité, dans le but d'étouffer autant que possible le débat ; prétention à une plus grande moralité ; omission de résultats et de données bien connus de l'ensemble de la communauté scientifique ; proposition d'alternatives non-adaptationnistes sans toutefois les mettre à l'épreuve,

---

[221] Gould 1996b.
[222] Alcock 1997.
[223] Pinker 1997, 55.

et omission des résultats de recherche scientifique tendant à valider les thèses adaptationnistes ; affirmation de l'idée selon laquelle les explications de proximité (c'est-à-dire les explications du fonctionnement d'un certain comportement au niveau neurophysiologique) rend caduques les explications ultimes (c'est-à-dire la fonction adaptative du comportement).

Les commentaires de Maynard Smith, Wright et Alcock mettent en lumière le fait qu'en dépit d'une reconnaissance généralisée, au sein de la communauté scientifique, de la malhonnêteté intellectuelle de Gould, ce dernier a bénéficié d'une forte couverture en tant que porte-parole de son école de pensée, en ce qui a trait aux questions liées à l'évolution et à l'intelligence.

Comme le souligne Alcock[224], Gould, en tant que professeur de l'Université Harvard dont les travaux ont été largement publiés, a su rendre respectable la pensée anti-adaptationniste, et j'ai par ailleurs remarqué cet effet non seulement au sein de la frange éduquée du public, mais également parmi de nombreux universitaires n'étant pas rattachés au domaine des sciences biologiques.

Il a eu accès à de prestigieux forums d'intellectuels, incluant une chronique régulière dans *Natural History* et, avec Richard C. Lewontin (l'un des autres intellectuels-activistes dont les travaux sont discutés ici), a fréquemment fait office de critique de livres dans la *New York Review of Books* (*NYRB*). La *NYRB* a longtemps été un bastion de la gauche intellectuelle. Au chapitre 4, j'élabore sur le rôle qu'a joué la *NYRB* dans la promotion de la psychanalyse, et au chapitre 6, la *NYRB* est classée parmi les journaux des intellectuels new-yorkais, une clique majoritairement juive qui a dominé le monde intellectuel au lendemain de la seconde guerre mondiale.

L'idée est ici que la carrière de Gould, fondée sur la malhonnêteté intellectuelle, ne fut pas un cas isolé, mais a plutôt constitué un élément d'un mouvement plus large qui a dominé les plus prestigieux cercles d'intellectuels des États-Unis et du monde occidental – un mouvement

---

[224] Alcock 1997.

qui est ici conceptualisé comme une facette particulière du judaïsme, lui-même vu comme une stratégie évolutionnaire de groupe.

De façon plus personnelle, je me souviens clairement que l'une de mes premières expériences marquantes à l'université, dans l'étude des sciences comportementales, a été d'avoir été exposé au grand débat d' » instinct « entre les ethnologues allemands Konrad Lorenz et Iranäus Eibl-Eibesfeldt et les psychologues du développement, majoritairement juifs (D. S. Lehrman, J. S. Rosenblatt, T. C. Schnierla, H. Moltz, G. Gottlieb, et E. Tobach).

Les liens de Lorenz avec le national-socialisme[225] ont représenté un aspect à peine dissimulé de ce débat, et je me rappelle avoir eu l'impression d'assister davantage à une sorte de guerre ethnique qu'à un débat rationnel et scientifique. En effet, les passions intenses et non-scientifiques déchaînées par ces questions chez certains participants ont été ouvertement reconnues vers la fin de cet extraordinaire conflit. Dans ce contexte, Lehman a déclaré, en 1970 :

> Je ne devrais pas relever les éléments d'irrationalité et d'émotivité dans la réaction de Lorenz à la critique sans reconnaître qu'en analysant ma critique de sa théorie de 1953, j'y ai trouvé des éléments d'hostilité auxquels ma cible était forcée de réagir. Mes critiques ne me lisent pas comme s'il s'agissait d'une analyse scientifique, en y évaluant la contribution d'une perspective particulière, mais plutôt comme s'il s'agissait d'une attaque contre un point de vue théorique, l'auteur de l'attaque n'étant pas par ailleurs disposé à mettre en évidence les contributions positives de ce point de vue.

Plus récemment, alors que le débat s'est éloigné de l'opposition à l'ethnologie humaine pour se concentrer sur la sociobiologie humaine, plusieurs de ces psychologues du développement sont également devenus des critiques virulents de la sociobiologie[226]. Il ne s'agit pas, bien entendu, de nier les contributions, par ailleurs importantes, de ces psychologues du développement, et l'emphase qu'ils ont mise sur l'influence de l'environnement sur le développement comportemental – une tradition

---

[225] Lerner 1992, 59ff.
[226] Myers 1990, 225.

qui demeure bien présente en psychologie du développement à travers les écrits de nombreux théoriciens, dont Alan Fogel, Richard Lerner, Arnold Sameroff et Esther Thelen. De plus, il faut reconnaître qu'un certain nombre de juifs ont contribué de façon importante à la pensée évolutionnaire, dans le contexte de son application aux êtres humains et à la génétique comportementale humaine, dont Daniel G. Freedman, Richard Herrnstein, Seymour Itzkoff, Irwin Silverman, Nancy Segal, Lionel Tiger, et Glenn Weisfeld. Évidemment, il y a également des non-Juifs qui ont fortement critiqué la pensée bio-évolutionnaire.

Néanmoins, plus largement, tout indique que très souvent, d'importants intérêts humains, impliquant notamment l'identité juive, influencent les débats scientifiques. L'idée que je défends ici est donc, en substance, que l'une des conséquences de l'existence du judaïsme en tant que stratégie évolutionnaire de groupe a été le dévoiement de ces débats, ce qui a eu pour effet de nuire au progrès des sciences biologiques et sociales.

Richard Lerner[227], par son ouvrage intitulé *Final Solutions : Biology, Prejudice and Genocide* est probablement l'exemple le plus flagrant de scientifique cherchant à discréditer la pensée bio-évolutionnaire en raison de ses liens supposés avec l'antisémitisme. (Barry Mehler, un protégé de Jerry Hirsch, fait également de telles associations de manière explicite, mais son prestige académique est bien inférieur [ndt : à celui de Lerner], et son rôle se résume à celui de promoteur de ces idées [ndt : anti-évolutionnaires] dans les médias intellectuels gauchistes[228] [229]. Mehler, diplômé de l'Université Yeshiva, a organisé une conférence, « The Jewish Experience in America 1880 to 1975, » à l'Université Washington à St-Louis, dont le contenu suggère un fort attachement à l'identité juive.)

Lerner est un psychologue du développement renommé, et son ouvrage laisse entrevoir une grande implication personnelle dans le combat contre l'antisémitisme, de par ses tentatives d'influence et de

---

[227] Lerner 1992.
[228] Mehler 1984a.
[229] Mehler 1984b.

dévoiement de la théorie en sciences comportementale. Avant même d'élaborer sur les liens entre la théorie défendue par Lerner et son combat contre l'antisémitisme, je vais présenter sa théorie elle-même et le mécanisme tordu à l'aide duquel il a tenté de discréditer l'application de la pensée évolutionnaire à l'étude des comportements humains.

L'élément central de ce programme est le rejet, par Lerner, du déterminisme biologique en faveur d'une approche dynamique et contextualiste du développement humain. Lerner s'oppose également au déterminisme environnemental, mais ce dernier aspect n'a pas fait l'objet d'une discussion détaillée, celui-ci étant « probablement moins socialement pernicieux »[230]. Dans ce contexte, Lerner est certainement dans l'erreur. Une théorie selon laquelle il n'existe aucune nature humaine impliquerait que les humains puissent être facilement programmés pour accepter toute forme d'exploitation, incluant l'esclavage. D'un point de vue environnementaliste radical, la structure des sociétés importe peu, puisque les gens devraient être en mesure de s'approprier tout type de structure sociale. Les femmes pourraient être programmées pour accepter d'être violées, et les groupes ethniques pourraient être programmés pour accepter leur domination par d'autres groupes. L'idée selon laquelle l'environnementalisme radical n'est pas socialement pernicieux passe également sous silence le fait que le gouvernement communiste de l'Union Soviétique a assassiné des millions de ses propres citoyens, et s'est, par la suite, engagé sur la voie d'un antisémitisme officiel tout en souscrivant à l'idéologie de l'environnementalisme radical.

Le contextualisme dynamique de Lerner fait, de façon superficielle, mention des influences biologiques alors qu'en réalité, il les rend inconséquentes et impossibles à analyser. Cette théorie est solidement ancrée dans la tradition psychobiologique du développement présentée plus haut, et comporte de nombreuses références à ses principaux auteurs. Le contextualisme dynamique conceptualise le développement comme une interaction dialectique entre organisme et environnement. La réalité

---

[230] Lerner 1992, p.xx.

des influences biologiques y est reconnue, mais elles n'y sont pas analysables, puisqu'elles sont vues comme étant inextricablement liées aux influences environnementales.

La plus importante conclusion que l'on puisse en tirer est que toute tentative d'étude des variations génétiques, en tant que facteur d'influence indépendant sur les différences individuelles (ce qui n'est rien d'autre que l'étude quantitative de la génétique comportementale) est mise en échec. Bon nombre des opposants à la sociobiologie se sont également opposés à la recherche en génétique comportementale (notamment S. J. Gould, J. Hirsch, L. Kamin, R. C. Lewontin, et S. Rose). Gould[231] constitue par ailleurs un exemple particulièrement flagrant d'incompréhension totale des concepts de base de la génétique comportementale.

Il importe par ailleurs de souligner que le contextualisme dynamique et l'emphase qu'il met sur l'interaction dialectique entre organisme et environnement est davantage qu'une simple ressemblance de circonstance au marxisme. La préface du livre de Lerner a en effet été écrite par R. C. Lewontin, le biologiste des populations de Harvard qui s'est engagé dans une tentative sérieuse de fusionner science, gauchisme politique et opposition aux théories évolutionnaires et biologiques du comportement humain[232][233].

Lewontin (avec Steven Rose et Leon Kamin) était l'auteur principal de *Not in Our Genes*[234] – un livre qui débute avec une déclaration d'allégeance au socialisme[235], et qui, en plus de plusieurs autres méfaits intellectuels, poursuit l'œuvre de désinformation concernant le rôle des épreuves de QI dans les débats sur l'immigration des années 1920, ainsi que de leurs liens supposés avec l'Holocauste[236]. En effet, E. O. Wilson[237],

---

[231] Gould 1998.
[232] Levins et Lewontin 1985.
[233] Wilson 1994.
[234] Lewontin, Rose et Kamin 1984.
[235] Lewontin, Rose et Kamin 1984, p.ix.
[236] Lewontin, Rose et Kamin 1984, p.27.
[237] Wilson 1994, 344.

dont l'ouvrage intitulé *The New Synthesis*[238] a inauguré le domaine de la sociobiologie, note que « sans Lewontin, la controverse entourant la [sociobiologie] n'aurait pas été si importante, tout comme elle n'aurait pas suscité tant d'attention. »

Dans sa préface du livre de Lerner, Lewontin affirme que le contextualisme du développement représente « l'alternative au déterminisme biologique et culturel. La perspective contextuelle dans l'étude du développement représente le point central de *Final Solutions*, et c'est bien le développement de cette perspective qui rend nécessaire la création d'un programme de théorie sociale. Cette vision du monde n'a jamais été exposée de façon plus succincte que dans la troisième Thèse sur Feuerbach de Marx[239]. Lewontin y cite même Marx, les propos cités pouvant être associés à l'idée fondamentale du contextualisme du développement. Gould[240] a également adopté la perspective dialectique marxiste en sciences sociales.

Lerner consacre l'essentiel de son livre à démontrer que le *contextualisme dynamique*, en raison de l'emphase qu'il met sur la plasticité, apporte une perspective politiquement correcte sur les différences raciales et sexuelles, tout en entretenant l'espoir de la fin de l'antisémitisme.

Cette tentative à la fois messianique et rédemptionniste de développement d'une théorie universelle au sein de laquelle l'importance des différences entre Juifs et Gentils est minimisée est une caractéristique commune aux différents mouvements dont la composante juive est prépondérante, incluant les théories politiques radicales et la psychanalyse (se référer aux chapitres 3 et 4).

Le thème commun est que ces idéologies ont régulièrement été promues par des individus qui, à l'instar de Lerner, œuvrent en toute conscience en faveur des intérêts juifs (on peut également citer la tendance de Gould à chercher à obtenir le monopole de la morale.)

---

[238] Wilson 1975.
[239] Marx 1888, p.ix.
[240] Gould 1987, 153.

Toutefois, les idéologies sont promues en raison de leur promesse universaliste de mener l'humanité à un niveau de moralité supérieur – un niveau de moralité dans lequel l'identité juive demeurerait, alors que l'antisémitisme en disparaîtrait.

Présenté de cette manière, le *contextualisme dynamique* peut être vu comme figurant parmi les nombreuses tentatives de réconciliation du judaïsme et du monde moderne dans la période ayant suivi celle des Lumières.

Il ne fait aucun doute que Lerner croit fermement en l'impératif moral du point de vue qu'il défend, mais sa croisade morale l'a mené bien au-delà de la science dans ses tentatives de discrédit des théories biologiques, qui s'inscrivaient dans son combat contre l'antisémitisme.

Lerner a co-écrit un article dans le journal *Human Development*[241], qui dirige son combat contre l'influence de la pensée biologique dans la recherche en développement humain. Mon ouvrage intitulé *Sociobiological Perspectives on Human Development*[242], y est cité comme principal exemple d'approche évolutionnaire dérivée des travaux de E. O. Wilson et de point de vue qui a « gagné un certain soutien et qui a été mis en pratique »[243].

Afin de montrer de quelle façon ce point de vue est partagé et a été mis en pratique, Lerner et von Eye citent les travaux de J. Philippe Rushton sur les différences raciales en termes de style reproductif selon le modèle évolutif r/K. Cela semble sous-entendre que mon ouvrage aurait servi de base aux travaux de Rushton. Cela est inexact, puisque (1) mon ouvrage ne fait pas mention des différences liées à l'intelligence ou à tout autre phénotype entre négroïdes et caucasoïdes, et (2) il a été publié après que Rushton ait publié ses travaux sur l'explication des différences raciales par le modèle évolutif r/K *

Toutefois, l'association de mon ouvrage aux travaux de Rushton est une manière très efficace de générer une perception négative de mon

---

[241] Lerner et von Eye 1992.
[242] MacDonald 1988b.
[243] Lerner et von Eye 1992, p.13.

ouvrage, notamment du fait du statut de *persona non grata* de Rushton, qui est un théoricien des différences raciales[244].

La section suivante de l'article de Lerner et von Eye est intitulée *Genetic Determinism as Sociobiology's Key to Interdisciplinary Integration*. Cette juxtaposition de concepts implique, implicitement, que les auteurs cités dans mon ouvrage acceptent le déterminisme génétique et, en effet, à la fin de cette section, Lerner et von Eye font l'amalgame entre mon ouvrage et les travaux de nombreux autres auteurs du domaine de la sociobiologie dont on dit qu'ils croient que le destin est déterminé par l'anatomie, que les influences environnementales ne sont que fiction, et que « le monde social n'interagit pas avec le génome humain »[245].

Les universitaires défendant la perspective évolutionnaire en ce qui concerne les comportements humains ou la génétique comportementale ont été très souvent catalogués comme déterministes génétiques dans cette littérature fortement politisée.

De telles accusations sont caractéristiques de la rhétorique gouldienne et représentent l'un des thèmes principaux de l'ouvrage ouvertement politique de Lewontin et al.[246] intitulé *Not in Our Genes*. Je doute fortement qu'un seul des auteurs évoquées dans cette section de l'article de Lerner et von Eye puisse être réellement présenté comme un déterministe génétique[247].

En effet, Degler[248] résume bien la pensée évolutionnaire moderne en sciences sociales comme étant caractérisée par « une reconnaissance totale du pouvoir et de l'influence de l'environnement sur la culture ». Toutefois, je tiens à mentionner qu'il s'agit d'une représentation complètement fausse de mes écrits et que l'on peut difficilement penser que Lerner n'en était pas conscient.

Deux de mes contributions à mon ouvrage traitent directement des

---

[244] Gross 1990.
[245] Lerner et von Eye 1992, p.18.
[246] Lewontin et al. 1984.
[247] Burgess et Molenaar 1993.
[248] Degler 1991, 310.

influences culturelles et environnementales sur le comportement et la sous-détermination du comportement par les gènes. Plus particulièrement, ma perspective théorique, tel que décrite au chapitre 1 [249], reconnaît clairement l'importance de la plasticité du développement et celle des influences contextuelles sur le développement humain.

Et dans ces deux sections de mon article, je cite les travaux de Richard Lerner. Toutefois, Lerner et von Eye prennent soin d'éviter de décrire en détails ce que j'ai écrit. Leur stratégie est plutôt celle de l'insinuation et de la culpabilité par association ; ils s'y prennent, notamment, en plaçant mon ouvrage à la fin d'une section consacrée à des auteurs qui sont supposément des déterministes génétiques. Malheureusement, de telles insinuations sont chose courante dans les attaques dirigées contre les perspectives évolutionnaires dans l'étude du comportement humain.

L'idée ici est que l'on a toutes les raisons de croire que le combat contre l'antisémitisme représente l'une des motivations principales de ces attaques.

Lerner débute sa préface de *Final Solutions : Biology, Prejudice and Genocide* avec un portrait émotionnellement chargé de son enfance, marquée notamment par de nombreuses histoires d'atrocités nazies. « En tant que jeune garçon juif ayant grandi à Brooklyn à la fin des années 1940 et au début des années 1950, je ne pouvais m'échapper de Hitler. Lui, les nazis, la Gestapo et Auschwitz étaient partout »[250].

Lerner reprend une conversation qu'il avait eue avec sa grand-mère, dans laquelle est évoqué le destin de certains membres de sa famille s'étant retrouvés sous la coupe des nazis. Il lui demande pourquoi les nazis détestent les Juifs, et sa grand-mère lui répond en disant simplement « parce que. » Lerner dit qu' « au fil du temps, depuis cet après-midi à l'appartement de ma grand-mère, j'ai réalisé – et ce toujours plus au fil des années – à quel point j'ai été influencé par ces enseignements au sujet du génocide nazi. Je réalise maintenant l'essentiel de ma vie a été façonné

---

[249] MacDonald 1988b.
[250] Lerner 1992, p.xv.

par mes tentatives d'y trouver une explication plus complète que ce « parce que » »[251].

Lerner affirme qu'il a choisi d'étudier la psychologie développementale parce que la question de l'inné et de l'acquis est primordiale dans ce domaine et, par conséquent, l'est aussi dans le combat contre l'antisémitisme. Il apparaît donc que Lerner a fait son choix de carrière dans le but de promouvoir les intérêts juifs en sciences sociales. Dans la préface, Lerner cite, en tant qu'influences intellectuelles, pratiquement toute la liste des principaux psychologues du développement et anti-sociobiologistes précédemment mentionnés et majoritairement juifs, tels que Gottlieb, Gould, Kamin, Lewontin, Rose, Schneirla (qui n'était pas juif), et Tobach.

Conformément à une pratique courante chez les historiens juifs[252], Lerner dédie le livre à sa famille, « à tous les membres de ma famille... vos vies ne seront pas oubliées »[253]. Il n'y a clairement, dans ce livre, aucune prétention à l'édification d'une théorie du développement comportemental par le biais d'une démarche scientifique désintéressée, ou encore à la mise en évidence du caractère ethnique du conflit social [ndt : qui oppose les Juifs aux Gentils].

Le message principal contenu dans le livre de Lerner est qu'il existe un possible lien de causalité entre le darwinisme et l'idéologie du déterminisme génétique, la légitimation du *statu quo* en tant qu'impératif biologique, la perception négative de ceux qui ont un génotype « inférieur », l'eugénisme et la destruction de ceux qui ont de moins bons gènes. Ce scénario est réputé avoir été mis en pratique en plusieurs occasions au cours de l'Histoire, notamment dans le cas du massacre des peuples autochtones d'Amérique, du génocide des Arméniens par les Ottomans, et de l'Holocauste.

Rien n'indique toutefois qu'une idéologie basée sur le déterminisme génétique soit une condition nécessaire à un génocide, puisque de

---

[251] Lerner 1992, p.xvii.
[252] *SAID* Chapitre 7.
[253] Lerner 1992, p.xxii.

nombreux génocides se sont produits sans la moindre influence du darwinisme. L'un des exemples les plus probants est sans doute l'annihilation des Amorites et des Madianites par les Israélites, tel que relaté dans le Tanakh[254]. Cet exemple, ainsi que d'autres, sont ignorés par Lerner. Il convient également de noter qu'il n'a jamais été établi que les Turcs ottomans partageaient les vues du darwinisme ou qu'ils aient mêmes eu ne serait-ce que leurs propres conceptions de la détermination génétique du comportement.

L'objectif de Lerner est de discréditer la pensée évolutionnaire en raison de son association au nazisme.

Le raisonnement est le suivant[255] : Bien que Lerner reconnaisse que les déterministes génétiques ne soient pas forcément « racistes » et qu'ils puissent même être politiquement « éclairés », il affirme que le déterminisme génétique est une idéologie qui peut être utilisée par les racistes pour rendre leur discours plus scientifique : « La doctrine du déterminisme biologique est parfaitement compatible avec un tel mouvement politique [ndt : le national-socialisme] »[256].

La sociobiologie, en tant que forme la plus récente de justification scientifique du déterminisme génétique, doit être intellectuellement discréditée : « Les sociobiologistes contemporains ne sont certainement pas des néonazis. Ils ne font d'aucune manière l'apologie du génocide et, dans certains cas, ne sont mêmes pas politiquement conservateurs. Néanmoins, la proximité de leurs idées (principalement en ce qui a trait aux femmes) avec celles des théoriciens nazis est frappante »[257]. *[Note de Blanche : Peut-être parce que la vérité est "nazie" ?]*

Lerner décrit correctement l'idéologie nazie en la présentant comme une idéologie basée sur l'imperméabilité d'un groupe, « sur la croyance que le monde [...] peut être divisé de façon très nette en deux principaux groupes : un premier groupe, dont les membres ont le meilleur patrimoine

---

[254] *PTSDA* Chapitre 3.
[255] Lerner 1992, 17-19.
[256] Lerner 1992, 17.
[257] Lerner 1992, 20.

génétique de l'humanité, et un second, comprenant tous ceux ayant hérité des pires gènes de l'humanité. Il ne peut y avoir de transfert d'un groupe à l'autre, car ils sont séparés par le sang et les gènes »[258]. De façon similaire, Lewontin, dans sa préface du livre de Lerner, affirme que « toute force qui maintient le nationalisme en vie [...] doit, en bout de ligne, permettre d'affirmer le caractère immuable de l'identité sociale (...) exploiteurs et exploités partagent la conscience d'un héritage culturel et biologique qui définit de manière permanente les limites du groupe auquel ils appartiennent, et qui transcende le développement historique de l'être humain »[259].

Lerner et Lewontin condamnent la sociobiologie parce qu'ils supposent que la sociobiologie puisse être utilisée pour justifier un tel résultat. Toutefois, la théorie évolutionnaire des processus de l'identité sociale développés dans *SAID* [260] en tant que base théorique de l'antisémitisme implique justement le contraire ; bien que les êtres humains semblent être biologiquement prédisposés aux conflits entre groupes ethniques, il n'y a aucune raison de supposer que l'appartenance à un groupe ou la perméabilité d'un groupe elle-même soit déterminée par la génétique ; cela dit, il n'y a aucune raison de croire qu'il existe un quelconque impératif génétique voulant que la société doive être divisée en groupes imperméables et, en effet, les sociétés occidentales typiques n'ont jamais été structurées de cette manière. La recherche en identité sociale indique que l'hostilité à l'égard des autres groupes se produit même au sein de groupes hétérogènes, ou encore en l'absence de compétition entre les groupes. La caractéristique toute particulière du judaïsme est qu'il a constamment érigé des barrières entre les Juifs et le reste de la société dans laquelle ceux-ci vivaient. Par contre, bien qu'il soit raisonnable de supposer que les Juifs sont génétiquement plus enclins à l'ethnocentrisme que les peuples occidentaux[261] [262], l'érection de barrières culturelles entre Juifs et Gentils est un aspect critique du

---

[258] Lerner 1992, 17.
[259] Lerner 1992, viii.
[260] *SAID*, Chapitre 1.
[261] *PTSDA*, Chapitre 8
[262] *SAID*, Chapitre 1.

judaïsme en tant que culture.

De plus, il faut souligner que ni Lerner, ni Levontin n'émettent de réflexions sur l'ampleur du phénomène de création de groupes imperméables qui s'observe pourtant chez les Juifs eux-mêmes, et dans le cadre duquel le sang et l'hérédité sont d'importance capitale, et où il existe des hiérarchies de pureté raciale, et où l'assimilation génétique et culturelle sont vues comme un anathème[263]. Le judaïsme, en tant que stratégie évolutionnaire de groupe, a mené à des sociétés déchirées par des conflits internes entre groupes imperméables et en compétition les uns avec les autres[264]. Néanmoins, les pratiques culturelles juives sont au moins une condition nécessaire à l'imperméabilité de groupe, qui est d'une si grande importance pour le judaïsme en tant que stratégie évolutionnaire de groupe. Ainsi, lorsque Lewontin et Lerner affirment, en voulant combattre l'antisémitisme, que l'identité ethnique et la perméabilité des groupes ne sont pas déterminées génétiquement, cela relève de l'ironie.

L'on a de bonnes raisons de croire que la perméabilité de groupe n'est pas déterminée par la génétique, et les éléments allant dans le sens de cette hypothèse, analysés dans *PTSDA*, indiquent que les Juifs en sont tout à fait conscients, et ce au moins depuis que le judaïsme existe en tant que stratégie évolutionnaire de groupe. En certaines occasions, les différents groupes Juifs ont tenté de créer une illusion de perméabilité au sein de leurs propres groupes dans le but d'atténuer l'antisémitisme[265]. Bien que les Juifs soient sans doute génétiquement prédisposés à former un groupe ethnique imperméable et à résister à l'assimilation génétique et culturelle, l'on pourrait difficilement supposer que cela est déterminé par la génétique. En effet, les faits analysés dans *PTSDA*[266] montrent l'importance de plusieurs facteurs culturels et environnementaux dans le succès du judaïsme en tant que stratégie évolutionnaire de groupe relativement imperméable : haut niveau de socialisation en ce qui

---

[263] *PTSDA*, PASSIM.
[264] *SAID*, Chapitres 2-5.
[265] *SAID*, Chapitre 6.
[266] *PTSDA*, Chapitres 7-8.

concerne l'identité juive et l'allégeance au groupe, grande variété de mécanismes de différenciation par rapport aux autres groupes (style vestimentaire, langue, coiffure, etc.), et l'invention culturelle des classes sacerdotale et lévitique. De plus, l'élimination de l'intense séparatisme culturel, qui fut caractéristique du judaïsme dans les sociétés traditionnelles, s'est matérialisée en un lent déclin de la diaspora juive. Conséquemment, les groupes juifs vivant au sein des sociétés occidentales devaient souvent redoubler d'effort afin de prévenir les mariages mixtes et de développer une plus forte conscience juive et un plus fort niveau d'implication des Juifs au sein de leur groupe. Ces tentatives de rétablissement des bases culturelles pour soutenir l'identité juive et assurer la non-assimilation de ce groupe suggère que le retour aux préceptes et aux rituels religieux du judaïsme pourrait être la seule façon, pour les Juifs, de résister aux pressions assimilationnistes des sociétés occidentales contemporaines[267].

Conclusion

L'une des principales idées développées dans ce chapitre est que le scepticisme scientifique et ce que l'on pourrait appeler l'« obscurantisme scientifique » se sont révélé des outils fort utiles dans le combat de théories scientifiques dont les conclusions peuvent s'avérer embarrassantes pour certains.

Ainsi, le fait que les boasiens exigent les plus hauts standards de rigueur scientifique en ce qui concerne les généralisations sur la culture et la détermination du rôle des variations génétiques dans le développement des différences individuelles coïncide avec l'adoption d'une « anti-théorie » de la culture qui était fondamentalement opposée aux tentatives de développement d'un système de classification et de généralisations. Similairement, la perspective théorique dynamique-contextualiste, bien qu'elle rejette la génétique comportementale et la théorie évolutionnaire du développement humain du fait de leur incapacité à respecter les standards de démonstration scientifique, a

---

[267] *SAID*, Chapitre 9.

proposé une théorie du développement selon laquelle la relation entre les gènes et l'environnement représente un ensemble extrêmement complexe, et au demeurant impossible à analyser. Par ailleurs, l'un des principaux thèmes du chapitre 5 est que le scepticisme radical de l'École de Francfort de Recherche en Sciences Sociales a été utilisé, de façon consciente, dans le but de déconstruire les théories universalistes et assimilationnistes de la société, qui voient l'homogénéité de celle-ci comme une condition nécessaire à son fonctionnement harmonieux.

Le scepticisme scientifique, en ce qui concerne les questions politiquement sensibles, a également représenté une tendance majeure dans les écrits de S.J. Gould[268][269]. Carl Degler[270], en parlant de Gould, a déclaré qu'« un opposant à la sociobiologie comme Gould insiste en effet sur l'interaction [entre biologie et environnement], mais, parallèlement, évite soigneusement d'analyser individuellement les éléments constitutifs de cette interaction. » Jensen[271] a déclaré, au sujet des travaux de Gould sur la mesure de l'intelligence, « Je crois qu'il a brillamment réussi à obscurcir toutes les questions majeures qui retiennent l'attention des scientifiques de notre époque. » Ce type de travail intellectuel vise en effet à empêcher le développement de théories générales du comportement humain dans lesquelles la variation génétique joue un rôle pouvant être clairement isolé et analysé, indépendamment des autres facteurs.

Nous avons également vu comment R. C. Lewontin a établi un parallèle entre les théories du développement comportemental et l'idéologie politique marxiste. Comme le font également Lerner et Gould, Lewontin promeut des théories qui soutiennent que la nature est faite d'interactions extrêmement complexes entre organisme et environnement. Lewontin rejette les méthodes scientifiques dites réductionnistes, telles que la génétique comportementale quantitative ou l'utilisation de l'analyse de la variance, car elles simplifient inévitablement, et de

---

[268] Gould 1987 PASSIM.
[269] Gould 1993 13.
[270] Degler 1991, 322.
[271] Jensen 1982, 124.

manière excessive, la réalité du fait de leur usage des valeurs moyennes[272].

Il en résulte alors un hyper-purisme qui ne peut être satisfait que par des certitudes absolues et par des méthodologies, épistémologies et ontologies absolument correctes. En psychologie du développement, un tel programme conduirait, ultimement, au rejet de toutes les généralisations, incluant celles relatives aux effets moyens de l'environnement. Puisque chaque individu porte en lui un ensemble de gènes unique et qu'il se développe constamment dans un environnement en perpétuel changement, Dieu lui-même aurait probablement du mal à fournir une explication déterministe du développement individuel, et, même s'Il y parvenait, une telle explication devrait nécessairement, à l'instar de la théorie Boasienne de la culture, être projetée loin dans le futur.

En adoptant cette philosophie de la science, Lewontin a pu discréditer les tentatives de développement, par les scientifiques, de théories et de généralisations et ainsi, au nom de la rigueur scientifique, éliminer la possibilité de toute conclusion scientifique politiquement inacceptable. Segerstrale souligne que, tout en utilisant cette théorie comme une arme contre la perspective biologique en sciences sociales, la propre recherche empirique de Lewontin en biologie des populations est solidement ancrée dans la tradition réductionniste.

La critique de l'adaptationnisme formulée par Gould et Lewontin[273] peut également être vue comme un exemple du scepticisme qui caractérise l'activité intellectuelle juive. En reconnaissant la réalité des adaptations, l'argument problématise en effet le statut de toute adaptation putative. Gould[274] passe donc de la possibilité que toute adaptation putative puisse n'être qu'un « écoinçon » qui, comme la forme architecturale du même nom, est le résultat de contraintes structurelles imposées par des adaptations réelles, à la suggestion remarquable selon laquelle l'esprit humain peut être vu comme un ensemble d'écoinçons

---

[272] Sergerstrale 1986.
[273] Gould et Lewontin 1979.
[274] Gould 1994a.

non fonctionnels. Tel que mentionné plus haut, l'objectif plus global de Gould est de convaincre son audience que le cerveau humain n'a pas évolué afin d'être en mesure de résoudre les problèmes d'adaptation – un point de vue que l'anthropologue Vincent Sarich [275] a nommé « créationnisme comportemental ». (Pour les points de vue courants sur l'adaptationnisme, se référer à Boyd et Richerson[276], Dennett[277], Hull[278], Williams[279].) En effet, la fascination exercée par la rhétorique boiteuse des « écoinçons » de Gould et Lewontin a mené à la production d'un grand nombre d'essais visant à analyser le style d'écriture de cet essai[280] [281] [282].

Le scepticisme scientifique est une approche puissante, puisque l'une des principales caractéristiques de la science est l'ouverture à la critique, tout comme la nécessité de fournir des arguments suffisamment étayés. Comme le souligne E. O. Wilson[283], « en adoptant un critère très restrictif pour déterminer les travaux qui peuvent être publiés, Lewontin a pu se concentrer sur la poursuite de ses objectifs politiques sans être embarrassé par la science. Il a adopté le point de vue relativiste en vertu duquel la vérité acceptée, basée sur des faits indiscutables, n'est rien de plus que le reflet de l'idéologie dominante et du pouvoir politique. » Des thèmes et des motivations similaires sont ce qui caractérise l'École de Francfort et le postmodernisme, discutés au chapitre 5.

Néanmoins, Lewontin [284], présente ses travaux imprégnés d'idéologie comme étant le résultat de son souci de rigueur scientifique : « Nous exigeons des preuves et des arguments qui soient à la fois formels

---

[275] Sarich 1995.
[276] Boyd et Richerson 1985, 282.
[277] Dennett 1995.
[278] Hull 1988, 424-426.
[279] Williams 1985.
[280] Selzer 1993.
[281] Fahnestock 1993.
[282] Carroll 1995, 449ff (commentaires de Joseph Carroll sur la nature trompeuse de la rhétorique de Gould).
[283] Wilson 1994, 345.
[284] Lewontin 1994a, 34.

et exempts de références à des données empiriques [...] ; la logique de l'inférence statistique ; le pouvoir de la répétabilité des expériences ; la distinction entre les observations et les hypothèses de causalité. » Il en résulte ainsi un scepticisme permanent ; par exemple, toutes les théories sur les origines de la division sexuelle du travail y sont considérés « spéculatives »[285].

De façon similaire, Gould rejette toutes les explications basées sur des données empiriques dans le domaine de la mesure de l'intelligence, mais ne propose aucune alternative. Comme le souligne Jensen[286], « Gould ne propose aucune idée alternative à toutes ces observations pourtant bien établies. Son dessein, dans cette discipline, semble totalement nihiliste. » Similairement, Buss *et al.*[287] note qu'alors que la perspective adaptationniste en psychologie a mené à un grand nombre de prédictions théoriques et d'études empiriques la confirmant, le concept des écoinçons et des « exaptations » (un terme utilisé par Gould dans divers sens, mais le plus souvent pour référer aux mécanismes qui présentent de nouvelles fonctions biologiques, différentes de celles qui ont causé la sélection initiale dudit mécanisme) n'a engendré ni prédiction théorique, ni étude empirique. Ici encore, il semble que ses objectifs se résument à ce que l'on pourrait appeler l'anti-science nihiliste.

À l'instar de Boas, Lewontin soumet la recherche biologique sur les êtres humains à des standards extrêmement rigoureux, tout en étant remarquablement laxiste en ce qui concerne les standards à respecter lorsqu'il s'agit de prouver que la biologie n'a que très peu d'influence [ndt : sur le comportement humain et les différences individuelles]. Ainsi, par exemple, Lewontin prétend que « pratiquement toute la biologie du genre est de la mauvaise science »[288], mais affirme une page plus loin que l'une des vérités indiscutables de ce monde est que « l'être humain est la synthèse d'un grand nombre de causes, chacune n'ayant qu'une petite influence. » Lewontin a par ailleurs déclaré, sans présenter le moindre

---

[285] Lewontin 1994a, 34.
[286] Jensen 1982, 131.
[287] Buss *et al.* 1998.
[288] Lewontin 1994a, 34.

argument ou la moindre référence, que « personne n'a jamais découvert de corrélation entre les capacités cognitives et la taille du cerveau » (p.34). Pourtant, il existe, à l'heure actuelle, au moins 26 études publiées basées sur 39 échantillons indépendants qui montrent une corrélation d'environ 0,2 entre la circonférence de la tête et le QI[289] ; il existe également au moins 6 études publiées qui montrent une corrélation d'environ 0.4 entre la taille du cerveau et le QI et qui utilisent la technique plus précise de l'imagerie par résonance magnétique pour balayer directement le cerveau[290][291][292][293][294][295]. Au vu du nombre d'études réalisées, il est à tout le moins trompeur de tenir de tels propos, bien que Lewontin[296] ferait sans doute valoir qu'aucune de ces études ne présente un niveau acceptable de démonstration scientifique.

Franz Boas en serait fier.

---

[289] Wickett *et al.* 1994.
[290] Andreasen *et al.* 1993.
[291] Egan *et al.* 1994.
[292] Harvey *et al.* 1994.
[293] Raz *et al.* 1993.
[294] Wickett *et al.* 1994.
[295] Willerman *et al.* 1991.
[296] Lewontin 1994b.

# Chapitre III

Les Juifs et la gauche

> Je n'arrivais pas à comprendre ce que le judaïsme avait à voir avec le marxisme, et pourquoi mes réticences envers celui-ci impliquaient une déloyauté envers le Dieu d'Abraham, d'Isaac et de Jacob.
>
> Ralph de Toledano (1996), rapportant ses discussions avec des intellectuels juifs de l'Est.

> Le socialisme, pour beaucoup d'immigrés juifs, n'était pas tant une politique ou une idée qu'une culture englobante, un style de perception et de jugement qui structurait leur vie.
>
> Irving Howe (1982)

Première partie

L'association entre les Juifs et la gauche politique a été largement remarquée et commentée depuis le dix-neuvième siècle. « Quelle que soit leur situation… dans presque tous les pays où nous avons enquêté, un segment de la communauté juive a joué un rôle éminent dans les mouvements qui cherchaient à saper l'ordre existant » (Rothman & Lichter, *Roots of Radicalism, Jews, Christians and the New Left*, p. 110).

En surface tout du moins, l'implication juive dans la politique radicale pourrait surprendre. Le marxisme, celui de Marx en tout cas, est tout à fait l'antithèse du judaïsme. Le marxisme est l'exemple-type d'une idéologie universaliste selon laquelle les barrières dans la société et entre les sociétés finissent par être éliminées au nom des intérêts de l'harmonie sociale et d'un sens de la communauté. Marx lui-même, qui plus est, bien que né de deux parents ethniquement juifs, a été largement considéré comme antisémite. Sa critique du judaïsme (*Sur la Question juive*, 1843) a conceptualisé celui-ci comme étant fondamentalement une quête égoïste de l'argent et une domination du monde achevée par la transformation de l'homme et de la nature en articles de vente. Marx voyait le judaïsme comme un principe abstrait de cupidité qui devrait cesser d'exister dans la société communiste de l'avenir. Cependant, Marx rejetait l'idée que les Juifs dussent abandonner leur judaïté pour devenir des citoyens allemands et il considérait que le judaïsme, libéré du principe cupide, continuerait son existence dans la société post-révolutionnaire transformée.

Quels que soient les avis de Marx sur le sujet, il reste à savoir si l'acceptation d'idéologies radicales et universalistes et la participation à des mouvements radicaux et universalistes est compatible avec une identification juive. Est-ce que l'adoption d'une telle idéologie écarte le Juif de sa communauté, dont l'attachement traditionnel va au séparatisme et au patriotisme juif ? Ou pour le dire dans les termes dictés par ma perspective : la défense d'idéologies radicales et universalistes est-elle compatible avec le judaïsme en tant que stratégie évolutionnaire de groupe ?

Remarquons qu'en posant cette question, nous ne nous demandons pas si les Juifs peuvent être caractérisés en tant que groupe par la défense de solutions de gauche radicale pour les sociétés des Gentils. Nous ne prétendons pas que le judaïsme soit un mouvement unifié ou que tous les secteurs de la communauté juive partagent les mêmes croyances et attitudes vis-à-vis de la gentilité. Les Juifs peuvent très bien constituer l'ossature prédominante ou indispensable des mouvements de gauche radicale et l'identification juive peut être hautement compatible avec l'engagement dans ces mouvements politiques et même faciliter celui-ci, sans que la majorité des Juifs ne soit engagée dans ces mouvements et même si les Juifs n'y constituent qu'une minorité numérique.

Radicalisme politique et identification juive

L'hypothèse que le radicalisme juif soit compatible avec le judaïsme en tant que stratégie évolutionnaire de groupe implique que les Juifs de la gauche radicale continuent de se voir comme Juifs. À n'en pas douter, la grande majorité des Juifs qui défendaient des causes de gauche à partir de la fin du XIXe siècle s'identifiaient franchement comme Juifs et ne voyaient pas de contradiction entre leur judaïsme et leur radicalisme politique. Il saute aux yeux que les plus importants groupes radicaux et juifs en Russie et en Pologne étaient les *Bunds,* dont le recrutement était exclusivement juif et dont le programme servait des intérêts spécifiquement juifs.

Le côté prolétarien du *Bund* polonais était un des aspects de sa volonté de préserver son identité nationale juive. La fraternité avec les ouvriers non-juifs était au service d'objectifs spécifiquement juifs. Il n'en allait pas autrement du *Bund* juif russe. Puisque les *Bunds* organisaient une forte majorité de la population juive radicale dans ces pays, on peut conclure que dans cette période, la grande majorité des Juifs qui appartenaient à des mouvements radicaux s'identifiaient fortement à la juiverie.

En outre, nombre de Juifs membres du Parti Communiste d'Union Soviétique tendaient davantage vers une forme de judaïsme laïcisé que vers la rupture de la continuité du groupe juif. Le gouvernement soviétique post-révolutionnaire et les mouvements socialistes juifs ont polémiqué sur la manière de préserver l'identité nationale. Malgré son idéologie officielle qui fustigeait le nationalisme et le séparatisme ethnique comme réactionnaire, le gouvernement soviétique fut forcé de prendre en compte la réalité d'identifications nationales et ethniques très fortes en Union Soviétique. C'est ainsi que fut créée la section juive du Parti Communiste (*Evsektsiya*).

Celle-ci engagea le combat contre les partis socialistes-sionistes, contre les communautés juives démocrates, contre la foi juive et contre la culture hébraïque. Elle réussit malgré tout à façonner un style de vie fondé sur la langue yiddish en tant que langue nationale reconnue de la nationalité juive, à combattre pour la survie nationale juive dans les années 1920 et à freiner le processus assimilationniste de soviétisation de la langue et de la culture juive dans les années 1930. (Pinkus, *The Jews of the Soviet Union : A History of a National Minority*, p. 62).

La récompense de ces efforts fut qu'une sous-culture séparatiste yiddish se développa avec le soutien de l'État. Des écoles yiddish et même des soviets yiddish apparurent. Cette culture séparatiste était agressivement promue par l'*Evsektsiya*. On forçait des parents juifs réticents, par la « terreur » au besoin, à envoyer leurs enfants dans ces écoles culturellement séparatistes et non pas dans les écoles où leurs enfants n'auraient pas été forcés de ré-apprendre leurs leçons en russe pour passer leurs examens. Les thèmes littéraires des écrivains juifs soviétiques les plus reconnus officiellement dans les années 1930 mettent en valeur l'importance qu'avaient à leurs yeux l'identité ethnique :

> L'essentiel de leur prose, de leur poésie et de leurs pièces de théâtre se ramenait à une seule idée – la restriction de leurs droits sous le tsarisme et la floraison des Juifs, anciennement opprimés, sous le soleil de la constitution de Lénine et Staline (Vaksberg, *Stalin Against the Jews*, p.115).

Qui plus est, le Comité Antifasciste Juif (CAJ), créé en 1942 et maintenu dans la période d'après-guerre avec le soutien de l'État, se donnait pour mission de servir des intérêts culturels et politiques juifs, y compris en tâchant d'établir une république juive en Crimée. Cet organisme fut dissout par le gouvernement en 1948 sous la triple accusation de nationalisme juif, de résistance à l'assimilation et de sympathies sionistes. Les dirigeants du CAJ s'identifiaient fortement comme Juifs. Les remarques d'Itsik Fefer, dirigeant du CAJ, au sujet de son attitude pendant la guerre indiquent un enracinement profond dans sa judaïté ancestrale :

> J'ai dit que j'aimais mon peuple. Mais qui n'aime pas son propre peuple ?... L'intérêt que je porte à la Crimée et au Birobidjian [région de l'URSS où les Juifs devaient se regrouper] n'a pas d'autre raison. Il me semblait que personne d'autre que Staline n'était en mesure de redresser le tort historique qui avait été fait par les empereurs romains. Il me semblait que nul autre que le gouvernement soviétique n'était en mesure de redresser ce tort, par la création d'une nation juive. (in Kostyrchenko, Out of the Red Shadows : Antisemitism in Modern Russia, p. 39)

Pour les militants juifs en question, en dépit de leur absence complète d'identification au judaïsme en tant que religion et de leurs batailles contre certaines des expressions séparatistes les plus manifestes du groupe juif, l'appartenance au Parti Communiste soviétique n'empêchait nullement le développement de mécanismes permettant d'assurer la continuité du groupe juif en tant qu'entité sécularisée. Si l'on met à part la naissance de rejetons issus de mariages inter-ethniques, très peu de Juifs ont perdu leur identité juive pendant la durée de l'ère soviétique, et les années d'après-guerre ont vu un renforcement de la culture juive et du sionisme en Union Soviétique. Après la dissolution du CAJ, le gouvernement soviétique a lancé une campagne de répression contre toutes les manifestations du nationalisme juif et de la culture juive, allant jusqu'à fermer des théâtres et des musées juifs et à mettre hors-la-loi des syndicats d'écrivains juifs.

La question de l'identification juive des bolchéviks d'extraction juive est difficile. Pipes considère que pendant la période tsariste, les bolchéviks d'extraction juive ne s'identifiaient pas comme Juifs, même si les Gentils les voyaient comme travaillant pour le compte de la juiverie et qu'ils subissaient de l'antisémitisme. Léon Trotski par exemple, qui par sa stature est le deuxième bolchévik après Lénine, s'évertuait à ne pas paraître Juif et à ne manifester aucun intérêt pour les affaires juives.

Il est difficile de croire que ces gauchistes radicaux étaient absolument dénués d'identité juive, étant donné qu'ils étaient considérés comme des Juifs par les autres et qu'ils étaient la cible des antisémites. En général, l'antisémitisme renforce l'identification juive. Il est toutefois possible que l'identité juive leur fût imposée en grande partie de l'extérieur. Par exemple, le conflit qui opposa dans les années 1920 Staline à l'Opposition de Gauche dirigée par Trotski, Zinoviev, Kamenev et Sokolnikov (tous ethniquement Juifs) avait toutes les harmoniques d'un conflit de groupe entre Juifs et Gentils : « Le côté évidemment 'étranger' qui unissait tout ce bloc de personnalités était une circonstance immanquable » (Vaksberg, *op. cit.*, p. 19).

Dans les deux camps, l'extraction juive ou gentille de l'adversaire était un fait d'importance, à telle enseigne que Sidney Hook fit remarquer que les staliniens non-juifs employaient des arguments antisémites dans leur polémique contre les trotskistes. Vaksberg cite Vyacheslav Molotov – ministre des Affaires Étrangères et deuxième personnage de l'État – expliquant que si Staline l'avait emporté contre Kamenev, c'est parce qu'il voulait placer un non-Juif à la tête du gouvernement. En outre, face au nationalisme implicite de la position stalinienne, l'internationalisme professé par le bloc juif coïncide davantage avec les intérêts juifs et exprime clairement une attitude juive commune et constante dans l'ensemble des sociétés depuis l'époque des Lumières.

Jusqu'aux années 1930, « pour le Kremlin et la Loubianka [le siège du KGB], ce n'était pas la religion, mais le sang qui déterminait la judaïté » (Vaksberg, *op. cit.*, p. 64). De fait, la police secrète choisissait ses agents parmi les étrangers ethniques, par exemples des Juifs dans des pays traditionnellement antisémites comme l'Ukraine, parce qu'ils étaient moins susceptibles de sympathie vis-à-vis des autochtones – tactique tout à fait raisonnable d'un point de vue évolutionnaire.

L'origine juive était un facteur important pour les Gentils, mais aussi pour les Juifs eux-mêmes. Quand la police secrète voulait enquêter sur un agent juif, ils recrutaient une « jeune juive de souche » pour entrer dans sa vie intime, reconnaissance implicite que l'opération fonctionnerait mieux avec une relation intra-ethnique. De même, on a constaté chez les Juifs gauchistes une tendance prononcée à idolâtrer d'autres Juifs comme Trotski ou Rosa Luxembourg au détriment des Gentils de même obédience, comme ce fut le cas en Pologne, même si certains auteurs mettent en doute l'identification juive des deux révolutionnaires susnommés. De son côté, Hook considère que les gauchistes sentaient bien que l'attrait des intellectuels juifs pour Trotski n'était pas sans fondement ethnique. Comme le disait l'un d'entre eux : *« Si les trois quarts des dirigeants trotskistes sont des Juifs, ce n'est pas par hasard. »*

Il y a donc de fortes raisons de croire que les bolchéviks juifs avaient conservé au moins un reste de leur identité juive. Dans certains cas, leur identité juive a pu être « réactive » – c'est-à-dire formée en réponse aux perceptions d'autrui. Rosa Luxembourg a pu avoir une identité juive réactive, puisqu'on la voyait comme une Juive malgré le fait qu'elle fût « au plus haut point critique de son propre peuple, n'hésitant pas à éreinter sans pitié d'autres Juifs » (Sheperd, *A Price before Rubies : Jewish Women as Rebels and Radicals*, p. 118).

Pour autant, elle n'eut de rapports sexuels réguliers qu'avec un Juif et ne rompit jamais les liens avec sa famille. Lindemann considère que le conflit qui opposa la gauche révolutionnaire menée par R. Luxembourg à la social-démocratie réformiste avait aussi la teinte d'un conflit ethnique entre Allemands et Juifs, compte tenu du fort pourcentage numérique et de la forte visibilité des Juifs dans le camp d'extrême-gauche. Pendant la Grande Guerre, les amitiés de R. Luxembourg dans le parti étaient de plus en plus exclusivement juives, tandis que son mépris des dirigeants du parti – non-juifs pour la plupart – était de plus en plus ouvert et acerbe. Quand elle les mentionnait, elle usait souvent d'expressions typiquement juives : les dirigeants du parti étaient les 'shabbat goyim de la bourgeoisie'. Chez quantité d'Allemands droitiers, Luxembourg était la plus détestée de tous les révolutionnaires, car elle incarnait le principe destructeur de l'étranger juif » (Lindemann, *Ésaü's Tears: Modern Antisemitism and the Rise of the Jews*, p. 402).

Compte tenu de ces éléments, on peut soutenir que R. Luxembourg était une crypto-juive ou qu'elle était atteinte de fausse conscience relativement à son identité juive – phénomène fréquent chez les juifs gauchistes – et soutenir avec autant de raison qu'elle ne s'identifiait pas du tout comme Juive.

Si l'on prend au sérieux la théorie de l'identité sociale, l'antisémitisme rendait difficile l'adoption de l'identité culturelle du groupe environnant. Les pratiques traditionnellement séparatistes des Juifs, combinées à la compétition économique, tendent à produire l'antisémitisme, lequel à son tour contrarie l'assimilation, puisqu'il rend plus difficile pour un Juif d'adopter une identité non-juive. Entre les deux guerres en Pologne, l'assimilation culturelle des Juifs augmenta substantiellement. En 1939, la moitié des lycéens juifs définissaient le polonais comme leur langue maternelle. Cependant, la perpétuation de la culture juive traditionnelle chez un grand nombre de Juifs et l'antisémitisme corrélatif contrariaient cette volonté d'adoption d'une identité polonaise.

De point de vue des Gentils, les réactions antisémites face à des individus comme Luxembourg et autres Juifs extérieurement assimilés peuvent être comprises comme une volonté d'éviter la tromperie en exagérant le degré de superposition entre ethnicité juive et conscience militante juive au service d'intérêts juifs spécifiques. Une telle perception des Juifs laïques et des Juifs convertis au christianisme est un trait durable de l'antisémitisme depuis le siècle des Lumières, car de fait, ces Juifs tissaient souvent des liens d'affaires et des liens informels qui se concluaient en mariages avec d'autres juifs baptisés ou avec des familles juives qui n'avaient pas changé leur religion de façade.

Je suis d'avis qu'il est impossible de certifier la présence ou l'absence d'identification juive parmi les bolchéviks d'extraction juive dans la période qui précède et dans celle qui suit la révolution, pendant laquelle les Juifs ethniques possédaient une bonne partie du pouvoir en Union Soviétique. Plusieurs éléments vont dans le sens d'une identification juive chez une partie substantielle des Juifs ethniques.

➢ Ces gens étaient classés comme Juifs en fonction de leur origine ethnique et en partie à cause de l'antisémitisme résiduel. Ceci tendait à imposer une identité juive à ces individus et compliquait la tâche de se définir comme exclusivement membre d'un groupe politique plus large et englobant.

➢ Beaucoup de bolchéviks juifs, comme ceux de l'*Evsektsiya* et du CAJ militaient agressivement pour l'édification d'une sous-culture juive sécularisée.

➢ Très peu de Juifs à gauche envisageaient une société post-révolutionnaire sans perpétuation du judaïsme en tant que groupe. En effet, l'idéologie maîtresse parmi les Juifs gauchistes postulait le dépérissement de l'antisémitisme dans la société post-révolutionnaire en vertu de l'achèvement de la lutte des classes et donc aussi de la physionomie sociale particulière que les Juifs y avaient développé.

➢ Le comportement des communistes américains montre que l'identité juive et la primauté donnée aux intérêts juifs sur les intérêts communistes étaient monnaie courante chez les individus qui étaient des communistes ethniquement juifs.

➢ L'existence du camouflage de la judaïté en d'autres temps et d'autres lieux, associée à la possibilité de la mauvaise foi, de la flexibilité et de l'ambivalence dans l'identification, sont des composantes importantes du judaïsme en tant que stratégie évolutionnaire de groupe.

Cette dernière possibilité est particulièrement intéressante et sera élaborée plus avant. La meilleure preuve que des individus ont vraiment cessé de s'identifier comme Juifs est donnée lorsqu'ils choisissent une option politique qu'ils perçoivent comme n'étant pas au service des Juifs en tant que groupe. En l'absence d'une option perçue clairement comme opposée aux intérêts juifs, la possibilité reste ouverte que les différentes options politiques choisies par les Juifs ethniques ne soient que des querelles de tactique au service des intérêts supérieurs juifs. En ce qui concerne les membres juifs du Parti Communiste des États-Unis (PCUSA), la meilleure preuve du fait qu'ils continuaient à s'identifier comme Juifs est que le niveau général de leur soutien au PCUSA diminuait ou augmentait selon qu'ils percevaient la politique soviétique comme contrariant ou comme favorisant les intérêts spécifiques juifs, comme le soutien à Israël ou l'opposition à l'Allemagne nazie.

La question de l'identification juive est un terrain difficile, car les déclarations de surface peuvent être trompeuses. Les Juifs peuvent très bien ne pas prendre la mesure exacte de la force de leur identification au judaïsme. Silberman, par exemple, remarque qu'à l'époque de la guerre israélo-arabe de 1967, beaucoup de Juifs faisaient chorus à la déclaration du rabbin Abraham Joshua Herschel : « *Je ne savais pas à quel point j'étais juif* ». Silberman fait ce commentaire :

> « Telle est la réponse, non pas d'un néophyte du judaïsme ou d'un fidèle ordinaire, mais d'un homme qui est vu par beaucoup de monde, moi-même y compris, comme le plus grand chef spirituel juif de notre temps » (*A Certain People : American Jews and their Lives Today*, p. 184).

Beaucoup d'autres Juifs se sont surpris à faire le même genre de découverte à leur propre sujet. Arthur Hertzberg écrivit :

> Face à cette crise, la réaction immédiate de la juiverie américaine eut une intensité et une extension que personne n'aurait pu prévoir. Beaucoup de Juifs n'auraient jamais cru que le grave danger que courait Israël pouvait dominer leurs pensées et leurs émotions, à l'exclusion de tout le reste. (*Being Jewish in America*, p. 210)

Attardons-nous sur le cas de Polina Zhemchuzhina, l'épouse de Vyacheslav Mikhailovich Molotov (premier ministre de l'URSS pendant les années 1930), qui fut une révolutionnaire de premier plan, entrée au Parti Communiste en 1918, puis membre du comité central du Parti. Lorsque Golda Meir fit une visite en URSS en 1948, Zhemchuzhina répéta plusieurs fois la phrase *Ich bin a Yiddishe tochter* (Je suis une fille du peuple juif) quand Golda Meir lui demandait pourquoi elle parlait aussi bien le yiddish.

Au moment de se séparer de la délégation israélienne, les larmes aux yeux, elle dit : 'J'espère que tout ira pour le mieux pour vous là-bas, et tout ira bien pour tous les Juifs' » (in Rubenstein, *Tangled Loyalties : The Life and Times of Ilya Ehrenburg*, p. 262).

Vaksberg la décrit comme « une stalinienne de fer, mais dont le fanatisme ne l'empêchait pas d'être une bonne fille du peuple juif. »

Touchons un mot du cas Ilya Ehrenbourg, fameux journaliste et propagandiste antifasciste de l'Union Soviétique, dont la biographie *Tangled Loyalties* (Rubenstein, 1996) illustre les complexités de l'identité juive en URSS. Ehrenbourg était un stalinien loyal qui dévia pas de la ligne au sujet du sionisme et qui refusa de condamner les actions anti-juives du gouvernement. Toutefois, Ehrenbourg avait des opinions sionistes, fréquentait beaucoup de Juifs, croyait en la qualité unique du peuple juif et se préoccupait vivement de l'antisémitisme et de l'holocauste. Ehrenbourg était un responsable du CAJ qui voulait faire renaître la culture juive et multiplier les contacts avec les Juifs de l'étranger. Un écrivain de ses amis le décrivait comme « Juif avant toute chose... Ehrenbourg avait rejeté ses origines de tout son être, s'était déguisé en occidental, fumait du tabac hollandais et passait des vacances aux îles Cook... Mais rien n'avait pu faire disparaître le Juif » (*Ibidem* p. 204). Ehrenbourg ne niait pas ses origines juives et vers la fin de sa vie, il répétait souvent sa conviction, en forme de défi, qu'il se considérerait comme Juif tant qu'il y aurait un seul antisémite vivant sur la face de la terre.

Dans un article fameux, il cita la parole suivante :

> Le sang existe sous deux formes : le sang qui coule dans les veines et le sang qui en sort... Pourquoi dis-je 'nous les Juifs' ? À cause du sang. » (*ibid.* p. 259)

Il faut croire que son intense loyauté vis-à-vis du régime de Staline et son silence au sujet des brutalités soviétiques qui firent des millions de morts civiles pendant les années 1930 a pu naître de la conviction que l'Union Soviétique était un rempart contre le fascisme.

Aucune transgression ne le mettait plus en colère que l'antisémitisme. (*id.* p. 313)

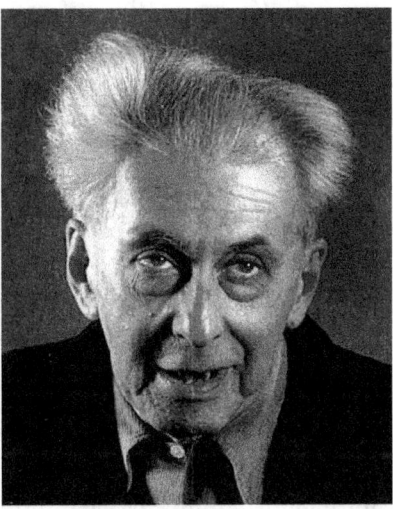

"Brisez par la violence l'orgueil racial des femmes germaniques"
Ilya Ehrenbourg, 1945

En étudiant la réaction des Juifs ethniques au moment de l'émergence de l'État d'Israël, on remarque l'existence d'une identité juive résiduelle mais puissante, même chez des bolchéviks de première catégorie :

> Il semblait que tous les Juifs, quel que fussent leur âge, leur profession ou leur statut social, se sentaient responsables de ce petit État éloigné qui était devenu un symbole de renaissance nationale. Même les Juifs soviétiques qui semblaient irrévocablement assimilés tombaient sous le charme du miracle proche-oriental. Yekaterina Davidovna (Golda Gorbman), épouse du maréchal Kliment Vorochilov, était une bolchévik et une internationaliste fanatique qui dans sa jeunesse avait été bannie de la synagogue pour incroyance. Mais elle stupéfia ses proches en déclarant 'Dorénavant, nous avons notre patrie, nous aussi' (Kostyrchenko, *op. cit.* p. 102).

Ce qui est remarquable, c'est que même chez les Juifs hautement assimilés, y compris chez ceux qui l'ont subjectivement rejetée, l'identité juive peut refaire surface lors d'une crise du groupe ou lorsque l'identification juive entre en conflit avec une autre identité que le Juif peut avoir, y compris l'identification politique radicale. Comme on pouvait s'y attendre d'après la théorie de l'identité sociale, Elazar fait remarquer que dans les périodes où le judaïsme est perçu comme menacé, comme lors de la guerre du Kippour, l'identification de groupe connaît un fort accroissement, même chez les Juifs « très à la marge » (*Community and Polity : Organizational Dynamics of American Jewry*).

Par conséquent, toute affirmation portant sur l'identification juive qui omet de prendre en compte la perception d'un judaïsme menacé risque de sous-estimer gravement la portée de l'engagement juif. Les déclarations de surface faisant état d'une faible identité juive peuvent être trompeuses au plus haut point. Et comme nous allons le voir, il y a de solides preuves d'une fausse conscience très répandue chez les Juifs de gauche radicale, relativement à leur judaïté.

Qui plus est, de solides preuves montrent que sous les tsars comme dans la période post-révolutionnaire, les bolchéviks juifs ne voyaient nulle contradiction entre leurs activités et les intérêts juifs. La révolution mit fin à l'antisémitisme officiel du pouvoir tsariste et même si l'antisémitisme populaire persévéra dans la période post-révolutionnaire, le pouvoir le mit officiellement hors-la-loi. Les Juifs étaient très largement sur-représentés aux postes-clés de l'économie et de la politique ainsi que dans le domaine culturel, au moins jusqu'aux années 1940. C'était un pouvoir qui cherchait agressivement à détruire tous les vestiges de la chrétienté en tant que force unificatrice dans l'Union Soviétique, et qui dans le même temps tâchait de mettre sur pied une sous-culture juive laïcisée, de façon à ce que le judaïsme ne perdît ni sa continuité en tant que groupe, ni ses mécanismes unificateurs, comme la langue yiddish.

Il est par conséquent douteux que les bolchéviks juifs de l'URSS eussent à faire un choix entre leur identité juive et leur identité bolchévik, au moins dans la période qui va de la phase pré-révolutionnaire jusqu'aux années 1930. Compte tenu de cette congruence au sein d'un « intérêt identificatoire bien compris » pour ainsi dire, il est tout à fait compréhensible que des bolchéviks juifs aient pu à titre individuel nier ou passer outre leur identité juive – sans doute avec l'aide de mécanismes de fausse conscience – tout en conservant par devers eux une identité juive qui referait surface à l'occasion d'un conflit entre intérêts juifs et politique communiste.

Partie 2

Le communisme et l'identification juive en Pologne

Les travaux de Schatz sur le groupe de communistes juifs qui sont arrivés au pouvoir en Pologne après la Deuxième Guerre mondiale, qu'il appelle *la génération*, nous importent car ils mettent en lumière les processus d'identification de toute une génération de Juifs communistes en Europe de l'Est. Contrairement à ce qui s'est passé en Union Soviétique, où la faction la plus juive menée par Trotski a été vaincue, nous pouvons suivre en Pologne les activités et les identifications d'une élite communiste juive qui a pris le pouvoir et l'a tenu pendant une longue période.

La grand majorité des membres de ce groupe avait été socialisée dans des familles juives très traditionnelles, où la vie domestique, les coutumes et les folklore, les traditions, les loisirs et les relations entre générations étaient imprégnés de normes et de valeurs essentiellement juives [...] Le noyau de l'héritage culturel leur fut légué dans les formes par la pratique et l'éducation religieuse, les cérémonies, les contes, les chansons, en écoutant les histoires narrées par les parents et grands-parents et les discussions des adultes. Ils étaient donc pourvus de ce solide noyau d'identité, de valeurs, de normes et d'attitudes quand ils entrèrent en rébellion en tant que jeunes adultes. *Ce noyau dut subir des transformations au cours des processus d'acculturation, de sécularisation et de radicalisation, qui allaient parfois jusqu'au rejet explicite. Il n'en reste pas moins que cette couche profonde allait filtrer toutes leurs perceptions ultérieures.* (Shatz, *The Generation : The Rise and Fall of the Jewish Communists of Poland*, p. 37-38.)

Remarquons ici les implications des processus de fausse conscience : les membres de *la génération* niaient les effets de cette expérience intégrale de socialisation, laquelle devait pourtant déteindre sur toutes leurs perceptions postérieures, de telle sorte qu'en un sens tout à fait réel, *ils ne savaient pas à quel point ils étaient juifs*. La plupart d'entre eux parlaient yiddish dans la vie quotidienne et n'avaient qu'une faible maîtrise du polonais, même après leur incorporation dans le parti. Ils ne fréquentaient que des Juifs, qu'ils rencontraient dans le monde juif du travail, du voisinage et dans les organisations sociales et politiques juives. Une fois devenus communistes, ils se marièrent entre eux et leur vie sociale se déroulait en yiddish. Comme c'est le cas de tous les mouvements intellectuels et politiques juifs que nous étudions dans ce traité, leurs mentors et leurs influences déterminantes étaient tous des Juifs ethniques – singulièrement Trotski et Luxembourg – et quand ils faisaient mention de leurs héros personnels, tous étaient des Juifs dont les exploits prenaient des dimensions quasi-mythiques.

Les Juifs qui intégraient le mouvement communiste ne rejetaient pas au préalable leur identité ethnique, nombre d'entre eux « chérissaient leur culture juive […] et rêvaient d'une société dans laquelle les Juifs seraient et resteraient juifs » (*ibidem* p. 48). De fait, il n'était pas rare du tout que des individus combinassent une forte identité juive avec le marxisme et des mélanges variables de bundisme et de sionisme. En outre, le marxisme se recommandait aux Juifs polonais dans la mesure où ils savaient que les Juifs avaient obtenu des positions de pouvoir et d'influence très élevées en URSS et qu'ils avaient mis en place un système d'éducation et de culture juive. En Union Soviétique comme en Pologne, on voyait le communisme comme une puissance opposée à l'antisémitisme. Contradictoirement, le gouvernement polonais excluait les Juifs du secteur public, instituait des quotas dans les universités et les professions libérales et boycottait officiellement des entreprises juives. Très clairement, les Juifs voyaient dans le communisme quelque chose de *bon pour eux-mêmes*. C'était le mouvement qui ne mettait pas en péril la perpétuation du groupe juif, qui leur promettait pouvoir et influence et qui mettait fin à l'antisémitisme d'État.

À une extrémité du spectre de l'identification juive, on trouvait les communistes qui avaient commencé leur carrière dans le *Bund* ou chez les sionistes, parlaient yiddish et travaillaient entièrement dans un milieu juif. Les identifications juives et communistes étaient aussi sincères l'une que l'autre et sans ambivalence. Aucun conflit n'était perçu entre ces deux sources d'identité. À l'autre bout du spectre de l'identification juive, on trouvait des communistes qui pourraient avoir voulu édifier un État "desethnicisé", sans perpétuation du groupe juif, bien que les preuves de cette volonté soient loin d'être suffisantes. Dans la période qui précède la Deuxième Guerre mondiale, même les plus « desethnicisés » des Juifs ne s'assimilaient qu'extérieurement en s'habillant comme des Gentils, en adoptant leurs prénoms (ce qui peut ressembler à une tromperie) et en apprenant leur langue. Ils cherchaient à recruter des Gentils dans le mouvement, mais ne s'assimilaient pas à la culture polonaise et ne cherchaient pas à le faire.

Ils conservaient les « attitudes hautaines et méprisantes » traditionnelles chez les Juifs, face à ce qu'ils considéraient, en bons marxistes, comme une culture « attardée » de paysans polonais (*ibid.* p. 119). Même les communistes juifs les plus assimilés, ceux qui travaillaient dans les grandes villes avec des non-juifs, s'indignèrent profondément du pacte germano-soviétique de non-agression et furent soulagés au déclenchement de la guerre entre ces deux puissances, ce qui indique clairement que leur identité personnelle juive n'était pas restée loin de la surface. Le Parti Communiste de Pologne (PCP) avait soin de promouvoir les intérêts juifs et n'obéissait pas aveuglément à l'Union Soviétique. À ce titre, Schatz considère que si Staline a dissout le PCP en 1938, c'est à cause de la présence de trotskistes en son sein et parce qu'il s'attendait à ce que celui-ci s'opposât à l'alliance avec l'Allemagne nazie.

Dans mon livre *Separation And Its Discontents*, j'affirme que l'ambivalence dans l'identification est un trait constant du judaïsme depuis l'époque des Lumières. Il est intéressant de remarquer que les militants juifs polonais montrent une telle ambivalence, qui provient en dernière analyse de la contradiction qu'il y a « entre la croyance d'une sorte d'existence collective juive, mêlée au rejet d'une telle communion ethnique, qui était considérée comme incompatible avec la division en classes et nuisible à la lutte politique en général ; entre la volonté de maintenir un type de culture juive spécifique, mêlée à l'idée qu'il ne s'agissait que d'une forme ethnique particulière du message communiste qui devait servir à incorporer les Juifs dans la communauté socialiste polonaise ; entre la volonté de conserver des institutions juives à part, tout en désirant éliminer la séparation juive comme telle » (p. 234).

Nous allons observer que les Juifs, y compris les Juifs communistes aux plus hauts échelons du gouvernement, continuaient de se voir comme un groupe soudé et identifiable. Bien que le caractère spécifiquement juif de leur expérience collective n'apparût pas à leurs propres yeux, celui-ci n'échappait pas aux yeux des autres, cas frappant de fausse conscience que nous scruterons plus tard en étudiant le cas des Juifs gauchistes américains.

Ces communistes juifs élaboraient des rationalisations et des auto-tromperies quant au rôle du mouvement communiste en Pologne, de telle sorte qu'on ne peut pas tirer, à partir du manque de preuves de leur identité ethnique juive affirmée, un manque d'identité juive tout court.

Des anomalies cognitives et émotionnelles – des déformations, des blocages et des mutilations de la pensée et du sentiment – étaient le prix à payer pour conserver leurs croyances intactes [...]. L'ajustement de leurs expériences à leurs croyances se faisait par le truchement de l'interprétation, de la suppression, de la justification ou du déni argumenté. (*ibidem* p. 191)

Autant ils étaient capables d'appliquer avec talent leur pensée critique en analysant de façon pénétrante le système socio-politique qu'ils rejetaient, autant ils étaient bloqués quand il s'agissait d'appliquer les mêmes règles et exigences d'analyse critique au système qu'ils considéraient comme étant l'avenir de toute l'humanité. (*ibid.* p. 192)

Cette combinaison de fausse conscience rationalisée et d'une très forte teneur en identité juive peut se lire dans les propos de Jacub Berman, un des plus hauts dirigeants polonais de l'après-guerre. (En Pologne, tous les dirigeants communistes dans la période 1948-56 : Berman, Boleslaw, Bierut, Hilary Minc, étaient juifs). Au sujet des purges et des meurtres de milliers de communistes, dont de nombreux Juifs, en URSS dans les années 1930, Berman déclare ce qui suit :

> J'ai tâché du mieux que j'ai pu d'expliquer ce qui se passait, de clarifier les tenants et aboutissants, les situations très conflictuelles et remplies de contradictions internes où Staline devait se trouver et qui l'ont contraint à agir comme il l'a fait et à exagérer les erreurs de l'opposition, lesquelles prirent des proportions grotesques dans les accusations judiciaires, et à nouveau gonflées par la propagande soviétique. Il fallait beaucoup d'endurance et de dévouement pour accepter ce qui se passait, malgré toutes les distorsions, les insultes et les tourments. (*in* Toranska, « Them » : *Stalin's Polish Puppets* p. 207)

En ce qui concerne son identité juive, Berman répondit comme suit, alors qu'on s'enquérait de ses plans pour l'après-guerre :

> Je n'avais pas de plan particulier. Mais je savais qu'en tant que Juif, je ne pourrais pas postuler aux postes les plus élevés. Mais cela ne me gênait pas de ne pas être aux premiers rangs, non pas que je fusse si humble de nature, mais parce qu'il n'y a pas besoin d'être sous les feux de la rampe pour détenir le véritable pouvoir. Ce qui m'importait, c'était d'exercer mon influence, d'apposer mon sceau lors de la formation si compliquée des gouvernements, ce que je faisais sans devoir m'exposer. Évidemment, l'exercice demandait une certaine agilité. (*ibidem* p. 237)

Nous voyons clairement que Berman se voit comme Juif et qu'il est conscient que les autres le voient ainsi, et qu'il faut donc faire adopter artificieusement un profil bas à sa personnalité publique. Berman fait aussi remarquer qu'il fut, en tant que Juif, soupçonné pendant la campagne anti- « cosmopolite » qui commença en URSS à la fin des années 1940.

Son frère, membre du Comité Central de l'Organisation des Juifs Polonais (laquelle voulait mettre sur pied une culture juive laïcisée dans la Pologne communiste), émigra en Israël en 1950 pour fuir les conséquences de la ligne antisémite adoptée en Pologne, sous inspiration soviétique. Berman explique qu'il n'a pas suivi son frère en Israël malgré les demandes pressantes de celui-ci : « J'étais bien sûr intéressé par ce qui se passait en Israël, d'autant plus que je connaissais bien ceux qui y allaient » (*ibid.* p. 322). Évidemment, son frère ne le considérait pas comme non-Juif, mais comme un Juif qui devait émigrer en Israël à cause de l'antisémitisme naissant. La proximité des liens de famille entre un très haut cadre du gouvernement communiste polonais et un militant de l'organisation qui promouvait la culture laïque juive en Pologne indique que même chez les plus assimilés des communistes polonais de l'époque, on ne voyait pas d'incompatibilité à s'identifier comme Juif et comme communiste.

Tandis que les membres juifs du PCP considéraient le parti comme avantageux pour les intérêts juifs, celui-ci était vu par la gentilité polonaise, même avant la guerre, comme « pro-soviétique, anti-patriotique et 'pas vraiment polonais' d'un point de vue ethnique » (Schatz, *op. cit.* p. 82). La perception de ce manque de patriotisme était la source principale de l'hostilité populaire envers le PCP.

D'un côté, pendant la plus grande partie de son existence, le PCP était en guerre non seulement contre l'État polonais, mais aussi contre l'ensemble du corps politique, y compris contre les partis d'opposition institutionnelle de la gauche. D'autre part, aux yeux de la grande majorité des Polonais, le PCP était un agent étranger et subversif aux ordres de Moscou, qui avait juré de détruire l'indépendance de la Pologne, gagnée de haute lutte, pour la faire entrer dans le giron soviétique. Appelée « agence soviétique » et « commune juive », l'organisation était vue comme une conspiration dangereuse et fondamentalement non-polonaise qui cherchait à saper la souveraineté nationale et à restaurer sous une autre forme la domination russe. (Coutovidis & Reynolds, *Poland, 1939-47*, p. 115)

Le PCP soutint l'Union Soviétique lors de la guerre soviéto-polonaise de 1919-20 et l'invasion soviétique de 1939. Il accepta la frontière soviéto-polonaise de 1939 et se montra assez indifférent au massacre des prisonniers de guerre polonais pendant la Deuxième Guerre mondiale, alors que le gouvernement polonais en exil tenait une position nationaliste sur ces questions. L'armée soviétique et ses alliés polonais, « déterminés par de froides raisons de calcul politique ou sous la pression des nécessités militaires, ou les deux ensemble », laissèrent l'insurrection de l'Armée de l'Intérieur, fidèle au gouvernement non-communiste en exil, être écrasée par les Allemands au prix de deux cent mille morts, ce qui anéantit « la crème de l'élite militante anti-communiste et non-communiste » (Schatz, *op. cit.* p. 188).

L'artifice consistant à gommer la physionomie juive du mouvement communiste était aussi de mise dans la ZPP (sigle de l'*Union des Patriotes Polonais*, une vitrine communiste au nom orwellien, que l'URSS avait créée en vue de l'occupation de la Pologne après la guerre). Mis à part les membres de *la génération* dont la loyauté était tenue pour certaine et qui en formaient le noyau dirigeant, les Juifs étaient dissuadés de rejoindre cet organisme, de peur qu'il n'apparût comme trop juif. Toutefois, on le permettait aux Juifs qui pouvaient passer physiquement pour des Polonais.

On les invitait à s'enregistrer en tant que Polonais ethniques et à changer leurs noms. « On ne le demandait pas systématiquement, car avec certains d'entre eux, il n'y avait rien à faire : ils avaient l'air vraiment trop juifs. » (*ibidem* p. 185)

Quand ce groupe accéda au pouvoir après la guerre, il servit les intérêts politiques, économiques et culturels des Soviétiques, tout en promouvant avec véhémence les intérêts spécifiquement juifs, par exemple en détruisant l'opposition politique nationaliste qui professait un antisémitisme ouvert, en partie motivé par l'idée que le groupe juif favorisait la domination soviétique. La purge du groupe de Wladyslaw Gomulka après la guerre fut l'occasion de la promotion des Juifs et du bannissement total de l'antisémitisme. Qui plus est, la polarisation entre le gouvernement communiste polonais sous domination juive et soutenu par les Soviétiques d'une part, et la clandestinité nationaliste et antisémite d'autre part, permit au pouvoir communiste d'obtenir l'allégeance de la grande majorité de la population juive, alors que le gros des Polonais non-juifs était en faveur des partis anti-soviétiques.

Il en ressortit un antisémitisme encore plus marqué. À l'été 1947, environ 1500 Juifs avaient été tués dans des incidents enregistrés dans 155 localités. Le cardinal Hlond, au sujet d'un incident où 41 Juifs furent tués en 1946, remarquait que le pogrom s'expliquait par le fait que « les Juifs occupaient des positions dominantes dans le gouvernement polonais et s'efforçaient d'implanter un type d'État dont les Polonais, dans leur majorité, ne voulaient pas » (*id.* p. 107).

Le pouvoir communiste sous domination juive s'évertuait à maintenir et à ressusciter la vie juive en Pologne de façon à ce que, comme en URSS, on n'eût pas à craindre un quelconque dépérissement du judaïsme en régime communiste. Dans la « vision ethno-politique » de ces militants juifs, la culture juive laïque devait se perpétuer en Pologne avec l'aval et le soutien de l'État. Dans ces conditions, tandis que le pouvoir faisait campagne contre le pouvoir politique et culturel de l'Église catholique, la vie collective juive s'épanouit dans l'après-guerre. Des écoles et des publications en yiddish et en hébreux furent lancées, toute une variété d'organisations culturelles et d'entraide sociale pour Juifs furent mises sur pied. Une partie non-négligeable de la population juive trouva un emploi dans les entreprises coopératives juives.

Ajoutons à cela que le gouvernement sous domination juive voyait la population juive, où l'on trouvait beaucoup de gens qui n'avaient jamais été communistes, comme un réservoir de gens fiables à rallier au projet de reconstruction du pays. Même s'il ne s'agissait pas de vieux camarades éprouvés, ils avaient l'avantage de ne pas avoir de racines dans les rapports sociaux de la société anti-communiste. Ils étaient étrangers à ses traditions historiques, n'avaient aucun lien à l'Église catholique et étaient détestés par les ennemis du régime. Par conséquent, on pouvait compter sur eux et leur attribuer des postes. (*id.* p. 212-13)

Avoir des origines juives étaient un avantage dans le recrutement des agents des services de sécurité intérieure. La *génération* des communistes juifs avait bien vu que son pouvoir dérivait entièrement de l'Union Soviétique et qu'elle allait devoir employer la coercition pour se faire obéir d'une société non-communiste foncièrement hostile. Le noyau dur des services de sécurité était formé de Juifs qui étaient déjà communistes avant l'établissement du pouvoir communiste polonais, mais il s'adjoignit l'assistance d'autres Juifs sympathisants du régime et détachés de la société au sens large. Ce genre de faits accentua d'autant plus l'image populaire du Juif en tant qu'agent de l'étranger et ennemi des Polonais ethniques.

Les agents juifs des forces de sécurité intérieure semblent avoir été motivés par une haine personnelle et par le désir de vengeance, lié à leur identité juive :

> Leurs familles avaient été assassinées et la clandestinité anti-communiste leur apparaissait comme la continuation de cette même tradition antisémite et anti-communiste. Ils haïssaient autant ceux qui avaient collaboré avec les nazis que ceux qui s'opposaient au nouvel ordre des choses, sachant qu'en tant que communistes, ou en tant que communistes et que Juifs, on les haïssait au moins autant. À leurs yeux, l'ennemi était fondamentalement le même. Les vieilles calamités devaient être punies et les nouvelles empêchées, une lutte sans merci devait être menée pour ouvrir la voie à un monde meilleur. (*id.* p. 226)

À l'image de ce qui eut lieu en Hongrie au sortir de la Deuxième Guerre mondiale, la Pologne se polarisa de telle sorte qu'une classe dirigeante et administrative à dominante juive – soutenue par le reste de la population juive et par le pouvoir militaire soviétique – se rangea en ordre de bataille contre la grande majorité de la gentilité indigène.

Leur rôle d'intermédiaire transforma ces anciens *outsiders* en élite de fait de la Pologne, et ces anciens hérauts de la justice sociale allèrent très loin pour protéger leurs prérogatives, à grands renforts de rationalisation et d'auto-tromperie. Par exemple, quand un transfuge révéla en 1954 le style de vie luxueux des membres de l'élite (Boleslaw Bierut avait quatre résidences secondaires et les clés de cinq autres [*in* Torenska, *op.cit.* p. 28]), leur corruption et leur rôle d'agents soviétiques, il y eut des ondes de choc aux niveaux inférieurs du parti. D'où l'on peut voir clairement le rôle joué par les revendications de supériorité morale et d'altruisme dans l'élaboration de la fausse conscience de ce groupe.

Les efforts déployés pour donner un air polonais à ce pouvoir dominé par les Juifs, n'eurent pas le succès escompté, compte tenu du trop faible nombre de Polonais fiables et capables d'occuper des positions dans le parti, la haute administration, l'armée et les services. On favorisa donc les Juifs qui avaient coupé les ponts officiels avec la communauté, ceux qui avaient changé leur nom ou ceux qui pouvaient passer pour Polonais par leur aspect physique ou leur manque d'accent juif. Quelles que fussent les définitions que ces individus se donnaient à titre personnel, ceux qui les recrutaient à des postes de pouvoir prenaient comme critère leur extraction ethnique perçue, clé de leur fiabilité. La situation qui s'ensuivit ressemblait à beaucoup d'égards à celle des sociétés traditionnelles, où Juifs avoués et Juifs cachés entretenaient entre-soi leurs réseaux économiques et politiques.

À côté du groupe des hommes politiques influents, trop restreint pour être qualifié de catégorie sociale, on trouvait les soldats, les apparatchiks et les administratifs, les intellectuels et les publicistes, les policiers, les diplomates et enfin les militants du secteur juif. Il y avait aussi la masse des gens ordinaires – employés, artisans et ouvriers – qui partageaient une même vision idéologique, une même expérience historique et les mêmes aspirations ethniques. (Shatz, *op. cit.* p. 226)

Il faut remarquer que lorsque la domination politique et économique juive diminua graduellement dans la deuxième moitié des années 1950, un certain nombre d'entre eux retrouva un emploi dans les entreprises coopératives juives. Les Juifs purgés des services de sécurité intérieure reçurent l'assistance d'organisations juives financées par des Juifs américains. Peu de doutes subsistent au sujet du maintien de leur identité juive et de la perpétuation du séparatisme économique et culturel juif. À ce titre, après l'implosion du régime communiste polonais, « de nombreux Juifs, y compris des enfants et petits-enfants d'anciens communistes, sortirent du bois » (*Anti-Semitism Worldwide 1994* p. 115). Ils revendiquèrent leur identité juive et renforcèrent d'autant plus l'idée que beaucoup de communistes juifs étaient en fait des crypto-Juifs.

Quand le mouvement anti-sioniste et antisémite d'Union Soviétique passa en Pologne, après le changement de ligne vis-à-vis d'Israël à la fin des années 1940, il y eut une nouvelle crise d'identité, issue de la croyance en l'incompatibilité entre communisme et antisémitisme. On y répondit soit par l' « abnégation ethnique » – en faisant des déclarations niant l'existence de l'identité juive – soit tout simplement en faisant profil bas. Mais en vertu de la très forte identification au système parmi les Juifs, la tendance générale était à la rationalisation, y compris au moment où les Juifs étaient évincés des positions de pouvoir.

Même quand les méthodes devenaient plus dures et douloureuses, quand on était forcé d'avouer des crimes non-commis et à dénoncer les autres, et quand on se rendait compte des torts commis par des moyens qui violaient la morale communiste, les convictions idéologiques de base demeuraient inchangées. Par conséquent, la folie sacrée triompha, même dans les cellules de prison. (*ibidem* p. 260)

Pour finir, la campagne anti-juive des années 1960 s'alimenta de l'affirmation que les Juifs communistes de *la génération* s'opposaient à la ligne politique de l'Union Soviétique pro-Arabe au Proche-Orient.

À l'image de ce qui est arrivé aux autres groupes juifs au travers des âges, les purges anti-juives ne les firent pas abandonner leur engagement envers le groupe, même si le prix à payer était une persécution supplémentaire. Au contraire, cet engagement se fit plus fort encore :

Discipline idéologique inébranlable et obéissance jusqu'à la mauvaise foi... Ils voyaient le parti comme la personnification collective des forces de l'histoire et se voyaient eux-mêmes comme leurs servants. Ils l'exprimaient par du dogmatisme téléologico-déductif, de l'arrogance révolutionnaire et de l'ambiguïté morale. (*ibid.* p. 260-61)

En effet, on constate que la cohésion du groupe de *la génération* augmenta en même temps que ses revers de fortune. Comme leurs positions étaient érodées par le nationalisme polonais et l'antisémitisme naissant, ils devenaient de plus en plus conscients de leur appartenance au même groupe. Après leur défaite finale, ils perdirent très vite toute identité polonaise et assumèrent ouvertement des identités juives, en particulier en Israël, destination de la plupart des Juifs polonais. Ils auto-critiquèrent leur anti-sionisme et se firent les ardents partisans d'Israël.

Pour conclure, nous nous appuierons sur Schatz qui montre que *la génération* des Juifs communistes et de leurs partisans ethniquement juifs doit être considérée comme un groupe et un agent historique juif. Les preuves indiquent que ce groupe a servi des intérêts spécifiquement juifs, en particulier la continuation de groupe juif en Pologne, alors même qu'ils tâchaient de détruire des institutions comme l'Église catholique et d'autres expressions du nationalisme polonais au service de la cohésion sociale des Polonais. Le pouvoir communiste combattit l'antisémitisme et promut les intérêts économiques et politiques des Juifs. Même si la reconnaissance subjective de l'identité juive était certainement variable au sein de ce groupe, les preuves indiquent une forte teneur d'identité juive submergée de fausse conscience, même chez les plus assimilés d'entre eux. La séquence tout entière illustre la complexité de l'identification juive et l'importance de la fausse conscience et de la rationalisation au cœur du judaïsme en tant que stratégie évolutionnaire de groupe.

La mauvaise foi et la rationalisation étaient massives quand il s'agissait, pour le pouvoir sous domination juive et ses partisans juifs, d'éliminer les élites nationalistes gentilles, de s'opposer à la culture nationale polonaise et à l'Église catholique tout en édifiant une culture juive sécularisée, de servir d'agent de la domination soviétique en Pologne et de bâtir ses propres succès économiques, tout en administrant une économie qui imposait privations et sacrifices au reste du peuple pour l'atteler au char soviétique.

Partie 3

Gauche radicale et identification juive en Angleterre et aux États-Unis

Depuis les débuts du mouvement à la fin du XIXe siècle, la gauche radicale juive américaine s'est caractérisée elle aussi par une forte identification juive. L'étude de Sorin parue en 1985 sur les gauchistes radicaux juifs qui immigrèrent aux États-Unis au début du XXe siècle montre que seuls 7 % d'entre eux étaient hostiles à toute idée de séparatisme juif. Plus de 70 % avaient « une conscience positive de leur judaïté. La plupart d'entre eux appartenaient à des institutions, affiliations et organisations sociales juives qui se chevauchaient ».

En outre, 26 sujets au maximum sur 95 appartenaient aux catégories que Sorin nommait « hostiles, ambivalentes ou assimilationnistes », mais « la plupart de ces personnes, si ce n'est toutes, étaient en proie à un combat intérieur pour arriver, souvent de façon créative, à synthétiser ces nouvelles identités » (*The Prophetic Minority : American Jewish Immigrant Radicals* p. 115) L'idée-force du chapitre d'où nous tirons ces informations est que la plupart de ces Juifs de la gauche radicale qui se reconnaissaient comme « déracinés » avaient une fausse conscience de leur faible identification juive.

Les remarques suivantes, au sujet d'Emma Goldman, très fameuse Juive de la gauche radicale, illustrent bien la tendance générale :

> Les pages du magazine *Mother Earth*, qu'Emma Goldman fit paraître entre 1906 et 1917, sont remplies d'histoires yiddish, de contes tirés du Talmud et de traductions de poèmes de Morris Rosenfeld. Qui plus est, son engagement en faveur de l'anarchisme ne l'empêchait pas de parler et d'écrire sur le sujet du fardeau *particulier* que les Juifs devaient porter dans un monde où l'antisémitisme était un ennemi vivace. Apparemment, la foi anarchiste d'Emma Goldman, avec son insistance sur l'*universalisme*, ne s'accompagnait pas d'un abandon de son identité juive. (*ibidem* p. 8)

La gauche radicale juive du vingtième siècle était une sous-culture spécifique interne à la juiverie, ou une « contre-culture » pour le dire comme Arthur Liebman. La gauche juive américaine ne s'est jamais écartée de la communauté juive prise globalement et de fait, la participation des Juifs aux mouvements de la gauche radicale variait en fonction du degré de concordance perçue entre eux et les intérêts spécifiquement juifs.

La vieille gauche juive, qui possédait des syndicats, une presse et des fraternelles (lesquelles étaient souvent associées aux synagogues [cf. Liebman, Jews and the Left, p. 284]) faisait partie de la communauté juive au sens large. Quand la classe ouvrière juive déclina, les préoccupations spécifiquement juives prirent le dessus sur les idées politiques de gauche radicale. Cette tendance à s'attacher prioritairement aux affaires juives, propre aux membres juifs des organisations gauchistes, s'accentua à partir de 1930 à cause du hiatus qui apparaissait de façon récurrente entre les intérêts juifs et les causes gauchistes universalistes de l'époque. Ce phénomène était observable dans toute l'étendue du spectre de la gauche, dans le Parti Communiste comme dans le Parti Socialiste, qui avaient aussi des membres issus de la gentilité.

Le séparatisme juif dans les mouvements de gauche était facilité par un de ses aspects traditionnels : l'emploi d'une langue à part. Le yiddish fut particulièrement valorisé pour son pouvoir unificateur dans les mouvements ouvriers juifs et pour sa capacité à consolider les liens à l'intérieur de la communauté juive au sens large.

Les *landsmanshaften* [clubs sociaux juifs], la presse et le théâtre yiddish, les cafés socialistes de East Side, les sociétés littéraires et les *fereyns*, qui formaient le décor immédiatement reconnaissable de la culture socialiste juive que la seule boutique, le seul syndicat ou parti ne pouvait pas reproduire. Même l'ennemi de classe – l'employeur juif – parlait yiddish. (Levin, *While Messiah Tarred : Jewish Socialist Movements, 1871-1917* p. 210)

Remarquons que les projets d'éducation socialistes lancés par le Workman's Circle – la plus importante fraternelle ouvrière juive du début du XXème siècle – échoua (avant 1916) car elle n'avait prévu aucun enseignement en yiddish et aucun contenu juif. « Même les parents juifs de gauche radicale voulaient que leurs enfants apprissent le yiddish et eussent quelques notions sur l'histoire de leur peuple » (Liebman, *op. cit.* p. 292).

Ces écoles connurent le succès quand elles mirent l'accent sur les choses nationales juives. Elles persistèrent jusque dans les années 1940 en tant qu'écoles juives à idéologie socialiste, laquelle insistait sur l'idée que le militantisme pour la justice sociale était la clé de la survie des Juifs dans le monde moderne. Le socialisme et l'idéologie de gauche devenaient clairement une forme de judaïsme laïcisé. L'organisation Workman's Circle, qui était à l'origine une fraternelle ouvrière de gauche radicale ayant des membres juifs, était devenue une fraternelle juive ayant des sentiments de gauche et un héritage socialiste » (*ibidem* p. 295)

Du côté de la sous-culture juive d'orientation communiste et de ses organisations comme l'International Workers Order (IWO), il y avait aussi des sections de langue yiddish. Une d'entre elle, la Jewish Peoples Fraternal Order (JPFO), était affiliée à l'American Jewish Congress (AJCongress) et figurait sur la liste des organisations subversives du gouvernement US.

La JPFO avait 50.000 membres et devint le principal bailleur de fonds du PCUSA après la Deuxième Guerre mondiale ; elle finançait aussi le *Daily Worker* et le *Morning Freiheit* (Svonkin, *Jews Against Prejudice : American Jews and the Fight for Civil Liberties* p. 166).

En plein accord avec l'idée ici développée d'une compatibilité entre communisme et identité juive, elle finança des projets éducatifs pour enfants qui associaient étroitement les thèmes de l'identité juive et ceux de la gauche radicale. Les écoles yiddish et les camps d'été de l'IWO, qui existèrent jusque dans les années 1960, mettaient l'accent sur la culture juive et réinterprétaient le marxisme non pas comme une théorie de la lutte des classe, mais une théorie de la lutte de libération juive contre l'oppression.

Même si l'AJCongress finit par se séparer de la JPFO pendant la guerre froide en déclarant que le communisme était une menace, il participa de façon « au mieux réticente et peu enthousiaste » à l'effort juif en vue de la construction d'une image anti-communiste – position qui reflétait les sentiments de la plupart des descendants d'immigrés d'Europe de l'Est de la deuxième et troisième génération, qui formaient le gros de ses membres.

David Horowitz décrit le monde de ses parents qui avaient rejoint une « shul » [école] dirigée par le PCUSA, où l'on donnait une interprétation politique aux fêtes juives. Psychologiquement, ces gens auraient pu aussi bien se situer dans la Pologne du dix-huitième siècle :

> Ce qu'avaient fait mes parents en entrant au Parti Communiste et en déménageant à Sunnyside, c'était revenir au ghetto. Il y avait le même langage privé, le même univers hermétiquement clos, la même attitude duale, montrant une face au monde extérieur et une autre à la tribu. Et

surtout, il y avait la certitude d'être dans le viseur de la persécution et des lois spéciales et l'idée d'une supériorité morale sur la foule des *goyim* dans le monde extérieur. Il y avait aussi la même peur de l'expulsion pour hérésie, laquelle attachait les élus à leur foi.

Un sens aigu de la judaïté caractérisait la presse yiddish de gauche. On pouvait lire dans le courrier des lecteurs du journal d'extrême-gauche *Jewish Daily Forward* un Juif se plaindre que ses parents non-religieux refusassent son projet de mariage avec une non-Juive.

Il écrivit au *Forward* dans l'idée d'y trouver un écho favorable, mais il eut la désagréable surprise de voir que ses responsables, tout socialistes et libre-penseurs qu'ils étaient, considéraient comme impératif qu'il épousât une Juive et continuât à s'identifier à la communauté juive. [...] Les lecteurs du Forward savaient que l'engagement des Juifs à rester juifs était un principe qui n'était pas sujet à discussion. » (Hertzberg, *The Jews in America : Four Centuries of an Uneasy Encounter* p. 211-12)

Dans les années 1930, le *Forward* était le plus lu de tous les journaux juif du monde et avait des rapports étroits avec le Parti Socialiste. Werner Cohn donna en 1958 sa définition de la communauté juive immigrée des années 1886 à 1920 : « une seule grande assemblée de débatteurs gauchistes ».

Vers 1886, la communauté juive de New York avait manifesté clairement son soutien au troisième parti (United Labor) et à son candidat Henry George, le théoricien de l'Impôt Unique. Depuis lors, les quartiers juifs de New York et d'ailleurs sont connus pour leur comportement électoral très à gauche.

La circonscription du Lower East Side élut régulièrement son député Meyer London, le seul socialiste à jamais avoir été élu au Congrès. Beaucoup de socialistes ont siégé à l'Assemblée de l'État de New York à Albany, élus par leurs circonscriptions juives. En 1917, lors des élections municipales à New York, la candidature du socialiste et pacifiste Morris Hillquit fut soutenue par les plus hautes autorités du Lower East Side juif : le United Hebrew Trades, la International Ladies' Garment Workers' Union, et surtout par le si populaire journal yiddish *Daily forward*.

C'est dans cette période que les extrême-gauchistes comme Alexandre Berkman et Emma Goldman étaient des géants de la communauté juive. Et presque tous les géants juifs – comme Abraham Cahan, Morris Hillquit et le jeune Morris R. Cohen – étaient de gauche radicale. Même Samuel Gompers [un syndicaliste très modéré] se sentait obligé de placer des expressions d'extrême-gauche quand il s'adressait à un public juif. (Cohn, *The Jews : Social Pattern of an American Group*, p. 621)

De son côté, *The Freiheit*, organe non-officiel du Parti Communiste des années 1920 aux années 1950, « se tenait au centre de la culture et des institutions prolétariennes yiddish [...] auxquelles il proposait identité, perspective, amitié et compréhension » (Liebman, *op. cit.* p.449-50). Le journal perdit beaucoup de son lectorat dans la communauté juive lorsqu'il fit sienne la position du Parti Communiste, opposée au sionisme. Dans les années 1950, il dut faire un choix entre son âme juive et son statut de journal communiste. Ayant choisi la première, le journal justifia le non-retour des territoires occupés par Israël à la fin des années 1960, contre la ligne du PCUSA.

La relation entre les Juifs et le Parti Communiste est particulièrement intéressante, parce que le parti a souvent adopté des positions anti-juives, en particulier à cause de ses liens étroits avec l'Union Soviétique. Dès la fin des années 1920, les Juifs ont joué un rôle très important dans le PCUSA. Se contenter de mentionner des pourcentages de dirigeants juifs n'indique pas adéquatement la portée de l'influence juive, car ce procédé ne prend pas en compte les caractéristiques personnelles des militants juifs en tant que groupe talentueux, instruit et ambitieux et aussi parce que le parti avait sciemment recruté des Gentils pour masquer l'étendue de la domination juive.

Lyons cite un communiste non-juif qui expliquait que beaucoup de travailleurs non-juifs devinaient qu'on les recrutait pour « diversifier la composition ethnique du parti ». L'informateur se souvient de son expérience en tant que représentant non-juif du parti lors d'une conférence parrainée par les communiste et destinée à la jeunesse.

La plupart des participants voyaient de mieux en mieux que pratiquement tous les orateurs étaient des Juifs new-yorkais. Ceux qui avaient un accent juif à couper au couteau se présentaient comme

« délégué de Lower East Side » ou comme « un camarade de Brownsville ». Pour finir, la direction nationale demanda une pause pour discuter de la question, qui était devenue embarrassante. Comment une organisation étudiante supposément nationale pouvait être à ce point dominée par des Juifs new-yorkais ? Finalement, ils décidèrent d'intervenir et de résoudre le problème en demandant à la section de New York de laisser un droit de parole aux « provinciaux ». Je rappelle que la convention avait lieu dans le Wisconsin. (Lyons, *Philadelphia Communists, 1936-56*, p. 81)

Klehr estime qu'entre 1921 et 1961, les Juifs constituaient 33,5 % des membres du Comité Central du parti et que leur représentation montait souvent au-dessus des 40 %. Parmi les différents groupes ethniques de personnes nées sur le sol américain, les Juifs étaient le seul gisement dans lequel le parti pouvait recruter. Glazer affirmait en 1969 qu'au moins la moitié des membres du PCUSA, qui en comptait environ 50.000 dans les années 1950, étaient juifs. Comme il y avait un très fort roulement des effectifs, le nombre des personnes ayant été impliquées dans le parti peut avoir été dix fois plus grand. Il ajoute que « les effectifs socialistes, toutes tendances confondues, étaient égaux ou supérieurs ».

Buhle, dans les années 1920, remarquait que la plupart des personnes « les plus favorables au parti et au *Freiheit* ne prenaient pas leurs cartes de membre – il n'y en avait pas plus que quelques milliers, sur une masse de suiveurs cent fois plus grande » ('Jews and American Communists : the Cultural Question' in *Radical History Review*, p. 89)

Ethel et Julius Rosenberg, condamnés pour espionnage au bénéfice de l'Union Soviétique, illustrent la puissance de l'identification juive chez les Juifs de gauche. Svonkin montre bien qu'ils se voyaient comme des martyrs juifs. Comme tant d'autres gauchistes juifs, ils percevaient de fortes attaches entre le judaïsme et leurs sympathies communistes.

Leurs lettres de prison étaient, comme le dit un commentateur, « pleines d'expressions de judaïsme et de judaïté », comme le montre la remarque suivante :

> Dans deux jours, ce sera la Pâques, où nous célébrons la quête de liberté de notre peuple. Cet héritage culturel a une signification supplémentaire pour nous qui sommes emprisonnés et séparés l'un de l'autre et de nos proches

par les Pharaons modernes. (*in* Svonkin, *op. cit.* p. 158-59)

Embarrassée par cette image de martyrs juifs que les Rosenberg avaient d'eux-mêmes, l'Anti-Defamation League (ADL) interpréta les professions de judaïté de Julius Rosenberg comme étant une tentative de « tirer profit comme il pouvait de la foi qu'il avait répudiée ». Ce révisionnisme est symptomatique de la tendance cherchant à faire passer pour incompatibles identification juive et radicalisme de gauche et aboutissant à un obscurcissement considérable de tout un chapitre de l'histoire juive.

Dans ses premières années, le PCUSA avait, tout comme l'Union Soviétique à ses débuts, des sections séparées pour les différents groupes ethniques, y compris une fédération juive de langue yiddish. Quand elles furent abolies en 1925 afin de développer le parti en direction des Américains de souche (qui avaient un faible niveau de conscience ethnique), il y eut un exode massif des Juifs qui quittèrent le parti, et ceux qui restèrent continuèrent à participer à la vie culturelle en yiddish existant officieusement dans le parti.

Dans les années suivantes, le soutien juif au PCUSA connut des pics et des creux en fonction de la position du parti relativement aux questions spécifiquement juives. Pendant les années 1930, le PCUSA changea de ligne et prit grand soin de se montrer attentif aux intérêts juifs spécifiques, en insistant sur l'antisémitisme, en soutenant le sionisme et plus tard Israël et en défendant l'importance du maintien des traditions culturelles juives. Comme en Pologne à la même époque, « la gauche radicale américaine glorifiait le développement de la vie juive en Union Soviétique […] L'URSS était la preuve vivante que la question juive pouvait être réglée sous le socialisme » (Kann, *Joe Rapoport : The Life of a Jewish Radical*, p. 152-53).

Le communisme était perçu comme « bon pour les Juifs ». Malgré les problèmes temporaires induits par le pacte de non-agression germano-soviétique de 1939, le PCUSA mit fin à sa période d'isolement vis-à-vis de la communauté juive pendant la Deuxième Guerre mondiale et dans l'immédiat après-guerre.

Les Juifs qui ne quittèrent pas le parti pendant la durée du pacte de non-agression firent face à un conflit d'allégeances, ce qui montre bien que l'identité juive ne comptait pas pour rien à leurs yeux. Le pacte provoqua une bonne dose de rationalisations de la part des Juifs du PCUSA, qui se démenaient pour interpréter la conduite de l'URSS dans un sens favorable aux intérêts juifs, réfutant ainsi l'idée qu'ils eussent abandonné leur identité juive. D'autres restaient membres, mais s'opposaient en silence à la ligne du parti à cause de leur allégeance juive. Leur préoccupation majeure était que le pacte de non-agression pût détruire leurs rapports avec la communauté juive au sens large.

À l'époque de la création d'Israël en 1948, la faveur du PCUSA auprès des Juifs s'expliquait par le soutien qu'il apportait à Israël, tandis que Truman tournait autour du pot. En 1946, le PCUSA avait adopté une résolution favorable à la perpétuation du peuple juif en tant qu'entité ethnique dans les sociétés socialistes. Arthur Liebman explique que les membres du parti de cette époque étaient transportés de joie par la conformité retrouvée entre leur appartenance au parti et leurs intérêts juifs. Ils exprimaient leurs sentiments communautaires à l'adresse du groupe tout entier et leur judaïté connut un pic en conséquence des interactions avec d'autres Juifs à l'intérieur du parti.

Dans l'après-guerre, « on s'attendait à ce que les Juifs communistes fussent juifs et on les encourageait en ce sens. Ils devaient fréquenter des Juifs et avoir une appréciation positive de la culture juive. En même temps, les Juifs non-communistes, à quelques exceptions près [le propos se cantonne à la gauche juive] acceptaient leur professions de judaïté et voulaient bien collaborer avec eux dans un cadre pan-juif » (Liebman, *op. cit.* p. 514). Comme on l'observe souvent dans l'histoire juive, cette résurgence de l'identité juive a été facilitée par la persécution des Juifs, l'Holocauste en l'occurrence.

Mais cette période de compatibilité heureuse entre intérêts juifs et communistes s'évapora après 1948, à cause du changement de la ligne soviétique sur l'Israël et les nouvelles révélant l'antisémitisme d'État en URSS et en Europe de l'Est. Beaucoup de Juifs quittèrent le PCUSA. Encore une fois, ceux qui ne le firent pas tâchèrent de rationaliser l'antisémitisme soviétique de façon à pouvoir maintenir leur identification juive. Pour certains, ces persécutions n'étaient pas une faute du système communiste lui-même, mais une simple aberration d'origine pathologique et individuelle. Pour d'autres, c'est l'Ouest qu'il fallait blâmer pour ses responsabilités indirectes.

Ce qui les attachait au PCUSA semble avoir été le désir de demeurer au sein d'une sous-culture yiddish protectrice. Liebman mentionne le cas d'un communiste qui rendit sa carte après que l'évidence de l'antisémitisme soviétique lui eût crevé les yeux. « En 1958, après 25 ans passés au Parti Communiste, ce dirigeant démissionna et développa une forte identité juive, laquelle impliquait une loyauté acharnée envers Israël. » Les membres juifs restants du PCUSA ne suivirent pas la ligne pro-soviétique du parti en 1967 et 1973 et soutinrent Israël. Pour finir, le PCUSA se sépara de presque tous ses Juifs.

Décrivant la vie d'un club juif et communiste à Philadelphie, Lyons révèle l'ambivalence et la mauvais foi qui interviennent lorsque les intérêts juifs entrent en conflit avec les sympathies communistes :

> Le club vit naître des tensions au sujet de la judaïté, en particulier dans son rapport à Israël. C'était au milieu des années 1960, quand le club avait décidé de critiquer le traitement fait aux Juifs en URSS. Certains membres du club, les pro-soviétiques les plus orthodoxes, claquèrent la porte, d'autres, qui n'étaient pas d'accord non plus, ne le firent pas. Pendant ce temps, le club changeait, devenant de moins en moins marxiste et de plus

en plus sioniste. Au moment de la guerre des Six Jours en 1967, « nous avons été dogmatiques, mais une semaine », comme le dit Ben Green, responsable du club. Ils n'autorisèrent aucune discussion sur la question du soutien à Israël et ne firent que des collectes de dons. Pour autant, plusieurs membres insistent sur le fait que le club n'est pas sioniste et pratique un 'soutien critique' à Israël. (*op. cit.* p. 180)

Nous avons toutes les raisons de supposer qu'à l'image de leurs homologues polonais, les Juifs communistes américains ont considéré l'URSS comme servant d'une façon globalement positive les intérêts juifs, jusqu'à une date assez tardive dans la période qui a suivi la Deuxième Guerre mondiale. Né dans les années 1920, le PCUSA a été financé par l'Union Soviétique, a adhéré de près à sa ligne, s'est impliqué dans des activités d'espionnage pour son compte, en allant jusqu'au vol de secrets nucléaires. Dans les années 1930, les Juifs « constituaient une majorité substantielle des agents soviétiques identifiés par le contre-espionnage » et presque la moitié de ceux qui furent poursuivis sous le coup du Smith Act de 1947 (Rothman & Lichter, *op. cit.* p. 100).

Même si tous les fonctionnaires du parti ont pu ne pas être au courant des détails de la relation spéciale du parti avec l'Union Soviétique, le « travail spécial » [l'espionnage] faisait partie intégrante de la mission des communistes aux États-Unis. Ceci était bien connu et ouvertement discuté au bureau politique du PCUSA. [...] les biographies de communistes ordinaires montrent que les militants de base acceptaient de pratiquer l'espionnage contre leur propre pays pour le compte de L'URSS. Le parti chantait les louanges de l'URSS, identifiée à la terre promise. La propagande communiste entonnait sans arrêt le refrain assimilant l'Union Soviétique à une étoile brillante de l'humanité, comme dans ce poème communiste américain de 1934 la dépeignant comme « un paradis [...] descendu sur terre en Russie. » (Klehr et al., *The Secret World of American Communism*, p. 324)

Klehr et les co-auteurs de cet ouvrage considèrent que le PCUSA a eu une influence importante dans l'histoire américaine. Sans excuser les excès du mouvement anti-communiste américain, ils remarquent « que le tranchant particulier de l'anti-communisme américain ne peut s'expliquer sans saisir la réalité de l'allégeance du PCUSA à l'Union Soviétique. L'accusation de félonie à l'endroit des communistes américains a démultiplié l'intensité du débat concernant le communisme, l'empoisonnant aussi parfois. »

Les communistes avaient menti aux partisans du New Deal, dont ils étaient les alliés. Ces gens de gauche avaient cru les dénégations des communistes et traitaient de diffamateurs les anti-communistes qui dénonçaient les activités cachées des communistes. Furieux d'entendre ces dénégations qu'ils savaient fausses, les anti-communistes ont commencé à soupçonner de malhonnêteté ceux qui ne voyaient pas clair dans le jeu des communistes. Ainsi, la duplicité des communistes a empoisonné les rapports politiques normaux et a rendu plus dure la réaction anti-communiste de la fin des années 1940 et des années 1950. (*ibidem* p. 106)

Le fait que la gauche social-démocrate a défendu le communisme pendant la guerre froide entre dans le champ de la problématique de notre présent ouvrage. Nicholas von Hoffman a remarqué le rôle des défenseurs sociaux-démocrates dans la défense du communisme à cette époque. Les responsables de la revue *The New Republic* et Richard Hofstadter, historien à Harvard, considéraient que les inquiétudes relatives à l'infiltration communiste dans l'État devaient se rattacher « au style paranoïaque de la politique U.S. ». (Rothman et Lichter incluent la revue *The New Republic* dans le groupe des revues de gauche et d'extrême-gauche dont les rédactions étaient fortement juives). La version officielle de la gauche voulait que les communistes américains fussent des créatures *sui generis* sans connexion avec l'Union Soviétique, de sorte qu'ils n'y avait pas de menace communiste intérieure.

Dans cette période, la gauche avait saisi le magistère moral et intellectuel de la société. Les partisans de McCarthy étaient considérés comme des brutes primitives.

Dans la bataille culturelle qui agite cette période, les élites d'Hollywood, de Cambridge et des cercles de réflexion de gauche avaient peu de sympathie pour les hommes aux jambes arquées coiffés de leurs calots de la légion américaine, pour leurs femmes trop rondes et pour leurs jacasseries sur Yalta et sur la forêt de Katyn. Ces catholiques kitsch, qui décoraient leurs pelouses de flamands roses en plastique, ces petits-bourgeois de la couche inférieure et leurs angoisses de politique extérieures, non, c'était vraiment trop *bas de gamme* pour être pris au sérieux. (Von Hoffman, 'Was McCarthy wrong about the left ?', *Washington Post*, 14 avril 1996*)*

Outre l'empoisonnement de l'atmosphère politique, l'espionnage communiste produisit des effets en politique extérieure.

> « On ne soulignera jamais assez le rôle de l'espionnage nucléaire soviétique dans le déroulement de la guerre froide. À la fin de la Deuxième Guerre mondiale, l'usage de la bombe atomique avait donné aux Américains le monopole de l'arme ultime, dont ils étaient satisfaits et qui devait durer au moins dix ans. L'essai nucléaire soviétique de 1949 détruisit ce sentiment de sécurité physique. L'Amérique avait traversé deux guerres mondiales sans morts civiles ni destruction. Désormais, un ennemi emmené par un dictateur sans pitié pouvait balayer n'importe quelle vieille américaine avec une seule bombe. Si le monopole nucléaire américain avait duré plus longtemps, Staline aurait empêché les communistes Nord-Coréens de déclencher la guerre de Corée, et les communistes chinois auraient hésité à y intervenir. Si ce monopole avait duré jusqu'à la mort de Staline, l'agressivité soviétique aurait été contenue, modérant la dangerosité des pires années de la guerre froide. » (Klehr et al. *op. cit.,* p. 106)

La « contre-culture » juive continua d'alimenter une sous-culture de gauche radicale et typiquement juive jusque dans les années 1950 – soit longtemps après que les Juifs eurent quitté les rangs de la classe ouvrière. Les familles et les institutions qui formaient l'ossature de la Vieille Gauche allaient porter sur les fonts baptismaux la Nouvelle Gauche. L'élan original des mouvements étudiants des années 1960 « avait été donné, en vertu d'une quasi-nécessité, par les rejetons de familles bien loties, inclinant à gauche ou à l'extrême-gauche, issues de l'intelligentsia et très majoritairement juives. C'est là que se trouvait le plus grand réservoir d'individus bien disposés à l'égard des actions de la gauche radicale estudiantine » (Lipset, *Rebellion in the University*, p. 83*)*.

Flacks a calculé que 45 % des étudiant présents à une manifestation devant l'Université de Chicago étaient juifs, bien qu'il ait dû, selon ses propres mots, « procéder à des ajustements sur son échantillon de départ pour obtenir un résultat équilibré » (*in* Rothman & Lichter, *op. cit.*, p. 82). À Harvard, les Juifs constituaient 80 % des signataires d'une pétition pour l'abolition des exercices du corps des officiers de réserve (ROTC) et ils formaient entre 30 et 50 % des membres de l'organisation Students for a Democratic Society (SDS), l'organisation centrale de l'extrême-gauche estudiantine.

En 1972, Adelson comptabilisa 90 % de Juifs dans son échantillon d'étudiants d'extrême-gauche à l'Université du Michigan et il semble qu'il y avait des taux comparables dans d'autres universités, comme celle du Wisconsin et du Minnesota. Braungart, dans son étude de 1979, conclut que 43 % des membres du SDS, comptés dans dix universités différentes, avaient au moins un parent juif. 20 % de l'échantillon des sondés se déclaraient sans affiliation religieuse : ces derniers ont beaucoup de chances d'être juifs. En effet, Rothman & Lichter ont découvert que « l'écrasante majorité » des étudiants d'extrême-gauche qui répondaient que leurs parents étaient athées avaient des origines juives. (*op. cit.* p. 82)

Les Juifs avaient le plus de chance de figurer parmi les dirigeants des protestations sur les campus. Abbie Hoffman, Jerry Rubin et Rennie Davis ont gagné une notoriété nationale en tant que membres des « Sept de Chicago » qui furent condamnés pour avoir forcé des barrages de police et incité à l'émeute lors de la convention nationale du parti démocrate, en 1968.

À cette occasion, Cuddihy fit remarquer la présence d'un procès dans le procès, opposant en particulier Abbie Hoffman et le juge Julius Hoffman. L'étudiant représentait la progéniture des immigrés d'Europe de l'Est qui inclinaient vers la gauche radicale, tandis que le juge représentait une version assimilée de Juif allemand établi depuis plus longtemps. Pendant le procès, Abbie Hoffman moquait le juge en yiddish : « Shande fur de Goyim » (la honte des Gentils) – ce que Abbie Hoffman traduisit par « homme-lige de la bourgeoisie WASP ». Hoffman et Rubin (qui avait fait un séjour dans un kibboutz en Israël) s'identifiaient clairement à leur judaïté et vouaient une forte antipathie à l'endroit de l'établissement blanc et protestant.

Cuddihy considère que le mouvement hippie doit ses origines à l'action du journaliste amateur Paul Krassner (éditeur de *The Realist*, journal « effronté, scatologique, étrangement apolitique » qui se présentait lui-même comme « de satire irrévérencieuse et de reportage impoli ») et à la sensibilité contre-culturelle du comédien Lenny Bruce.

En tant que groupe, les étudiants d'extrême-gauche provenaient de familles bien loties, tandis que les étudiants conservateurs étaient plutôt issus de familles moins fortunées. Le mouvement fut donc mené par une élite, mais ne cherchait pas à se mettre au service des intérêts des classes moyennes ou populaires. De fait, la Nouvelle Gauche considérait les classes laborieuses comme « grasses, satisfaites et conservatrices, bien représentées par leurs syndicats » (Glazer, *The New Left and the Jews*, p. 123).

Qui plus est, malgré des percées bénignes d'antisémitisme juif et de rébellion contre l'hypocrisie parentale chez des gauchistes juifs de la Nouvelle Gauche, le schéma dominant était celui de la continuité idéologique familiale. (De la même manière, pendant la période de Weimar, les gauchistes de l'École de Francfort rejetaient les valeurs commerciales de leurs parents, mais ne rejetaient pas personnellement leurs familles. En effet, celles-ci les soutenaient moralement et financièrement en toute connaissance de cause.)

Nombre de ces « gosses en culottes rouges » étaient issus de « familles où l'on mangeait de l'abominable Amérique raciste, antidémocratique, immorale et corrompue au petit-déjeuner, que ce soit à Scarsdale, à Newton, à Great Neck ou à Bervely Hills. Leurs parents juifs vivaient dans des banlieues blanches comme le lys, allaient en vacances d'hiver sur les plages de Miami, étaient inscrits à des country clubs huppés et organisaient des bar-mitzvah qui coûtaient des milliers de dollars – sans cesser d'adhérer à une idéologie de gauche. » (Lipset, *Revolution and Counterrevolution : Change and Persistance in Social Structures*, p. 393)

Comme nous l'avons indiqué, Glazer estimait en 1969 qu'environ un million de Juifs avaient été à un moment ou un autre socialistes ou membres du Parti Communiste américain avant 1950. Par conséquent, c'est parmi les Juifs que se trouvait « le réservoir le plus important de parents qui ne trouvaient ni étrange ni choquant de voir leurs enfants passer à la gauche radicale, mais qui pouvaient très bien prendre cette nouvelle comme l'accomplissement de leurs meilleures tendances »

(Glazer, *op. cit.* p. 129).

Pour s'en convaincre, il suffit de constater que « l'établissement juif ne prit jamais vraiment ses distances avec ces jeunes Juifs » (Hertzberg, *op. cit.* p. 369). Les organisations juives bien établies, comme l'AJCongress, l'Union of America Hebrew Congregations et la Synagogue Council of America étaient des opposants résolus à la guerre au Vietnam. Les attitudes anti-guerre des organisation juives officielles ont pu provoquer un certain antisémitisme.

On a rapporté que le président Lyndon Johnson était « contrarié par le manque de soutien à la guerre du Vietnam de la part de la communauté juive américaine, alors même qu'il prenait de nouvelles mesures en faveur d'Israël » (Winston, *The Sociology of American Jews : A Critical Anthology*, p. 198), tandis que l'ADL prenait des mesures préventives pour faire face à un retour de bâton anti-juif, car sur les questions militaires, les Juifs avaient tendance à jouer la carte du faucon quand il s'agissait d'Israël, mais celle de la colombe quand il s'agissait du Vietnam.

À l'instar de la Vieille Gauche, les membres juifs de la Nouvelle Gauche s'identifiaient fortement en tant que Juifs. Des cérémonies avaient lieu pour l'hanoucca et le hatikvah – l'hymne national israélien – fut chanté lors d'un important *sit-in* à Berkeley. La Nouvelle Gauche perdait des membres juifs quand elle arborait des positions incompatibles avec des intérêts spécifiquement juifs (relativement à Israël, en particulier) et en gagnait dans le cas contraire. Ses dirigeants avaient souvent fait des séjours dans des kibboutz en Israël et certains indices montrent que les néo-gauchistes tâchaient de réduire au minimum les expressions les plus patentes de leur judaïté, ainsi que les occasions de débattre de sujets susceptibles de faire apparaître des désaccords entre néo-gauchistes juifs et non-juifs, singulièrement Israël. Pour finir, l'incompatibilité des intérêts juifs et néo-gauchistes aboutirent au départ des Juifs, qui furent nombreux à partir en Israël pour vivre dans des kibboutz et s'impliquer dans des institutions religieuses juives traditionnelles, ou bien qui s'engagèrent dans des groupes de gauche à identité juive affirmée.

Après la guerre des Six Jours en 1967, la grande affaire pour les Juifs de la Nouvelle Gauche fut Israël, mais le mouvement travaillait aussi pour le compte des Juifs soviétiques et exigeait l'ouverture de départements de recherche universitaire consacrés aux études juives. Comme l'écrivit Jay Rosenberg, militant du SDS : « Dorénavant, je n'accepterai plus de militer dans un mouvement qui ne reconnaît pas et ne soutient pas la lutte de mon peuple. Si je dois choisir entre la cause juive et un SDS « progressiste » et anti-Israélien, je choisis la cause juive. Si l'on devait se battre sur des barricades, je combattrais en tant que Juif. » (*in* Sachar, *History of Jews in America*, p. 808).

Les Juifs étaient une composante essentielle de l'acceptation sociale de la Nouvelle Gauche. Les Juifs étaient sur-représentés dans la gauche radicale et parmi leurs partisans dans les media, les universités et la république des lettres au sens large. Les experts juifs et de gauche des sciences humaines jouèrent un grand rôle en présentant le radicalisme estudiantin sous un jour positif. Toutefois, dans leur récent compte-rendu de la littérature existante sur le sujet de la Nouvelle Gauche, Rothman & Lichter remarquent une tendance constante à passer sous silence le rôle des Juifs dans ce mouvement. Quand celui-ci est mentionné, on l'attribue à l'idéalisme juif ou à tel autre trait positivement perçu.

Cuddihy fait remarquer que les media ont presque entièrement ignoré le conflit intra-juif qui s'était livré lors du procès des Sept de Chicago. Il a décrit les opinions exprimées par divers Juifs dans la presse de l'époque (*New York Times*, *New York Post*, *Village Voice*) qui excusaient l'attitude des inculpés et chantaient les louanges de leur avocat juif d'extrême-gauche, William Kunstler.

En Angleterre aussi, les flux et reflux de l'engagement communiste chez les Juifs dépendent de ses convergences avec les intérêts juifs. Pendant les années 1930, le Parti Communiste attirait les Juifs parce que c'était le seul parti qui professait un antifascisme virulent, entre autres raisons. Il n'y avait aucune contradiction à être simultanément un Juif ethnique assumé et un membre du parti :

> Les sympathies communistes des Juifs de cette génération avaient quelque chose à voir avec de l'identification de groupe, un peu comme un moyen d'auto-affirmation ethnique. (Alderman, *Modern British Jewry*, p. 317-18)

Après la Deuxième Guerre mondiale, quasiment tous les candidats communistes qui réussissaient à être élus représentaient des circonscriptions juives. Cependant, le soutien juif au communisme déclina quand fut révélé l'antisémitisme de Staline et beaucoup de Juifs quittèrent le Parti Communiste après la crise au Proche-Orient en 1967, quand l'URSS rompit ses liens diplomatiques avec Israël.

Pour conclure, l'identité juive a été généralement perçue comme hautement compatible avec la gauche radicale. Mais lorsque celle-ci entre en conflit avec des intérêts juifs spécifiques, les Juifs cessent d'être de gauche radicale, malgré des cas fréquents d'ambivalence et de rationalisation.

Partie 4

Processus d'identité sociale, intérêts collectifs juifs perçus et gauche radicale juive

Une certaine tendance cherche à interpréter le radicalisme juif de gauche à la lumière de la moralité propre au judaïsme. Il s'agit d'un rejeton de l'idée que le judaïsme serait un universalisme, porteur d'une moralité supérieure – autrement dit une variation sur le thème de la « lumière des nations », répété à l'envi par les Juifs eux-mêmes depuis l'Antiquité et surtout depuis l'époque des Lumières. Fuchs par exemple, considère que l'engagement des Juifs au service de causes de gauche découle de la seule nature morale du judaïsme, lequel inculque le sens de la charité pour les pauvres et les nécessiteux. Ce type d'engagement ne serait qu'un prolongement des pratiques religieuses juives traditionnelles. Dans le même sens, Hertzberg parle « de l'écho d'une sensibilité morale unique, d'une volonté d'agir sans considération de l'intérêt économique, quand une cause semble juste » (*The Triumph of the Jews*, p.22).

Comme nous l'avons montré dans *A People That Shall Dwell Alone* (chap. 5 et 6), tout porte à croire que la préoccupation traditionnelle des Juifs pour les pauvres et les nécessiteux restait confinée à l'intérieur du groupe juif et que les Juifs se sont souvent manifestés en tant qu'élites oppressives dans les sociétés traditionnelles et dans l'Europe de l'Est de l'après-guerre. Ginsberg caractérise ces supposées motivations humanistes comme « un peu tirées par les cheveux », faisant remarquer que dans des contextes variés (notamment en Union Soviétique post-révolutionnaire), les Juifs ont su mettre en place « des institutions impitoyables de coercition et de terreur ». Il notait en particulier l'implication de tout premier plan des Juifs dans la police secrète soviétique de la période post-révolutionnaire jusqu'aux années 1930. De même, nous avons vu que les Juifs occupaient une place de tout premier plan dans les forces de sécurité intérieure en Pologne et en Hongrie.

De son côté, Pipes reconnaît l' » indéniable » sur-représentation des Juifs dans le parti bolchévik et les premiers gouvernements soviétiques, tout comme dans les menées révolutionnaires communistes en Hongrie, en Allemagne et en Autriche pendant les années 1918-1923. Mais il fait remarquer que cette sur-représentation concernait aussi d'autres domaines, comme les affaires, l'art, la littérature et la science. Par conséquent, cet auteur considère que la sur-représentation dans les mouvements communistes ne devrait pas être un problème. Il associe cet argument à l'idée que les Juifs bolcheviks ne s'identifiaient pas comme Juifs – idée qui, nous l'avons vu, est au minimum discutable.

Ceci étant, et même si l'on admet que les communistes d'extraction juive ne se voyaient pas comme Juifs, l'argument de Pipes ne permet pas d'expliquer pourquoi ces Juifs « désethnicisés » (tout comme les hommes d'affaires, les artistes, les écrivains et les scientifiques juifs) devaient être sur-représentés dans les mouvements gauchistes et sous-représentés dans les mouvements nationalistes, populistes, ou autres mouvements politiques droitiers. Même si les mouvements nationalistes sont antisémites, comme c'est souvent le cas, l'antisémitisme ne devrait pas poser de problème à des individus qui seraient complètement « désethnicisés », comme l'affirme cet auteur. La prépondérance juive dans les activités qui demandent une haute intelligence n'est pas un argument qui permet de comprendre leur prépondérance dans les mouvements communistes et de gauche et leur relative sous-représentation dans les mouvements nationalistes.

La théorie de l'identité sociale apporte une interprétation tout à fait différente du radicalisme juif. Elle insiste sur les fait que les intérêts perçus du groupe juif sont fondamentaux pour comprendre le comportement politique juif, et que la considération de ces intérêts collectifs est lourdement influencée par les processus d'identité sociale. Si l'appartenance à la gauche radicale a conduit à une telle identification à l'endogroupe juif, alors l'implication juive dans ces mouvements doit avoir été associée à un ensemble de conceptions très négatives et exagérées de la société des Gentils en général et plus particulièrement des éléments les plus puissants de cette société, en tant qu'exogroupe.

Confirmant ces attendus théoriques, Liebman employait le terme « contre-culture » pour qualifier la gauche juive américaine, parce que « le conflit ou au moins l'antagonisme à l'égard de la société est un aspect central de cette sous-culture et […] que quantité de ses valeurs et de ses schèmes culturels sont contraires à ceux qui existent dans la société environnante. » La Nouvelle Gauche par exemple était complètement absorbée par une critique sociale radicale, où tous les éléments qui contribuaient à la cohésion de la société américaine du milieu du vingtième siècle étaient considérés comme oppressifs et devant subir une altération radicale.

Notre insistance sur les processus d'identité sociale est compatible avec l'idée que le radicalisme juif s'est mis au service d'intérêts collectifs juifs perçus. L'antisémitisme et la présence d'intérêts économiques juifs étaient incontestablement des facteurs motivant le gauchisme juif dans la Russie tsariste. Des dirigeant juifs présents dans les sociétés occidentales, qui étaient souvent des gros capitalistes, avouaient avec fierté la sur-représentation des Juifs dans le mouvement révolutionnaire russe ; ils lui apportaient également un soutien financier et politique, par exemple en tentant d'influencer la politique extérieure US (Szajkowski, 'Jacob H. Schiff and the Jewish Revolutionary Movements in Easter Europe', *Jewish Social Studies* – 1967). La déclaration suivante du financier Jacob Schiff est représentative de cette attitude :

> Ceux qui disent qu'il y a un nombre considérable de Juifs parmi ceux qui cherchent à faire tomber l'autorité étatique dans ce pays n'ont sans doute pas tort. En fait, il serait surprenant que certains des plus atrocement affligés par la persécution et les lois d'exceptions ne se fussent pas dressés contre leurs oppresseurs (*ibidem*, p.10).

Pour le dire à gros traits, l'antisémitisme et l'adversité économique produisirent, en se conjuguant à l'explosion démographique juive en Europe de l'Est, un trop-plein de Juifs désœuvrés qui furent à l'origine de la vague de gauchisme radical juif en Europe, laquelle déborda aux États-Unis. De toutes les populations d'Europe, les Juifs d'Europe de l'Est avaient le taux de fécondité le plus élevé dans les années 1880 et dans l'empire russe, leur nombre passa de un à six millions dans le cours du XIXe siècle. Malgré l'émigration de presque deux millions de Juifs aux États-Unis et ailleurs, beaucoup de Juifs de l'Est s'étaient appauvris, en partie à cause de la politique tsariste anti-juive qui bloquait leur ascension sociale.

C'est ainsi que les solutions politiques de gauche radicale se recommandèrent à un très grand nombre de Juifs. Elles leur promettaient de transformer les fondements économiques et politiques de la société tout en garantissant la continuité du judaïsme. Dans les communautés juives de Russie, l'acceptation d'idéologies politiques radicales coexistaient souvent avec des formes de sionisme messianique et avec la passion du nationalisme juif et du séparatisme culturel et religieux. Dans de nombreux cas, ils adhéraient à des combinaisons variées et changeantes de ces idées.

Le fanatisme religieux et les espérances messianiques avaient été la réponse juive typique aux persécutions historiques. On pourrait voir dans le gauchisme radical de type messianique la forme sécularisée de cette réponse juive typique, avec cette nuance que la nouvelle forme diffère de l'ancienne par l'idée que la promesse d'avenir utopique s'adresse aussi aux Gentils. La situation des Juifs de l'Est à la fin du XIXe siècle est comparable à celle qu'ils occupaient dans l'empire ottoman, qui offrait depuis le milieu du XVIIIe siècle jusqu'à l'intervention des puissances européennes au XXe siècle et au milieu d'un antisémitisme de haut niveau qui bloquait l'ascension sociale des Juifs, « un sinistre tableau de dénuement, d'ignorance et d'insécurité » (Lewis, *The Jews of Islam*, p. 164). Ces phénomènes s'accompagnaient chez les Juifs d'un fort mysticisme et d'une haute fécondité à faible investissement parental. La plupart d'entre eux étaient illettrés et occupaient des métiers qui demandaient peu d'intelligence et de formation.

Cependant, lorsque se présentait l'occasion d'une ascension sociale, une stratégie de basse fécondité à fort investissement parental prenait rapidement la place de la précédente. Dans l'Allemagne du XIXe siècle par exemple, les Juifs furent les premiers à faire leur transition démographique, saisissaient les occasions d'ascension sociale en faisant moins d'enfants. Dans la même période, les Juifs pauvres de l'Est qui n'avaient pas d'espoir d'ascension sociale se mariaient plus tôt que leurs homologues de l'Ouest, qui repoussaient la date du mariage pour mieux s'y préparer financièrement. De même, la résurgence des Juifs de l'empire ottoman, stimulée par le parrainage et la protection des Juifs de l'Ouest, aboutit à la floraison d'une culture distinguée, se dotant même d'écoles laïques de facture occidentale.

De même encore, lorsque les Juifs de l'Est opprimés émigrèrent aux États-Unis, ils se mirent à faire moins d'enfants et à davantage s'investir dans leur éducation, de façon à profiter des occasions d'ascension sociale. Ces faits nous invitent à penser que la réponse juive au manque d'occasions d'ascension sociale et à l'antisémitisme est d'adopter par défaut la stratégie de haute fécondité et de faible investissement parental, qui se conjugue sur le plan idéologique à diverses formes de messianisme, dont l'avatar moderne est l'idéologie gauchiste radicale.

En dernière analyse, c'est cette explosion démographique qui, dans un contexte de pauvreté et de restrictions imposées aux Juifs, a produit le radicalisme juif si déstabilisant pour la Russie, jusqu'à la révolution. Les conséquences de cette démographie ont débordé en Allemagne, où les attitude négatives envers les immigrés *Ostjuden* ont contribué à l'antisémitisme de cette période. Aux États-Unis, nous constatons dans le cadre de ce chapitre que les croyances politiques radicales chez un très grand nombre d'immigrés juifs et chez leur descendants étaient marquées par une forte inertie : elles se conservaient même en l'absence de conditions politiques ou économiques oppressives.

L'étude de Sorin sur les militants gauchistes juifs en Amérique nous apprend que plus de la moitié d'entre eux étaient déjà impliqués dans le gauchisme en Europe avant d'immigrer, et que pour ceux qui avaient immigré après 1900, la proportion s'élevait à 69 %. Glazer fait remarquer que les biographies de presque tous les dirigeants de la gauche radicale montrent que leur premiers contacts avec ces idées ont eu lieu en Europe. La persistance de ces croyances influença la sensibilité politique générale de la communauté juive et produisit des effets déstabilisateurs sur la société américaine, de la paranoïa de l'ère McCarthy jusqu'au triomphe de la révolution contre-culturelle des années 1960.

L'immigration en Angleterre des Juifs d'Europe de l'Est après 1880 produisit le même genre d'effets sur la juiverie britannique, modifiant ses attitudes politiques dans le sens du socialisme, du syndicalisme et du sionisme, souvent associés à une orthodoxie religieuse et à une orientation très séparatiste du mode de vie traditionnel.

Ceux qui étaient bien plus significatifs que la poignée de socialistes qui cherchaient à se faire remarquer en organisant des pique-niques lors du jeûne du Yom Kippour, le Jour du Grand Pardon, c'étaient les masses de Juifs modestes qui ne ressentaient aucun conflit intérieur à aller à la synagogue trois fois par jour pour les offices religieux et d'utiliser les mêmes locaux pour discuter des principes socialistes et organiser des grèves. (Alderman, *The Jewish Community in British Politics,* p. 54)

Comme aux États-Unis, les immigrés juifs de l'Est submergèrent démographiquement la communauté juive pré-existante, laquelle connut une agitation considérable, prévoyant l'accroissement de l'antisémitisme. Et comme aux États-Unis, la communauté juive tâcha d'escamoter la prédominance des idées politiques gauchistes parmi ces immigrés.

Ceci étant dit, les intérêts économiques n'épuisent pas l'explication. Même si, à l'origine, le radicalisme de gauche si répandu parmi les Juifs peut être conçu comme une réponse juive typique à l'adversité politique et économique vécue en Europe de l'Est à la fin du XIXe siècle, cette idéologie de gauche radicale s'est affranchie de la variable démographique qui lui était d'habitude associée, peu de temps après l'arrivée des Juifs aux États-Unis. Ce phénomène doit donc trouver une explication différente. Pour l'essentiel, le groupe juif avait beaucoup moins de raisons que les autres groupes ethniques de souhaiter le renversement du capitalisme, puisque ses membres tendaient à être relativement privilégiés du point de vue économique. Des enquêtes menées dans les années 1960 et 70 dans le monde étudiant montraient que les Juifs de la bourgeoisie étaient aussi gauchistes que ceux des classes populaires, à l'opposé de ce qui se passait chez les étudiants de gauche non-juifs. Une plus faible part de Juifs, comparés à d'autres religions, déclaraient soutenir les candidats démocrates pour favoriser leurs intérêts économiques, ce qui ne les empêchait pas de voter à l'écrasante majorité pour les démocrates.

Ce hiatus entre intérêts économiques et idéologie politique date au moins des années 1920. En effet, les Juifs membres du Comité Central du PCUSA de 1921 à 1961 étaient bien plus d'extraction bourgeoise et de profession libérale que leurs collègues non-juifs. Et bien plus que ces derniers, ils avaient eu tendance à entrer au parti avant les difficultés économiques de la grande dépression. Qui plus est, comme nous l'avons dit plus haut, les étudiants de la Nouvelle Gauche issus de familles riches et instruites étaient sur-représentés.

On constate que les capitalistes juifs opulents avaient eux aussi tendance à adopter des croyances politiques situées à la gauche de celles de leurs homologues non-juifs. Les capitalistes juifs allemands du dix-neuvième siècle « tendaient vers des positions plus à 'gauche' que leurs pairs non-juifs, ce qui les éloignait d'eux » (Mosse, *The German-Jewish Economic Elite 1820-1935*, p. 225). Bien que leur groupe se situât à droite de la population juive en général, quelques-uns d'entre eux allèrent jusqu'à soutenir le parti social-démocrate et son programme socialiste. Mosse propose, parmi d'autres explications plausibles de cet état de chose, l'idée de l'association de l'antisémitisme avec la droite allemande. Conformément à la théorie de l'identité sociale, les capitalistes juifs ne s'identifiaient pas à des groupes qui les percevaient négativement et s'identifiaient aux groupes qui s'opposaient à l'exogroupe perçu comme hostile. Ici, les facteurs décisifs semblent bien être les processus d'identité sociale et leur influence sur la perception des intérêts ethniques de groupe, et non pas les intérêts économiques bien compris.

Ce qui rattache les Juifs aux attitudes politiques de gauche n'est donc pas le contexte démographique, habituellement mis en valeur. Voulant montrer que le comportement politique des Juifs a plus à voir avec leur éloignement culturel et ethnique qu'avec des intérêts économiques, Silberman parle en ces termes du tropisme des Juifs pour

> le parti démocrate [...] bienveillant par tradition vis-à-vis des groupes ethniques non-WASP [...] Un économiste distingué, tout à fait opposé aux mesures préconisées par [le candidat Walter] Mondale, avait quand même voté pour lui. 'J'ai vu leur convention à la télévision, expliquait-il, et les Républicains ne ressemblent pas aux gens comme moi.' Ce genre de réaction a poussé beaucoup de Juifs à voter Carter en 1980 malgré leur peu d'affection pour lui. 'Je préférerais vivre dans un pays gouverné par les visages que j'ai vus à la convention démocrate, plutôt que par ceux que j'ai

vu à la convention républicaine', m'a dit un écrivain bien connu.

Ces propos suggèrent que la motivation politique des Juifs en général ne renvoie pas à des questions économiques, mais à celles qui sont relatives aux intérêts perçus du groupe juif, lesquels sont influencés par des processus d'identité sociale. De la même manière, dans le domaine politiquement chargé des attitudes culturelles, Silberman remarquait que

> si les Juifs américains s'engagent en faveur de la tolérance culturelle, c'est à cause de leur croyance – fermement enracinée dans l'histoire – qu'ils ne peuvent être en sécurité que dans une société qui accepte un large éventail d'attitudes et de comportements et une variété de religions et de groupes ethniques. C'est cette idée, et non pas l'approbation de l'homosexualité, qui fait qu'une écrasante majorité des Juifs américains soutient les 'droits des homos' et adopte une ligne de gauche dans les autres questions soi-disant 'sociales'.

L'idée qu'il y a un intérêt collectif juif à favoriser le pluralisme culturel supplante donc les avis personnels négatifs concernant le comportement en question.

La remarque de Silberman, selon laquelle les attitudes juives sont « fermement enracinées dans l'histoire » est pertinente au plus haut point : il y a une tendance constante à la persécution des Juifs en tant que groupe minoritaire dans les sociétés culturellement et ethniquement homogènes. La question de la rationalité de la préférence des Juifs américains pour le pluralisme politique, religieux et culturel, sera développée dans le chapitre 7 du présent ouvrage, qui portera sur l'implication des Juifs dans la politique d'immigration des États-Unis. Ce qui nous importe ici, c'est que l'idée que la promotion du pluralisme social correspond à l'intérêt collectif juif prend le pas sur le pur et simple intérêt économique bien compris, dans la détermination du comportement politique à ce sujet.

Earl Raab, dans son article 'Are American Jews Still Liberals ?' *(Commentary* 101 – 1996) ne dit pas autre chose lorsqu'il explique le comportement politique des Juifs par des préoccupations de sécurité, liées à leur longue mémoire de la liaison entre le parti républicain et le fondamentalisme chrétien et dans l'enracinement de ce parti dans des positions « nativistes et anti-immigration ». Cette particularité du soutien au parti démocrate est donc un aspect du conflit ethnique entre les Juifs et des secteurs de la population caucasoïde d'extraction européenne aux États-Unis, pas d'un conflit économique. D'ailleurs, les questions économiques semblent dénuées de toute signification ici, étant donné que la variable du statut social n'intervient pas quant au soutien au parti démocrate chez les Juifs (Raab, *op. cit.* p. 45).

Toutefois, le comportement électoral récent des Juifs dissocie de plus en plus ses idées économiquement de gauche des questions liées au pluralisme culturel, à l'immigration et à la séparation entre les Églises et l'État. Des sondages récents et des données concernant le vote juif indiquent que les Juifs continuent de voir la droite du parti républicain comme « une menace pour le cosmopolitisme américain » parce qu'ils voient en elle le défenseur d'une culture chrétienne homogène, opposée à l'immigration (Beinart, 'New Bedellows : the new Latino-Jewish Alliance', *The New Republic* – 1997). Ceci n'empêche pas les électeurs juifs d'être en moyenne plus favorables aux politiques fiscales conservatrices et moins favorables aux projets étatiques de redistribution des richesses que la moyenne des Afro-américains ou des Américains blancs. Le comportement politique juif récent est donc intéressé à la fois économiquement et dans son opposition aux intérêts ethniques des Américains blancs, lesquels vont dans le sens du développement d'une société ethniquement et culturellement homogène.

Au-delà de la promotion de leurs intérêts collectifs spécifiques, les processus d'identité sociale ont contribué de façon indépendante au comportement politique des Juifs. On ne peut pas faire l'impasse sur ces processus au moment de rendre compte du fait que le mouvement ouvrier juif était bien plus radical que le reste du mouvement ouvrier américain. N. Levin fait remarquer la profondeur de l'identité juive et de son séparatisme chez les Juifs de la gauche radicale, ainsi que leur antipathie absolue vis-à-vis de l'ordre social des Gentils. Il écrit que « leurs idées socialistes [...] créèrent un fossé entre eux et les autres ouvriers américains qui ne voulaient pas de changement radical de l'ordre social. Bien que des syndicats juifs fussent entrés dans l'AFL, ils ne se sentirent jamais idéologiquement à l'aise dans cette fédération qui ne cherchait pas à transformer radicalement la société et qui n'était pas internationaliste dans sa vision du monde » (*While Messiah Tarried : Jewish Socialist*

Movements, 1871-1917, p. 213*)*. Nous avons déjà mentionné que la Nouvelle Gauche avait complètement abandonné les objectifs et les intérêts des classes populaires, une fois que ces groupes eurent pour l'essentiel obtenu satisfaction grâce aux succès du mouvement syndical.

Une fois encore, il y a de fortes raisons qui nous indiquent que la critique sociale et les sentiments d'éloignement culturel chez les Juifs ont de profondes racines psychologiques, lesquelles vont bien plus loin que tels ou tels intérêts économiques ou politiques particuliers. Comme nous l'avons affirmé dans le premier chapitre, un de ces composants psychologiques contient une profonde antipathie pour l'ordre social dominé par les Gentils, considéré comme antisémite. C'est le désir de « vengeance maligne » qui, selon Disraeli, rendait « les Juifs odieux et si hostiles à l'humanité ».

Rappelons-nous la description faite par Lipset de ces « familles où l'on mangeait de l'abominable Amérique raciste, anti-démocratique, immorale et corrompue au petit-déjeuner, que ce soit à Scarsdale, à Newton, à Great Neck ou à Berverly Hills. » Ces familles se voyaient elles-mêmes comme séparées de la culture américaine en général, elles voyaient aussi les forces conservatrices comme cherchant à perpétuer cette culture malfaisante. La culture traditionnelle des États-Unis – et singulièrement la base politique du conservatisme culturel qui est historiquement associée à l'antisémitisme – est perçue comme la manifestation d'un exogroupe évalué négativement, tout à fait comme dans le cas du judaïsme traditionnel vis-à-vis de la gentilité.

Cette antipathie tournée vers la société dominée par les Gentils était souvent accompagnée d'un puissant désir de venger les méfaits de l'ancien ordre social. Pour nombre de Juifs de la Nouvelle Gauche, « la révolution promet de venger les souffrances et de redresser les torts qui ont été depuis si longtemps infligés aux Juifs avec l'aval ou l'encouragement, ou même sous le commandement des autorités des sociétés pré-révolutionnaires » (Cohen, *Jewish Radicals and Radical Jews*, p. 208). Des entretiens avec des membres de la Nouvelle Gauche révélaient qu'ils n'étaient pas rares à caresser des rêves où la révolution entraînerait « humiliation, dépossession, emprisonnement ou exécution des oppresseurs » (*Ibidem* p. 208), accompagnés de l'idée de leur propre omnipotence et de leur capacité à créer un ordre social non-oppressif. Ces résultats nous rappellent que la vengeance contre l'antisémitisme était une forte motivation chez les Juifs qui formaient le gros des forces de sécurité en Pologne communiste, comme nous l'avons vu précédemment. J'ajouterais qu'ils correspondent parfaitement à ma propre expérience des militants de la Nouvelle Gauche à l'Université du Wisconsin dans les années 1960.

La théorie de l'identité sociale prédit que l'attribution généralisée de qualités négatives à l'exogroupe doit s'accompagner de l'attribution de qualités positives à l'endogroupe juif. Aussi bien les communistes juifs en Pologne que les radicaux de la Nouvelle Gauche entretenaient l'idée de leur propre supériorité culturelle, dans le sillage des conceptions juives traditionnelles relatives à la supériorité de leur endogroupe. Les interprétations que les Juifs se faisaient de leur activité oppositionnelle aux États-Unis mettaient l'accent soit sur leur situation historique de victime de l'antisémitisme des Gentils, soit sur leur héroïsme moral, mais « dans les deux cas, le portrait est l'inverse de celui de l'antisémite. Les Juifs n'ont aucun défaut. Purs sont leurs motifs, authentique leur idéalisme » (Rothman & Lichter, *op. cit.* p. 118). Les études faites sur les gauchistes juifs par les auteurs juifs ont eu tendance, quand les explications économiques étaient insuffisantes, à attribuer sans preuve le radicalisme juif au « libre choix d'une minorité bien douée » (*ibidem* p. 118), exemple parmi d'autres du fait que l'appartenance au groupe juif affecte la recherche en sciences sociales de façon à servir les intérêts dudit groupe.

Il faut en outre bien remarquer qu'une idéologie utopique et universaliste comme le marxisme est un véhicule idéal au service de la tendance juive à développer une image de soi positive tout en conservant leur identité positive de Juifs et leur évaluation négative des structures sociales de la gentilité. D'un côté, la nature utopique de l'idéologie gauchiste, contrastant violemment avec les systèmes sociaux réellement existants de la gentilité (qui sont inévitablement marqués d'imperfection), favorise le développement d'une identité positive au sein de l'endogroupe. C'est en arborant et en défendant des principes éthiques universalistes que l'idéologie de gauche radicale favorise ce sentiment de droiture morale et cette identité positive de groupe. Des psychologues ont conclu que ce sentiment de droiture morale était une composante notable de l'estime de soi (par exemple Harter : 'Developmental Perspectives on the self-system' in *Handbook of Child Psychology : Socialization, Personality & Social Development*) et j'affirme quant à moi que l'estime de soi est un facteur de motivation dans les processus d'identité sociale (*Separation and Its Discontents*, chap. 1).

Comme dans le cas de la psychanalyse, les mouvements gauchistes étaient chargés d'harmoniques messianico-rédemptrices, grandes vectrices de fierté et de loyauté à l'endogroupe. Les membres du *Bund* russe et leurs rejetons aux États-Unis éprouvaient une intense fierté personnelle et étaient convaincus d'être « à l'avant-garde morale et politique d'un grand changement historique. Ils avaient une mission, d'où eux-mêmes et ceux qui croyaient en eux tiraient leur inspiration » (Liebman, *op. cit.* p. 133).

Fierté de l'endogroupe et ferveur messianique sont incontestablement des composantes essentielles du judaïsme à toutes les époques. Comme le fait remarquer Schatz dans ses descriptions de la clandestinité communiste révolutionnaire juive en Pologne pendant l'entre-deux-guerres :

> Le mouvement [...] s'inscrivait dans une lutte mondiale pour rien de moins que le changement des fondements-mêmes de la société humaine. Cette situation produisait des sentiments mixtes de solitude révolutionnaire et de mission, de cohésion intense, de fraternité et de disposition au sacrifice sur l'autel de la lutte ». Ce qui distinguait les Juifs des autres communistes n'était pas seulement leur désir d'un monde post-révolutionnaire débarrassé d'antisémitisme, mais aussi « leur intensité [émotionnelle] distinctive qui s'enracinait dans des attentes messianiques. (Schatz, op. cit. p. 140)

Comme le déclarait un de ses répondants : « Je croyais au parti et à Staline comme mon père croyait au Machiah » (*ibidem* p.140).

À l'image des structures sociales juives traditionnelles, ces groupes gauchistes juifs étaient fortement hiérarchisés et autoritaires et développaient une langue à part. Comme dans le judaïsme traditionnel, la pratique de l'étude continue et personnelle étaient considérées comme un trait structurant du mouvement. « L'étude était un point d'honneur et une obligation » (*ibid.* p. 117). Leurs discussions reflétaient fidèlement les méthodes traditionnelles de l'étude de la Torah : mémorisation de longs passages de textes, jointe à un travail d'analyse et à d'interprétation qui se déroulait dans une atmosphère de compétition intellectuelle intense, qui ressemblait fort au pilpoul traditionnel. Comme le disait un novice : « nous étions les *yeshiva bukhers* [les élèves] et ils [les mentors intellectuels plus aguerris] étaient les rabbins » (*id.* p.139).

Comme la théorie de l'identité sociale nous le laisse augurer, il y avait dans ces cercles un haut niveau de conscience de l'endogroupe et de l'exogroupe, qui se caractérisait par une vision altière de la rectitude morale de l'endogroupe, associée à une hostilité et un rejet absolus de l'exogroupe. Dans la période qui suivit la Deuxième Guerre mondiale, les communistes juifs-polonais envisageaient leur planification économique « en termes carrément mystiques. Le plan, conçu scientifiquement, allait infailliblement restructurer de fond en comble les rapports sociaux et préparer le pays au socialisme » (*id.* p. 249). Les retombées économiques difficiles du plan pour la population n'étaient que l'occasion d'un ajournement des espoirs du côté du parti, lequel « développait une dureté sans compromis avec ceux qui regimbaient devant les difficultés du présent et une hostilité impitoyable pour ceux qu'il percevait comme ennemis. Dans ces conditions, leur ardente volonté d'établir le bonheur et l'harmonie se mêlait de méfiance et de suspicion envers leurs bénéficiaires et de haine envers leurs adversaires réels, possibles ou imaginaires » (*id.* p. 250).

Dans ces conditions, pour être un bon révolutionnaire communiste, il fallait un intense engagement pour un groupe soudé et autoritaire qui valorisait les accomplissements intellectuels et montrait une haine farouche pour les ennemis et les exogroupes, tout en entretenant des sentiments très favorables envers l'endogroupe, considéré comme moralement et intellectuellement supérieur. Ces groupes agissaient comme des minorités combattantes qui voyaient la société environnante comme hostile et menaçante. Appartenir à ces groupes exigeait un degré certain de sacrifice personnel et même d'altruisme. Toutes ces caractéristiques se retrouvent constitutivement dans les groupes juifs plus traditionnels.

Pour se convaincre de l'importance des processus d'identité sociale, on trouve chez Charles Liebman l'idée que l'idéologie gauchiste et universaliste permet aux Juifs de subvertir les catégorisations sociales traditionnelles qui les font voir sous un jour défavorable. L'adoption de telles idéologies par les Juifs exprime le désir de dépasser les sentiments d'aliénation des Juifs « vis-à-vis des racines et des traditions de la société [des Gentils] » (*The Ambivalent American Jew : Politics, Religion and Family in American Jewish Life*, p. 153).

Le Juif poursuit sa quête d'un ethos ou d'une éthique qui soit non seulement universel ou capable d'universalité, mais qui donne aussi un tranchant particulier contre les vieilles traditions de la société, quête dont l'intensité est renforcée par le traitement des Juifs par les Gentils. (i*bidem* p. 157)

Cet effort de subversion des catégorisations sociales négatives imposées à un exogroupe est un aspect central de la théorie de l'identité sociale.

L'idéologie universaliste fonctionne donc comme une forme de judaïsme sécularisé. Les formes sectaires de judaïsme sont rejetées en tant que simples « stratégies de survie » (*ibid.* p. 157) à cause de leur tendance à produire de l'antisémitisme, leur faible pouvoir d'attraction dans le monde moderne et leur incapacité à attirer les non-juifs et donc à modifier la société non-juive de manière à servir les intérêts collectifs juifs. Même si l'idéologie universaliste correspond dans la forme aux idéaux issus des Lumières, le maintien du séparatisme juif traditionnel et de ses schémas d'association entre ceux qui adhèrent à cette idéologie donne à penser qu'un élément de tromperie ou d'auto-tromperie est bien présent.

Les Juifs préfèrent s'associer à d'autres Juifs pour s'adonner à des entreprises ouvertement non-juives (mais qui ont la caution juive), tout en faisant croire que leur judaïté n'a rien à voir dans ces affaires. Mais ce genre d'activité implique surtout les Juifs qui sont les plus éloignés de leurs propres traditions et qui pour cette raison cherchent une valeur qui reçoive l'approbation juive et qui ne détruise pas ouvertement les liens du groupe juif. (id. p. 159)

L'idéologie universaliste permet donc aux Juifs d'échapper à leur aliénation ou éloignement de la société non-juive, sans cesser de maintenir une forte identité juive. Les institutions qui promeuvent les liens collectifs entre Gentils (comme le nationalisme et les associations religieuses traditionnelles de la gentilité) sont activement combattues et subverties, tandis que l'intégrité structurelle du séparatisme juif est maintenue. Un trait durable de la théorie de gauche radicale depuis Marx a été la crainte que le nationalisme ne serve de ciment social susceptible de mener à un compromis entre classes sociales et de produire un ordre social hautement unifié, fondé sur des rapports hiérarchiques et harmonieux entre les classes sociales existantes. Seul ce type d'organisation sociale non-juive très soudée contrarie le judaïsme en tant que stratégie évolutionnaire de groupe.

Aussi bien la vieille gauche que la Nouvelle Gauche ont redoublé d'efforts pour subvertir la cohésion de la structure sociale des Gentils, en particulier le *modus vivendi* réalisé entre patronat et syndicats dans les années 1960. Nous avons vu également que l'État communiste polonais sous-direction juive avait lancé les hostilités contre le nationalisme polonais et contre le pouvoir politique et culturel de l'Église catholique, principale force de cohésion de la société polonaise traditionnelle.

Pour finir, comme le soulignent Rothman et Lichter, le marxisme se recommandait tout spécialement comme base d'une idéologie capable de subvertir les catégorisations sociales négatives de l'exogroupe non-juif, parce que dans son cadre, les oppositions Juifs-Gentils perdent de leur tranchant tandis que la cohésion du groupe juif et son séparatisme peuvent persister malgré tout.

En adoptant des variantes de l'idéologie marxiste, les Juifs peuvent nier la réalité des différences culturelles et religieuses entre juifs et chrétiens. Ces différences deviennent des 'épiphénomènes' comparées à l'opposition fondamentale entre travailleurs et capitalistes. Par conséquent, les Juifs et les non-Juifs sont en réalité des frères en fin de compte. Même quand ils n'adoptaient pas cette position marxiste, beaucoup de Juifs ont versé dans un environnementalisme radical qui avait le même genre d'utilité. (*op. cit.* p.119)

Une telle stratégie est tout à fait raisonnable du point de vue de la théorie de l'identité sociale. La recherche sur les contacts entre groupes a dégagé la constante suivante : moins les catégories sociales qui définissent les groupes apparaissent avec tranchant, plus bas est le niveau de différentiation entre les groupes, ce qui favorise les interactions positives entre membres des différents groupes. Au point extrême, l'acceptation par les Gentils d'une idéologie universaliste aboutirait pour leur part à la cessation de la perception des Juifs en tant que catégorie sociale distincte, tandis que les Juifs pourraient maintenir une forte identité personnelle en tant que Juifs.

Partie 5

Processus d'identité sociale, intérêts collectifs juifs perçus et gauche radicale juive (suite et fin)

Pris ensemble, ces traits de la physionomie de la gauche radicale juive constituent un exemple frappant du rôle qu'y jouent les processus d'identité sociale, qui apparaissent nettement aussi bien dans l'analyse de la sur-représentation juive dans la gauche radicale que dans l'analyse du tropisme juif en faveur de l'environnementalisme radical en sciences sociales, que nous avons réalisée au Chapitre II. Nous avons montré que les Juifs impliqués dans ces mouvements intellectuels étaient engagés dans un subtil processus de tromperie des Gentils (accompagné, peut-être, d'auto-tromperie) et que ces mouvements étaient le véhicules d'une forme de crypto-judaïsme.

Pour le dire à la façon de la théorie de l'identité sociale, il s'agit d'une création idéologique où l'importance des catégorisations sociales Juif-Gentil est minorée et où disparaissent les attributions négatives concernant l'appartenance au groupe juif. Comme l'importance de l'appartenance au groupe ethnique en tant que catégorie sociale est minorée, l'intérêt ethnique bien compris chez les Gentils est interprété comme fondamentalement malavisé, parce qu'il ne reconnaît pas la priorité du conflit de classe entre Gentils. De leur côté, les Juifs peuvent rester juifs, parce qu'être juif n'est plus quelque chose d'important. En même temps, les institutions traditionnelles de la cohésion sociale dans la gentilité sont subverties et la société non-juive est vue comme davantage imprégnée de divergences d'intérêt entre classes sociales que soudée par une communauté d'intérêts et de sentiments de solidarité sociale entre différentes classes.

Rothman et Lichter font remarquer, à l'appui de cette thèse, que les groupes minoritaires à travers le monde utilisent couramment cette technique de l'adoption d'idéologies universalistes. Malgré le vernis universaliste, ces mouvements ne sont absolument pas assimilationnistes. Ces deux auteurs considèrent que l'assimilation, définie comme une absorption complète et une perte de son identité de groupe minoritaire, est autre chose que l'implication dans des mouvement politiques universalistes. Les idéologies universalistes pourraient bien être des écrans de fumée qui facilitent la perpétuation de ces stratégies de groupe qui nient parallèlement leur propre importance, aussi bien chez les membres de l'endogroupe que chez ceux de l'exogroupe. Le judaïsme en tant que stratégie d'un groupe soudé et basé sur l'ethnie peut ainsi persévérer, mais d'une manière cryptique ou semi-cryptique.

Levin abonde dans ce sens : « L'interprétation de Marx [du judaïsme comme caste] a donné aux penseurs socialistes une échappatoire facile leur permettant de passer outre ou de minorer la question juive. » En Pologne, le Parti Communiste sous domination juive déplorait la participation d'ouvriers et de paysans aux pogroms des années 1930 pour la raison qu'ils n'agissaient pas dans le sens de leurs intérêts de classe. Selon cette interprétation, les conflits ethniques proviennent du capitalisme et prennent fin après la révolution communiste. Il y avait peu d'antisémitisme dans le mouvement social-démocrate allemand de la fin du XIXe siècle parce que la théorie marxiste expliquait tous les phénomènes ; les sociaux-démocrates « n'avaient pas besoin de l'antisémitisme, c'est-à-dire d'une autre théorie englobante, pour expliquer ce qui leur arrivait » (Dawidowicz, *The War against the Jews*, 1933-1945, p. 42). Les sociaux-démocrates n'ont jamais vu le judaïsme comme une nation ou un groupe ethnique, mais comme une communauté religieuse et économique.

En théorie donc, l'antisémitisme et les autres conflits ethniques sont censés disparaître à l'avènement de la société socialiste. Il est possible qu'une telle interprétation ait servi à faire diminuer l'antisémitisme. Levy avance l'idée que l'antisémitisme existant dans les circonscriptions ouvrières non-juives tenues par les sociaux-démocrates a été réduit par l'activité des dirigeants du parti et des théoriciens socialistes qui définissaient les problèmes politiques et économiques de ce groupe dans les termes d'un conflit entre classes et non pas entre Juifs et Gentils, et qui rejetaient toute coopération avec les partis antisémites.

Trotski et d'autres Juifs du Parti Ouvrier Social-Démocrate de Russie se voyaient comme les représentants du prolétariat juif à l'intérieur du mouvement socialiste, mais s'opposaient au programme séparatiste et nationaliste du *Bund* juif russe. Arthur Liebman considère que ces socialistes assimilationnistes envisageaient consciemment une société post-révolutionnaire où le judaïsme continuerait d'exister, mais d'une manière moins socialement différenciée :

> Pour eux, la solution ultime à la question juive était une société socialiste internationaliste qui compterait pour rien la distinction entre Juifs et non-Juifs. Pour accélérer l'édification d'une telle société, ces socialistes assimilationnistes devaient tenir pour négligeables les différences ethniques et religieuses entre les non-Juifs et eux (*Jews and the Left*, p. 122-123).

De même, après la révolution, « ayant abandonné leurs origines et leur identité, mais sans pour autant se retrouver complètement dans la vie russe (exception faite des cercles du parti) les bolcheviks russes établirent leurs quartiers dans l'universalisme révolutionnaire. Ils rêvaient d'une société sans classe ni État, soutenus par la foi et la doctrine marxiste qui transcendait les particularités et les fardeaux de l'existence juive. » (Levin, *The Jews in the Soviet Union since 1917 : Paradox of Survival*, p. 49)

Ces individus, accompagnés de beaucoup d'anciens bundistes très nationalistes, finirent par administrer des projets relatifs à la vie nationale juive en Union Soviétique. Il faut donc croire que, malgré leur rejet du séparatisme juif radical des bundistes et des sionistes, ils étaient bel et bien en faveur de la continuité de la vie nationale juive laïcisée en Union Soviétique.

Cette croyance en l'invisibilité du judaïsme en société socialiste se retrouve dans la gauche radicale juive américaine. Les socialistes juifs américains des années 1890, par exemple, envisageaient une société où la race ne jouerait aucun rôle et où Juifs et non-Juifs resteraient chacun dans leurs sphères respectives à l'intérieur d'un mouvement ouvrier fondé sur la classe. Ce faisant, même ce faible niveau d'assimilation n'était pas atteint ; ces militants œuvraient dans un milieu entièrement juif et conservaient des liens fort étroits avec la communauté juive. « Leurs actions s'écartaient de leur idéologie. Plus profonde était leur action parmi les travailleurs juifs, plus tonnantes étaient leurs professions de foi socialiste et universaliste » (Liebman, *op. cit.* p. 256-57). Le hiatus entre rhétorique et réalité indique la très probable présence de la tromperie et de l'auto-tromperie dans ces phénomènes.

Ces militants ouvriers socialistes n'abandonnaient jamais leur rhétorique universaliste, mais refusaient d'incorporer leurs syndicats dans le mouvement ouvrier et syndical, même après que le déclin du yiddish parmi leurs membres eût retranché cette dernière excuse. Dans leurs syndicats, ils faisaient de la politique identitaire pour maintenir au pouvoir leur propre groupe ethnique, en totale contradiction avec leur rhétorique socialiste. Pour finir, l'attachement de beaucoup d'entre eux au socialisme s'affaiblit et fut remplacé par un fort sentiment ethnique et communautaire juif.

D'où l'on saisit que le vernis d'universalisme recouvrait le séparatisme inchangé des intellectuels de la gauche radicale juive et de ses militants politiques.

Les intellectuels non-juifs de gauche ne sont jamais totalement acceptés, même par leurs amis juifs de même tendance laïque et humaniste. Les Juifs ont l'habitude de faire remarquer, de façon indirecte et souvent inexplicable, leur propre singularité. L'universalisme juif, dans les rapports entre Juifs et non-Juifs, sonne creux […] On rencontre même l'anomalie de Juifs laïques et athées qui écrivent leurs propres livres de prière. Il y a des réformateurs politiques juifs qui peuvent scissionner de leur parti aux tendances communautaires très prononcées et arborer des objectifs politiques universels, tout en organisant leurs propres clubs politiques dont le style de travail est tellement juif que les non-Juifs ne s'y sentent pas les bienvenus. (Liebman, *op. cit.* p. 158)

Par conséquent, on peut considérer que l'universalisme est un mécanisme au service de la perpétuation juive qui fonctionne au moyen d'un camouflage [« crypsis »] ou d'un semi-camouflage. Le gauchiste juif n'apparaît pas aux yeux du Gentil en tant que juif, ce qui d'une part écarte l'antisémitisme et d'autre part retient et abrite son identité juive. Lyons explique que la plupart des communistes juifs exposaient peu leur judaïté, mais la vivaient profondément. Ce n'était presque jamais une judaïté religieuse ou même institutionnelle, mais elle s'enracinait dans une sous-culture d'identité, de style, de langue et de fréquentations [...] En fait, cette judaïté de deuxième génération, anti-ethnique, était paradoxalement le comble de l'ethnicité. L'empereur croyait qu'il était vêtu en costume américain, trans-ethnique, mais les Gentils voyaient les nuances et les détails de son ethnicité toute nue. (*Philadelphia Communists, 1936-1956*, p. 73)

Ces remarques manifestent un élément de camouflage [« crypsis »], une disjonction entre la personne publique et la personne privée, accompagnée d'auto-tromperie, ou comme le dit Horowitz : « une posture duale qui montre une face au monde extérieur et une autre à la tribu ».

Mais une telle posture a un coût. Comme le fait remarquer Albert Memmi :

Le Juif de gauche doit acquérir cette protection par sa modestie et son anonymat, en se montrant indifférent aux affaires de son peuple [...] Comme un pauvre entrant dans une famille bourgeoise qui lui demande d'avoir le bon goût de se rendre invisible.

En vertu de la nature de leur idéologie, les Juifs de gauche étaient bien obligés de minorer l'importance des questions spécifiquement juives, comme l'holocauste ou l'Israël, malgré leur forte identification juive. C'est cet aspect des mouvements intellectuels gauchistes juifs qui déplaît le plus aux Juifs communautaristes. L'identification à l'ethnie était souvent inconsciente, marque de l'auto-tromperie. Lyons, étudiant les communistes juifs américains, remarque que dans son échantillon l'importance du fait ethnique en général et de la judaïté en particulier imprègne l'ensemble des réponses. Beaucoup de communistes déclarent qu'ils n'auraient pas pu épouser une femme qui ne fût pas de gauche. Lorsqu'on demandait aux Juifs s'ils auraient pu épouser une Gentille, nombre d'entre eux se montraient hésitants, étonnés de cette question à laquelle ils peinaient à répondre. Après réflexion, beaucoup conclurent qu'ils avaient pris pour acquise l'idée d'un mariage juif. Une autre possibilité n'avait jamais été envisagée, en particulier du côté des hommes.

En outre, un effort délibéré de tromperie était fait pour rendre invisible l'implication juive dans les mouvements de gauche radicale : on placardait un visage américain sur un mouvement qui était largement juif. Aussi bien le Parti Socialiste que le PCUSA encourageaient activement ses membres juifs à prendre des noms à consonance non-juive. (Le phénomène se vit aussi en Pologne, cf. *supra*, et en Union Soviétique, cf. *infra*). Même s'ils représentaient, dans certaines périodes, plus de la moitié des effectifs de ces deux partis, ni l'un ni l'autre ne présentèrent jamais de candidats juifs à l'élection présidentielle et aucun Juif ne fut dirigeant du PCUSA après 1929. On faisait venir de loin des Gentils et on leur donnait des postes de direction très visibles dans les organisations socialistes new-yorkaises, dominées par les Juifs. Ces Gentils ne furent pas rares à quitter ces organisations, se rendant compte du rôle de faire-valoir qui était le leur dans ces organisations fondamentalement juives.

Liebman remarque que la Nouvelle gauche prenait grand soin de ne jamais aborder les thèmes juifs. Son idéologie minorait le fait ethnique et religieux et insistait sur les catégories sociales et les questions politiques comme la guerre du Vietnam ou la discrimination contre les Noirs, qui, bien que très clivantes parmi les Gentils, n'engageaient pas l'identité juive. Au surplus, ces questions ne menaçaient pas les intérêts de la bourgeoisie juive, sionistes en particulier.

L'identité juive, quoique très marquée chez les militants, n'était pas remarquée par le public. Et comme dit plus haut, lorsque cette mouvance se mit à défendre des positions incompatibles avec les intérêts juifs, ceux-ci relâchèrent leurs liens avec elle. Illustrant remarquablement l'invisibilité des dynamiques de groupe dans l'implication juive à l'extrême-gauche, Liebman décrit des militants estudiantins qui n'avaient pas idée du fait que leur action pouvait alimenter l'antisémitisme, étant donnée la sur-représentation des Juifs parmi eux. (Liebman fait néanmoins remarquer que d'autres Juifs se préoccupaient de cette question). De leurs point de vue, leur camouflage [« crypsis »] était un succès : ils imaginaient que leur judaïté passait inaperçue aux yeux du monde, alors qu'elle ne cessait d'avoir une grande importance à leurs propres yeux. Au niveau théorique, il s'agit d'un cas d'école d'auto-tromperie, que nous avons considérée dans notre ouvrage *Separation and its Discontents*, comme faisant partie intégrante de l'idéologie religieuse juive et des réactions à l'antisémitisme.

La tromperie semble avoir été globalement un échec, sinon pour la Nouvelle gauche, du moins pour la Vieille gauche. Les intellectuels radicaux juifs et leurs homologues non-juifs se tenaient à distance les uns des autres dans les organisations de la Vieille gauche. Certains intellectuels non-juifs étaient séduits par ce mouvement *à cause* de son enjuivement, mais le caractère foncièrement juif de ce milieu était pour l'essentiel un obstacle. Le communautarisme juif de ces militants radicaux, leur propension à l'entre-soi et leurs attitudes négatives vis-à-vis de la gentilité chrétienne les empêchait de faire de bons recruteurs au sein de la classe ouvrière non-juive. Comme l'écrivait le père de David Horowitz, un communiste, pendant une visite du Colorado dans les années 1930 :

> J'ai l'impression d'être en terre étrangère. Ce qui me frappe, c'est que tant que nous n'avons pas appris à connaître les gens de ce pays jusqu'à faire disparaître cette impression, nous n'irons nulle part. Je dois dire que dans l'ensemble, nous n'avons pas la fibre patriotique, j'entends par là une sympathie profonde pour le pays et pour les gens.

Dans la même veine, l'ex-communiste Sydney Hook remarquait : « C'est comme s'ils n'avaient aucune racine dans et aucune connaissance de la société qu'ils voulaient transformer ». On constatait la même chose en Pologne, où même les efforts des communistes les plus « désethnicisés » étaient inhibés par les attitudes juives traditionnelles de morgue lointaine à l'endroit de la culture polonaise traditionnelle.

Une fois admis au parti, quantité de non-Juifs étaient repoussés par son atmosphère hautement intellectuelle, et le quittaient. À supposer que le radicalisme de gauche soit bien un judaïsme laïcisé et comme le laisse présager la théorie de l'identité sociale, on trouve des preuves d'une attitude hostile aux Gentils au sein de ces organisations : « Chez les intellectuels juifs et gauchistes, on trouvait un mélange d'hostilité et de supériorité vis-à-vis des Gentils » (Liebman, *op. cit.* p. 534).

Au Parti Communiste, il y avait aussi une séparation ethnique entre Juifs et Noirs, laquelle provenait pour beaucoup de « l'attitude paternaliste et missionnaire » des cadres juifs (Lyons, *op. cit.* p. 80). « Dans les rapports entre Noirs et Juifs, les Juifs jouaient toujours le rôle d' « assistant », d' « enseignant » et de « guide » pour les Noirs. Nombre d'intellectuels noirs cessèrent de courtiser le Parti Communiste, agacés par les communistes, mais aussi par les Juifs qui, disaient-ils, les prenaient de haut. « Comment le nègre moyen pourrait-il comprendre les exigences du système capitaliste, telles qu'elles s'appliquent indifféremment aux Juifs et aux Gentils d'Amérique […] étant donné que ces deux groupes se comportent étrangement comme des Aryens hitlériens dès qu'il est question des colorés ? » demandait Langston Hughes, échaudé après une querelle avec des communistes juifs.

Cette condescendance des militants radicaux juifs du mouvement des droits civils a été identifiée comme une source de la vague actuelle d'antisémitisme chez les Afro-américains.

Partie 6

Conclusion

Il n'est pas inintéressant de se demander quel a été le sort du judaïsme dans une société organisée suivant les lignes d'une idéologie politique radicalement universaliste. En Union Soviétique, les Juifs « jouaient un rôle important, si ce n'est décisif, à la direction des trois principaux partis socialistes, bolcheviks compris » (Pinkus, *The Jews of the Soviet Union : A History of a National Minority*, p. 42).

Les Juifs, affirme Rapoport, « dominaient » le premier Politburo de Lénine (*Stalin's War against the Jews : The Doctor's Plot and the Soviet Solution*, p. 30). Lénine lui-même avait une grand-mère juive. On rapporte qu'il avait dit qu' « un Russe intelligent est presque toujours un Juif ou quelqu'un qui a du sang juif dans les veines » (*in* Pipes, *The Russian Revolution*, p. 352). Il y avait en proportion moins de Juifs chez les bolcheviks que dans les autres partis révolutionnaires.

De fait, on trouve des preuves d'une opposition entre Juifs et Gentils dans le schisme entre bolcheviks et mencheviks, lesquels étaient d'esprit plus internationaliste et comptaient en proportion beaucoup plus de Juifs. (Souvenons-nous de l'internationalisme propre aux bolcheviks, cf. *supra*). Les Juifs étaient malgré cela très largement représentés à la direction bolchevik, même si dans ce mouvement « la seule mention du nombre absolu de Juifs ou de leur proportion ne permet pas de saisir certains facteurs-clés, quoique non-quantifiables, comme l'audace des bolcheviks juifs, leurs qualités oratoires souvent éclatantes, leur énergie et leur force de persuasion » (Lindemann, *Ésaü's Tears: Modern Anti-Semitism and the Rise of the Jews*, p. 429).

Les bolcheviks juifs étaient plus instruits que leurs homologues non-juifs et plus susceptibles de parler d'autres langues que le russe. Comme nous l'avons remarqué au 1er chapitre, les Juifs de la gauche radicale américaine étaient supérieurement intelligents, travailleurs, dévoués et mobiles – traits de caractère qui ont incontestablement contribué au succès de leurs organisations. Quatre des sept membres du Politburo de Lénine étaient ethniquement juifs, sans le compter lui qui était juif au quart et qui, comme le fait remarquer Lindemann, était assez juif pour avoir été soupçonné sous le Troisième Reich ; Lénine était communément vu comme un Juif et environ un tiers des cinquante plus hauts dirigeants étaient juifs.

Qui plus est, de hauts dirigeants non-juifs du mouvement bolchevik, Lénine compris, pourraient être qualifiés de non-juifs enjuivés : « ce terme, débarrassé de ses vilaines connotations, pourrait servir à souligner un point souvent négligé : même en Russie, il y avait quelques non-Juifs, bolcheviks ou pas, qui respectaient les Juifs, chantaient leurs louanges, prenaient exemple sur eux, se souciaient de leur bien-être et entretenaient avec eux des amitiés ou des liaisons intimes » (Lindemann, *op. cit.* p. 433). Lénine, par exemple, vantait ouvertement et régulièrement le rôle des Juifs dans le mouvement révolutionnaire. Dans le parti, c'était l'un des plus tranchants et des plus rigoureux quand il s'agissait de dénoncer les pogroms et l'antisémitisme en général. Après la révolution, il revint sur sa réticence initiale à l'égard du nationalisme juif, acceptant l'idée d'une nationalité juive légitime sous le pouvoir soviétique. Sur son lit de mort, Lénine eut des paroles amicales pour le menchevik juif Julius Martov, auquel il portait une affection toute spéciale malgré leurs grands désaccords idéologiques.

S'appuyant sur l'important ouvrage de Paul Johnson, Lindemann met en évidence le rôle « éminent » de Trotski dans la planification et la direction du soulèvement bolchevik et son rôle de « chef militaire brillant » qui mit sur pied l'armée rouge. Quantité de traits de caractère chez Trotski sont typiquement juifs.

À supposer que l'antisémitisme dérive de l'anxiété et de la peur et non pas du mépris, alors on peut prendre la mesure des inquiétudes vis-à-vis de Trotski chez les antisémites. Les mots de Johnson sont significatifs. Il parle du « pouvoir démonique » de Trotski et emploie le même terme pour décrire la force oratoire de Zinoviev ou le caractère impitoyable d'Uritsky. Son absolue confiance en soi, son arrogance bien connue et son complexe de supériorité étaient chez Trotski des traits de caractère qu'on rattachait souvent aux Juifs. Il y avait des fantasmes à son sujet et au sujet d'autres bolcheviks, mais aussi des faits sur le terrain desquels poussaient ces fantasmes. (*ibidem*, p. 448)

Vaksberg présente la chose de façon intéressante. Il remarque par exemple que sur un montage photographique représentant la direction soviétique en 1920, 22 dirigeants sur 61 étaient juifs, « mais sur l'image sont absents Kaganovitch, Piatnitski, Golochekine et bien d'autres membres du cercle dirigeant dont la présence sur l'image aurait fait monter en flèche le pourcentage de Juifs (*op. cit.* p. 20). En plus de la très forte sur-représentation de Juifs à ces échelons, on trouvait aussi « pléthore d'épouses juives » aux côtés des dirigeants non-juifs, ce qui dut encore renforcer l'atmosphère juive aux étages supérieurs du pouvoir, étant donné que tous, et Staline le premier, étaient fort conscients du fait ethnique. Staline eut fort à faire pour dissuader sa fille de se marier avec un Juif et désapprouva d'autres mariages entre Juifs et Gentils. De leur côté, les antisémites accusaient les Juifs d'avoir « *implanté leurs congénères en qualité d'épouses et d'époux pour gagner de l'influence et du pouvoir* » (in Kostyrchenko, *op. cit.*, souligné dans le texte, p. 272). Ce point s'accorde bien à l'idée d'un « enjuivement » des bolcheviks non-juifs.

Dans la gentilité russe, une idée répandue voulait que « tout le monde sortait perdant de la révolution, mais que les Juifs, et eux seuls, en tiraient bénéfice » (Pipes, *Russia under the Bolchevik Regime*, p. 101), comme le montrent, par exemple, les efforts mis en œuvre par le gouvernement pour combattre l'antisémitisme. À l'image de ce qui eut lieu en Pologne après la Deuxième Guerre mondiale, le régime soviétique considérait les Juifs comme des soutiens fiables, à cause des changements considérables que la révolution avait apportés dans leur statut. Par conséquent, la période qui suivit immédiatement la révolution connut un antisémitisme intense, marqué par de nombreux pogroms menés par les Armées Blanches. Toutefois, Staline « décida de briser le mythe du rôle décisif joué par les Juifs dans la planification, l'organisation et la réalisation de la révolution » et mit l'accent sur le rôle des Russes (Vaksberg, *op. cit.* p. 82). À l'instar des apologètes juifs d'aujourd'hui mais pour d'autres raisons, Staline trouvait avantageux de faire passer au second plan l'action des Juifs dans la révolution.

Les Juifs étaient fortement sur-représentés au sein des élites politiques et culturelles de l'Union Soviétique dans les années 1920, situation maintenue jusqu'aux purges des années 1950 qui touchèrent les hautes sphères économiques et culturelles. Voici la thèse de Vaksberg sur Staline, telle que je la comprends. Il aurait été antisémite dès le départ, mais, à cause de la puissance des Juifs aux plus hauts échelons de l'État et de la société et pour ne pas froisser les gouvernements occidentaux, il n'aurait pu déloger que lentement les Juifs des échelons suprêmes du pouvoir et fut forcé de pratiquer la tromperie tous azimuts.

Il aurait donc mêlé ses mesures anti-juives de professions de foi philosémites et pris quelques Juifs à son bord pour masquer son orientation anti-juive. Par exemple, juste avant une série de procès où 11 accusés sur 16 étaient juifs, on mit en scène en grandes pompes le procès de deux non-Juifs accusés d'antisémitisme. Lors du procès des Juifs, on ne fit nulle mention de leur judéité et, sauf une seule fois, on n'employa pour les désigner que leurs pseudonymes du parti à consonance non-juive, jamais leurs véritables noms juifs. Pendant les années 1930, Staline continuait à honorer et à récompenser les artistes juifs tandis qu'il écartait les dirigeants politiques juifs et les remplaçait par des Gentils.

La campagne d'éviction des Juifs de leurs positions dans le gouvernement et le monde culturel commença en 1942, mais s'accompagnait toujours de prix et de récompenses accordées aux savants et aux artistes juifs, afin de ne pas prêter le flanc aux accusations d'antisémitisme. Un antisémitisme d'État plein et entier émergea dans la période de l'après-guerre, les quotas d'admission de Juifs dans les universités étant même plus durs qu'à l'époque tsariste. Toutefois, l'antisémitisme personnel de Staline n'était pas seul en cause ; l'antisémitisme tirait sa source de préoccupations fort traditionnelles touchant à leur loyauté et à leur domination économique et culturelle.

Kostyrchenko montre que la volonté des Russes ethniques de déloger les Juifs de leurs positions de pouvoir exerçait une forte pression sur Staline. On purgea donc les élites, où l'importance des Juifs étaient disproportionnée, dans les domaines du journalisme, des Beaux-Arts, des sciences historiques, pédagogiques, philosophiques, économiques, médicales et psychiatriques, que ce soit à l'université ou dans les instituts de recherche, dans toutes les branches des sciences de la nature. Il y eut aussi de grandes purges de Juifs dans le domaine économique, aux échelons supérieurs du monde des cadres et des ingénieurs. Les intellectuels juifs furent qualifiés de « cosmopolites déracinés » qui manquaient de sympathie à l'endroit de la culture nationale russe. Ils étaient considérés comme déloyaux à cause de leurs expressions d'enthousiasme pour l'Israël et de leurs liens étroits avec les Juifs américains.

Les Juifs étaient également sur-représentés dans les gouvernements communistes d'Europe de l'Est et dans les mouvement révolutionnaires communistes d'Allemagne et d'Autriche de 1918-1923. Dans le gouvernement communiste hongrois de 1919 qui dura très peu de temps, 95 % des personnages importants du gouvernement de Bela Kun étaient juifs. Ce gouvernement liquida avec énergie les contre-révolutionnaires, non-juifs dans leur écrasante majorité, puis la lutte menée par l'amiral Horthy donna lieu à l'exécution de la plupart des têtes juives du gouvernement communiste – lutte à coloration clairement anti-juive. Par ailleurs, dans les partis communistes des pays occidentaux, l'action des agents juifs qui travaillaient pour le compte de l'Union Soviétique était une chose remarquable et remarquée.

Même dans les premiers partis et factions communistes d'Occident, qui se combattaient âprement, le thème des 'Juifs étrangers qui prennent leurs ordres à Moscou' était une patate chaude. Il était presque tabou dans les rangs socialistes de désigner les agents de Moscou comme juifs, mais le sous-entendu était que ces Juifs étrangers détruisaient le socialisme occidental. (Lindemann, *op. cit.* p.435-436)

Les Juifs avaient pu s'assurer des positions de pouvoir dans ces cercles dès les commencements, mais en cours de route, l'antisémitisme en Union Soviétique et dans les autres pays d'Europe de l'Est se fit connaître assez largement et devint une source d'inquiétude politique chez les Juifs américains. Comme nous l'avons vu, Staline a réduit le pouvoir des Juifs en URSS et l'antisémitisme fut un facteur notable du déclin des Juifs à la direction des gouvernements communistes d'Europe de l'Est.

Les cas de la Pologne et de la Hongrie sont particulièrement intéressants. Étant donné le rôle des communistes juifs dans la Pologne de l'après-guerre, il n'était pas étonnant qu'un mouvement antisémite y apparût et finît par déboulonner *la génération*. Après le discours de Khrouchtchev de 1956 sur la déstalinisation, le parti se scinda en une faction juive et une faction anti-juive, qui se plaignait du trop grand nombre de Juifs à la direction. Pour le dire dans les mots d'un dirigeant de la faction anti-juive, la prépondérance des Juifs « faisait que les gens prenaient en haine les Juifs et se méfiaient du parti. Les Juifs éloignent les gens du parti et de l'Union Soviétique ; les sentiments nationaux ont été blessés et il est du devoir du parti de se conformer à l'exigence que ce soient des Polonais, non des Juifs, qui tiennent les rênes du pays » (*in* Shatz, *op. cit.* p. 268). Khrouchtchev lui-même soutint cette nouvelle ligne politique en faisant remarquer que « vous avez déjà trop d'Abramovitch » (*ibidem*, p. 272). Dans cette première phase de purges anti-juives, le public se manifesta par des incidents antisémites et exigea que les communistes juifs qui avaient changé de nom pour ne pas trop se faire remarquer dans le parti, se révélassent enfin. Ensuite de quoi, plus de la moitié de la juiverie polonaise émigra en Israël entre 1956 et 1959.

L'antisémitisme monta en flèche à la fin des années 1960. Les Juifs connurent un déclassement progressif et les communistes juifs étaient accusés d'être les responsables des maux de la Pologne. Les *Protocoles des Sages de Sion* circulaient largement parmi les militants du parti, les étudiants et les militaires. Les services de sécurité, anciennement dominés par les Juifs et dirigés contre le nationalisme polonais, étaient désormais tenus par des Polonais qui considéraient que les Juifs formaient un « groupe qui devait être maintenu sous la plus étroite et constante surveillance » (*ibid*. p. 290). Les Juifs furent délogés de leurs hautes positions au gouvernement, dans l'armée et dans les médias. Des dossiers élaborés étaient tenus sur les Juifs, y compris les crypto-Juifs qui avaient changé de nom et adopté en façade une identité non-juive. Comme les Juifs l'avaient fait auparavant, le groupe anti-juif mit sur pied des réseaux pour promouvoir les siens dans l'administration et les médias. Les Juifs devenaient des dissidents et des déserteurs, là où autrefois ils dominaient les forces étatiques de l'orthodoxie.

Le « tremblement de terre » éclata en 1968, quand une campagne antisémite se déclencha après les déchaînements de joie des Juifs qui fêtaient la victoire israélienne dans la Guerre des Six Jours, se détachant sur le fond du soutien soviétique aux Arabes. Le président Gomulka condamna la « cinquième colonne » juive en Pologne. De grandes purges de Juifs eurent lieu dans le pays et les expressions de la vie juive laïque (par exemple les revues en yiddish, les écoles et les camps d'été juifs) furent pratiquement démantelées. Cette haine contre les Juifs provenait clairement du rôle qu'ils avaient tenu dans l'après-guerre. Selon les mots d'un intellectuel, « les problèmes de la Pologne venaient au fond d'un conflit ethnique entre Polonais et Juifs, les Juifs étant les alliés des Russes. Les problèmes venaient de l'arrivée dans notre pays de certains politiciens habillés en tenue d'officier qui supposaient qu'eux et eux seuls – les Zambrowski, les Radkiewicz, les Berman – avaient droit au pouvoir et au monopole dans les décisions portant sur le bien de la nation polonaise ». Les problèmes se résoudraient quand « la composition ethnique anormale » de la société serait corrigée. (*in* Schatz, *op. cit.* p. 306-307)

Les Juifs restants « furent, à la fois collectivement et individuellement [...] pointés du doigt, moqués, ostracisés, dégradés, menacés et intimidés avec une violence incroyable et avec de la... malfaisance » (*ibidem*, p. 308). La plupart quittèrent la Pologne pour l'Israël et ils durent renoncer à leur nationalité polonaise. Ils ne laissèrent derrière eux que quelque centaines de Juifs, des vieillards en général.

Le cas de la Hongrie est tout à fait semblable à celui de la Pologne, pour ce qui est des origines du triomphe des communistes juifs et de leur défaite subséquente face à un mouvement antisémite. Malgré certaines preuves de l'antisémitisme de Staline, il a placé au pouvoir des communistes juifs en tant qu'instruments de sa volonté de dominer la Hongrie après la Deuxième Guerre mondiale. Le gouvernement était « complètement dominé » par les Juifs (Rothman & Lichter, *op. cit.* p. 89), et les Hongrois le savaient bien. « À Budapest, la blague courait qu'il y avait un seul Gentil à la direction du parti parce qu'il fallait bien quelqu'un pour allumer la lumière le samedi » (*ibidem*, p. 89). Le Parti Communiste de Hongrie, soutenu par l'Armée Rouge, tortura, emprisonna et exécuta les dirigeants de l'opposition et d'autres dissidents tout en attelant solidement l'économie hongroise au char soviétique. Les choses se passèrent comme en Pologne : les Juifs furent installés par leurs maîtres soviétiques dans une position d'intermédiaire idéal entre une élite étrangère et exploiteuse et une population indigène assujettie. Les Juifs étaient vus comme ceux qui avaient manigancé la révolution communiste et qui en avaient profité le plus. Les Juifs constituaient quasiment tout l'effectif de l'élite du parti et ils étaient au sommet de la hiérarchie des forces de sécurité et des entreprises.

Non seulement les Juifs fonctionnaires du Parti Communiste et cadres des entreprises étaient dominants du point de vue économique, mais il semble qu'ils bénéficiaient aussi d'un accès pour ainsi dire libre aux Gentilles qui étaient sous leurs ordres – en partie à cause de la grande pauvreté dans laquelle vivait la majeure partie de la population et en partie à cause de la ligne politique du pouvoir qui cherchait à saper les mœurs sexuelles traditionnelles, par exemple en payant les femmes pour qu'elles fassent des enfants illégitimes. La domination de la bureaucratie communiste juive hongroise semblait posséder cette coloration de domination sexuelle et reproductive sur les Gentils, les Juifs ayant un accès disproportionné aux Gentilles.

Un étudiant fit cette remarque qui montre bien le fossé qui existait entre dirigeants et dirigés en Hongrie :

> Prenez la Hongrie : qui était l'ennemi ? Pour Rakösi [le chef juif du Parti Communiste hongrois] et sa bande, l'ennemi, c'était nous, le peuple hongrois. Ils pensaient que les Hongrois étaient intrinsèquement fascistes. C'était l'attitude des communistes juifs, du groupe de Moscou. Ils n'éprouvaient rien que du mépris pour le peuple (*in* Irving, *Uprising !* p. 111).

Cette remarque illustre le thème de la loyauté que nous avons traité dans *Separation and its Discontents* (chap. 2) : la déloyauté des Juifs vis-à-vis du peuple chez qui ils ont vécu est souvent exacerbée par l'antisémitisme, lequel provient aussi d'autres sources. De plus, le fait ethnique demeura un facteur très important dans la période post-révolutionnaire, contrairement à son statut dans la théorie [marxiste-léniniste, NdT]. Quand des fonctionnaires juifs voulaient punir un fermier qui n'avait pas fourni ses quotas, ils envoyaient des Gitans pour lui reprendre sa ferme, parce que les gens du cru n'auraient pas accepté de participer à la destruction de l'un des leurs (cf. Irving, *ibidem*, p. 132).

Ces fonctionnaires du parti tiraient avantage du même principe que Staline et d'autres dirigeants étrangers avaient reconnu au moment d'employer les Juifs en tant que couche intermédiaire exploiteuse entre eux et les indigènes assujettis. Les étrangers ethniques sont relativement enclins à exploiter d'autres groupes. Dans ces conditions, il n'est guère surprenant que le soulèvement hongrois du 1956 ait comporté des aspects de pogrom antisémite traditionnel, comme l'indiquaient à l'époque les attitudes anti-juives des réfugiés. Et sous cet aspect, il ne diffère pas beaucoup des nombreux pogroms antisémites qui eurent lieu dans les sociétés traditionnelles précisément au moment où diminuait le pouvoir de l'élite étrangère qui soutenait les Juifs [l'auteur fait référence à la crise qu'a représenté la déstalinisation en 1956, NdT].

Comme dans toutes les autres expérimentations, l'idéologie et les structures politiques gauchistes universalistes peuvent ne pas produire les résultats désirés par ses instigateurs juifs. Sur la base des données ici présentées, nous pouvons conclure que le radicalisme politique a échoué à garantir les intérêts juifs, ce qui a poussé les Juifs à abandonner les mouvements de gauche radicale ou à tâcher de coupler ce radicalisme à une identité juive affichée et à une implication active au service des intérêts juifs. En fin de compte, il semble que les idéologies de l'universalisme associées à une perpétuation de l'identité et de la cohésion du groupe ne soient pas un mécanisme efficace pour combattre l'antisémitisme.

À la lumière de l'expérience passée, on peut dire que la promotion par les Juifs des structures sociales hautement collectivistes, comme dans le socialisme et le communisme, a été une mauvaise orientation pour le judaïsme en tant que stratégie évolutionnaire de groupe. D'un côté, le judaïsme et le socialisme étatique et bureaucratique ne sont évidemment pas incompatibles et nous avons remarqué que les Juifs réussirent à se forger une position politique et culturelle dominante dans les sociétés socialistes tout comme ils l'ont fait dans des sociétés plus individualistes. Mais d'un autre côté, la structure fortement collectiviste et autoritaire des sociétés en question produisent une institutionnalisation très efficace de l'antisémitisme au moment où la prépondérance juive dans ces sociétés, malgré une bonne dose de camouflage [« crypsis »], vient à être mal vue.

Qui plus est, la tendance de ces société à produire une monoculture politique implique que le judaïsme ne peut survivre qu'au prix d'un semi-camouflage. Comme le fait remarquer Horowitz :

> La vie juive est diminuée quand l'opposition créative du sacré et du profane, de l'église et de l'État, est perçue comme devant s'incliner devant un système de valeurs politiques plus élevées. Les Juifs souffrent, leur nombre décline et l'immigration devient le remède pour survivre lorsque l'État exige l'intégration dans un moule national unique, dans un universel religieux défini par une religion d'État ou une quasi-religion d'État.

En dernière analyse, l'individualisme radical parmi les Gentils et la fragmentation de leur culture offre au judaïsme en tant que stratégie évolutionnaire de groupe un environnement de meilleure qualité. De fait, il s'agit d'une voie largement empruntée par les intellectuels et praticiens politiques juifs de nos jours.

À ce titre, il est intéressant de remarquer qu'aux États-Unis aujourd'hui, beaucoup d'intellectuels juifs néo-conservateurs rejettent les idéologies étatistes et corporatistes car ils ont reconnu que ces idéologies avaient favorisé un antisémitisme d'État. De fait, les débuts du néo-conservatisme remontent aux années 1930 et aux procès de Moscou, où nombre de vieux bolcheviks juifs, dont Trotski, avaient été condamnés pour trahison. En conséquence de quoi apparurent les *New York Intellectuals*, mouvement gauchiste anti-stalinien, dont une partie a abouti graduellement au néo-conservatisme (voir le chap. 6).

Le mouvement néo-conservateur a été d'un anti-communisme fervent et s'est opposé aux quotas ethniques et aux politiques de discrimination positive aux États-Unis – politiques qui devaient empêcher la libre concurrence entre Juifs et Gentils. Pour une part, les intellectuels juifs étaient attirés par le néo-conservatisme à cause de sa compatibilité avec le soutien à l'Israël dans un temps où les pays du tiers-monde, soutenus par la plupart des gauchistes américains, étaient très anti-sionistes. Quantité d'intellectuels néo-conservateurs avaient été d'ardents gauchistes et la scission entre anciens alliés donna lieu à une guerre intestine des plus intenses.

On vit pareillement en Espagne se développer une tendance libertaire et individualiste chez les intellectuels judéo-convers, conséquence de l'antisémitisme d'État à l'époque de l'Inquisition. Castro insiste sur les aspects libertaires, anarchistes, individualistes et anti-organicistes de la pensée des judéo-convers, qu'il attribue à l'oppression qu'ils subissaient de la part d'un État anti-libertaire et organiciste. Ces intellectuels, opprimés par les lois sur la pureté du sang et par l'Inquisition elle-même, soutenaient que « Dieu ne faisait pas de différence entre un chrétien et un autre » (Castro, *The Spaniards : An Introduction to Their History*, p. 333).

Lorsqu'une expérimentation dans le domaine de l'idéologie ou de la politique échoue, une nouvelle est lancée. Depuis l'époque des Lumières, le judaïsme n'a pas été un mouvement monolithique et unifié. Le judaïsme est une série d'expérimentations, et depuis les Lumières, il y en a eu beaucoup. Quantité de querelles ont éclaté entre Juifs sur le sujet de savoir comment servir au mieux leurs intérêts, et il est certain que les intérêts des Juifs de la gauche radicale pouvaient parfois entrer en conflit avec ceux des Juifs riches (souvent, leurs employeurs).

La nature contractuelle de l'association entre Juifs depuis l'époque des Lumières a produit un certain fractionnement du judaïsme, les Juifs individuels expérimentant leur judéité en empruntant diverses voies. En ce sens, le radicalisme de gauche juif doit être considéré comme une des solutions pour développer un judaïsme viable dans le monde contemporain, à côté du sionisme, de la néo-orthodoxie, du judaïsme conservateur, du judaïsme réformé, du néo-conservatisme et du judaïsme en tant que religion civile. Dans le chapitre suivant, nous allons voir que la psychanalyse a joué le même genre de rôle pour un grand nombre d'intellectuels juifs.

Chapitre IV

L'implication juive dans le mouvement psychanalytique

> La caricature familière de l'analyste freudien à barbe et monocle qui sollicite auprès de son patient allongé sur un divan des réminiscences de premiers cacas difficiles ou de désirs coupables dirigés vers ses parents est devenue anachronique, tout comme la pratique professionnelle de cet art essentiellement creux et confabulant. Comment une théorie aussi élaborée a-t-elle pu être si largement acceptée, en l'absence d'un système de preuves ou d'expériences bien menées et face aux échecs répétés de ses interventions thérapeutiques dans tous les grandes catégories de maladies mentales (schizophrénie, manie et dépression) ? C'est une question que les sociologues de la science et de la culture n'ont pas encore traitée à fond.
>
> Paul Churchland,
> *The Engine of Reason, the Seat of the Soul*

Partie 1

La thèse défendue dans ce chapitre est qu'il est impossible de comprendre la psychanalyse en tant que « science », ou plus exactement en tant que mouvement politique, sans tenir compte du rôle du judaïsme. Sigmund Freud est l'exemple-type du Juif des sciences humaines dont les écrits sont influencés par son identité juive et ses attributions négatives à l'égard de la culture des Gentils, considérée comme source de l'antisémitisme.

Jusqu'à une date récente, l'étude de l'implication juive dans le mouvement psychanalytique était vue, « quoique tacitement, comme quelque chose qui dépassait les bornes » (Yerushalmi, *Freud's Moses :*

Judaism Terminable and Interminable, p. 98). Cela étant, l'implication juive dans la psychanalyse – cette « science juive » – est une chose évidente aussi bien pour ses participants que pour les observateurs, et ce depuis les commencements.

L'histoire a fait de la psychanalyse une « science juive ». Elle a été attaquée comme telle. Elle fut détruite en Allemagne, en Italie, en Autriche et fut dispersée aux quatre vents, pour cette raison-même. Encore aujourd'hui, elle continue d'être perçue de cette façon par ses ennemis comme par ses amis. Il y a bien sûr aujourd'hui des analystes distingués qui ne sont pas des Juifs... Mais l'avant-garde du mouvement ces cinquante dernières années est restée essentiellement juive, comme aux premiers jours. (*ibidem* p. 98)

Les Juifs formaient non seulement le noyau de la direction du mouvement et son avant-garde intellectuelle, mais aussi la majorité de ses effectifs. En 1906, les 17 membres du mouvement étaient tous juifs et s'identifiaient fortement comme tels. Dans une étude publiée en 1971, Henry, Sims et Spray conclurent que 62,1% de leur échantillon de psychanalystes américains se voyaient des inclinations culturelles juives, contre 16,7% d'analystes à inclinations protestantes et 2,6% catholiques. Les 18,6% restants n'en déclaraient aucune, pourcentage très nettement supérieur à tout ce qui avait pu être enregistré dans les autres professions de la psychiatrie et qui suggère un pourcentage de psychanalystes d'extraction juive supérieur à 62%.

Nous avons vu que la critique de la culture des Gentils étaient un trait commun de l'activité intellectuelle juive depuis l'époque des Lumières. Les idées de Freud ont souvent été qualifiées de subversives. De fait, « [Freud] était convaincu que ce côté choquant et subversif était dans la nature même de la doctrine psychanalytique. Traversant l'océan vers les États-Unis, il ne se voyait pas comme le porteur d'une nouvelle panacée. Il dit à ses compagnons de voyage, avec son humour à froid coutumier : 'Nous leur apportons la peste' » (Mannoni, *Freud*, p. 168).

Peter Gay considère l'œuvre freudienne en général comme subversive, et son idéologie sexuelle en particulier comme « profondément subversive pour l'époque ». Il décrit le contenu de *Totem et Tabou* comme une analyse de la culture par des « conjectures subversives ».

Même si les implications des idées de Darwin étaient dangereuses et gênantes, elle n'étaient pas aussi directement abrasives, aussi peu respectables que celles de Freud au sujet de la sexualité infantile, de l'ubiquité des perversions et de la force motrice des pulsions inconscientes (Gay, *A Godless Jew : Freud, Atheism, and the Making of Psychoanalysis*, p. 144)

En Allemagne, les antisémites étaient d'avis que les Juifs avaient subverti la culture allemande avant 1933 et la psychanalyse n'était pas le cadet de leurs soucis. L'hostilité envers elle provenait en grande partie de la menace perçue qu'elle faisait porter à l'éthique sexuelle chrétienne, en acceptant par exemple la masturbation et le sexe avant le mariage. La psychanalyse devint la cible des Gentils qui déploraient la subversion juive de la culture – « l'influence décadente du judaïsme », pour le dire comme un auteur cité par Klein (*Jewish Origins of the Psychoanalytic Movement*, p. 144). En 1928, Carl Christian Clemen, professeur d'ethnologie à l'université de Bonn, avait vivement réagi à *L'Avenir d'une Illusion*, où Freud analysait la foi religieuse en termes de besoins infantiles. Clemen s'emportait contre la tendance de la psychanalyse à voir du sexe partout, tendance qu'il rapportait à la composition juive du mouvement :

> On peut l'expliquer par la nature particulière des cercles d'où proviennent en général ses défenseurs et peut-être aussi, les patients qu'ils traitent. (*in* Gay, *Freud, A Life for Our Time*, p. 537)

Les livres de Freud furent brûlés lors des incinérations de livres de mai 1933 en Allemagne. Quand les Nazis entrèrent à Vienne en 1938, ils ordonnèrent l'expulsion de Freud et abolirent la *Internationaler Psychoanalytischer Verlag* [maison d'édition de Freud, NdT].

Dans les années 1920, Freud était si étroitement associé au mouvement pour la liberté sexuelle et les réformes sociales aux États-Unis qu'il devint la cible des conservateurs sociaux. En 1956 encore, un psychiatre se plaignait dans les colonnes de l'*American Journal of Psychiatry* en ces termes :

> Est-il possible que nous développions l'équivalent d'une Église laïque, financée par le contribuable et encadrée par des apôtres du stade génital qui

servent sans le savoir un brouet d'existentialisme athée, d'hédonisme et autres ingrédients philosophico-religieux d'origine douteuse ?

Tout en rejetant la religion, Freud avait un très fort attachement à son identité juive. Dans une lettre de 1931, il se décrivait comme un « Juif fanatique » et il écrivit ailleurs qu'il se sentait « une attraction irrésistible pour le judaïsme et les Juifs, pour leurs sombres pouvoirs émotionnels d'autant plus puissants qu'ils se laissent moins exprimer par des mots, pour leur conscience de soi affûtée et pour l'existence secrète d'une même conformation mentale » (Gay, *Freud, A Life for Our Time*, p. 601). Vers 1930, Freud devint un compagnon de route du sionisme. Son fils Ernest était lui aussi sioniste et aucun des enfants de Freud ne se convertit au christianisme ou ne se maria avec des Gentils.

Conformément aux prédictions de la théorie de l'identité sociale, le fort sentiment identitaire juif de Freud impliquait un éloignement certain vis-à-vis de la gentilité. Yerushalmi fait remarquer ce qui suit : « Freud ressentait une aliénation vis-à-vis des non-Juifs qui ne peut pas se réduire à une réaction à l'antisémitisme. Bien que celui-ci pût le renforcer ou le modifier périodiquement, ce sentiment semblait bien quelque chose d'archaïque, hérité de sa famille ou de son milieu d'origine, qu'il allait conserver toute sa vie. » (*op. cit.* p. 39)

Freud fit un jour cette remarque révélatrice :

> J'ai souvent pensé que j'héritais de l'obstination et de toutes les passions de nos ancêtres qui défendaient leur temple, comme si je pouvais sacrifier ma vie avec joie pour un grand moment. (Gay, *op. cit.* p. 604)

Son identité de Juif était donc associée à une image de soi en tant que combattant altruiste contre les ennemis du groupe, prêt à mourir héroïquement pour la défense de ses intérêts collectifs – symétrique du grand final de *L'Anneau du Nibelung* de Wagner qui joua un rôle dans l'idéologie nazie. Pour employer le langage de la théorie de l'identité sociale, Freud avait un très fort sentiment identitaire de groupe et le sentiment d'agir par devoir au service de ses intérêts collectifs.

Gay affirme que Freud pensait que son identité juive provenait de son hérédité phylogénétique. Comme le fait remarquer Yerushalmi, son psycho-lamarckisme ne tenait « ni du hasard ni des circonstances ». Freud comprenait bien la « dimension subjective » du lamarckisme, autrement dit le sens d'un lien puissant au passé juif tel qu'il s'est formé dans la culture juive, s'ajoutant au sentiment qu'on ne peut pas échapper à sa judaïté et que "souvent ce qu'on ressent le plus profondément et obscurément est un fil qui vibre dans le sang » (*op. cit.* p. 31). Dans ce passage de *L'Homme Moïse et la Religion monothéiste*, les Juifs sont présentés comme s'étant élevés eux-mêmes au rang de peuple intellectuellement supérieur :

> La préférence accordée par les Juifs, pendant environ deux mille ans, aux efforts spirituels, eut naturellement certains effets : elle provoqua une atténuation de la brutalité et de la violence qu'on rencontre habituellement là où le développement athlétique est devenu un idéal populaire. Il ne fut pas permis aux Juifs d'accéder à cette harmonie entre activités spirituelles et physiques que réalisèrent les Grecs. Dans ce conflit, ils optèrent du moins pour ce qui était le plus important du point de vue culturel.

Sa certitude d'une supériorité juive, Freud la montre aussi dans un entretien de 1935 avec Jospeh Wortis. Freud y affirmait qu'à ses yeux les Gentils étaient enclins à un « égoïsme sans pitié », alors que les Juifs menaient une vie de famille et une vie intellectuelle de qualité supérieure. Quand Wortis lui demanda s'il considérait les Juifs comme un peuple supérieur, Freud répondit :

> Je pense que c'est le cas aujourd'hui... Quand on voit que 10 lauréats du Prix Nobel sur 12 sont des Juifs et quand on pense à leurs autres accomplissements dans les sciences et les arts, on a toutes les raisons de penser qu'ils sont bel et bien supérieurs. (*in* Cuddihy, *The Ordeal of Civility*, p. 36)

Freud considérait en outre ces différences comme immuables. Dans une lettre de 1933, au sujet de l'essor de l'antisémitisme, il écrivait : « Mes conclusions sur la nature humaine, surtout de la variété aryano-chrétienne, ont peu de raison de changer » (*in* Yreushalmi, *op. cit.* p. 48). De son côté, le caractère juif n'avait pas non plus de raison de changer. Dans l'*Homme Moïse et la Religion monothéiste*, à propos du soin apporté à la pureté de la race tel qu'il se dégage des Livres d'Esdras et de Néhémie, il écrivait :

> Il est historiquement prouvé que le type juif a été définitivement fixé après la réforme d'Esdras et de Néhémie au Ve siècle av. J.-C.

« Freud était fermement convaincu qu'une fois le caractère juif établi dans les temps anciens, il devait demeurer constant, immuable dans ses qualités quintessentielles et indélébiles » (Yerushalmi, *op. cit.* p. 52).

L'affirmation claire et radicale de la supériorité juive du point de vue éthique, spirituel et intellectuel, telle qu'elle apparaît dans *L'Homme Moïse*, le dernier ouvrage de Freud, ne doit pas être considérée comme une aberration de sa pensée, mais comme quelque chose de central dans son attitude, moins visible cependant dans son œuvre écrite, et qui remonte à une période beaucoup plus ancienne. Dans *Separation and its Discontents*, j'ai fait remarquer qu'avant l'essor du nazisme, un groupe important d'intellectuels juifs cultivaient un fort sentiment identitaire juif et ressentaient leur éloignement racial vis-à-vis des Gentils ; leurs écrits indiquaient en outre un sentiment indéniable de supériorité raciale juive. Le mouvement psychanalytique était un représentant important de ces tendances. Il était caractérisé par son idée d'une supériorité intellectuelle juive, par sa conscience raciale, sa fierté nationale et sa solidarité juive. Freud et les siens cultivaient un « entre-soi racial » avec leurs collègues juifs et ressentaient un « éloignement racial » vis-à-vis des autres (Klein, *op. cit.* p. 143). Freud faisait remarquer, au sujet d'Ernest Jones, un de ses disciples, que « la composition raciale de notre groupe est intéressante à mes yeux. Lui [Jones], c'est un Celte et pour cette raison, il n'est pas aussi proche de nous, le Teuton [Jung] et le Méditerranéen [lui-même, Juif] » (*in* Gay, *op. cit.* p. 186)

Freud et d'autres parmi les premiers psychanalystes aimaient à se distinguer en tant que Juifs sur la base de la race et désignaient les non-Juifs comme Aryens, préférablement à Allemands ou chrétiens (Klein, *op. cit.* p. 142). Freud écrivit à C.-G. Jung qu'Ernest Jones lui donnait une « impression d'altérité raciale » (*ibidem* p. 142). Bien qu'il eût épousé une Juive, Jones était considéré pendant les années 1920 comme l'outsider non-juif y compris par les autres membres du comité secret des loyalistes freudiens.

« Aux yeux du tous [les membres du comité], Jones était un Gentil... Les autres ne manquaient pas une occasion de lui faire remarquer qu'il n'en était pas. Son idée de pénétrer le cercle intime en créant le comité était une illusion, parce qu'il resterait toujours le petit bonhomme sans intérêt qui écrase son visage implorant à la fenêtre » (Grosskurth, *The*

Secret Wing : Freud's Inner Circle and the Politics of Psychoanalysis, p. 137)

Freud eut assez précocement des soupçons concernant Jung, fruits « d'inquiétudes sur ses préjugés ataviques chrétiens et même anti-juifs, et sur sa capacité même à comprendre et à accepter la psychanalyse en son entier » (Yerushalmi, *op. cit.* p. 42). Avant leur rupture, Freud faisait le portrait d'une « forte personnalité, celle d'un Teuton » (*in* Gay, *op. cit.* p. 201). Une fois que Jung fut nommé chef de l'Association Psychanalytique Internationale, un collègue de Freud s'inquiéta de ce que « pris en tant que race », Jung et ses collègues étaient « complètement différents de nous autres Viennois » (*ibidem* p. 219). En 1908, Freud écrivit une lettre au psychanalyste Karl Abraham, décrivant celui-ci comme génial, alors que Jung est caractérisé par son « élan » [en français dans le texte] – caractérisation qui, d'après Yerushalmi, montre une tendance à catégoriser les êtres en fonction de leur appartenance de groupe (le Juif intellectuellement brillant et l'Aryen énergique). Jung était donc suspect par nature à cause de son extraction génétique, Abraham ne l'était pas. Après avoir discrètement mené son enquête pour savoir si Abraham était bien juif, Freud écrivit qu'il était plus facile pour Abraham de comprendre la psychanalyse, parce qu'il avait une parenté raciale [*rassenverwandschaft*] avec Freud. (Yerushalmi, *op. cit.* p. 42)

Chez Freud, le sentiment très marqué des différences entre endogroupe juif et exogroupe gentil se remarque aussi dans les dynamiques personnelles du mouvement psychanalytique. Nous avons vu que les Juifs y étaient numériquement dominants, surtout à ses commencements, où tous les membres étaient juifs. « Le fait qu'ils fussent tous juifs n'était certainement pas accidentel. Je pense aussi que sans le reconnaître, Freud voulait qu'il en fût ainsi » (*ibidem* p. 41). Comme nous l'observons dans les autres formes du judaïsme, il y avait parmi eux la conscience de faire partie d'un endogroupe au sein d'un milieu spécifiquement juif.

Quelles qu'en fussent les raisons, historiques ou sociologiques, les liens du groupe leur donnaient un abri chaleureux protégé du monde extérieur. Dans les rapports avec les autres Juifs, les côtés informels et familiers leur apportaient une sécurité de groupe, le sens du « nous », qui se manifeste dans les florilèges d'histoires drôles qui se racontaient à l'intérieur du groupe » (Grollman, *Judaism in Sigmund Freud's World*, p. 41).

Freud, d'une manière générale, était vénéré par les Juifs, ce qui accentue d'autant le caractère juif du milieu psychanalytique. Freud remarque dans sa correspondance que « de tous côtés et de toutes parts, les Juifs me prennent avec enthousiasme pour leur représentant ». « Il était embarrassé de voir qu'on le traitait comme s'il était un 'rabbin en chef très dévot' ou un 'héros national' », car on voyait son œuvre comme « authentiquement juive » (Klein, *op. cit.* p. 85).

À l'image d'autres mouvements et groupes politiques juifs examinés aux chapitres 2 et 3, Freud eut fort à faire pour placer un Gentil, à savoir Jung, à la tête du mouvement psychanalytique. Cette décision provoqua la colère de ses collègues juifs de Vienne, mais elle visait clairement à réduire la visibilité de la sur-représentation juive dans le mouvement à cette époque. Pour convaincre ses collègues du bien-fondé de ce choix, Freud expliquait :

> « Vous êtes des Juifs pour la plupart, par conséquent inaptes à gagner à la cause de notre école de nouveaux amis. Les Juifs doivent se contenter d'un modeste rôle de défricheur et de semeur. Il est de la plus haute importance que je noue des liens avec le monde de la science » (*in* Gay, *op. cit.* p. 218).

Comme le fait remarquer Yerushalmi :

> Pour le dire crûment, Freud avait besoin d'un goy, pas n'importe lequel, mais un goy qui eût une véritable stature et une grande influence ».

Plus tard, quand le mouvement se reconstitua après la Première Guerre mondiale, un autre Gentil, le docile sycophante Ernest Jones, fut nommé président de l'Association Psychanalytique Internationale.

Il est intéressant de remarquer que malgré les publications récentes qui constatent unanimement l'intensité de son identité juive, Freud prenait grand soin de cacher sa judaïté à autrui, de crainte que le mouvement psychanalytique ne fût considéré comme un mouvement spécifiquement juif et ne devînt la cible de l'antisémitisme. Bien que sa correspondance soit empreinte d'un fort sentiment identitaire juif, les tonalités de ses déclarations publiques et de ses ouvrages se reconnaissent le plus souvent à « leur réserve et leur distance » (Yerushalmi, *op. cit.* p.

42), ce qui signale un effort de tromperie. De même, il tâchait de minorer en public le caractère juif de son environnement familial, de son éducation, sa connaissance de l'hébreu, du yiddish et des traditions religieuses.

La tromperie apparaît aussi dans le fait que Freud reconnaissait que la psychanalyse avait besoin de mettre en avant des Gentils, parce qu'il était conscient qu'elle subvertissait leur culture. Après avoir publié *Le Petit Hans* en 1908, il confia à Karl Abraham que ce livre allait susciter un tollé. « Les idéaux germaniques encore une fois menacés ! Nos camarades aryens nous sont absolument indispensables, sinon la psychanalyse succomberait à l'antisémitisme. » (*in* Yerushalmi, *op. cit.* p. 43)

Partie 2

La théorie de l'identité sociale met l'accent sur l'importance des attributions positives à l'égard de l'endogroupe et des attributions négatives à l'égard de l'exogroupe. Chez Freud, le fort attachement identitaire juif s'accompagnait du sentiment d'une supériorité intellectuelle sur les Gentils. Dans une lettre précoce à sa future femme, il écrivit :

> À l'avenir et pour le restant de mon internat à l'hôpital, je pense que je vais tâcher de me comporter comme les Gentils – modestement, en faisant et en apprenant les choses ordinaires. Je ne chercherai pas à faire des découvertes ou des coups de sonde trop profonds (*in* Yerushalmi, *op. cit.* p. 39).

Dans ce passage, Freud employait le mot *Goyim* pour désigner les Gentils, ce qui donna lieu à cette remarque de Yerushalmi : « La main est celle de Sigmund, mais la voix est celle de Jacob [le père de Freud, religieux strict] ». C'est la voix de la séparation et de la rupture.

Cette morgue juive à l'égard des Gentils ne concernait pas le seul Freud, mais l'ensemble de son mouvement. Ernest Jones a fait référence « à la croyance juive, qu'ils imposent souvent aux autres, en la supériorité de leur puissance intellectuelle » (*Free Associations : Memories of a Psycho-Analyst*, p. 211). À l'image de ce qui se produisait dans les cercles intellectuels de la gauche radicale dominés par les Juifs, « le sentiment de la supériorité juive éloignait du mouvement nombre de non-Juifs et donnait du poids à l'opinion de ceux qui, à l'extérieur du mouvement, récusaient comme hypocrites les prétentions humanitaires de la psychanalyse » (Klein, *Jewish Origins of the Psychoanalytic Movement*, p. 143) – remarque qui met en lumière la fausse conscience régnant parmi les psychanalystes au sujet de leurs motivations.

L'éloignement de Freud vis-à-vis des Gentils impliquait que le judaïsme lui apparaissait sous un jour favorable, contrairement à la gentilité. Celle-ci, il fallait la vaincre au nom des intérêts supérieurs de l'humanité, laquelle devait accéder à un stade moral supérieur où l'antisémitisme n'existerait plus. Freud était convaincu de « la moralité juive supérieure à toutes les injustices d'une société inhumaine, intolérante, et pour tout dire, antisémite » (Klein, *op. cit.* p. 86). Freud « soutenait la faction juive [B'bai B'rith] qui exhortait les Juifs à se voir comme les champions des idéaux démocratiques et fraternels de l'humanité » (*ibidem*). Il coucha par écrit son espoir messianique d'une « intégration des Juifs et des antisémites sur le terrain [de la psychanalyste] » (*in* Gay, *Freud : A Life for Our Time*, p. 231), claire indication que le fondateur de la psychanalyse la voyait comme un moyen de supprimer l'antisémitisme.

Freud était si fier de ses ennemis – l'Église catholique romaine persécutrice, la bourgeoisie hypocrite, les autorités obtuses de la psychiatrie, les Américains matérialistes – qu'il se les figurait comme autant de spectres puissants, bien plus maléfiques et bien moins divisés qu'ils ne l'étaient en réalité. Il se comparait à Annibal, à Ahasvérus [le *Juif errant*, NdE], à Joseph [celui de *Genèse 37-50*, NdE], à Moïse, à tous ces personnages pourvus d'une mission historique, d'adversaires puissants et de destins difficiles. (Gay, *op. cit.* p. 604)

Cette remarque illustre excellemment les conséquences d'un fort attachement à l'identité sociale : le sentiment puissant de cette identité juive débouche sur une pensée stéréotypée concernant l'exogroupe des Gentils. Leur société en général et en particulier leurs institutions les plus caractéristiques étaient considérées comme malfaisantes. Ces institutions étaient non seulement vues comme mauvaises, mais l'effet d'accentuation entrant en jeu, c'est l'exogroupe en son entier qui était vu comme un bloc, de sorte que ces institutions étaient considérées comme bien moins divisées qu'elles ne l'étaient.

D'après F. Sulloway, son image de soi en tant que héros vient de son enfance et lui avait été inculquée par sa famille. Tous les héros d'enfance de Freud étaient liés au judaïsme, attestant bien son intense identification juive et sa vocation de héros juif : Annibal, le combattant sémite anti-romain, Cromwell, qui permit aux Juifs d'entrer en Angleterre et Napoléon, qui leur donna des droits civils. Il s'était défini dès le départ comme un « conquistador », non comme un homme de science.

Ce genre de pensée messianique était courante dans la Vienne *fin de siècle* chez les intellectuels juifs qui tâchaient de faire advenir « un monde supra-national et supra-ethnique » (Klein, *op. cit.* p. 29). Cet aspect s'applique aussi bien à l'engagement juif dans les mouvements de la gauche radicale, comme nous l'avons vu au chapitre précédent. Ces intellectuels « concevaient leur humanitarisme sur le fondement de leur propre identité juive rénovée [...] Ils avaient en commun l'idée que les Juifs étaient responsables du sort de l'humanité au vingtième siècle. » (*ibidem*, p. 30)

Ils étaient nombreux, aux commencements du mouvement, à considérer la psychanalyse comme un mouvement messianique et rédempteur qui abolirait l'antisémitisme en délivrant le monde des névroses engendrées par la répression sexuelle propre à la civilisation occidentale. Klein montre que des collaborateurs de Freud parmi les plus proches avaient une notion très élaborée de la mission juive de la psychanalyse pour la gentilité – qu'on pourrait aisément identifier comme la mouture moderne de l'ancien thème religieux de la « lumière des nations », très prégnant parmi les apologistes du judaïsme réformé à l'époque de Freud.

Pour Otto Rank par exemple, qui développa une relation quasi-filiale avec Freud, les Juifs avaient reçu une qualification unique pour soigner les névroses et être les guérisseurs de l'humanité. Suivant une perspective voisine de celle de Freud dans *Totem et Tabou* et *Malaise dans la Civilisation*, Rank affirmait qu'à la différence des autres cultures humaines qui avaient réprimé leur sexualité primitive à l'avènement de la civilisation, « les Juifs possédaient des puissances créatrices spéciales, étant donné qu'ils avaient pu maintenir un rapport direct à la 'nature', à la sexualité primitive » (*ibid.* p. 129). Selon cette interprétation, l'antisémitisme aurait sa source dans le déni de la sexualité et la mission juive de la psychanalyse serait d'abolir l'antisémitisme en libérant l'humanité de sa répression sexuelle. Les *Trois Essais sur la Théorie sexuelle* de Freud, qui expliquent l'agressivité par la frustration des pulsions, en seraient la base théorétique.

Klein montre que cette notion de la psychanalyse en tant que « lumière des nations » rédemptrice était partagée par d'autres proches collaborateurs du docteur Freud. Par exemple, Fritz Wittels défendait l'idée d'une liberté d'expression sexuelle absolue :

> Certains parmi nous pensent que la psychanalyse va changer la face du monde (…) et [faire advenir] un âge d'or où il n'y aurait plus de place pour les névroses. Nous avions l'impression d'être des grands hommes (…) Certains hommes ont une mission dans la vie. (*ibid.* p. 142)

Les Juifs étaient définis comme ceux qui avaient la charge de mener les Gentils sur le chemin de la vérité et de la noblesse de cœur. « La propension à placer Juifs et non-Juifs à des pôles opposés donnait aux visées rédemptrices elles-mêmes un caractère hostile » (*ibid.* p. 142). La culture des Gentils était ce que le Juif rédempteur et intellectuellement supérieur devait conquérir de haute lutte : « L'esprit des Juifs va conquérir le monde » (Wittels, *in* Klein, *op. cit.* p. 142). Corollaire de sa croyance en la mission de la psychanalyse, Wittels avait un sentiment identitaire juif très positif ; il définissait les juifs convertis comme « atteints de l'infirmité psychologique de l'hypocrisie » (*ibid.* p. 139).

Pour guérir l'agressivité caractéristique de l'antisémitisme, il fallait donc délivrer les Gentils de leurs répressions sexuelles. Même si Freud finit par développer l'idée de l'instinct de mort pour expliquer l'agressivité, celle de la libération sexuelle en tant que remède à l'agressivité et voie d'accès vers une ère d'amour universel, a été le thème dominant de la critique freudienne de la culture occidentale, par exemple chez Norman O. Brown, Herbert Marcuse et Wilhelm Reich.

Il est donc intéressant de remarquer que lorsque Jung et Alfred Adler furent expulsés du mouvement pour hérésie, le *casus belli* semble avoir été leur rejet du complexe d'idées formé par l'étiologie sexuelle de la névrose, le complexe d'Œdipe et la sexualité infantile. À cette époque, la répression sexuelle était un fait massif et indéniable. Dans ces conditions, la théorie freudienne peut être considérée comme une invention dont l'utilité militante contre la culture occidentale semblait évidente, étant donné qu'il était vraisemblable que la détente des tensions sexuelles pût produire des changements comportementaux majeurs, susceptible d'avoir des effets psycho-thérapeutiques. En outre, l'idée du complexe d'Œdipe n'était pas séparable de la théorie de la répression sexuelle dans *Totem et Tabou*, que Peter Gay qualifie de « conjecture parmi les plus subversives » et que nous examinerons ci-après.

Leur croyance à la vertu curative de la liberté sexuelle coïncidait avec le projet politique gauchiste adopté par la grande majorité des intellectuels juifs de ce temps, qui fait l'objet de nos considérations tout au long du présent ouvrage. Ce projet politique gauchiste est un thème récurrent pendant toute l'histoire de la psychanalyse. Le soutien aux idéaux radicaux et marxistes était chose commune chez les premiers disciples de Freud et les attitudes gauchistes étaient fréquentes dans les périodes suivantes chez les psychanalystes, ainsi que dans les autres branches d'inspiration freudienne comme celles d'Erich Fromm, de Wilhelm Reich et d'Alfred Adler. (Kurzweil, qui appelle Adler le chef de la psychanalyse « d'extrême-gauche », fait remarquer qu'il exigeait une politisation gauchiste immédiate des enseignants, sans attendre que la psychanalyse ne parachevât la chose).

Le point culminant de l'association entre psychanalyse et marxisme fut atteint dans les années 1920 en Union Soviétique, où tous les psychanalystes d'importance étaient des bolchéviks partisans de Trotski et comptaient parmi les personnages politiques les plus puissants du pays. (Trotski lui-même était un ardent partisan de la psychanalyse). Ce groupe mit sur pied avec le soutien du pouvoir un Institut d'État de Psychanalyse qui lança un programme de « science de l'enfance » [appelée 'pédologie' par les Soviétiques] destiné à engendrer l' « homme nouveau soviétique » sur le fondement des principes psychanalytiques appliqués à l'éducation des enfants. Ce programme, qui encourageait la sexualité précoce chez les enfants, fut mis en pratique dans des écoles qui étaient la propriété de l'État.

Certaines preuves indiquent que Freud se voyait comme un général dans la guerre menée à la gentilité. Nous avons vu que Freud était très hostile à la culture occidentale, en particulier à l'Église catholique et à son allié, la monarchie austro-hongroise. Dans un passage remarquable de l'*Interprétation des Rêves*, se demandant pourquoi il n'a pas pu mettre le pied à Rome, Freud suppose qu'il a suivi les pas d'Annibal, le commandant en chef sémitique des Carthaginois en guerre contre Rome pendant les guerres puniques :

> Annibal (…) avait été le héros favori de mes années de lycée (…) Dans les classes supérieures, quand je compris quelles conséquences aurait pour moi le fait d'être de race étrangère (…) j'eus une idée plus haute encore de ce grand guerrier sémite. Annibal et Rome symbolisèrent à mes yeux d'adolescent la ténacité juive et l'organisation catholique. (*IdR*, trad. Meyerson, chap. 5)

Cet extrait montre clairement que Freud s'identifie en tant que membre d'une « race étrangère » en guerre contre Rome et son rejeton l'Église catholique, institution centrale de la culture occidentale. P. Gay affirme ce qui suit : « Symbole chargé et ambigu, Rome était pour Freud l'objet caché de son désir érotique et l'objet un peu moins caché de son désir agressif ». Rome était « une récompense suprême et une menace incompréhensible » (*op. cit.* p. 132). Freud définissait lui-même ses fantasmes sur Annibal comme comptant parmi les « forces motrices de [sa] vie mentale » (*in* McGrath, *Freud as Hannibal : The Politics of the Brother Band*, p. 35).

Il y a une forte liaison entre l'antisémitisme et l'hostilité de Freud à l'égard de Rome. L'identification consciente de Freud à Annibal eut lieu à la suite d'un incident antisémite durant lequel son père se comporta passivement. La réponse de Freud à cet incident fut d'imaginer « la scène où Hamilcar fait jurer à son fils, devant son autel domestique, qu'il se vengera des Romains. Depuis lors Annibal tint une grande place dans mes fantasmes » (Freud, *L'interprétation des Rêves*, chap. 5). « Rome était le centre de la civilisation chrétienne. Vaincre Rome signifiait certainement venger son père et son peuple » (Rothman & Isenberg, *Sigmund Freud and the Politics of Marginality*, p. 62). De son côté, J. M. Cuddihy fait remarquer la même chose :

> Comme Annibal, fils d'Hamilcar, il se lancerait sur Rome pour prendre sa revanche. Il maîtriserait sa colère, comme son père l'avait fait, mais il s'en servirait pour aller chercher, bien en-dessous de la belle apparence de la

diaspora, la rage meurtrière et les appétits coupables tapis sous ses prétendues bonnes manières. (*The Ordeal of Civility,* p. 54)

Rothman & Isenberg démontrent de façon convaincante que Freud considérait *l'Interprétation des Rêves* comme une victoire contre l'Église catholique et *Totem et Tabou* comme une interprétation réussie de la religion chrétienne en termes de mécanismes de défense et de pulsions primitives. Au sujet de ce dernier ouvrage, Freud avait dit à un collègue qu'il servirait à « tracer une ligne de démarcation entre nous et tout type de religiosité aryenne » (Rothman & Isenberg, *loc. cit.* p. 63, voir aussi Gay, *Freud : A Life for Our Time,* p. 326). Cette remarque indique que Freud a volontairement caché sa motivation subversive : un des aspects centraux de la théorie freudienne du rêve est que la rébellion contre une autorité puissante doit souvent user de tromperie : « Selon la force (…) de cette censure, il devra (…) se contenter d'allusions (…) ou bien dissimuler sous un déguisement innocent des révélations subversives (Freud, *L'Interprétation des Rêves,* chap. 4).

L'argument déconcertant de son ouvrage de 1939, *L'Homme Moïse et la Religion monothéiste* vise clairement à montrer la supériorité morale du judaïsme sur le christianisme. « L'Église catholique, qui a été jusqu'ici l'ennemi implacable de toute liberté de pensée et qui s'est opposée résolument à toute possibilité que ce monde se dirige en direction de la reconnaissance de la vérité ! » (III, Avant-propos)

Freud y réitère sa conviction que la religion n'est pas autre chose qu'un symptôme névrotique – opinion primitivement soutenue dans *Totem et Tabou* en 1912.

Toutes les religions sont peut-être des symptômes de névrose, mais le docteur Freud croyait dur comme fer que le judaïsme en était une forme moralement et intellectuellement supérieure : d'après lui, la religion juive « forma le caractère [des Juifs] en l'incitant à rejeter la magie et le mysticisme et à progresser dans la spiritualité et dans la sublimation. Nous dirons comment ce peuple, heureux à l'idée qu'il possédait la vérité, pleinement conscient du bonheur d'être élu, en vint à placer très haut les valeurs intellectuelles et éthiques » (*L'Homme Moïse,* III, 4).

À l'opposé, « la religion chrétienne n'a pu se maintenir sur les sommets éthérés de spiritualité qu'avait atteints la religion juive » (*ibidem*). Freud explique que dans le judaïsme, le souvenir réprimé du meurtre du père mosaïque a élevé le judaïsme à un très haut niveau éthique, alors que dans le christianisme, le souvenir non-réprimé du meurtre d'une figure paternelle a débouché sur une régression au paganisme égyptien. De fait, la formulation freudienne du judaïsme peut être qualifiée de réactionnaire, étant donné qu'il conserve l'idée traditionnelle des Juifs en tant que peuple élu.

L'interprétation freudienne du judaïsme peut se lire comme une façon de le réinterpréter de manière « scientifique », en créant une sorte de théologie juive sécularisée et « scientifique ». La seule différence importante avec les récits traditionnels est le remplacement de Dieu par Moïse en tant que figure centrale de l'histoire juive. À cet égard, il n'est pas inintéressant de remarquer que Freud s'était de bonne heure identifié à Moïse, ce qui indique que par cette identification, il se voyait comme un dirigeant qui devait guider son peuple au travers des vicissitudes. Compte tenu de sa forte identification à Moïse, ce passage de *L'Homme Moïse* qui se réfère manifestement aux anciens prophètes qui suivaient Moïse, pourrait s'appliquer au docteur Freud lui-même :

> Le germe du monothéisme ne leva pas en Égypte, mais la même chose eût pu se produire en Israël après que le peuple se fut débarrassé du joug d'une religion importune et tyrannique. Mais au sein du peuple juif, surgirent toujours des hommes qui ravivaient la tradition affaiblie et renouvelaient les admonestations et les sommations de Moïse en n'ayant de cesse que les croyances perdues ne fussent retrouvées. (*ibid.* II, 3)

L'Homme Moïse et la Religion monothéiste établit un lien entre le monothéisme et la supériorité de la morale juive, mais à aucun moment Freud n'explique comment une idéologie du monothéisme pourrait produire une élévation des vertus morales. Comme nous l'avons indiqué dans *A People That Shall Dwell Alone* (au troisième chapitre), le monothéisme juif est étroitement lié à l'ethno-centrisme et à la crainte de l'exogamie. Comme nous l'avons indiqué au sixième chapitre du même ouvrage, la morale juive est fondamentalement tribaliste et établit des différences très nettes selon que l'individu à qui vous avez affaire est juif ou pas.

Comme je l'ai fait remarquer, l'antisémitisme perçu devait exacerber cette tendance à faire subir à la culture des Gentils une critique radicale. Il y a des très bonnes preuves des inquiétudes de Freud vis-à-vis de l'antisémitisme, qui datent peut-être de l'incident antisémite arrivé à son père. Comme le laisse présager la théorie de l'identité sociale, l'identité juive de Freud était davantage marquée « quand les temps étaient les plus difficiles pour les Juifs », écrit P. Gay (*A Godless Jew : Freud, Atheism and the Making of Psychoanalysis*, p. 138).

La théorie de l'antisémitisme proposée dans *L'Homme Moïse* contient plusieurs passages affirmant que l'antisémitisme est au fond une réaction pathologique de la gentilité à la supériorité morale juive. Freud écarte plusieurs causes superficielles de l'antisémitisme, bien qu'il donne du crédit à l'opinion que l'antisémitisme serait provoqué par la défiance juive à l'égard de l'oppression (cause qui expose le judaïsme sous un jour favorable).

Mais *L'Homme Moïse* cherche les causes plus profondes de l'antisémitisme, situées dans l'inconscient.

> J'ose avancer que la jalousie provoquée par un peuple qui prétendait être le premier-né et le favori de Dieu le Père n'est pas encore éteinte aujourd'hui, comme si les autres peuples eux-mêmes ajoutaient foi à une pareille prétention (III, 4).

Qui plus est, la cérémonie de la circoncision est censée rappeler aux Gentils « la menace d'une castration redoutée, évoquant ainsi une partie de ce passé primitif volontiers oubliée » (*ibidem*). Pour finir, l'antisémitisme proviendrait du fait que beaucoup de chrétiens le seraient devenus à une date récente, à la suite de conversions forcées, les arrachant à des religions populaires polythéistes encore plus barbares que le christianisme. Ces barbares, à cause de la violence de ces conversions forcées et « n'ayant pu surmonter leur aversion pour la religion nouvelle qui leur avait été imposée, ont projeté cette animosité vers la source d'où le christianisme leur était venu [c'est-à-dire des Juifs] » (*ibidem*).

Il est difficile d'imaginer une théorie de l'antisémitisme plus complaisante et tirée par les cheveux. La communauté savante tend à considérer *L'Homme Moïse* comme « témérairement fantaisiste » (McGrath, *loc. cit.*), ce qui n'est certainement pas le cas des autres ouvrages de Freud. À ce titre, remarquons que les autres œuvres très marquantes (et tout aussi hypothétiques) de Freud, *Totem et Tabou* et

Malaise dans la Civilisation proposent l'idée que la répression sexuelle, si prégnante dans la culture occidentale à l'époque de Freud, est la source de l'art, de l'amour et même de la civilisation tout entière. Toutefois, la névrose et le malheur sont le prix à payer pour les obtenir, car la névrose et le malheur sont les produits inévitables de la répression des pulsions sexuelles.

Comme l'écrivait Herbert Marcuse à propos de cet aspect de la pensée freudienne :

> La notion selon laquelle une civilisation non-répressive est impossible est la pierre angulaire de la théorie freudienne. Cependant, cette théorie contient des éléments qui nient cette rationalisation. Ils fracassent la tradition dominante de la pensée occidentale et suggèrent même son renversement. Son œuvre se caractérise par une insistance sans compromis sur la démonstration du contenu répressif des plus hautes valeurs et réalisations de la culture. (*Eros and Civilization: A Philosophical Inquiry into Freud,* p. 17)

La culture occidentale a été posée sur le divan et le rôle du psychanalyste est d'aider le patient à s'ajuster à une société qui favorise les maladies mentales :

> Bien que la théorie psychanalytique reconnaisse que la maladie de l'individu est en dernière analyse causée et entretenue par la maladie de sa civilisation, la thérapie psychanalytique vise à soigner l'individu de sorte qu'il puisse continuer à fonctionner à sa place dans une civilisation malade sans pour autant capituler devant elle. (*ibidem*, p. 245)

Comme certains de ses proches collaborateurs, Freud se considérait comme un réformateur sexuel en lutte contre cette pratique culturelle si occidentale qu'est la répression sexuelle. Freud écrivit en 1915 : « La morale sexuelle telle que la société américaine la définit, dans sa forme extrême, me semble méprisable. Je défends une vie sexuelle incomparablement plus libre » (*in* Gay, *op. cit.* p. 143). Comme le fait remarquer P. Gay, il s'agissait d'une idéologie qui était « profondément subversive pour son temps ».

Partie 3

Le statut scientifique de la psychanalyse

Nathan de Gaza était un formidable exemple de l'archétype du Juif imaginatif et dangereux, qui allait prendre une importance mondiale au moment de la sécularisation de l'intellect juif. Il était capable de construire un système d'explications et de prédictions des phénomènes qui était à la fois hautement plausible et en même temps assez imprécis et flexible pour s'accommoder des événements nouveaux, souvent fort inconfortables, quand ils survenaient. Et il avait le don de présenter sa théorie protéiforme (…) avec un aplomb et une force de persuasion extraordinaires. Marx et Freud allaient exploiter le même genre de talent.

P. Johnson, *A History of the Jews*, p. 267-268

Les objections bien fondées expliquant que la psychanalyse est une pseudo-science ont été formulées depuis longtemps. Même en laissant de côté les objections de grande portée faites par certains chercheurs en psychologie d'orientation expérimentale, il existe depuis les années 1970 toute une série d'analyses extrêmement critiques de la psychanalyse faites par des universitaires aussi distingués qu'Henri Ellenberger, Frank Solloway, Adolph Grünbaum, Frank Cioffi, Eysenck, Malcolm Macmillan, E. Fuller Torrey, et pour citer le plus connu, Frederick Crews. Ces deux extraits résument bien cette tradition universitaire :

> Devons-nous conclure que la psychanalyse est scientifique ? D'après mon diagnostic, la théorie de Freud, à n'importe quelle étape de son évolution, n'a pas produit quoi que ce soit d'où l'on puisse tirer des explications adéquates. Dès le départ, la plupart des énoncés qui se faisaient passer pour de la théorie étaient en réalité de la description, et de la mauvaise description qui plus est (…) Chacune des thèses clés du développement ultérieur de sa théorie ne faisait qu'affirmer ce qu'il aurait fallu expliquer (…)
>
> Aucun de ses épigones, y compris ses critiques révisionnistes qui étaient eux-mêmes des psychanalystes, n'a approfondi les énoncés de Freud qui sont au fondement de leur pratique, en particulier en ce qui concerne la « méthode fondamentale » – les associations libres. Parmi eux, personne ne s'est demandé si ces énoncés résistent aux situations thérapeutiques, personne n'a même tenté de sortir du cercle (Macmillan, *Freud Evaluated : The Completed Arc*, p. 610-612)
>
> Ce qui passe aujourd'hui pour de la démolition de Freud n'est que l'examen attendu depuis longtemps des idées de Freud à la lumière des critères communs du discours empirique en général : qu'il soit non-contradictoire, clair, expérimentable, probant et explicatif avec parcimonie. Peu à peu,

nous découvrons que Freud a été la figure la plus surévaluée de toute l'histoire de la science et de la médecine, et qu'il a causé d'immenses dégâts en propageant des étiologies fausses, des diagnostics erronés et des hypothèses infécondes. Cependant, la légende est dure au mal et ceux qui la contestent sont traités comme des chiens enragés. (Crews et al., *The Memory Wars : Freud's Legacy in Dispute*, p. 298-299)

Même ceux qui se situent à l'intérieur de camp psychanalytique ont souvent remarqué le manque de rigueur scientifique des premiers psychanalystes et il faut dire que la question du manque de rigueur scientifique les taraude encore. P. Gay, qui considère pourtant que la psychanalyse est une science, dit que les psychanalystes de la première génération « interprétaient, intrépides, les rêves de leurs collègues, et tombaient, mordants, sur leurs *lapsus* de langue ou de plume. Dans leurs diagnostics, ils employaient librement, beaucoup trop librement, des termes comme 'paranoïaque' ou 'homosexuel' pour caractériser leurs associés ou carrément eux-mêmes. Ils pratiquaient au sein de leur cercle le même genre d'analyses sauvages qu'ils critiquaient chez les autres au motif qu'elles manquaient de tact, de scientificité et de fécondité. »

P. Gay considère que « *Malaise dans la Civilisation* est l'une des œuvres [de Freud] qui a eu le plus d'écho ». Or il semble bien aujourd'hui que la théorie développée par Freud dans cet ouvrage, auparavant dans *Totem et Tabou*, repose sur un certain nombre de conceptions extrêmement naïves et préscientifiques sur le comportement sexuel et son rapport à la culture. Remarquons qu'au moment d'établir ses thèses, Freud avait dû rejeter sommairement la théorie de l'inceste d'Edward Westermarck, qui forme aujourd'hui la base des théories scientifiques modernes sur le sujet.

Cependant, rien n'empêcha le docteur Freud, procédant par bonds spéculatifs, de diagnostiquer que la culture occidentale était fondamentalement névrotique, alors qu'à en juger par *L'Homme Moïse et la Religion monothéiste*, le judaïsme incarnait le sommet de la bonne santé mentale et de la supériorité morale et intellectuelle. Il semble que Freud était bel et bien conscient que les conjectures très subversives de *Totem et Tabou* reposaient entièrement sur de la spéculation. Quand un anthropologue britannique qualifia cet ouvrage d' « inventé », Freud s'en « amusa » et répondit lapidairement que ce critique « manquait de fantaisie » (Gay, *op. cit.* p. 327), concession manifeste de la nature fantaisiste de son livre.

Freud affirmait : « Avec ce genre de matériau, il serait insensé de s'efforcer d'être exact, et déraisonnable d'exiger de la certitude » (*ibidem*. p. 330). Dans le même sens, Freud avait décrit *Malaise dans la Civilisation* comme étant « un ouvrage de dilettante pour ce qui est de ses fondements », sur lesquels « repose une fine couche d'enquête analytique » (*ibid*. p. 543).

Au sujet de l'idée lamarckienne – avancée par Freud dans les ouvrages que nous examinons – d'une hérédité de la culpabilité, Peter Gay écrit qu'il s'agit d' « une extravagance pure et simple, empilée sur l'extravagance antérieure voulant que le meurtre primitif fût un événement historique réel. » Cette évaluation est loin de prendre la mesure de l'intensité du refus de l'esprit scientifique qui se fait jour dans ces textes. C'était quelque chose de plus que de l'extravagance. Freud acceptait une théorie génétique, l'hérédité des caractères acquis, qui était complètement rejetée par la communauté scientifique, au moins au moment où *Malaise dans la Civilisation* remettait cette doctrine sur le tapis. Il s'agissait d'une théorie délibérément tirée de son chapeau, mais qui n'était pas sans arrières-pensées. Au lieu de proposer des spéculations qui réaffirmeraient les fondements moraux et intellectuels de la culture de son temps, ses spéculations étaient au service de la guerre qu'il menait à la gentilité, à telle enseigne qu'il considérait *Totem et Tabou* comme une victoire remportée sur Rome et l'Église catholique.

De même, *L'Avenir d'une Illusion* était une attaque en règle contre la religion, menée au nom de la science. Le docteur Freud avait lui-même reconnu que le contenu scientifique de cet ouvrage était faible : « Le contenu analytique de cet ouvrage est très maigre » (*ibid*. p. 524). Gay considère que dans cet ouvrage, Freud n'est « pas à la hauteur de ses propres exigences », lesquelles interdisent pourtant assez peu, nous l'avons vu, la spéculation au service d'arrières-pensées politiques. Freud pratique dans cet ouvrage, encore une fois, la spéculation au service de la subversion des institutions de la gentilité. Cette attitude était typique chez lui. Crews fait remarquer que Freud affirmait que Dostoïevski n'était pas épileptique, mais hystérique et qu'il souffrait d'avoir été témoin d'une scène primitive « tout en ressentant typiquement le désir coupable d'être tenté et tout en faisant comme si le problème avait été réglé, de façon tout aussi typique. » En réalité, Dostoïevski était épileptique.

De leur côté, le complexe d'Œdipe, la sexualité infantile et l'étiologie sexuelle des névroses – autrement dit les trois grandes doctrines qui sous-tendent la critique freudienne radicale de la gentilité – ne jouent à l'heure actuelle absolument aucun rôle dans la psychologie du développement de l'enfant. D'un point de vue évolutionnaire, l'idée qu'il y aurait une attraction sexuelle spécifique de l'enfant pour son parent du sexe opposé est hautement improbable, puisqu'un tel rapport incestueux aboutirait à une dépression de consanguinité et augmenterait l'exposition aux maladies causées par les gènes récessifs. L'idée que les garçons désirent tuer leurs pères entre en conflit avec l'importance que la théorie de l'évolution de la famille attribue au père en tant que pourvoyeur de ressources. Les garçons qui auraient tué leur père et couché avec leur mère se seraient retrouvés avec une progéniture génétiquement inférieure et sans soutien ni protection paternelle. Les études les plus modernes sur la question du développement de l'enfant montrent que beaucoup de pères et de fils ont des rapports très proches et de mutuelle affection datant de la petite enfance, et que le schéma normal concernant les rapports entre mère et fils consiste en des rapports très intimes et affectueux, mais dénués de tout aspect sexuel.

Le fait que ces concepts n'aient jamais cessé de vivre à l'intérieur des cercles psychanalytiques témoigne de la nature non-scientifique de l'entreprise tout entière. À ce titre, Kurzweil fait remarquer ce qui suit :

> Au début, les freudiens cherchaient à 'prouver' l'universalité du complexe d'Œdipe ; ensuite, ils finirent par la considérer comme acquise. Pour finir, ils cessèrent de faire référence aux causes de l'universalité de la sexualité infantile et ne parlèrent plus de ses conséquences dans leurs monographies : ils l'acceptaient, un point c'est tout. (The Freudians : A Comparative Perspective, p. 89)

Ce qui avait commencé comme une spéculation en attente de corroboration empirique termina sa trajectoire à l'état de dogme fondamental *a priori*.

Les recherches scientifiques inspirées par ces principes freudiens fondamentaux ont cessé il y a longtemps et, en un sens, elles n'ont jamais commencé. Fondamentalement, la psychanalyse n'a jamais inspiré une quelconque recherche importante au sujet des trois constructions freudiennes en question. Il est intéressant de remarquer que Freud avait présenté frauduleusement les données qui étaient au fondement de ces concepts. Esterson a établi de façon convaincante que les patients du docteur Freud ne lui avaient confié aucune information relative à la séduction infantile ou aux scènes primitives. Les récits de séduction infantile qui forment la base empirique du complexe d'Œdipe étaient des reconstructions de Freud.

Quand il informait ses patients de ses constructions, il interprétait la détresse qu'ils lui manifestaient comme une preuve de la justesse de sa théorie. Par la suite, Freud a pratiqué la tromperie pour cacher le fait que les récits de ses patients étaient des reconstructions et des interprétations fondées sur une théorie *a priori*. Freud a aussi changé rétroactivement l'identité des séducteurs imaginaires, qui étaient au départ des adultes extérieurs à la famille (des domestiques, par exemple), afin que les récits correspondissent au complexe d'Œdipe, lequel exige des pères. Esterson mentionne un grand nombre d'autres exemples de tromperie (et d'auto-tromperie) et fait remarquer qu'ils étaient tous couchés par écrit dans le style brillant et très persuasif caractéristique de la prose du docteur Freud.

Parallèlement à Esterson, Lakoff et Coyne ont montré que la fameuse analyse du cas de l'adolescente Dora (dont le refus des avances pédophiles d'un homme marié était attribué à l'hystérie et à la répression sexuelle) n'était fondée que sur des idées controuvées et des raisonnements circulaires par lesquels les réactions émotionnelles négatives de Dora aux hypothèses psychanalytiques devenaient les preuves de l'hypothèse en question. À une étape antérieure de son élaboration théorique, le docteur Freud avait pratiqué le même genre de fabrication trompeuse en croyant que les séductions avaient réellement eu lieu. Avec une méthodologie pareille, n'importe quel résultat désiré pouvait être produit.

Une tendance particulièrement flagrante consiste à interpréter la détresse et la résistance du patient comme une marque de la vérité des allégations psychanalytiques. Évidemment, les patients n'étaient pas les seuls à résister à la psychanalyse, mais toutes les autres formes de résistance étaient de la même manière des marques de la vérité de la psychanalyse. Freud lui-même écrivit :

> « Je rencontre une telle hostilité et vis un tel isolement qu'il faut supposer que j'ai découvert de grandes vérités » (*in* Bonaparte, Freud & Kris, *The Origins of Psychoanalysis : Letters, Drafts and Notes to Wilhelm Fleiss, 1887-1902*, p. 163).

Comme nous allons le voir, la résistance à la « vérité » psychanalytique de la part des patients, des psychanalystes déviants et même de civilisations tout entières était considérée comme le signe certain de la vérité de la psychanalyse et de la pathologie de ceux qui y résistaient.

En vertu du tour interprétatif et reconstructif de ces élaborations théoriques, l'autorité du psychanalyste devenait le seul critère de vérité des allégations psychanalytiques, situation qui déboucha naturellement sur la résultat attendu, à savoir que le mouvement, pour réussir, devait être fortement autoritaire. Comme nous allons le voir, le mouvement était autoritaire dès les commencements et l'est resté tout au long de son histoire.

Il faut remarquer que la base interprétative, herméneutique, de l'élaboration théorique en psychanalyse est formellement identique aux procédures de commentaire talmudique et midrachique des écritures. Les psychanalystes ont toujours eu tendance à supposer que le simple accord avec des faits d'observation était le critère suffisant d'une explication causale et scientifiquement acceptable. Les psychanalystes résident dans une sorte d'école maternelle de la science, où personne ne divulgue le secret des grandes personnes, à savoir qu'une explication causale réussie doit être *différentielle* et établir la *supériorité* d'une hypothèse sur toutes ses concurrentes. » (Crews, *The unknown Freud : An exchange*, p. 40)

Comme nous le verrons au sixième chapitre, la production de théories consensuelles qui correspondent à la réalité observable mais qui n'ont aucun contenu scientifique est un trait caractéristique des mouvements intellectuels juifs du vingtième siècle.

Un théoricien qui affirmerait que les enfants normalement attirés sexuellement par leur parent du sexe opposé serait banni du monde scientifique contemporain s'il faisait reposer sa supposition que les enfants recherchent un tel contact sur de la psychologie. Une erreur accablante persiste dans toute l'œuvre de Freud : l'absorption de l'amour dans le désir sexuel.

Depuis ses premiers commencements, la psychanalyse a estimé qu'il valait mieux qualifier ces impulsions amoureuses de pulsions sexuelles (*in* Wittels, *Sigmund Freud : His Personality, His Teachings & His School*, p. 141)

Cette remarque laisse à penser que cette assimilation était délibérée et met aussi en lumière la désinvolture avec laquelle les psychanalystes traitaient leurs hypothèses. Freud voyait tous les types de plaisirs comme autant de manifestations fondamentalement différentes d'un seul plaisir sexuel, sous-jacent, unitaire, mais infiniment transformable, qui expliquait aussi bien la gratification orale de la tétée du nourrisson, que la gratification anale de la défécation, ou la gratification sexuelle, et enfin l'amour. Les chercheurs contemporains affirment souvent que les liens d'affection entre parents et enfants sont importants du point de vue du développement infantile et que les enfants recherchent cette affection. Ceci étant dit, les théories actuelles et les données disponibles, ainsi que le point de vue évolutionnaire bien entendu, n'apportent absolument aucun élément en faveur de l'identification des liens d'affection avec le désir sexuel ou qui pourraient laisser entrevoir la possibilité d'un désir sexuel déplacé ou sublimé. Les contemporains soutiennent au contraire l'idée de systèmes beaucoup moins continus, où le désir sexuel et l'affection (ainsi que les autres sources de plaisir) relèveraient de systèmes relativement séparés et indépendants. D'un point de vue évolutionnaire, les rapports d'affection forts (l'amour) entre mari et femme et entre parents et enfants fonctionnent comme une source de cohésion sociale dont la fin dernière est d'apporter un haut niveau de soutien à l'enfant.

L'absorption de l'amour dans le désir sexuel est manifeste chez plusieurs successeurs de Freud, comme Norman O. Brown, Wilhelm Reich et Herbert Marcuse, dont les cas seront examinés plus tard. On peut résumer ainsi la ligne générale de leurs écrits : si seulement la société pouvait se débarrasser de ses répressions sexuelles, alors les rapports humains pourraient se fonder sur l'amour et l'affection. Ce point de vue est naïf et socialement destructeur, au plus haut point, compte tenu de l'état actuel de la science dans ce domaine. Les allégations contraires des psychanalystes n'ont jamais été autre chose que des spéculations au service d'une guerre contre la culture de la gentilité.

Dans ses lumineuses ruminations sur Freud, Cuddihy fait découler cette opinion de Freud du fait que pour les Juifs, le mariage était quelque chose de strictement utilitaire. Theodore Reik, disciple de Freud, affirmait à ce titre que l'ancienne génération de Juifs pensaient que « l'amour n'existe que dans les romans et les pièces de théâtre » et que « l'amour ou la romance n'ont pas de place dans la *Judengasse* [rue aux Juifs] ». Dans ces conditions, Freud voyait l'amour comme une invention de la gentilité étrangère, moralement suspecte par voie de conséquence. Sa nature véritablement hypocrite de vernis au service de l'instinct sexuel et de sublimation de celui-ci allait être démasquée par la psychanalyse. Comme nous allons le développer plus amplement ci-après, ce point de vue tout à fait dévastateur allait avoir des conséquences importantes dans la fabrique sociale des sociétés occidentales de la fin du vingtième siècle.

Pour finir, une autre erreur de fond et qui illustre la nature politique du projet freudien tout entier, est l'affirmation que les pulsions sexuelles ont une base biologique très puissante (le ça), alors que des traits de caractère comme la responsabilité, la fiabilité, le fait d'être ordonné, la culpabilité et la capacité de remettre à plus tard la gratification (ce que la théorie de la personnalité appelle la conscienciosité) seraient des choses imposées par une société répressive et source de pathologies. James Q. Wilson, faisant remarquer l'utilité de ces notions psychanalytiques le cadre de la guerre faite à la culture des Gentils, affirmait à juste titre que l'idée que la conscience « est le produit de la répression est une bonne chose à croire pour qui veut se libérer des contraintes de la conscience – la conscience devenant un policier qui vous crie « haut les mains » et vous empêche de vous 'réaliser'. » (*The Moral Sense*, p. 104)

En réalité, la conscienciosité est un système biologique d'importance capitale que la communauté juive a placé sous une pression eugénique intensive.

La perspective évolutionnaire considère que les deux systèmes ont une base biologique et ont l'un comme l'autre des fonctions adaptatives très importantes. Aucun animal et bien sûr aucun homme n'a jamais été en position de se consacrer exclusivement à la gratification égoïste et il n'y a aucune raison de supposer que notre biologie serait orientée vers l'unique objet de la gratification et du plaisir immédiats. Dans le monde réellement existant, l'obtention de buts évolutionnaires exige au contraire de faire attention aux détails, de faire des plans soigneusement pensés et de savoir remettre la gratification à plus tard.

Le maintien en vie de ces notions dans la communauté psychanalytique témoigne de la vitalité de la psychanalyse en tant que mouvement politique. La séparation délibérée et maintenue de la psychanalyse d'avec les institutions scientifiques de la psychologie du développement, illustrée par le fait que ses organisations sont à part, que ses revues sont à part et que les effectifs des uns et des autres pour l'essentiel ne se recoupent pas, est une preuve supplémentaire que la structure fondamentale de la psychanalyse en tant que mouvement intellectuel fermé se maintient jusqu'à aujourd'hui. Et de fait, l'auto-ségrégation de la psychanalyse correspond bien à la structure traditionnelle du judaïsme vis-à-vis de la société des Gentils. Nous voyons là le développement de deux univers discursifs parallèles portant sur la psychologie humaine – deux visions du monde incompatibles qui ont de l'analogie avec les discours religieux différents qui ont séparé, au cours des âges, les Juifs de la gentilité environnante.

Partie 4

La psychanalyse en tant que mouvement politique

> Alors que Darwin était heureux de réviser ses écrits après réflexion et après avoir absorbé les coups portés par des critiques bien fondées, et qu'il croyait au long travail du temps et au poids de l'argumentation, Freud pour sa part orchestrait la séduction de l'esprit public en mobilisant son cercle de fidèles, en fondant des revues, en écrivant des livres de vulgarisation pour propager une parole autorisée, en dominant les congrès de psychanalyse internationaux jusqu'au moment où il fut dans l'incapacité physique d'y participer, cédant sa place à des substituts comme sa fille Anna.
>
> Peter Gay, *A Godless Jew : Freud, Atheism and the Making of Psychoanalysis*, p. 145

Des universitaires ont reconnu que cette posture caractéristique de la psychanalyse, délibérément subversive et oppositionnelle, se soutenait par des méthodes qui étaient aux antipodes de l'esprit scientifique. Ce qu'il y a de tout à fait extraordinaire dans l'histoire de la psychanalyse, c'est que Freud continue d'être aussi adulé 60 années après sa mort et un siècle après la naissance de la psychanalyse – indice montrant que notre sujet doit nous porter, bien au-delà de la science, jusqu'aux sphères de la politique et de la religion. Ce que Grosskurth dit à propos d'elle-même est la seule question importante scientifiquement :

> Je suis fascinée par le fait que des milliers de gens continuent d'idéaliser et de défendre [Freud], sans rien savoir de valable sur lui en tant que personne » (*The Secret Ring : Freud's Inner Circle and the Politics of Psychoanalysis*, p. 219).

Ce n'est pas le contenu pseudo-scientifique de sa théorie qui est intéressant, mais la persistance de son mouvement et la vénération de son fondateur.

J'ai déjà parlé de la nature délibérément spéculative de ces doctrines subversives, mais il y a un autre aspect important du phénomène, qui est la structure du mouvement et la façon dont on y traitait les désaccords. La psychanalyse « se conduisait moins comme une institution scientifico-médicale que comme un Politburo résolu à réprimer le déviationnisme » (Crews, 'The unknown Freud : An exchange', p. 38). Dans ces conditions, il n'est pas étonnant que des observateurs comme Sulloway aient parlé des aspects religieux « de type sectaire » qui imprégnaient la psychanalyse. De l'extérieur comme de l'intérieur de ses rangs, la psychanalyse a souvent été comparée à une religion. Peter Gay signale que « des discours tenaces accusent Freud d'avoir créé une religion laïque » (*Freud : A Life for Our Time*, p. 175). Bien que cet historien rejette l'accusation, il se réfère à la psychanalyse en employant des termes comme « mouvement » (p. 100 et suivantes), « conversion » (p. 184), et « la Cause » (p. 201) ; il parle de « disciple perdu » pour désigner un transfuge (Otto Rank) et de « recrue » pour désigner la princesse Marie Bonaparte. De la même manière, Yerushalmi écrit que Freud avait passé à Jung « la crosse de la succession apostolique » (*Freud's Moses : Judaism Terminable and Interminable*, p. 41). Et je ne manquerais pas de faire remarquer que Fritz Wittels, le fidèle disciple de Freud, rapportait que son maître disait de Jung, à l'époque où ils étaient proches : « C'est mon fils très aimé dont je suis fort satisfait ».

Wittels dénonçait également « l'étouffement de la libre critique au sein de la Société (...) Freud est traité comme un demi-dieu, voire comme un dieu. Aucune critique de ses assertions n'est permise. » Il ajoutait : « les *Trois Essais sur la Théorie sexuelle* sont la bible des psychanalystes. Ce n'est pas une figure de style. Les disciples fidèles considèrent que les livres des uns et des autres sont sans importance. Ils ne reconnaissent aucune autre autorité que celle de Freud ; ils se lisent et se citent rarement les uns les autres. Quand ils font des citations, ils les tirent du Maître, pour en obtenir l'ambroisie la plus pure » (*Sigmund Freud : His Personality, His Teachings & His School*, p. 142-143). Freud « ne souhaitait pas que ses associés fussent d'un caractère trop affirmé, il ne voulait pas de collaborateurs critiques et ambitieux. Le royaume de la psychanalyse était de son idée et de sa volonté, il y accueillait quiconque acceptait ses idées » (*ibidem* p. 134).

Mais l'autoritarisme du mouvement en repoussait quelques-uns. Eugen Bleuler, influent psychiatre suisse, le quitta en 1911, expliquant à Freud que « le 'qui n'est pas avec nous est contre nous' et le 'tout ou rien' sont nécessaires aux communautés religieuses et utiles aux partis politiques. Je peux donc comprendre ce principe, mais dans les sciences, je le considère comme nuisible. » (*in* Gay, *A Godless Jew*, p. 144-145)

D'autres penseurs indépendants furent tout simplement expulsés. Quand Adler et Jung furent expulsés du mouvement, on assista à des scènes lourdes en émotions et politiquement chargées. Comme nous l'avons dit plus haut, ces deux hommes avaient développé des points de vue qui s'opposaient aux aspects de l'orthodoxie psychanalytique dont l'importance était cruciale pour la critique radicale de la culture occidentale. Un schisme amer s'ensuivit. Dans le cas d'Adler, certains membres du mouvement et Adler lui-même s'efforcèrent d'aplanir les différences avec l'orthodoxie freudienne, en considérant que les idées d'Adler ne faisaient pas entorse à celles de Freud, mais les prolongeaient. « Mais Freud ne voulait pas entendre parler de ce genre de compromis forcés » (Gay, *Freud*, p. 222). À ce titre, Jung écrivit en 1925 que l'attitude de Freud envers lui exprimait « l'amertume de celui qui n'a pas du tout été compris et par ses manières il faisait comprendre que 's'ils ne comprennent pas, qu'ils aillent au diable' » (*in* Ellenberger, *The*

Discovery of the Unconscious, p. 462). Après sa rupture d'avec Freud, Jung déclara : « J'ai critiqué une certaine étroitesse et parti pris dans la psychologie freudienne, et chez les 'freudiens' un certain esprit d'intolérance et de fanatisme, non-libre et sectaire » (*in* Gay, *op. cit.* p. 238).

Les défections et expulsions d'Adler et de Jung étaient des indications précoces de cette incapacité à tolérer un quelconque point de désaccord sur les thèses fondamentales. Quand Otto Rank quitta le mouvement au milieu des années 1920, la pomme de discorde portait là encore sur l'importance à donner au complexe d'Œdipe, thèse freudienne fondamentale. Ce départ s'accompagna d'une salve d'attaques *ad hominem*, tâchant en général d'attribuer la conduite d'Otto Rank à une psychopathologie supposée.

Plus récemment, Jeffrey Masson a été exclu du mouvement pour avoir remis en question la doctrine freudienne selon laquelle les aveux d'abus sexuels des patients n'étaient que des fantasmes. Comme d'autres dissidents avant lui, Masson tenait une position qui impliquait une critique radicale de Freud, puisqu'elle impliquait le rejet du complexe d'Œdipe. Comme dans les discussions talmudiques, on pouvait discuter les thèses de Freud, mais la discussion devait avoir lieu « dans un certain cadre et à l'intérieur de la guilde. Sortir de ce cadre et accepter de mettre en question les fondements mêmes de la psychanalyse est quelque chose d'impensable pour la plupart des psychanalystes » (Masson, *Final Analysis : The Making and Unmaking of a Psychoanalyst*, p. 211). L'expulsion de Masson ne s'accompagna pas d'une discussion scientifique portant sur l'exactitude de ses propos, mais d'un procès de Moscou rempli d'attaques *ad hominem*.

L'histoire de la psychanalyse montre que ces attaques *ad hominem* consistent typiquement à interpréter les désaccords scientifiques comme des expressions de névroses. Freud lui-même « ne se lassait pas de répéter l'argument désormais célèbre selon lequel l'opposition à la psychanalyse provient de « résistances » issues de sources affectives » (Esterson, *Seductive Mirage : An Exploration of the Work of Sigmund Freud*, p. 216). Par exemple, Freud attribuait le départ de Jung à « de fortes motivations égoïstes et névrotiques » (*in* Gay, *op. cit.* p. 481). Peter Gay fait la remarque suivante : « Ces fourvoiements dans l'attaque *ad hominem* sont des exemples du genre d'analyse agressive que les psychanalystes, et Freud au premier chef, rejetaient tout en les pratiquant. C'était ainsi qu'ils voyaient les autres et qu'ils se voyaient eux-mêmes » (*ibidem*). Ce genre de pratique était « endémique parmi les psychanalystes, c'était une déformation professionnelle » (*ibid.*). On pourrait faire remarquer que ce phénomène ressemble à la pratique soviétique consistant à envoyer les opposants en hôpital psychiatrique. La tradition est vivace : la critique de la psychanalyse que Frederick Crew avait proposée en 1993 dans son article 'The unknown Freud' avait été décrite par des psychanalystes comme « ayant été rédigée dans un état de colère acerbe par un mécontent ayant une inclination à la méchanceté ». La conduite de Crew était interprétée en termes de transfert bousillé et d'Œdipe mal fichu.

Le cas le plus frappant se trouve sans doute dans cette lettre écrite par Otto Rank en 1924, qui attribue ses actions hérétiques à ses propres conflits névrotiques inconscients, promettant de voir les choses « plus objectivement après avoir retranché ma résistance affective ». Il y écrit aussi que Freud « a trouvé mes explications satisfaisantes et m'a pardonné en personne » (*in* Grosskurth, *op. cit.* p. 166). Dans cette affaire, « Freud a fait le Grand Inquisiteur et la 'confession' de Rank aurait pu servir de modèle aux procès de Moscou des années 1930 » (*ibidem* p. 167). Freud considérait qu'il avait remporté un succès : Rank avait été guéri de sa névrose « comme s'il avait subi une analyse en bonne et due forme » (*ibid.* p. 168). À l'évidence, ce n'est pas une science que nous voyons à l'œuvre, mais un mouvement politico-religieux où la psychanalyse est une force de contrôle mental et un instrument de domination et d'agression inter-personnelle. Le point culminant de cet autoritarisme fut atteint avec la création d'une « petite organisation resserrée de loyalistes » dont la tâche principale était de prévenir tout déviation de l'orthodoxie (Gay, *op. cit.* p. 229-230). Freud accepta l'idée avec enthousiasme.

> L'idée qui s'est immédiatement emparée de mon imagination, c'est votre idée [celle d'Ernest Jones] d'un conseil secret composé de nos hommes les meilleurs et les plus fiables, qui veilleraient à son développement ultérieur [de la psychanalyse] et défendrait la cause contre les personnalités et les accidents quand je ne serai plus là (…) [Ce comité] me ferait une vie et une

mort moins pénibles (…) Ce comité doit être strictement secret (Freud, *in* Gay, *op. cit.* p. 230).

Les activités du Comité ont été largement documentées par Grosskurth, qui fait remarquer ce qui suit :

> En exigeant que le comité fût absolument secret, Freud assumait le principe du secret. Les diverses sociétés de psychanalyse qui émergèrent du comité étaient comme des cellules communistes, dont les membres jurent obéissance éternelle au dirigeant. La psychanalyse s'institutionnalisa en fondant des journaux et en entraînant ses candidats ; c'était en somme une entité politique extraordinairement efficace. (*op. cit.* p. 15).

Le Comité fut sommé à plusieurs reprises de présenter un « front uni » à toute opposition, de « tenir en mains l'ensemble de l'organisation », de « veiller à la discipline dans les rangs » et de « rendre compte au commandant » (*ibidem* p. 97). Ce ne sont pas là les méthodes d'une organisation scientifique, mais celles d'un mouvement politico-religieux autoritaire et quasi-militaire – quelque chose qui a davantage à voir avec l'inquisition espagnole ou le stalinisme qu'avec l'idée qu'on se fait du monde scientifique.

La nature autoritaire du mouvement psychanalytique est illustrée par le caractère de ceux qui siégeaient au Comité : tous semblaient avoir une personnalité extrêmement soumise et une dévotion absolue envers Freud. De fait, les membres du Comité se voyaient consciemment comme des fils loyaux envers la figure du père (ce qui s'accompagnait d'une rivalité entre « frères » pour être le favori du « père »), tandis que Freud voyait ses partisans les plus proches comme ses enfants et se donnait le droit d'intervenir dans leurs vies personnelles (*ibid.* p. 123). Pour les loyalistes, la question de la vérité de la psychanalyse cédait le pas à leur besoin psychologique d'être apprécié de Freud.

Ces rapports allaient au-delà de la simple loyauté. « [Ernest] Jones avait compris que le fait de devenir l'ami de Freud impliquait d'agir en sycophante. Cela impliquait aussi de s'ouvrir entièrement à lui, de lui rapporter toutes les confidences qu'on lui faisait » (*ibid.* p. 48). « Jones pensait que tout désaccord avec Freud (le père) équivalait à un parricide », à telle enseigne qu'au moment où Sandor Ferenczi manifesta son désaccord avec Freud sur la question de la réalité des abus sexuels contre les enfants, Jones l'accusa de « manie homicide » (Masson, *op. cit.* p. 152).

En ce qui concerne Ferenczi, Grosskurth fait cette remarque : « La seule idée d'un désaccord avec Freud était insupportable » (*ibid.* p. 141). « À certaines occasions, il [Ferenczi] s'était rebellé contre son assujettissement, mais il est toujours revenu au bercail en faisant acte de soumission » (*ibid.* p. 54-55). Kurt Eissler, le plus proche confident d'Anna Freud parmi les membres du cercle intérieur dans les années 1960, était dans la même situation : « Ses sentiments envers Freud frôlaient la vénération » (Masson, *op. cit.* p. 121). « Il tenait une seule chose pour sacrée, et donc à l'abri de toute critique possible : Freud » (*ibidem* p. 122). Parmi les disciples de Freud, il n'était pas rare d'imiter ses gestes et ses manières, et même chez les psychanalystes qui ne l'avaient pas connu personnellement, il y avait des « sentiments profonds, des fantasmes, des transferts et des identifications » (Hale, *The Rise and Crisis of Psychoanalysis in the United States : Freud and the Americans 1917-1985,* p. 30).

Le côté autoritaire du mouvement fut maintenu longtemps après la dissolution du Comité secret et longtemps après la mort de Freud. Anna Freud obéit à la demande de son père et maintint à ses côtés un « groupe spécial » dont l'existence n'était pas connue du public (Masson, *op. cit.* p. 113).

La psychanalyse a toujours été, depuis le moment où Freud fit des disciples, une société semi-secrète. Ce caractère n'a jamais disparu (*ibidem* p. 209).

La tendance à l'étouffement de la critique à l'intérieur de la psychanalyse s'est maintenue bien après l'époque du père fondateur et des premiers disciples. « La psychanalyse exigeait une loyauté qui ne pouvait pas être remise en question, l'acceptation aveugle d'une 'sagesse' non-examinée » (Orgel, 'The future of psychoanalysis').

« Pour réussir dans la psychanalyse, il faut jouer en équipe et ne pas mettre en cause le travail des autres analystes de son équipe » (Masson, *op. cit.* p. 70). Les désaccords intellectuels étaient étouffés au moyen de déclarations des instances supérieures selon lesquelles ceux qui doutaient avaient besoin d'une analyse, ou tout simplement en excluant les dissidents des séances de formation.

Il y a une autre preuve du caractère essentiellement politique de la psychanalyse : le rôle éminent des disciples qui pouvaient se revendiquer d'une filiation en ligne directe avec Freud. « L'idée d'être un disciple choisi, muni du privilège d'un contact direct avec le maître, a survécu et s'est maintenue dans les procédures de nombreux programmes de formation des instituts » (Arlow & Brenner, 'The future of psychoanalysis', p. 5).

Aux relations fortement filiales entre Freud et ses disciples de la première génération se substituèrent peu à peu des relations affectives tout aussi fortes avec un Freud fantasmé, qui restait le fondateur premier, mais aussi avec les organisations, les pairs et surtout les supérieurs hiérarchiques des instituts, mais aussi l'analyste formateur, l'analyste de cet analyste, etc. Pouvoir remonter ainsi jusqu'à Freud et à son cercle était une marque de prestige psychanalytique » (Hale, *op. cit.* p. 32)

Contrairement à ce qui a cours dans les sciences véritables, ce qu'on pourrait appeler les textes sacrés du mouvement, les écrits de Freud, n'ont pas cessé de jouer leur rôle aussi bien dans l'enseignement que dans la littérature psychanalytique actuelle. Les *Études sur l'Hystérie* et *L'Interprétation des Rêves* ont presqu'un siècle, mais restent des textes de référence dans les séances de formation psychanalytiques. On trouve « dans la littérature analytique, une apparition récurrente d'articles qui reprennent, étendent, approfondissent et modifient les études de cas du docteur Freud » (Arlow & Brenner, *loc. cit*). Dans un article ordinaire d'une revue de psychanalyse, il suffit de passer en revue les références : un grand nombre d'entre elles viennent de travaux de Freud effectués il y a plus de 60 ans. Le volume du *Psychoanalytic Quarterly* de 1997 contenait 77 références à Freud en 24 articles. Seuls 5 articles ne contenaient aucune référence à Freud, et un article sur les cinq ne contenait aucune référence. (Pour rester fidèle à la tradition psychanalytique, il n'y avait aucune étude empirique). Nous voyons persister la tendance remarquée par Wittels en 1924 :

Les disciples fidèles considèrent que les livres des uns et des autres sont sans importance. Ils ne reconnaissent aucune autre autorité que celle de Freud ; ils se lisent et se citent rarement les uns les autres. Quand ils font des citations, ils les tirent du Maître, pour en obtenir l'ambroisie la plus pure.

Continuer à se servir des textes de Freud dans l'enseignement et continuer à y faire référence serait tout simplement inconcevable dans une science véritable. À ce titre, même si Darwin est vénéré pour ses travaux scientifiques en tant que fondateur de la biologie évolutionnaire, les études de biologie évolutionnaire citent rarement ses écrits, parce que le domaine de cette science s'est étendu bien au-delà d'eux. *Sur l'Origine des Espèces* et les autres œuvres de Darwin sont des textes importants de l'histoire des sciences, mais ils ne sont guère utilisés dans le cadre de l'enseignement actuel. En outre, certains points de vue de Darwin, sur l'hérédité par exemple, ont été complètement rejetés par les chercheurs modernes. Avec Freud au contraire, la féauté au seigneur est intacte, au moins dans une part importante du mouvement.

Certains rationalisent l'autoritarisme du mouvement en arguant que c'était un mal nécessaire face à l'hostilité irrationnelle envers la psychanalyse de la part des scientifiques et de l'homme de la rue. Cependant, Sulloway a découvert que l'hostilité rencontrée par les théories de Freud était « une légende des plus coriaces » de l'histoire de la psychanalyse.

À titre de comparaison, la théorie de Darwin a provoqué une intense hostilité du vivant même de Darwin et récemment, on a vu une forte hostilité publique à l'égard des dernières élaborations issues de Darwin, qui touchent au comportement humain. Mais cette situation n'a pas produit le genre de tendances autoritaires et séparatistes qu'on observe en psychanalyse. Les évolutionnistes et les généticiens du comportement ont tenté d'influencer la recherche en anthropologie, en psychologie, en sociologie et dans d'autres domaines en publiant des données dans des revues non-savantes et souvent même en se servant de méthodes non-savantes. Par elles-mêmes, la controverse ou l'hostilité ne mènent pas nécessairement à l'orthodoxie ou à une rupture avec l'université. Dans le monde des sciences, la controverse mène à l'expérimentation et à l'argumentation rationnelle. Dans le monde de la psychanalyse, à l'isolement splendide loin de la psychologie scientifique.

Dans des ouvrages comme *The Secret Ring* de Gorsskurth ou la biographie de Freud par Gay, on trouve beaucoup de remarques sur la nature autoritaire du mouvement, mais les réflexions sur la nécessité d'un tel autoritarisme qui proviendrait de la pression extérieure restent extrêmement vagues et quasi-inexistantes. En revanche, la tendance à l'orthodoxie provenait de l'intérieur du mouvement, fruit du petit groupe de loyalistes et de leur engagement absolu à la cause de leur maître.

Ce qui montre bien l'utilité de la psychanalyse en tant qu'instrument de domination psychologique et de contrôle mental, c'est le refus opposé par Freud à toute psychanalyse de sa personne. Ce refus engendra des difficultés avec Jung et bien plus tard, avec Ferenczi, lequel affirma que ce refus était la preuve de l'arrogance de Freud. En revanche, Freud utilisait la psychanalyse pour humilier sexuellement deux de ses disciples parmi les plus fervents : Ferenczi et Jones. Une fois que Freud eut analysé les femmes de l'un et de l'autre, celles-ci les quittèrent, mais restèrent amies avec Freud. Grosskurth suggère que Freud voulait mettre à l'épreuve la loyauté de ses disciples et le fait que Jones soit resté dans le mouvement après cette humiliation est une preuve du degré d'obéissance aveugle manifesté par les partisans de Freud.

Un éthologue qui observerait ces événements conclurait que le comportement de Freud était celui du mâle dominant quintessentiel – celui-là même dont il avait donné un récit mythologique dans *Totem et Tabou* – mais sur le seul plan symbolique, car apparemment Freud n'a pas eu de rapports sexuels avec ces femmes (bien qu'il fût « fasciné » par la femme non-juive de Jones [Grosskurth, *op. cit.* p. 65]). Le fait de ne pas avoir tué le père dans ces circonstances signifiait qu'il avait réussi à dépasser la situation œdipienne – en reconnaissant sa féauté à Freud, la figure paternelle.

Partie 5

La psychanalyse en tant que mouvement politique (suite et fin)

La psychanalyse servait à Freud non seulement à contrôler ses vassaux masculins, mais aussi à pathologiser la résistance des femmes aux avances sexuelles des hommes. La chose est évidente quand on examine le cas fameux de l'adolescente Dora, qui avait repoussé les avances d'un homme d'âge mûr et marié. C'est le père de Dora qui l'avait envoyée chez Freud pour qu'il la persuadât de céder aux avances de cet homme, car il s'agissait pour le père, qui avait eu une aventure avec la femme de cet homme, de lui offrir un dédommagement. Freud, complaisant, attribua le refus de Dora à la répression d'un désir amoureux envers cet homme. Le message consiste à dire que les jeunes filles de 14 ans qui ne cèdent pas aux propositions d'hommes mûrs et mariés ont un comportement hystérique. Un évolutionniste interpréterait ce même comportement comme une conséquence compréhensible (et adaptée) de sa psychologie évoluée.

Donald Kaplan, un psychanalyste non-professionnel, refléta bien le sentiment favorable à l'égard de Freud dans les médias populaires des années 1950, quand il écrivit dans le magazine *Harper's* que Freud avait « mis en œuvre la plus grand ingéniosité » dans l'examen du cas Dora : « Ces trois mois avec Freud ont dû être la seule expérience d'irrécusable honnêteté de sa longue et pauvre existence » ('Freud and his own patients', déc. 1967). Lakoff et Coyne concluent leur étude du cas Dora en établissant que la psychanalyse se caractérisait en général par le contrôle mental, la manipulation et l'avilissement de l'analysant [*]. De même, Crew décrit le cas « à peine croyable » de la manipulation d'un certain Horace Frink, président de la Société de Psychanalyse de New York. Freud l'avait poussé à faire un divorce désastreux et à se remarier avec une riche héritière, qui apporterait en dot une contribution financière non-négligeable au mouvement psychanalytique. La seconde femme de Frink demanda ensuite le divorce. Ces deux divorces s'accompagnèrent d'épisodes maniaco-dépressifs.

Ces découvertes ont pour corollaire important d'exhiber nombre de traits communs entre psychanalyse et lavage de cerveau. Toute objection que ferait l'apprenti psychanalyste pendant son analyse de formation est considérée comme une résistance à dépasser. Beaucoup d'analysants contemporains estiment que leurs analystes les ont traités avec agressivité, en les assujettissant à « l'autorité incontestée » de l'analyste idolâtré qui faisait d'eux des suiveurs passifs et dévoués. Masson décrit son analyse de formation comme une « éducation prise en main par un parent despotique », étant donné que les qualités attendues du futur analyste sont la douceur dans la soumission et la servilité dans l'obéissance.

Je prétends que ce travail d'inculcation imposé à des disciples passifs et dévoués, par le truchement de l'agression et du contrôle mental, a toujours fait partie intégrante du projet psychanalytique. Au niveau des principes, la structure essentiellement pseudo-scientifique de la psychanalyse implique l'impossibilité de résoudre les désaccords d'une manière scientifique, ce qui fait que le seul moyen d'y parvenir est de passer par la contrainte personnelle, comme le fait remarquer Kerr. En conséquence, le mouvement devait de toute nécessité déboucher sur une orthodoxie, affectée ici et là de déviations sectaires issues d'individus expulsés du mouvement. Ces rameaux dissidents répliquèrent la structure fondamentale de tous les mouvements de type psychanalytique :

> Chaque désaccord majeur portant sur la théorie ou la thérapie devait s'adosser à un nouveau groupe social susceptible de l'accréditer, tradition psychanalytique encore confirmée par les dernières scissions dans les instituts freudiens (Hale, The Rise and Crisis of Psychoanalysis in the United States : Freud and the Americans, 1917-1985, p. 26).

Si la science véritable est individualiste dans son noyau, la psychanalyse est, dans toutes ses manifestations, un ensemble de groupes autoritairement soudés autour d'un chef charismatique.

Malgré le fait qu'aucune espèce de corpus de recherches scientifique ne vient la soutenir et en dépit de l'atmosphère autoritaire et fortement politisée du mouvement, la psychanalyse a pu jusqu'à une date récente « se tailler une place très honorable à l'intérieur du monde de la pratique et de l'enseignement de la médecine ». L'Association Psychiatrique Américaine (APA) « a été dirigée pendant de nombreuses années par des psychanalystes cliniciens, que ce soit en qualité de médecin-chef comme le Dr. Melvin Sabshin, ou de président comme l'illustre toute une succession de présidents psychanalystes » (Cooper, 'The future of psychoanalysis : Challenges and opportunities', p. 82). L'APA a directement et indirectement soutenu la Société Américaine de Psychanalyse. Le crédit intellectuel accordé à la psychanalyse dans le monde de la psychiatrie au sens large, et une part considérable des ressources financières qu'elle a pu obtenir, n'ont donc pas été le fruit du développement d'un corpus de recherches scientifiques ou de l'expérimentation d'autres types de recherches, mais d'un jeu d'influence politique au sein de l'APA.

La psychanalyse a trouvé une autre source de financement au sein de la communauté juive, bien disposée en sa faveur. La sur-représentation juive parmi les patients désireux d'un traitement psychanalytique est flagrante : dans les années 1960, il y avait 60 % de Juifs parmi les clients des cliniques psychanalytiques. Glazer & Monihan ont fait le portrait de cette sous-culture juive new-yorkaise du milieu du XXe siècle, où la psychanalyse était une institution culturelle centrale qui remplissait peu ou prou les mêmes fonctions que l'appartenance à la religion traditionnelle :

> En Amérique, la psychanalyse est un produit spécifiquement juif (…) C'était une façon scientifique de réformer son âme, pour la rendre complète et robuste, qui se séparait, au moins en surface, du mysticisme, du libre-arbitre, de la religion et autres obscures conceptions romantiques que leurs esprits rationnels rejetaient (Beyond the Melting Pot, p. 175).

Patients et analystes participaient à un même mouvement laïc qui conservait les traits psychologiques du judaïsme en tant que mouvement séparatiste, autoritaire et collectiviste à tendance sectaire.

Pour finir, on peut conclure raisonnablement que le véritable analysant de Freud était la gentilité elle-même et que la psychanalyse était essentiellement un acte d'agression contre cette culture. On peut considérer la méthodologie et la structure institutionnelle de la psychanalyse comme des essais de lavage de cerveau de la gentilité visant à obtenir l'acceptation passive de la critique radicale de sa culture, telle qu'elle est contenue dans les prémisses fondamentales de la psychanalyse. Sous le manteau de son jargon scientifique, l'autorité de l'analyste dépendait en dernier ressort d'un mouvement fortement autoritaire dans lequel le désaccord conduisait à l'expulsion et à la confection de rationalisations qui pathologisaient son expression.

Dans une lettre à Karl Abraham, Freud montre qu'il croyait que les Gentils devaient dépasser leurs « résistances intimes » pour accepter la psychanalyse. Comparant son destinataire à Jung, Freud écrivait :

> Vous êtes plus proche de ma constitution intellectuelle pour des raisons de parenté raciale [rassenverwandschaft], alors que lui en tant que chrétien et fils de pasteur ne peut cheminer vers moi qu'en rencontrant de grandes résistances intimes (*in* Yerushalmi, *Freud's Moses : Judaism Terminable and Unterminable*, p. 42).

Dans ces conditions, l'acceptation de la psychanalyse par les Gentils représente en un sens la victoire des Juifs sur les tendances « intimes » des chrétiens – autrement dit, la victoire du général sémite sur son adversaire tant haï, la gentilité. Kurzweil a montré que la tendance à la pathologisation du désaccord ne se manifestait pas seulement à l'encontre des dissidents du mouvement, mais aussi à l'encontre de l'ensemble des pays où la psychanalyse n'arrivait pas à prendre racine. Ainsi, le peu de chaleur que la psychanalyse commença par rencontrer en France fut expliqué par la présence de « défenses irrationnelles » (*The Freudians : A Comparative Perspective*, p. 30) et la situation semblable de l'Autriche par « une résistance générale » à la psychanalyse (ibidem p. 245), expression où le mot « résistance » est à prendre avec tous ses échos psychanalytiques.

La psychanalyse, instrument de la critique radicale de la culture occidentale : l'influence culturelle du freudisme

Étant donné que l'idéologie de Freud était délibérément subversive et cherchait en particulier à saper les institutions occidentales touchant au sexe et au mariage, il n'est pas inutile d'examiner ses effets d'un point de vue évolutionnaire. En Occident, le mariage est depuis longtemps monogame et exogame, caractères qui tranchent avec ce qui a cours dans d'autres sociétés stratifiées, en particulier celles du Proche-Orient, tel l'Israël antique.

Les opinions de Freud qui sont font jour dans *Totem et Tabou* et *Malaise dans la Civilisation* ne saisissent pas le caractère unique des institutions romaines puis chrétiennes qui ont produit les systèmes d'accouplement, uniques dans leur égalitarisme, de l'Europe de l'Ouest. En Europe de l'Ouest, la répression du comportement sexuel a servi fondamentalement de soutien à la norme sociale de la monogamie, système d'accouplement où les différences de richesses sont beaucoup moins reliées à l'accès aux femmes et au succès reproductif que dans les civilisations traditionnelles non-occidentales, où la polygamie a été la norme. Comme nous l'avons expliqué dans *A People That Shall Dwell Alone*, la polygamie implique une compétition sexuelle entre mâles, les mâles riches ayant accès à un nombre disproportionné de femmes et les hommes de plus basse condition étant souvent privés de la possibilité de se reproduire. Ce genre de système matrimonial est très commun dans les sociétés stratifiées traditionnelles ; on l'observe dans la Chine et l'Inde anciennes, dans les sociétés musulmanes et dans l'Israël ancien. Tandis que les hommes pauvres ne peuvent pas trouver une femme, celles-ci sont réduites au statut de bien meuble et sont achetées en qualité de concubines par les mâles riches. La norme sociale de la monogamie représente donc un système reproductif relativement égalitaire pour les hommes.

En outre, à cause des niveaux plus élevés de compétition sexuelle entre mâles, le statut de la femme dans les sociétés non-occidentales est incommensurablement plus bas que dans les sociétés occidentales où la monogamie s'est développée. Ce n'est pas un hasard si le mouvement récent pour les droits des femmes s'est développé dans les sociétés occidentales plutôt que dans les autres sociétés stratifiées. La confusion massive caractéristique de la psychanalyse se retrouve chez le proche collaborateur de Freud, Fritz Wittels. Ce dernier attendait qu'une poignée de psychanalystes juifs messianiques inaugurassent une ère de libération et de liberté sexuelle, mais cette attente se fondait sur une incompréhension profonde du sexe et de la psychologie humaine. Wittels condamnait « notre satanée culture contemporaine » qui forçait les femmes à rentrer dans « la cage de la monogamie » (*in* Gay, *Freud : A Life for Our Time*, p. 512), remarque qui manifeste une incompréhension complète des effets de la compétition inter-masculine telle qu'elle se manifeste dans la polygamie.

Il y a de bonnes raisons de supposer que la monogamie a été un élément nécessaire du profil démographique particulier, à « pression faible », des Européens, tel que décrit par Wrigley et Schofield. Ce profil démographique découle des mariages tardifs et du taux élevé de célibat féminin pendant les périodes de disette économique. La connexion théorique avec la monogamie est que le mariage monogame aboutit à une situation où les pauvres des deux sexes sont incapables de se reproduire, alors que dans les systèmes polygames, un excédent de femmes pauvres ne fait qu'abaisser le prix des concubines pour les mâles riches. À la fin du XVIIe siècle par exemple, environ 23 % des individus des deux sexes restaient célibataires entre 40 et 44 ans, mais à la faveur d'un changement de conjoncture économique, ce taux chuta à 9 % au début du XVIIIe siècle et l'âge moyen du mariage s'abaissa corrélativement. Tout comme la monogamie, ce schéma était unique en son genre dans les sociétés stratifiées de l'Eurasie.

Ce profil démographique à pression faible semble avoir produit à son tour des effets d'ordre économique. Non seulement les taux de mariage étaient le frein principal à la surpopulation, mais, en Angleterre surtout, cette réponse a fourni l'arrière-plan à des changements économiques favorables, puisque l'accumulation du capital pouvait avoir lieu pendant les périodes fastes au lieu d'être sous la pression constante des bouches à nourrir.

Le fait que l'ajustement mutuel ait pu se faire si librement entre les fluctuations économiques et démographiques a conduit à une augmentation du revenu réel, graduelle, mais importante. Ceci donna l'occasion de sortir du piège des bas revenus, qu'on voit parfois comme le grand inhibiteur de toutes les nations pré-industrielles. Une longue période de hausse des revenus réels, en changeant la structure de la demande, donne normalement un fort coup de fouet à la demande de marchandises qui ne sont pas des biens de première nécessité, et donc aux secteurs économiques dont la croissance est particulièrement importante en cas d'irruption d'une révolution industrielle. (Wrigley & Schofield, *The Population History of England, 1541-1871*, p. 439)

Il n'est pas absurde donc de supposer que la monogamie, déterminant ce profil démographique à pression faible, était une condition nécessaire de l'industrialisation. L'argument suggère que la norme sociale de la monogamie – encadrée religieusement et culturellement dans les sociétés occidentales – est bel et bien un aspect central de l'architecture de la modernisation occidentale.

Les institutions occidentales touchant au sexe et au mariage ont produit une autre conséquence importante, qui est de favoriser un haut degré d'investissement parental. Comme nous l'avons souligné, une des pires erreurs de Freud a été d'absorber l'amour dans le sexe. C'était aussi son erreur la plus subversive, et on ne saurait surestimer le caractère désastreux des effets produits par l'acceptation de l'idée freudienne selon laquelle la libération sexuelle aurait des effets socialement salutaires.

Contrairement au point de vue psychanalytique, la théorie

évolutionnaire est compatible avec une perspective qui distinguerait au moins deux systèmes indépendants influençant le comportement reproductif. Le premier système est celui de la liaison d'une paire d'individus de façon à favoriser la stabilité de la paire et un haut degré d'investissement parental. Ce système place le père dans la famille en position de pourvoyeur de ressources pour les enfants, pourvoyant ainsi une base à des liens d'affection étroits (amour romantique) entre l'homme et la femme. Les recherches en psychologie de l'attachement et de la personnalité donnent assez de preuves de l'existence de ce système.

Le deuxième système est celui de l'attirance sexuelle qui favorise l'accouplement et les rapports sexuels à court terme. Ce système est associé du point de vue psychométrique à l'extraversion, à la recherche de sensations, à l'agression et à d'autres systèmes appétitifs. La recherche en psychologie confirme l'hypothèse que les individus fortement inscrits dans ce deuxième système ont en moyenne davantage de partenaires sexuels et un comportement sexuel moins inhibé. Touchant particulièrement les jeunes hommes adultes, ce système sert de base à un comportement d'accouplement où le rôle des hommes revient à inséminer les femmes plutôt que de procurer un investissement continu aux enfants. Beaucoup de sociétés humaines ont été caractérisées par une intense compétition sexuelle entre hommes pour le contrôle d'un maximum de femmes. Cette recherche masculine d'un grand nombre de partenaires et de rapports sexuels n'a rien à voir avec l'amour. C'est un trait distinctif de la culture occidentale que d'avoir significativement inhibé cette tendance masculine, tout en procurant un soutien culturel à l'établissement de couples et aux mariages d'amour. Il s'en est suivi un système d'accouplement à haut investissement parental et relativement égalitaire.

Par conséquent, la mise en valeur par la psychanalyse de la sexualité et du sexe avant le mariage est en son fond un projet qui promeut un style de vie à faible investissement parental. Le faible investissement parental est associé à la sexualité précoce, à la reproduction prématurée, à l'intempérance et à l'instabilité des couples. Écologiquement, le fort investissement parental est associé au besoin d'une progéniture compétitive. Or, nous avons vu que l'un des aspects du judaïsme en tant que stratégie évolutionnaire de groupe était son insistance sur le fort investissement parental (*A People That Shall Dwell Alone*, chap. 7). Appliqué à la gentilité, le projet subversif de la psychanalyse devrait avoir pour effet de produire une progéniture moins compétitive ; à long terme, la gentilité devrait se caractériser par un faible investissement parental, et comme nous allons le voir ci-après, les preuves ne manquent pas pour affirmer que la révolution sexuelle inaugurée ou au moins grandement favorisée par la psychanalyse, a produit exactement ce genre d'effets.

À cet égard, il est intéressant de remarquer que la norme sociale monogame en Occident s'est accompagnée du développement du mariage d'amour. Un des traits particuliers du mariage occidental est qu'il connaît un courant qui tend vers le mariage d'amour fondé sur l'affection et le consentement entre partenaires. Bien que la datation de cette révolution affective au sein des diverses couches sociales soit l'objet de controverses, plusieurs historiens ont remarqué combien l'affection dans les rapports entre parent et enfant et entre époux était chose fréquente et importante psychologiquement en Occident depuis le Moyen Âge, ou au moins depuis le dix-septième siècle. Stone fait remarquer qu'à la fin du dix-huitième siècle, « même dans les grandes maisons de la noblesse, l'affection mutuelle était considérée comme un prérequis matrimonial essentiel » (*The Road to Divorce*, p. 60).

Considérant l'animosité de Freud envers la culture occidentale en général et l'Église catholique en particulier, il est intéressant de voir que la politique ecclésiastique concernant le mariage a comporté un effort largement couronné de succès en vue d'instituer le consentement et l'affection entre partenaires comme des traits normatifs du mariage. L'opposition à l'hédonisme et l'idéalisation de l'amour romantique comme base du mariage monogame ont aussi périodiquement été portées par des mouvements intellectuels occidentaux non-religieux comme le stoïcisme de l'antiquité tardive et le romantisme du dix-neuvième siècle.

D'un point de vue évolutionnaire, le consentement libère les individus pour la recherche de leurs intérêts matrimoniaux, dont font partie la compatibilité et l'affection conjugale. Bien que l'affection puisse tout à fait exister dans des mariages arrangés (aspect mis en avant par certains historiens de la Rome républicaine, comme Dixon), toutes choses étant égales par ailleurs, le libre consentement au mariage est davantage susceptible de faire que l'affection soit un critère important.

Ces constats montrent de manière frappante la différence qui existe entre le judaïsme en tant que stratégie de groupe collectiviste, dans laquelle les décisions individuelles sont submergées par les intérêts du groupe, et les institutions occidentales fondées sur l'individualisme. Au chapitre 7 de notre ouvrage sus-mentionné, nous avons montré des preuves que même après la Première Guerre mondiale, les mariages arrangés étaient la règle chez les Juifs, parce que la base économique du mariage était trop importante pour laisser faire les caprices de l'amour romantique. Bien que le fort investissement parental fût un aspect important du judaïsme en tant que stratégie évolutionnaire de groupe, l'affection entre époux n'était pas considérée comme centrale dans le mariage, à telle enseigne que Cuddihy a pu faire remarquer que toute une lignée d'intellectuels juifs la tenaient pour le produit fort suspect d'une culture étrangère. Les Juifs ont continué à pratiquer le mariage consanguin – pratique qui met en évidence le caractère fondamentalement biologique du projet judaïque – bien après 1900, alors que l'Église s'est opposée à la consanguinité comme fondement du mariage depuis le Moyen-Âge. Le judaïsme ne cessa pas de mettre l'accent sur les mécanismes collectivistes de contrôle social du comportement individuel, conformément aux intérêts des familles et du groupe, des siècles après que le contrôle du mariage passa en Occident des familles et du clan aux individus. Contrairement à l'importance donnée par les Juifs aux mécanismes de groupe, la culture occidentale a mis en valeur les mécanismes individuels de l'attirance personnelle et du libre consentement.

Pour conclure, les institutions laïques et religieuses de l'Occident ont produit un système d'accouplement très égalitaire associé à un fort investissement parental. Ces institutions ont donné un rôle central au caractère heureux de l'assortiment et à la bonne entente dans la vie de couple, comme base du mariage. Cependant, quand ces institutions furent l'objet de la critique radicale de la psychanalyse, elles en vinrent à être vues comme porteuses de névroses et la société occidentale elle-même se vit comme malsaine. Les écrits de Freud qui portent sur ces sujet sont pleins de remarques faisant étant du besoin d'une plus grande liberté sexuelle pour dépasser les névroses débilitantes. Comme nous allons le voir, les critiques psychanalytiques plus tardives de la gentilité allaient considérer que la répression de la sexualité menait à l'antisémitisme et portait en germe d'autres maladies modernes.

Partie 6

La psychanalyse et la critique de la culture occidentale

La psychanalyse a prouvé qu'elle pouvait être un véritable coffre aux trésors rempli d'idées utilisables pour qui voulait porter des critiques radicales à la culture occidentale. Elle a marqué de son empreinte un grand nombre de disciplines et de domaines comme la sociologie, l'éducation des enfants, la criminologie, l'anthropologie, la critique littéraire, l'art, la littérature et les médias populaires. Kurzweil souligne que « quelque chose comme une culture psychanalytique s'est établie » (*The Freudians : A Comparative Perspective*, p. 102). Torrey a décrit en détail l'essor du mouvement aux États-Unis, initié par un petit groupe de militants largement juifs qui avaient accès aux médias populaires, au monde universitaire et artistique, et qui finit par obtenir un écho immense dans les années 1950 : « Du chemin a été parcouru, depuis la petite tête de pont posée chez quelques intellectuels new-yorkais, pour en arriver à cette influence massive à presque tous les étages de la vie américaine » (*Freudian Fraud : The Malignant Effects of Freud's Theory on American Thought ans Culture*, p. 37), influence qu'il qualifie « d'assaut contre la culture américaine » (*ibidem*, p. 127).

Comme le fait remarquer Shapiro, la majorité des *New York Intellectuals* étaient non seulement d'extraction juive, mais se définissaient comme tels :

> Ce qui surprend chez les intellectuels juifs, ce n'est pas la faible expression de leur identité juive, mais leur rejet de la voie royale de l'assimilation. Que des intellectuels censément « cosmopolites » prennent tant à cœur quelque chose d'aussi provincial que l'identité juive donne une idée de l'emprise de la judéité, même sur les éléments les plus acculturés ('Jewishness and the New York intellectuals', p. 292).

Comme nous le verrons au sixième chapitre, les *New York Intellectuals* étaient politiquement d'extrême-gauche et profondément étrangers aux institutions politiques et culturelles américaines.

La psychanalyse était une composante majeure de la *Weltanschauung* [vision du monde] de ces intellectuels. L'étude menée par Torrey met en évidence, au sein de l'élite intellectuelle américaine depuis les années 1930, d'importants recoupements entre psychanalyse, gauche ou extrême-gauche politique et identification juive. Cet auteur désigne Dwight Macdonald comme « l'un des rares goyim de l'intelligentsia new-yorkaise » impliqué dans ce mouvement qui se regroupait autour de la *Partisan Review*. Compte tenu de cette association entre la psychanalyse et la gauche, il ne faut pas s'étonner que la critique de la psychanalyse écrite par Frederick Crew ait été interprétée comme une attaque visant la gauche. Eli Zaretsky, écrivit dans les colonnes de *Tikhun* – publication considérée comme un organe des Intellectuels de New-York, qui combine politique de gauche plus ou moins extrême et militantisme juif – que les attaques comme celles de Crew « sont dans la continuité des attaques contre la gauche qui ont commencé avec l'élection de Richard Nixon en 1968 (…) Elles continuent de répudier les possibilités utopiques et révolutionnaires qui avaient été entre-aperçues dans les années 1960 ». Comme la psychanalyse faisait partie intégrante du mouvement contre-culturel des années 1960, s'en prendre à elle revenait à frapper un pilier de la culture politique de gauche et d'extrême-gauche.

Les matériaux recueillis par Torrey montrent que la prépondérance des Juifs d'inclination psychanalytique au sein de l'élite intellectuelle s'est poursuivie pendant l'après-Deuxième Guerre mondiale. Torrey s'est penché sur 21 intellectuels américains d'élite préalablement identifiés par Kadushin comme les plus influents, sur la base des évaluations de leurs collègues. Sur ces 21 auteurs, 15 étaient juifs, et les questionnaires et analyses de leurs écrits montrent que 11 d'entre eux « avaient subi la franche influence du freudisme à un moment ou un autre de leur carrière » (*ibidem* p. 185). (Parmi eux, trois cas ont davantage subi l'influence des écrits de Wilhelm Reich, le champion de la gauche freudienne, que de ceux de Freud : il s'agit de Saul Bellow, Peul Goodman et Norman Mailer.) En outre, 10 sur 11 (l'exception étant Saul Bellow) avaient entretenu à un moment ou un autre de leur carrière des idées politiques de gauche ou d'extrême-gauche.

La liaison entre gauche politique et psychanalyse, ainsi que le rôle crucial des médias contrôlés par les Juifs dans la propagation de la psychanalyse, ont été mis en évidence lors du tollé provoqué à l'occasion de la parution de l'étude de Frederick Crew critiquant la culture psychanalytique. Ses articles parurent à l'origine dans la *New York Review of Books* – revue associée aux Intellectuels de New-York, à l'instar de la *Partisan Review* et de *Commentary*. Avoir été publié dans la *NYRB*, faisait remarquer Crew, « revenait à abandonner par négligence ou par malice sa perruche à la merci d'un infatigable chat ». Il veut dire que la *NYRB* et les autres revues associées aux Intellectuels de New York ont joué pendant plusieurs décennies le rôle de propagateurs de l'idée que la psychanalyse et autres doctrines de même farine étaient scientifiquement et intellectuellement valables. Sa remarque implique aussi que s'il avait publié ses articles dans un média moins exposé et moins politisé, ils auraient pu être prudemment passés sous silence, comme le veut la tradition éprouvée de la psychanalyse.

Plusieurs critiques de la culture d'inspiration freudienne sont restés relativement fidèles aux principes d'origine du docteur Freud. Herbert Marcuse, gourou de la contre-culture des années 1960, faisait partie de la première génération de l'École de Francfort, dont nous parlerons en détail au chapitre suivant. Dans *Eros et Civilisation*, il fait sienne l'idée de Freud que la culture occidentale est rendue pathogène par sa répression des pulsions sexuelles et il rend hommage à Freud « qui a reconnu le rôle joué par la répression dans les plus hautes valeurs de la civilisation occidentale – laquelle présuppose et perpétue la non-liberté et la souffrance » (p. 240). Marcuse salue les premiers travaux de Wilhelm Reich comme exemplaires de l'héritage « gauchiste » de Freud. Reich « a pris toute la mesure du fait que la répression sexuelle s'exerce au bénéfice de la domination et de l'exploitation et du fait que ces bénéfices sont à leur tour consolidés et reproduits par la répression sexuelle » (*ibidem* p. 239). Comme Freud, Marcuse montre le chemin d'une civilisation utopique non-exploiteuse qui émergerait de la cessation complète de la répression sexuelle, mais Marcuse va au-delà des idées de Freud telles qu'exprimées dans *Malaise dans la Civilisation*, car il manifeste encore plus d'optimisme quant aux bienfaits à espérer de la cessation de la répression sexuelle.

De fait, Marcuse termine ledit ouvrage en défendant vigoureusement l'idée de l'importance fondamentale de la répression sexuelle, contre certains « révisionnistes néo-freudiens » comme Erich Fromm, Karen Horney et Henry Stack Sullivan. De façon intéressante, Marcuse interprète le néo-freudisme comme issu de l'idée que la thèse freudienne orthodoxe de la répression sexuelle impliquerait l'impossibilité du socialisme. Il faut donc considérer ces révisionnistes néo-freudiens comme des continuateurs de la critique de la culture d'orientation psychanalytique, mais qui contestent la centralité de la répression sexuelle. Ces théoriciens – singulièrement Erich Fromm qui s'identifiait fortement comme Juif et qui tâchait délibérément d'utiliser la psychanalyse à des fins politiques d'extrême-gauche – peuvent être rangés dans la catégorie des optimistes utopiques.

Tout comme Marcuse, Fromm faisait partie de la première génération de l'École de Francfort. Sa pensée repose sur l'idée que la société contemporaine est pathogène et que le développement du socialisme doit faire advenir une ère nouvelle de rapports humains empreints d'amour. Ces écrivains ont eu une grande influence.

Toute une génération d'Américains qui sont passés par les universités ont été profondément influencés par l'argument énoncé par Erich Fromm dans *Escape From Freedom* selon lequel le national-socialisme a été le produit de la rencontre entre une sensibilité luthérienne et les contradictions inhérentes au capitalisme. (Rothman & Lichter, *op. cit.* p. 87)

Fromm considérait en gros que l'autoritarisme provenait d'une peur inconsciente de la liberté et donc du besoin de chercher une forme de certitude auprès des mouvements fascistes – exemple qui montre bien l'inclination des intellectuels juifs à former des théories où l'antisémitisme exprime une pathologie individuelle ou sociale des Gentils. À l'image des autres membres de l'École de Francfort, Fromm développait le point de vue selon lequel la bonne santé psychologique était incarnée au plus haut point par les individualistes qui réalisaient leur plein potentiel sans s'appuyer sur l'appartenance à un groupe collectiviste :

Pour la démocratie, le progrès consiste dans l'accroissement de la liberté actuelle, de l'initiative et de la spontanéité de l'individu, pas seulement dans les affaires privées et spirituelles, mais surtout dans l'activité qui concerne au premier chef son existence, à savoir son travail. (*Escape From Freedom*, p. 272)

Comme nous le verrons au chapitre suivant, prescrire aux Gentils cet individualisme radical est un excellent moyen de perpétuer le judaïsme en tant que groupe soudé. Toute l'ironie (ou l'hypocrisie ?) de Fromm et des autres membres de l'École de Francfort est qu'ils s'identifiaient eux-mêmes fermement à un groupe à forte teneur collectiviste, à savoir le judaïsme, tout en promouvant l'individualisme radical pour la société tout entière.

John Murray Cuddihy met l'accent sur un thème commun de la critique psychanalytique de la culture occidentale : l'idée que la civilité occidentale est un mince vernis posé sur l'antisémitisme et d'autres formes de psycho-pathologie. Wilhelm Reich représente bien cette tendance : « la rencontre violente entre la société 'tribale ' du *shtetl* et la société 'policée' de l'Occident » (*The Ordeal of Civility*, p. 111). Dans son livre *The Function of the Orgasm : Sex-Economic Problems ob Biological Ernergy*, Reich écrivait :

> Les forces si longtemps recouvertes sous le vernis superficiel de la bonne éducation et du contrôle de soi artificiel caractéristiques des multitudes qui luttaient pour la liberté, se sont libérées et sont passées à l'action : dans les camps de concentration, dans les persécutions des Juifs (…) Dans le fascisme, la maladie psychique des masses s'est révélée *sans déguisement*. (p. 206-207)

Pour Reich, la cuirasse caractérielle qui provient de la répression des orgasmes sexuels commence par le discours civil et poli et se termine à Auschwitz. Cuddihy remarque que Reich a eu une influence très importante dans années 1940 aux années 1970, chez l'anarchiste Paul Goodman, le poète Karl Shapiro, les romanciers Stanley Elkin, Isaac Rosenfeld et Saul Bellow et les psychothérapeutes « Fritz » Perls de l'Institut Esalen et Arthur Janov, l'auteur du *Cri Primal*.

Goodman, qui faisait partie du groupe des Intellectuels de New-York avec Rosenfeld et Bellow, écrivit dans *Growing Up Absurd : Problems of Youth in the Organized Society* un réquisitoire fort influent contre la société qui contrarie les besoins instinctuels, en mettant l'accent sur la conformité et la répression. La voie vers une société utopique devait être ouverte par une avant-garde d'étudiants révolutionnaires et de fait, une étude de 1965 portant sur les dirigeants du groupe d'extrême-gauche *Students for a Democratic Society,* établit que plus de la moitié d'entre eux avaient lu Goodman et Marcuse ; les lecteurs de Marx, Lénine ou Trotski étant beaucoup moins nombreux.

Goodman, dans un article publié dans un numéro de 1961 de la revue *Commentary* – fait qui par lui-même montre à quel point la critique sociale d'inspiration psychanalytique avait pénétré les cercles intellectuels juifs – écrivait : « Et si la censure, qui n'est qu'un aspect de l'anti-sexualité répressive en général, était elle-même la cause du mal et créait le besoin de la pornographie sadique qui amasse des profits criminels ? » Sans produire une quelconque preuve que les pulsions sadiques tirent leur origine de la répression de la sexualité, Goodman s'arrange pour suggérer, dans un style typiquement psychanalytique, que si la société cessait de chercher à contrôler la sexualité, tout irait pour le mieux.

L'assimilation désastreuse de l'amour au sexe dans les écrits de Freud et de ses disciples se fait jour également dans la littérature. Cuddihy prend l'exemple de Leslie Fiedler pour mettre en évidence la fascination des intellectuels juifs pour la critique culturelle qui vient de Freud et de Marx – l'un comme l'autre pouvant servir en fonction de l'opportunité. L'amour courtois était démasqué comme une simple sublimation – un effort ritualisé en vue d'échapper à la vulgarité du rapport sexuel avec la femme. Comme le fait remarquer Dickstein à propos de Norman Mailer :

> Petit à petit, comme les autres Américains, il s'éloigna du marxisme pour se rapprocher du freudisme. À l'image des autres radicaux des années 1950, il était plus efficace et plus prophétique dans le domaine psycho-sexuel que dans le vieux domaine politique (…) Là où était la répression, la libération doit venir : tel était le message non seulement de Mailer, mais de tous les partisans de ce nouveau radicalisme freudien (ou reichien), qui sapa considérablement le consensus intellectuel de la période de la guerre froide. (*Gates of Eden : American Culture in the Sixties,* p. 52)

Bien que les travaux de Marcuse, Goodman, Fiedler et Mailer illustrent bien la nature profondément subversive des critiques culturelles qui émanent de la psychanalyse, il faut les saisir dans le contexte d'un projet d'une incroyable étendue. Kurzweil a donné une vue panoramique de l'influence de la psychanalyse sur la critique culturelle dans toutes les sociétés occidentales. Dans ce genre de littérature, on se soucie constamment de proposer des doctrines qui impliquent des critiques radicales de la société. Les partisans de Jacques Lacan, critique littéraire français, rejetaient l'interprétation biologique de la théorie des pulsions mais tenaient malgré tout à « restaurer la posture radicale de la psychanalyse, avec autant de zèle que leurs collègues allemands » (*op. cit.* p. 78).

Comme on pouvait s'y attendre, venant d'une non-science, l'influence de la psychanalyse aboutit à la création d'une véritable tour de Babel théorique dans le monde de la critique littéraire : « En Amérique, même ceux qui contribuaient à ces études n'arrivaient pas à se mettre d'accord ni sur leur but ni sur leur objet ; chacun avait ses propres préjugés » (*ibidem* p. 195). Le mouvement lacanien se scinda en plusieurs chapelles après la mort du maître, chacune revendiquant son adoubement. La psychanalyse lacanienne fut utilisée dans les critiques culturelles radicales du marxiste Louis Althusser et de Michel Foucault et Roland Barthes, deux auteurs très influents. Tous ces intellectuels, Lacan y compris, étaient des disciples de Claude Levi-Strauss, qui de son côté était influencé par Freud (et Marx).

Le rôle central joué par la psychanalyse dans la critique culturelle peut être observé dans l'Allemagne d'après la Seconde Guerre mondiale. T. W. Adorno, auteur de la *Personnalité Autoritaire*, est tout à fait représentatif de ceux qui utilisent le langage des sciences humaines pour combattre l'antisémitisme, pathologiser la gentilité et rationaliser le séparatisme juif. Revenu en Allemagne après la guerre, Adorno exprima sa crainte que la psychanalyse ne fût « plus une beauté capable de troubler le sommeil de l'humanité » (*in* Kurzweil, *op. cit.* p. 253). La psychanalyse finit par recevoir le soutien de l'État, chaque citoyen allemand étant invité à subir 300 heures de psychanalyse (davantage pour les cas graves). En 1983, le gouvernement de Hesse demanda de réunir les données empiriques qui prouvaient le succès de la psychanalyse, comme condition de son financement d'un institut psychanalytique. La réponse que firent les psychanalystes outragés révèle deux aspects essentiels du projet psychanalytique : la pathologisation des ennemis et la centralité de la critique sociale.

Ils se dressèrent pour défendre la psychanalyse en tant que critique sociale (…) Ils attaquèrent les mensonges inconscients de certains psychanalystes (non-nommés mais reconnaissables), leur rapport malheureux au pouvoir et leur négligence fréquente du contre-transfert.

En conséquence, la critique sociale psychanalytique prit une nouvelle vigueur et un livre fut publié où « aucun sujet politique n'échappait plus à la critique » (*ibidem* p. 315). La psychanalyse ne justifie son utilité que par sa critique sociale, indépendamment des données relatives à ses réussites cliniques.

Dans l'Allemagne de l'après-Deuxième Guerre mondiale, le psychanalyste le plus influent était le gauchiste Alexander Mitscherlich, qui considérait que la psychanalyse était nécessaire pour humaniser les Allemands et « se défendre contre les inhumanités de la civilisation » (*in* Kurzweil, *op. cit.* p. 234). Au sujet de la nécessité de transformer les Allemands au lendemain de la période nazie, Mitscherlich pensait que seule la psychanalyse pouvait apporter l'espoir d'une rédemption pour le peuple allemand : « Chaque Allemand doit faire face en personne à son passé en passant par une analyse freudienne plus ou moins 'pragmatique' » (*ibid.* p. 275). Sa revue *Psyche* adoptait une position globalement opposée à la culture allemande, combinant les points de vue marxistes et psychanalytiques pour élaborer une « pensée antifasciste » (*ibid.* p. 236). De son côté, le « Cercle Bernfeld », constitué de psychanalystes d'extrême-gauche et actif en Allemagne dans cette même période, mettait en avant « les éléments de critique sociale présents dans la psychanalyse » (*ibid.* p. 234).

Comme c'est l'usage dans ce domaine, ces psychanalystes multiplièrent les théories de l'antisémitisme, sans pour autant fournir de critère permettant de les départager. En 1962, Mitscherlich organisa une conférence intitulée « Les formes psychologiques et sociales de l'antisémitisme : Analyses des dynamiques psychiques d'un préjugé », pendant laquelle furent présentées plusieurs théories pleines d'imagination, qui considéraient en général l'antisémitisme comme une pathologie sociale et individuelle affectant les Gentils.

La contribution de Mitscherlich affirmait que les enfants

développaient une hostilité quand on exigeait d'eux qu'ils obéissent à leurs professeurs, chose qui menait à l'identification à l'agresseur et finalement à la glorification de la guerre. Mitscherlich pensait que l'antisémitisme allemand n'était « qu'une manifestation de plus de l'autoritarisme infantile germanique » (*ibid.* p. 296). Béla Grunberger arrivait pour sa part à la conclusion que « l'ambivalence œdipienne à l'égard du père et les rapports sadiques-anals de la petite enfance forment l'héritage irrévocable de l'antisémite » (*loc. cit*). Martin Wangh de son côté interprétait l'antisémitisme nazi comme le fruit d'une aggravation du complexe d'Œdipe issue de l'absence du père pendant la Première Guerre mondiale : « Se languissant du père (…) les désirs homosexuels infantiles se sont renforcés puis furent projetés sur les Juifs » (*ibid.* p. 297).

Partie 7

Conclusion

Nous commençons à comprendre que le concepteur de la psychanalyse était au fond un artiste visionnaire et calculateur à la fois, qui tâchait de se mettre en valeur comme le héros d'une saga en plusieurs volumes, tenant le milieu entre l'épopée, le roman policier et la satire de l'égoïsme de l'animal humain. C'est cette prise de conscience difficile mais scientifique que la communauté freudienne doit réaliser, à condition d'en être capable. (Crews, *op. cit.* p. 12-13)

Je conclus que la psychanalyse a été au fond un mouvement politique dominé tout au long de son histoire par des individus à forte identité juive. Un des traits constants de cette discipline est la signification qu'y a revêtu l'engagement personnel. Le haut degré d'investissement émotionnel dans les doctrines psychanalytiques et la forte identification à la personne de Freud et de ses descendants en ligne directe indique que la participation au mouvement psychanalytique satisfaisait de profonds besoins psychologiques chez nombre de praticiens, en les intégrant dans un mouvement très soudé et autoritaire.

Compte tenu de la croyance en la supériorité juive en matière intellectuelle, morale et en fin de compte raciale, qui dominait le mouvement à ses débuts, il n'est pas étonnant que des observateurs aient considéré que la psychanalyse avait non seulement une coloration religieuse, mais aussi qu'elle se consacrait à la promotion d'intérêts spécifiquement juifs. L'idée que la psychanalyse a tout d'une coterie s'est maintenue jusqu'à aujourd'hui.

Cela étant, j'ai remarqué que l'activité intellectuelle juive orientée vers la critique radicale de la gentilité n'est pas forcément à comprendre comme dirigée vers la réalisation directe des objectifs économiques ou sociaux du judaïsme. De notre point de vue, la subversion psychanalytique des fondements moraux et intellectuels de la civilisation occidentale pourrait tout simplement découler des processus d'identité sociale par lesquels la culture de l'exogroupe est valorisée négativement. En ayant dit cela, toutefois, on n'a pas tout dit.

La psychanalyse a servi des intérêts spécifiquement juifs en développant des théories de l'antisémitisme qui, sous le masque de la scientificité, ont minoré l'importance des luttes d'intérêts entre Juifs et Gentils. Bien que ces théories varient grandement entre elles dans le détail – ce qui est typique des théories psychanalytiques en général, où aucun critère empirique de démarcation n'est proposé – le corpus théorique en question envisage toujours l'antisémitisme comme une forme de psychopathologie qui procède de projections, de refoulements et de formations réactionnelles, lesquelles découlent en dernière instance d'une société pathogène.

Les psychanalystes qui émigrèrent d'Europe aux États-Unis à l'époque nazie voulaient faire de la psychanalyse « l'arme ultime contre le fascisme, l'antisémitisme et tout autre parti-pris illibéral » (Kurzweil, *op. cit.* p. 294). La tentative qui eut le plus d'influence, appartenant à la série de *Studies in Prejudice*, sera examinée au chapitre suivant, mais les théories de cet acabit réapparaissent sans discontinuer. En étudiant deux spécimens de ce genre, Katz remarquait que « ce genre de théories est dans la même mesure irréfutable et indémontrable », caractérisation qui, nous l'avons vu, a toujours été la marque de fabrique de la production théorique de la psychanalyse. Dans les deux cas qu'il avait examinés, Katz ne trouvait aucun rapport entre l'antisémitisme historiquement réel et la théorie psychanalytique. Il en concluait que « le fait que ces analogies [entre l'antisémitisme et certains cas cliniques d'obsession] soient tirées par les cheveux n'a pas l'air de troubler ceux qui interprètent toutes les affaires humaines en termes psychanalytiques. (« Misreadings in antisemitsm », *Commentary* 76, p. 41)

Il est toutefois remarquable de constater qu'à côté de cette entreprise avouée de pathologisation de l'antisémitisme, la théorie psychanalytique ne considère à aucun moment que l'identité juive puisse être un facteur explicatif pertinent du comportement. À l'instar de l'idéologie de gauche radicale, la psychanalyse est une idéologie messianique et universaliste qui s'efforce de subvertir les catégories sociales traditionnelles de la gentilité ainsi que la distinction même entre Juif et Gentil, tout en laissant ouverte la possibilité de la perpétuation de la cohésion du groupe juif, au prix d'un passage de celui-ci à l'état cryptique ou semi-cryptique. Et comme dans l'idéologie de gauche radicale, les catégorisations sociales de Juifs et de Gentils perdent de leur tranchant et n'ont aucune pertinence théorétique. Au cas où la psychanalyse deviendrait partie intégrante de la vision du monde des Gentils, l'antisémitisme en sortirait diminué : c'est ce que permet de prédire la théorie de l'identité sociale et c'est aussi ce qu'affirment les théories psychanalytiques de l'antisémitisme.

Gilman suggère que Freud, avec d'autres savants juifs de l'époque, avaient conçu des théories de l'hystérie en réaction à l'idée que les Juifs en tant que « race » étaient biologiquement prédisposés à l'hystérie. Prenant le contre-pied de cet argument fondé sur la race, Freud postulait l'existence d'une nature humaine universelle – « la base commune de la vie humaine » – puis tâchait d'expliquer les différences individuelles par l'influence de l'environnement qui émanait en dernier ressort d'une société répressive et inhumaine. Bien que le docteur Freud fût convaincu que la supériorité intellectuelle et morale des Juifs découlait d'une hérédité lamarckienne et était donc fondée sur la génétique, la psychanalyse niait officiellement la valeur des différences ethniques assises sur un fondement biologique, tout comme évidemment, le primat théorétique des différences ethniques ou des conflits ethniques en général. Le conflit ethnique [entre Juifs et Gentils, NdT] fut interprété par la théorie psychanalytique comme un phénomène secondaire qui dérivait de répressions irrationnelles, de projections et de formations réactionnelles ; en somme comme un indice de pathologie dans la gentilité, non pas comme un reflet du comportement réellement existant des Juifs.

J'ai remarqué que le chevauchement entre psychanalyse et idées de gauche radicale était fréquent chez les Juifs. Il n'y a rien là qui doive surprendre. Ces deux phénomènes sont au fond des réponses juives aux Lumières et au dénigrement subséquent de l'idéologie religieuse en tant que fondement du développement d'une identité individuelle ou collective intellectuellement légitime. Ces deux mouvements sont compatibles avec un fort attachement personnel à son identité juive et avec une certaine forme de perpétuation collective du judaïsme. En ce sens, Yerushalmi défend de façon convaincante l'idée que Freud se voyait comme un dirigeant du peuple juif et que sa « science » apportait une interprétation sécularisée des thèmes religieux juifs.

À vrai dire, la ressemblance entre ces mouvements est encore plus profonde. Aussi bien la psychanalyse que l'idéologie de gauche radicale présentent des critiques par lesquelles les institutions traditionnelles et les catégorisations socio-religieuses de la gentilité sont évaluées négativement. Ces deux mouvements, et singulièrement la psychanalyse, formulent leurs critiques dans le parler scientifique et rationnel qui est la *lingua franca* du discours intellectuel de l'époque post-Lumières. Cela n'empêche pas que ceux deux mouvements se développent dans une atmosphère lourdement politisée, malgré le vernis scientifique. Dans le cas de l'idéologie politique marxiste, cela n'a rien de surprenant, même si le marxisme a été souvent présenté par ses partisans comme étant le socialisme « scientifique ». La psychanalyse, de son côté, a été gênée dans sa quête de respectabilité par la coloration clairement sectaire et politique de ce mouvement qui arborait le masque de la scientificité.

La psychanalyse comme l'idéologie de gauche radicale ont souvent favorisé le sentiment d'une mission personnelle messianique promettant à la gentilité un monde utopique libéré de la lutte des classes, du conflit ethnique et des névroses handicapantes. Ces deux mouvements ont développé des conceptions très particulières de l'identité collective juive, dont le rôle était de guider les Gentils vers le monde futur utopique. Nous retrouvons le concept bien connu de la « lumière des nations », formulé dans des termes laïcs et « scientifiques ».

Les catégorisations sociales défendues par ces deux mouvements oblitéraient complètement la distinction entre Juif et Gentil et ces deux mouvements développèrent des idéologies qui faisaient de l'antisémitisme la conséquence de facteurs absolument étrangers à l'identité juive, à la continuité du groupe juif et à la compétition entre Juifs et Gentils pour les ressources. Dans les sociétés utopiques de l'avenir qu'ils promettaient, les catégories de Juif et de Gentil n'auraient en théorie aucune importance, mais les Juifs pourraient continuer à se reconnaître en tant que Juifs et l'identité collective juive pourrait se perpétuer, tandis que l'une des sources de l'identité des Gentils, à savoir la religion et, avec elle, le soutien à un fort investissement parental, était interprétée comme une aberration infantile. Les idéologies universalistes qu'étaient le marxisme et la psychanalyse étaient donc éminemment compatibles avec la perpétuation du particularisme juif.

À côté de ces fonctions, il n'est pas déraisonnable de penser que l'influence culturelle de la psychanalyse a pu avantager le judaïsme en accentuant le différentiel entre Juifs et Gentils sur le terrain de la compétition pour les ressources, bien qu'il n'y ait pas de raison de supposer une préméditation de cette conséquence par les chefs de ce mouvement. Compte tenu des différences moyennes considérables entre Juifs et Gentils quant à l'intelligence et à la tendance au fort investissement parental, il y a de très fortes raisons de croire que Juifs et Gentils ont des intérêts très différents en ce qui concerne l'édification de la culture. Les Juifs souffrent moins que les Gentils de l'érosion des tuteurs culturels qui soutiennent le fort investissement parental, et les Juifs profitent du déclin de la croyance religieuse chez les Gentils.

Comme le confirme Podhoretz, il est parfaitement avéré que des intellectuels juifs et des organisations juives comme l'AJCongress et les organisations sous domination juive comme l'American Civil Liberties Union, ont tourné en ridicule les croyances religieuses chrétiennes, ont tâché de saper la force sociale du christianisme et ont mené aux premiers rangs la lutte pour la levée de toutes les barrières contre la pornographie. Nous avons apporté dans ce chapitre des éléments qui indiquent que la psychanalyse était un mouvement intellectuel sous domination juive et une composante centrale de la guerre menée contre les tuteurs culturels qui soutenaient le fort investissement parental.

Sous ce rapport, il n'est pas anodin que Freud ait soutenu l'idée que le judaïsme en tant que religion n'était plus nécessaire, parce qu'il avait déjà rempli sa fonction, qui était de créer un caractère national juif, intellectuellement, spirituellement et moralement supérieur :

> ayant forgé le caractère des Juifs, le judaïsme en tant que religion avait rempli sa fonction vitale et pouvait donc être laissé de côté (Yerushalmi, *op. cit.* p. 52).

Les données que nous avons synthétisées dans ce chapitre montrent que Freud considérait que la supériorité juive sur le plan éthique, spirituel et intellectuel était génétiquement déterminée et que les Gentils étaient génétiquement prédisposés à tomber sous l'empire des sens et dans la brutalité. Selon Freud, le caractère national juif était déterminé génétiquement par le biais d'une hérédité lamarckienne qui agissait pendant des générations et qui provenait d'une expérience juive unique en son genre. Les données que j'ai passées en revue dans *A People That Shall Dwell Alone* indiquent qu'il y a de bonnes raisons de supposer l'existence d'une base génétique pour expliquer les différences de QI entre Juifs et Gentils et d'investissement parental, provoquées en dernier ressort par les pratiques religieuses juives pendant de longues périodes historiques (par le truchement de pratiques eugéniques, non par hérédité lamarckienne).

Étant donné que les différences entre Juifs et Gentils se sont établies par voie génétique, le degré d'investissement parental chez les Juifs est moins susceptibles de dépendre de la préservation de ses tuteurs culturels, comme c'est le cas chez les Gentils. La guerre menée par Freud contre la gentilité, passant par la facilitation de la recherche de la gratification sexuelle, l'abaissement de l'investissement parental et l'élimination des contrôles sociaux sur le comportement sexuel, était donc peu susceptible d'affecter Juifs et Gentils dans une mesure égale, ce qui devait exacerber les différences de compétitivité entre Juifs et Gentils, déjà non-négligeables, si l'on considère les matériaux réunis aux chapitres 5 et 7 de *A People That Shall Dwell Alone*.

Par exemple, des données indiquent que les adolescents les mieux doués, les plus riches et les plus instruits connaissent une maturation sexuelle relativement lente. Ces adolescents sont plus susceptibles de s'abstenir de rapports sexuels, de sorte que la liberté sexuelle et la légitimation du sexe hors mariage sont moins susceptibles de déboucher, en ce qui concerne ce groupe, sur des mariages prématurés, des familles mono-parentales et autres formes de l'investissement parental faible. Une plus grande intelligence est également associée à un âge de mariage plus tardif, un plus faible taux d'enfants naturels et un plus faible taux de divorce. Hyman fait remarquer que dans l'Amérique contemporaine, les familles juives connaissent un taux de divorce plus bas que les familles non-juives, un âge de mariage moyen plus tardif et un niveau plus élevé d'investissement dans les études des enfants.

Des études récentes indiquent que l'âge moyen du premier rapport sexuel est plus tardif chez les adolescents juifs que chez les autres et que le taux de grossesses non-désirées y est plus bas que chez tout autre groupe ethnique ou religieux des États-Unis. Comme la prospérité économique des Juifs est disproportionnée, les conséquences néfastes du divorce et de la mono-parentalité sur les enfants sont incontestablement atténuées chez les Juifs, étant donné que les tensions économiques qui accompagnent ces deux phénomènes y sont amorties.

Ces données indiquent que les Juifs ont été relativement isolés de ces courants tendant au faible investissement parental, caractéristiques de la société américaine depuis la révolution contre-culturelle des années 1960. Cette thèse s'accorde bien avec les données passées en revue par Herrstein et Murray qui montrent, preuves accablantes à l'appui, que les conséquences funestes des ébranlements qui ont affecté les mœurs sexuelles et maritales en Occident dans les trente dernières années ont été subies de façon disproportionnée dans les étages les plus bas de la répartition du QI et des richesses et ont donc touché un nombre de Juifs relativement faible.

À titre d'exemple, seules 2 % des Blanches dans la tranche du QI la plus élevée (125 et au-delà) et 4 % des Blanches dans la deuxième tranche (entre 110 et 125) ont eu des enfants naturels, contre 23 % dans la quatrième tranche (entre 75 et 90) et 42 % dans la cinquième tranche (QI inférieur à 75). Et le rôle causal de la pauvreté ne retire pas l'influence du QI. Les femmes pauvres à haut QI sont sept fois moins susceptibles de donner naissance à un enfant naturel que les femmes pauvres à faible QI. Qui plus est, le taux de naissances d'enfants naturels parmi les Noirs est passé de 24 % en 1960 à 68 % en 1991, alors que le même phénomène parmi les Blancs est passé de 2 % à 18 % dans la même période. Comme le QI moyen des Juifs aux États-Unis est d'environ 117 et que leur QI verbal est encore plus élevé, cette thèse implique que très peu de Juives font des enfants naturels et que celles qui en font sont très probablement plus riches, intelligentes et attentionnées que les mères seules typiques des basses classes cognitives.

La révolution sexuelle a donc été de peu de conséquence sur l'investissement parental chez ceux qui appartiennent aux classes cognitives supérieures. Ces résultats s'accordent aussi avec ceux de Dunne, qui portent sur l'héritabilité de l'âge du premier rapport sexuel, laquelle a augmenté depuis les années 1960. Dans la cohorte la plus jeune (individus nés entre 1952 et 1965), les facteurs génétiques expliquaient 49 % des variations entre femmes et 72 % des variations entre hommes, sans qu'il y ait d'influences environnementales partagées entre les deux sexes. Dans la cohorte la plus âgée (individus nés entre 1922 et 1952), les facteurs génétiques expliquaient 32 % des variations entre femmes et aucune variation entre hommes, et il y avait une forte composante environnementale partagée entre les deux sexes. Ces données indiquent que l'érosion des contrôles traditionnels sur la sexualité ont eu beaucoup plus d'effet sur ceux qui sont génétiquement prédisposés à la sexualité précoce et indiquent donc aussi, en croisant ces résultats aux données présentées plus haut, que les Gentils ont été bien plus touchés que les Juifs.

Bien que d'autres facteurs soient incontestablement présents, il est tout de même remarquable que la tendance croissante en direction d'un faible investissement parental coïncide largement avec le triomphe des critiques psychanalytiques et extrême-gauchistes de la culture américaine, incarnées par le succès politique du mouvement contre-culturel des années 1960. De 1970 à 1992, la proportion de familles mono-parentales est passée d'une sur dix à une sur trois, l'activité sexuelle des adolescents est montée en flèche, ainsi que la procréation précoce hors-mariage. Il y a un excellent corpus de preuves de la liaison entre mono-parentalité adolescente, pauvreté, manque d'instruction et manque de possibilités de développement pour l'enfant.

De fait, tous ces phénomènes funestes touchant à la famille connaissent une exacerbation depuis le milieu des années 1960, comme la chute tendancielle du taux de mariage, l'augmentation "cataclysmique" du taux de divorce et les taux de naissances d'enfants naturels. En ce qui concerne le divorce et les enfants naturels, les données indiquent une forte augmentation dans les années 1960, comparée aux décennies précédentes, qui se poursuit sur sa lancée jusqu'à aujourd'hui.

Les années 1960 représentent donc un tournant historique dans l'histoire culturelle américaine selon notre diagnostic, qui est compatible avec la thèse de Rothman & Lichter, lesquels interprètent ce virage des années 1960 comme ayant débouché sur un « individualisme expressif » au sein des élites culturelles et sur un déclin des tuteurs extérieurs du comportement, piliers de la culture protestante, jadis dominante. Ces auteurs mettent en valeur le rôle de la Nouvelle gauche à l'origine de ces changements ; j'insiste de mon côté dans le présent ouvrage sur les rapports étroits unissant psychanalyse et Nouvelle gauche. Ces deux mouvements étaient dirigés et dominés par des Juifs.

La révolution sexuelle est « le coupable le plus évident » du déclin de l'importance du mariage (Herrnstein & Murray, *The Bell Curve : Intelligence and Class Structure in American Life*, p. 544) et de son effet concomitant, le faible investissement parental.

> Ce qui est frappant dans la révolution sexuelle comme on le dit bien, c'est justement la profondeur de sa teneur révolutionnaire, aussi bien sur la sensibilité que sur la réalité. En 1965, 69% des Américaines et 65% des Américains de moins de trente ans disaient que le sexe avant le mariage était toujours ou presque toujours une mauvaise chose ; en 1972, ces chiffres étaient tombés à 24% et 21% (…) En 1990, seules 6 % des Britanniques, hommes et femmes confondus, pensaient que c'était toujours ou presque toujours une mauvaise chose. (Himmelfarb, *The De-Moralization of Society : From Victorian Virtues to Modern Values*, p. 236)

Bien qu'il y ait peu de raison de supposer que la bataille pour la liberté sexuelle, si capitale aux yeux de la psychanalyse, ait été livrée dans l'intention d'avantager les Juifs face aux Gentils dans la compétition pour les ressources, il n'en reste pas moins que la guerre intellectuelle menée par la psychanalyse contre la gentilité a très certainement provoqué cet avantage compétitif, bien au-delà du fait d'avoir émoussé le tranchant et l'importance de la différence entre Juif et Gentil au point de vue théorétique et bien au-delà du fait d'avoir produit des raisons « scientifiques » à la pathologisation de l'antisémitisme. Cette guerre a aussi élargi le fossé social entre d'une part une « élite cognitive » où la présence juive est disproportionnée, et d'autre part une masse d'individus intellectuellement incompétents, irresponsables en tant que parents, disposés à solliciter les assurances sociales, à manifester des comportements criminels, à être atteints de maladies mentales et à consommer abusivement des substances narcotiques.

Même si la psychanalyse connaît un déclin à l'heure actuelle, surtout aux États-Unis, l'expérience historique suggère que d'autres structures idéologiques tâcheront de réaliser certains des objectifs que se proposait la psychanalyse. Comme il l'a montré dans toute son histoire, le judaïsme continue de faire preuve d'une flexibilité extraordinaire quand il s'agit de légitimer la perpétuation de l'identité juive collective et du séparatisme génétique. Comme nous l'avons indiqué au deuxième chapitre, beaucoup de savants juifs continuent de façonner les sciences sociales de façon à servir les intérêts du judaïsme et à développer de puissantes critiques des théories perçues comme contraires aux intérêts en question. La mise hors d'usage de la psychanalyse en tant qu'arme de combat dans ces batailles n'aura pas de lourdes conséquences sur l'effort de guerre.

Chapitre V

L'École de Francfort et la pathologisation des loyautés non-juives

> La haine et la volonté de sacrifice (...) s'alimentent à l'image des ancêtres asservis, non point à l'idéal des petits-enfants libérés.
>
> Walter Benjamin,
> *Thèses sur le concept d'histoire, XII*

> Écrire un poème après Auschwitz est barbare.
>
> T. W. Adorno, *Prismes*

Partie 1

La vision politique de l'Institut de Recherche Sociale de Francfort

Aux chapitres II et IV, nous avons déroulé le fil de plusieurs théories échafaudées par des savants juifs, lesquels semblent avoir été influencés par des intérêts politiques spécifiquement juifs. Nous poursuivrons cet examen au présent chapitre en nous penchant sur *La Personnalité autoritaire*. Cet ouvrage classique de psychologie sociale fut parrainé par le Département de Recherche Sociale de l'American Jewish Committee (désormais AJCommittee) dans le cadre d'une série intitulée *Studies in Prejudice*. Cette série d'ouvrages était étroitement liée à la dite École de Francfort, constituée essentiellement d'intellectuels juifs associés à l'Institut de Recherche Sociale, apparu en Allemagne sous la république de Weimar. Les membres de la première génération de cette école étaient tous des Juifs ethniques et l'Institut lui-même fut fondé par un millionnaire juif du nom de Felix Weil. L'ambition qu'avait Weill de « parrainer la gauche » fut couronnée d'un succès extraordinaire : au début des années 1930, l'université de Francfort était devenue un bastion de la gauche universitaire, « où se concentraient toutes les idées qui comptaient dans le domaine de la théorie sociale » (Wiggershaus, *The Frankfurt School : Its History, Theories and Political Significance*, p. 121). À cette époque, on parlait communément de la sociologie comme d'une « science juive » et les Nazis considéraient Francfort comme « la nouvelle Jérusalem sur le Jourdain de Franconie » (*ibidem* p. 112-113).

Les Nazis considéraient l'Institut de Recherche Sociale comme une organisation communiste. Six semaines après l'accession de M. Hitler au pouvoir, l'Institut fut fermé au motif qu'il « encourageait des activités hostiles à l'État ». Même après son émigration aux États-Unis, l'Institut continuait d'être globalement perçu comme une vitrine communiste à cause de ses partis pris marxistes, et parce qu'il tâchait toujours de ne pas trahir la gauche « tout en contestant les soupçons en ce sens » (*ibid.* p. 251).

Gershom Sholem, théologien et historien de la religion israélien, disait que l'École de Francfort était une « secte juive », jugement soutenu par de nombreux éléments qui montrent une très forte identification juive chez quantité de ses membres. La série *Studies in Prejudice* était placée sous la responsabilité de Max Horkheimer, un des directeurs de l'Institut. Horkheimer était un « patron universitaire » très charismatique qui rappelait constamment à ses associés qu'ils formaient une élite choisie, tenant entre ses mains le développement de la 'Théorie' » (*ibid.* p. 2). Horkheimer se reconnaissait tout à fait comme juif, comme ses derniers écrits le manifestent de plus en plus clairement. Mais son adhésion au judaïsme, marqué par la présence de thèmes religieux spécifiquement juifs, se reconnaît déjà dans ses écrits d'adolescent et de jeune adulte. Au crépuscule de sa vie, Horkheimer accepta entièrement son identité juive et réalisa une grande synthèse entre le judaïsme et la Théorie critique (tel est le nom donné au corpus doctrinal de l'École de Francfort). Preuve de la profondeur de l'attachement de cet auteur au judaïsme, il écrivit en 1947 que le but de la philosophie était de justifier et de venger l'histoire juive :

> Les martyrs anonymes des camps de concentration sont les symboles de l'humanité qui s'efforce de naître. La tâche de la philosophie est de traduire ce qu'ils ont fait en un langage qui pourra être entendu, même si leurs voix

mortelles ont été réduites au silence par la tyrannie. (*The Eclipse of Reason*, p. 161)

Tar expliquait que l'inspiration de Horkheimer découlait de sa volonté de laisser de côté le judaïsme tout en conservant son attachement à la foi de ses pères. Il ne faut pas s'étonner de la distance qui le sépare de la culture allemande :

> À peine arrivé de ma patrie de Palestine, j'acquis avec une célérité étonnante les rudiments de la langue allemande écrite, mais cet essai fut rien moins que facile à écrire. Mon style ne porte pas la marque de la facilité et du génie. J'ai tâché de communiquer en m'aidant de ce que j'avais lu et entendu, réunissant inconsciemment des fragments d'une langue issue d'une mentalité étrange. Comment un étranger pourrait-il faire autrement ? Mais ma détermination eut le dernier mot, parce que le message mérite d'être transmis, quelles que soient ses faiblesses stylistiques. (Horkheimer in Tar : *The Frankfurt School : The Critical Theories of max Horkheimer and Theodor Adorno*, p. 60)

T. W. Adorno, auteur principal des études sur la personnalité autoritaire que nous allons examiner ci-après, était lui aussi aussi directeur de l'Institut. Il avait avec Horkheimer des rapports professionnels si étroits que ce dernier écrivit qu'il était « difficile de discerner les idées qui avaient germé dans son esprit et celles qui venaient du mien ; notre philosophie est une » (*ibidem*, p. vii). À partir de 1940, les thèmes juifs prirent de plus en plus d'importance dans les écrits d'Adorno, en réaction à l'antisémitisme nazi. De fait, une bonne partie de sa production ultérieure peut être considérée comme une réaction à l'Holocauste, comme l'indique sa fameuse remarque : « écrire un poème après Auschwitz est barbare » et sa question de savoir « si après Auschwitz on peut encore vivre, s'il en a tout à fait le droit celui qui par hasard y échappa et qui normalement aurait dû être assassiné. » (*Negative Dialectics*, p. 363)

Tar fait remarquer que cette dernière remarque voulait dire qu' « aucune espèce de sociologie n'était possible sans une réflexion sur Auschwitz et sans le souci de rendre impossibles de nouveaux Auschwitz ». Autrement dit, « l'expérience d'Auschwitz devenait une catégorie historique et sociologique absolue » (*op. cit.*, p. 165). À l'évidence, la conscience juive et l'attachement au judaïsme étaient particulièrement vifs chez les responsables en chef de cette série d'études.

Au premier chapitre du présent ouvrage, nous avons montré que depuis l'époque des Lumières, beaucoup d'intellectuels juifs avaient entrepris de critiquer radicalement la culture des Gentils. Horkheimer pour sa part percevait avec beaucoup d'acuité le lien étroit qu'il y avait entre assimilation juive et critique de la gentilité, affirmant notamment que « l'assimilation et la critique ne sont que les deux moments d'un même processus d'émancipation » (*Critique of Instrumental Reason*, p. 108). Un des thèmes constants de la Théorie critique d'Horkheimer et Adorno était l'idée de la transformation de la société conformément à des principes moraux. Depuis les débuts, ils rejetèrent l'exclusion des jugements de valeur en sciences humaines (« le fétichisme des faits ») pour faire place à la perspective morale selon laquelle les sociétés existantes, qu'elles soient capitalistes, fascistes ou même staliniennes, devaient être transformées en utopies où régnerait le pluralisme culturel.

De fait, longtemps avant la parution des *Studies in Prejudice*, la Théorie critique avait développé l'idée que les sciences sociales positivistes (autrement dit, orientées vers l'étude des faits) avaient partie liée à la domination et à l'oppression. Horkheimer écrivit en 1937 que « si la science suit en bloc la direction de l'empirisme et si l'intellect renonce à sa tâche opiniâtre et confiante qui est d'examiner le buissonnement des observations, pour en savoir davantage sur le monde que ce qu'en dit la presse quotidienne bien-pensante, alors elle participera passivement au maintien de l'injustice universelle » (*in* Wiggershaus, *op. cit.* p. 184).

Le caractère non-scientifique d'une telle entreprise apparaît également dans la façon dont on traitait le désaccord au sein de l'Institut. Adorno écrivit ce qui suit, au sujet de l'œuvre de Walter Benjamin : « J'en suis venu à la conviction qu'il n'y avait *rien* dans ses ouvrages qui ne pût être défendu du point de vue du matérialisme dialectique » (*ibidem* p. 161 ; souligné dans le texte). Quant à Erich Fromm, il fut expulsé du mouvement dans les années 1930 à cause de son humanisme gauchiste (lequel condamnait l'autoritarisme du rapport entre le psychanalyste et son patient), jugé incompatible avec l'autoritarisme gauchiste qui faisait partie intégrante de la ligne défendue à l'époque par Adorno et Horkheimer : « [Fromm] prend ses aises avec la notion d'autorité, sans laquelle, après tout, ni avant-garde léniniste ni dictature ne seraient concevables. Je l'exhorte à lire Lénine (…) Je dois vous dire que je perçois dans cet article une véritable menace à la ligne défendue par le journal » (Adorno, *in* Wiggershaus, *op. cit.* p. 266).

Fromm fut donc exclu de l'Institut bien qu'il comptât parmi les plus radicaux de la gauche issue du camp psychanalytique. Pendant toute sa carrière, Fromm incarna la gauche psychanalytique dont la thèse est que la société bourgeoise-capitaliste et le fascisme découlent de distorsions atroces imprimées à la nature humaine (et qu'ils entretiennent en retour). De même, Herbert Marcuse fut exclu lorsque ses opinions marxistes orthodoxes ne correspondaient plus aux nouvelles options idéologiques d'Adorno et d'Horkheimer.

Ces tendances à l'exclusivisme sont devenues manifestes lors des tentatives avortées de restauration du journal de l'Institut dans les années 1950. Il fut décidé qu'il y avait trop peu de contributeurs en accord avec la ligne Adorno-Horkheimer pour soutenir l'effort journalistique, ce qui mit fin au projet. Pendant toute la durée de l'existence de l'Institut, la qualité de membre impliquait qu'il fallait accepter de soumettre ses travaux à de lourdes révisions et même à leur censure, afin d'assurer leur conformité à une position idéologique nettement définie.

Comme sa nature de mouvement politique très autoritaire pouvait le laisser présager, l'École de Francfort produisit un corpus spéculatif et philosophique qui en dernière analyse n'eut aucune influence sur la sociologie d'orientation empirique, bien qu'elle eût, comme nous allons le voir, une influence profonde sur la théorie dans le monde des lettres et de la philosophie. (Il faut faire une exception pour *La Personnalité autoritaire*, qui fut un livre très influent et qui avait une sorte de base empirique.) Ce corpus théorique ne saurait être qualifié de science à cause du rejet de l'expérimentation, de la quantification et de la vérification, et à cause de la préséance donnée aux objectifs politiques et moraux sur l'examen de la nature de la psychologie humaine et sociale.

Cette préséance accordée par la Théorie critique aux objectifs politiques et moraux est essentielle pour comprendre l'École de Francfort et son influence. Horkheimer et Adorno finirent par rejeter le point de vue marxiste classique insistant sur la lutte des classes pour expliquer l'essor du fascisme, à la faveur d'une perspective dans laquelle le fascisme et le capitalisme étaient saisis sous le prisme de la domination et de l'autoritarisme. En outre, ils tâchaient d'expliquer que la perturbation des rapports parents-enfants, impliquant la répression de la nature humaine, était une condition nécessaire de la domination et de l'autoritarisme.

Évidemment, ce point de vue s'accordait bien à la théorie psychanalytique, qui était l'un des fondements de leur pensée. Presque dès le départ, la psychanalyse avait un statut respecté à l'Institut de Recherches Sociales, sous l'influence d'Erich Fromm en particulier. Fromm siégeait à l'Institut Psychanalytique de Francfort en même temps qu'à l'Institut de Recherche Sociale ; en compagnie d'autres « freudiens de gauche » comme Wilhelm Reich puis Herbert Marcuse, il développa des théories associant marxisme et psychanalyse qui établissaient des liens théoriques entre la répression des instincts dans le contexte des rapports familiaux (chez Fromm, il s'agit du développement dans le cadre familial de traits de caractère sado-masochistes et anaux) et le développement de structures sociales et économiques oppressives.

Il n'est pas inintéressant de remarquer que malgré l'hostilité des horkheimeriens à l'égard des sciences expérimentales et de la philosophie positiviste des sciences, ils n'éprouvèrent nul besoin d'abandonner la psychanalyse. De fait, la psychanalyse « était la pièce centrale justifiant, aux yeux d'Horkheimer et de ses collègues théoriciens, l'idée que les grandes avancées pouvaient être faites – et même mieux faites – sans passer sous les fourches caudines de la spécialisation disciplinaire » (Wiggershaus, *op. cit.* p. 186). Il faut comprendre que la psychanalyse, en tant que structure herméneutique sans fondement empirique (mais qui se fait passer pour scientifique) a servi d'instrument infiniment malléable dans les mains de ceux qui cherchaient à édifier une théorie orientée vers des buts strictement politiques.

Pour Horkheimer et Adorno, le virage qui les fit passer dans les années 1940 de la sociologie à la psychologie était motivé par le fait qu'en Allemagne, le prolétariat avait succombé au fascisme et que le socialisme en Union Soviétique n'avait pas empêché le développement d'un pouvoir autoritaire qui ne garantissait ni l'autonomie individuelle ni les intérêts du groupe juif. C'est l'autoritarisme qui était devenu le problème de fond, selon cette nouvelle approche. Ses origines remontaient aux interactions familiales et en dernière analyse, à la répression de la nature humaine. Toutefois, les contours de cette théorie se dessinaient déjà dans un texte de 1936 intitulé *Études sur l'autorité et la famille*, qui présentait la théorie psychanalytique de Fromm sur les rapports familiaux « sado-masochistes » et leurs liens supposés avec le capitalisme bourgeois et le fascisme.

Cette approche philosophico-spéculative de l'antisémitisme se trouve à l'état raffiné dans le chapitre qu'Adorno et Horkheimer ont consacré à l'antisémitisme dans la *Dialectique de la Raison*, de 1944. Outre son abstraction et sa terminologie hégélianisante, l'ouvrage se contente d'affirmations : les énoncés portant sur l'antisémitisme sont purement et simplement affirmés, sans tentative d'aucune sorte de les justifier empiriquement. Comme le fait remarquer Jacob Katz, l'École de Francfort « n'est pas reconnue pour la précision de son évaluation de la situation juive, que ce soit avant ou après l'avènement du nazisme » ('Misreadings of Antisemitism', *Commentary*, 1983). Quoi qu'il en soit, beaucoup d'idées qui y sont affirmées dans une langue philosophique annoncent les théories de l'antisémitisme contenues dans *La Personnalité autoritaire*. Et de fait, les deux auteurs voyaient ce chapitre de la *Dialectique de la Raison* comme le cadre théorique préalable à une future enquête empirique sur l'antisémitisme. Par conséquent, *La Personnalité autoritaire* peut être vue comme la réalisation de cette ambition de donner une base empirique à la théorie, bien que celle-ci fût élaborée *a priori* et ne fût pas considérée par ses auteurs comme susceptible d'être vérifiée ou réfutée par l'expérimentation.

> Tout se passe comme si Horkheimer considérait le projet portant sur la dialectique et le projet portant sur l'antisémitisme comme deux éléments distincts qui se rapportaient l'un à l'autre comme une théorie abstraite se rapporte à son application à un domaine particulier, ou comme la logique hégélienne se rapporte à la philosophie hégélienne de l'histoire, du droit et de l'esthétique. Cette distinction entre les recherches théorétiques et les recherches empiriques n'allait-elle pas entraîner une autre distinction, qui donnait en secret à la théorie la dignité de la spéculation et la détachait de son ancrage empirique, caractéristique des sciences ? Le rôle de la recherche empirique, qui est d'interroger l'expérience, n'était-il pas ainsi nié et ravalé au rang d'une simple illustration de la théorie ? (...) Une autre question ouverte consisterait à se demander si leur enthousiasme pour la

théorie et leurs remarques méprisantes à l'endroit de la spécialisation disciplinaire en sciences, ne représentaient finalement pas autre chose que leurs valeurs et humeurs personnelles ; et si celles-ci à leur tour n'eurent pas une certaine influence sur la façon dont leur travail universitaire fut conduit et donc sur ses résultats – en particulier quand des influences extérieures les forçaient à prendre au sérieux les deux types de recherches. (Wiggershaus, *op. cit.* p. 320).

Le caractère non-empirique de la théorie de l'antisémitisme apparaissait tout aussi clairement à Adorno : « Nous n'avons jamais considéré la théorie comme un simple ensemble d'hypothèses, mais en un sens comme quelque chose qui se tenait sur ses deux jambes. Par conséquent, nous n'avons pas cherché à prouver ou à réfuter la théorie par des données, mais seulement à dériver d'elle des questions concrètes pour notre recherche, lesquelles doivent être jugées selon leur mérite propre et servir à établir certaines structures socio-psychologiques en vigueur » ('Scientific experiences of a European Scholar in America'). En réalité, ce sont les données qui doivent être jugées selon leur mérite propre, et comme nous allons le voir, il y a de bonnes raisons de penser que les procédures employées pour vérifier la théorie ont été poussées bien au-delà des limites de la pratique scientifique normale.

Fondamentalement, les études présentées dans *La Personnalité autoritaire* provenaient de la perception du besoin de développer un projet empirique de recherches qui servirait de soutien à une théorie de l'antisémitisme, politiquement et intellectuellement satisfaisante *a priori*, afin d'influencer le public savant américain. Comme l'affirmait Horkheimer en 1943 :

> Quand nous apprîmes que quelques-uns de nos amis américains attendaient d'un Institut de Sciences Sociales qu'il s'engageât sur la voie des études de problèmes sociaux pertinents, des expériences de terrain et autres enquêtes empiriques, nous fîmes de notre mieux, mais par nos inclinations personnelles nous étions attachés aux *Geisteswissenschaften* [aux humanités] et à l'analyse philosophique de la culture. (*in* Wiggershaus, *op. cit.* p. 252).

Il faut remarquer que Max Horkheimer justifiait en toute connaissance de cause le fait de mener une propagande politique par le moyen des méthodes de la science sociale. Il approuva avec enthousiasme l'idée d'incorporer des criminels dans le dispositif de l'enquête sociale : « La recherche pourrait donc se transformer *directement* en propagande. Si nous pouvions établir de façon crédible qu'un pourcentage particulièrement élevé de criminels sont des antisémites extrêmes, le résultat serait par lui-même déjà de la propagande. J'aimerais bien aussi essayer d'examiner des psychopathes, dans des asiles » (*op. cit*, p. 375 ; souligné dans le texte). Ces deux groupes, prisonniers et malades mentaux, furent incorporés dans l'étude.

Un des thèses centrales de la *Dialectique de la raison* veut que l'antisémitisme provienne d'une « volonté de détruire, née d'un faux ordre social » (p. 168). L'idéologie qui attribue aux Juifs une variété de traits négatifs n'est d'après cette thèse qu'une projection qui aboutit à dresser un auto-portrait de l'antisémite. Les antisémites accusent les Juifs de vouloir le pouvoir, alors qu'en réalité les antisémites « désirent ardemment la possession totale d'un pouvoir sans limites, à n'importe quel prix. La culpabilité afférente, ils la transfèrent aux Juifs » (*Dialectic of Enlightment*, p. 169).

Les auteurs reconnaissent que l'antisémitisme est associé aux mouvements de la gentilité en faveur de la cohésion nationale. L'antisémitisme qui accompagne ces mouvements est interprété comme issu d'une « pulsion destructrice qui se déchaîne au sein de foules cupides », mais qui est manipulée par les élites non-juives qui cherchent à masquer leur propre domination économique. L'antisémitisme n'a pas d'autre fonction que de servir d'exutoire à la colère de ceux qui ont été frustrés économiquement et sexuellement.

Horkheimer et Adorno affirment que le fascisme moderne est au fond la même chose que le christianisme traditionnel, car l'un comme l'autre impliquent une volonté de s'opposer à la nature et de la subjuguer. Alors que le judaïsme est resté une « religion naturelle » soucieuse de préserver la vie nationale, le christianisme s'est orienté vers la domination et le refus de tout ce qui est naturel. Employant un argument qui ressemble fort à celui de Freud dans *L'Homme Moïse et la religion monothéiste*, l'antisémitisme religieux est expliqué comme « relevant de la haine envers ceux qui n'ont pas fait le sombre sacrifice de leur raison (…) Les fidèles de la religion du Père sont détestés par ceux qui adhèrent à la religion du Fils (…), détestés comme sont détestés ceux qui en savent plus long. » (*ibidem*, p. 179)

Cette interprétation de l'antisémitisme comme dérivant fondamentalement d'un refus de la nature est au cœur des *Studies on Prejudice*, et en particulier de *La Personnalité autoritaire*. Ce refus de la nature aboutit à la projection des caractéristiques du moi sur l'environnement, et en particulier sur les Juifs. « Telles impulsions que le sujet ne reconnaît pas comme siennes même si elles le sont manifestement, sont attribuées à l'objet – à l'éventuelle victime. » (*ibid.* p. 187) Les pulsions sexuelles sont capitales dans ce mécanisme de projection : « Les pulsions sexuelles que l'espèce humaine a réprimées ont survécu et ont triomphé – chez les individus comme chez les nations – en transformant dans la pensée le monde environnant en un système diabolique. » (*ibid.*) Le déni chez les chrétiens en général, et la répression sexuelle en particulier, ont produit un maléfice dont fait partie l'antisémitisme par projection.

La théorie psychanalytique est convoquée pour expliquer ce processus mettant l'accent sur le refoulement de la haine envers la figure paternelle, argument qui sera repris dans *La Personnalité autoritaire*. Les pulsions agressives qui tirent leur origine du *ça* sont projetées dans le monde extérieur sous l'égide du *surmoi* : « L'action interdite qui se convertit en agression est généralement de nature homosexuelle. Par la peur de la castration, l'obéissance au père prend les devants au point d'anticiper la castration en adoptant approximativement dans sa conscience les émotions d'une petite fille, et ainsi la haine actuellement éprouvée pour le père est refoulée. » (p. 192)

Les actions illicites soutenues par de puissants instincts se transforment donc en agression, laquelle est ensuite projetée sur des victimes appartenant au monde extérieur, ce qui aboutit à des « attaques contre d'autres individus, par jalousie ou pour la simple joie de faire souffrir, à la façon dont celui qui a refoulé ses tendances à la bestialité chasse et torture un animal. » (p. 192) Peu après, les auteurs se plaignent de la « répression de la nature animale dans les méthodes scientifiques de domination de la nature » (p. 193). La domination de la nature, considérée comme centrale dans le christianisme et le fascisme, dérive donc en dernière instance de la répression de notre nature animale.

Partie 2

Horkheimer et Adorno se sont efforcés de mettre en valeur le rôle de la conformité dans la genèse du fascisme. Ils affirment que les stratégies du groupe non-juif en vue de sa propre cohésion se fondent sur une distorsion de la nature humaine – leitmotiv de la *Personnalité autoritaire*. Ils présupposent l'existence d'un moi naturel, non-conformiste et réfléchi, face à une société corrompue par le capitalisme ou le fascisme. Le développement massif des intérêts industriels et l'industrie culturelle propre au capitalisme tardif ont détruit chez la plupart des gens les puissances de la conscience de soi réfléchie, susceptibles de produire une « culpabilité réfléchie » (*Dialectic of Enlightment*, p. 198) à même de contrecarrer les forces menant à l'antisémitisme. Cette réflexion introspective s'était « émancipée » de la société et s'était même dirigée contre elle, mais sous la contrainte des forces susmentionnées, elle a fini par se conformer aveuglément aux valeurs de la société environnante.

Par conséquent, les humains sont décrits comme étant opposés par nature à la conformité exigée d'eux par une société très soudée. Comme nous allons le voir, une thèse dominante de la *Personnalité autoritaire* soutient que la participation des Gentils à des groupes soudés pourvus d'un haut niveau de conformité sociale est un trait pathologique, alors que, s'agissant des Juifs, le même genre de comportement relatif à la cohésion de groupe est tout simplement passé à la trappe. De fait, nous avons déjà souligné que la *Dialectique de la raison* définit le judaïsme comme supérieur au christianisme.

Ceci posé, l'élite non-juive est censée tirer profit de la situation en projetant l'hostilité des masses dans l'antisémitisme. Les Juifs sont la cible idéale de cette projection d'hostilité, parce qu'ils représentent l'antithèse absolue du totalitarisme :

> Le bonheur sans pouvoir, le salaire obtenu sans le travail, la patrie sans frontières, la religion sans mythe. Ces caractéristiques sont détestés par les dominants parce que les dominés aspirent secrètement à les posséder. Les dominants n'ont de position assurée que si leurs sujets transforment leurs aspirations en objets d'exécration. (*ibid.* p. 199)

Il faut en conclure que si les dominants acceptaient que leurs sujets fussent à l'image des Juifs, un point de rupture historique adviendrait :

> En surmontant cette maladie de l'esprit proliférant sur le terrain de l'affirmation de soi qu'aucune réflexion n'entame, l'humanité se développerait à partir d'un ensemble de races opposées pour devenir l'espèce qui, en tant que nature, est tout de même plus que la simple nature. S'émanciper individuellement et socialement de la domination, c'est s'opposer à la fausse projection, et plus aucun Juif ne ressemblerait au malheur aveugle qui fond sur lui comme sur tous les autres persécutés, qu'ils soient des animaux ou des hommes » (ibid. p. 200)

La fin de l'antisémitisme est donc vue comme une condition préalable au développement d'une société utopique et à la libération de l'humanité – jamais l'École de Francfort ne s'est autant rapprochée d'une définition de l'utopie. La société utopique envisagée laisserait le judaïsme se perpétuer en tant que groupe soudé, mais abolirait, en tant que manifestations morbides, les groupes non-juifs soudés, nationalistes et organiques fondés sur la conformité à des normes collectives.

Horkheimer et Adorno développèrent l'idée que le rôle spécifique du judaïsme dans l'histoire mondiale était de faire droit au concept de la différence, face à des forces d'homogénéisation considérées comme incarnant l'essence de la civilisation occidentale : « Les Juifs devinrent l'équivalent métaphorique de ce résidu social, gardien de la négation et la non-identité » (Jay, « The Jews and the Frankfort School : Critical Theory's Analysis of Anti-Semitism », *New German Critique # 19*, p. 148). Par conséquent, le judaïsme représente l'antithèse de l'universalisme occidental. La perpétuation et l'acceptation du particularisme juif devient le prérequis du développement de la société utopique de l'avenir.

Dans ces conditions, les racines de l'antisémitisme doivent se trouver dans la psychopathologie individuelle, pas dans le comportement des Juifs. Toutefois, Horkheimer et Adorno admettent d'une certaine façon que les caractéristiques réelles des Juifs ont pu jouer un rôle dans l'antisémitisme historique, mais nos deux auteurs expliquent qu'elles leur avaient été imposées. Les Juifs ont attiré le courroux des basses classes parce qu'ils étaient à l'origine du capitalisme :

> Au nom du progrès économique qui les met à bas de nos jours, les Juifs ont toujours été un caillou dans la chaussure des artisans et paysans déclassés

par le capitalisme. Mais ils font aujourd'hui à leur tour et à leurs dépens de la nature exclusive et particulariste du capitalisme (*ibid.* p. 175).

Mais cette fonction est considérée comme ayant été imposée aux Juifs, dont les droits dépendaient entièrement du bon vouloir des élites non-juives, jusqu'au dix-neuvième siècle inclus. Dans ces circonstances, « le commerce n'était pas leur vocation, c'était leur destin » (*loc. cit.*). La réussite des Juifs a fini par traumatiser la bourgeoisie non-juive, « qui devait faire croire à sa créativité » (*loc. cit*) ; son antisémitisme n'est donc que « la haine de soi, la mauvaise conscience du parasite » (*ibid.* p. 176).

Certains éléments montrent que le projet original d'études sur l'antisémitisme comprenait un examen plus élaboré des « traits de caractères juifs » qui menaient à l'antisémitisme, accompagné de propositions thérapeutiques. Las, « le sujet ne fut jamais mis à l'ordre du jour de l'Institut, soit que ses responsables craignaient de heurter la susceptibilité de la plupart des Juifs sur ce point, soit qu'ils ne voulaient pas être accusés de convertir le problème antisémite en un problème juif » (Wiggershaus, *op. cit.* p. 366). De fait, l'Institut était au courant que le Jewish Labor Committee avait mené une enquête en 1945 auprès des ouvriers américains, dont les récriminations au sujet des comportements des Juifs se basaient sur les rapports réels que les membres de la classe laborieuse étaient susceptibles d'entretenir avec les Juifs (cf. *Separation And Its Discontents*, deuxième chapitre). Adorno semblait d'avis que ces attitudes étaient « moins irrationnelles » que l'antisémitisme manifesté dans les autres classes sociales.

J'ai souligné que dans les idéologies de gauche radicale et la psychanalyse, la tendance lourde est à la critique systématique de la gentilité. Dans la série *Studies in Prejudice*, et singulièrement dans la *Personnalité autoritaire*, un thème dominant consiste à montrer que les affiliations collectives des Gentils, en particulier l'appartenance à des églises chrétiennes, le nationalisme et l'étroitesse des rapports familiaux, sont des expressions de maladie mentale. Au niveau le plus profond, le travail de l'École de Francfort vise à altérer les sociétés d'Occident pour les rendre imperméables à l'antisémitisme, par le moyen de la pathologisation des affiliations collectives non-juives. Et comme cet effort s'éloigne en fin de compte des solutions d'extrême-gauche qui avaient attiré tant d'intellectuels juifs du vingtième siècle, il conserve toute sa pertinence dans le contexte intellectuel et politique contemporain, post-communiste.

L'opposition des intellectuels juifs aux groupes non-juifs soudés et à l'homogénéité culturelle chez les Gentils n'a peut-être pas été assez mise en relief. J'ai fait remarquer au premier chapitre du présent ouvrage que les judéo-convers étaient sur-représentés parmi les humanistes de l'Espagne des quinzième et seizième siècles qui s'opposaient à la nature organiciste de la société espagnole, dont le centre de gravité était la religion chrétienne. J'ai fait remarquer également qu'une tendance lourde chez Freud était de se reconnaître franchement comme Juif tout en conceptualisant l'affiliation au christianisme comme une satisfaction de besoins infantiles.

De la même manière, on peut expliquer l'adhésion juive aux mouvements de gauche radicale, conformément à ce qui a été vu au troisième chapitre, par le fait que ces mouvements tâchaient de saper les affiliations collectives internes au groupe non-juif, comme le christianisme et le nationalisme, tout en permettant la perpétuation de l'identification juive. Les Juifs communistes de Pologne, par exemple, s'opposèrent aux aspirations nationalistes polonaises et après leur accession au pouvoir à la faveur de la fin de la Deuxième Guerre mondiale, ils liquidèrent les nationalistes polonais et ébranlèrent le rôle de l'Église catholique tout en mettant sur pied des structures économiques et sociales juives sécularisées.

Il est historiquement intéressant de remarquer que la rhétorique des antisémites allemands, du dix-neuvième siècle jusqu'à la période de Weimar, insistait sur le fait que les Juifs arboraient le libéralisme politique, lequel s'opposait à la structuration de la société en un groupe fortement soudé, tout en adoptant pour leur compte une cohésion de groupe inouïe qui leur permettait de dominer les Allemands. Pendant la période de Weimar, le publiciste nazi Alfred Rosenberg dénonçait le fait que les Juifs défendaient l'idée d'une société complètement atomisée tout en se gardant de s'impliquer dans ce processus. Tandis que le reste de la société devait être empêché de participer à des groupes fortement soudés, les Juifs « conservaient leur cohésion internationale, leur liens de sang et leur unité spirituelle » (Ascheim, « The Jew Within » : The Myth of « Judaization » in Germany, in *The Jewish Response to German Culture* :

From the Enlightment to the Second World War, p. 239).

Dans *Mon Combat*, Hitler affirmait nettement que l'adoption d'attitudes libérales de la part des Juifs était une tromperie recouvrant leur engagement racialiste et leur stratégie collective fortement unitaire : « Tout en paraissant déborder de « lumières », de « progrès », de « liberté », « d'humanité », il a soin de maintenir l'étroit particularisme de sa race » (p. 395 de l'édition N.E.L). Le conflit qui opposait la défense des idéaux des Lumières par les Juifs et leur comportement au quotidien n'a pas échappé à Klein :

> Agacés par l'esprit de clocher des autres peuples et peu enclins à adopter l'idée d'un État pluraliste, beaucoup de Gentils considéraient les expressions de fierté juive comme une subversion de leur égalitarisme « éclairé ». Le grand cas que les Juifs faisaient de la fierté nationale ou raciale renforçait chez les non-Juifs la perception du Juif en tant qu'agent de déstabilisation sociale. » (*Jewish Origins of the Psychoanalytic Movement*, p. 146).

Ringer, de son côté, fait remarquer que parmi les composantes de l'antisémitisme universitaire dans l'Allemagne de Weimar, se trouvait le sentiment que les Juifs s'efforçaient de miner les attachements patriotiques et la cohésion de la société. L'idée que l'analyse critique juive de la société non-juive avait pour but de dissoudre les liens de cohésion sociale était un lieu commun parmi les Allemands instruits, y compris chez les professeurs d'université. L'un d'entre eux définissait la juiverie comme « le parti classique de la décomposition nationale » (*in* Ringer, « Inflation, antisemitism and the German academic community of the Weimar period », *Leo Baeck Institure Year Book XXVIII*, p. 7).

Dans ces circonstances, le national-socialisme développa en opposition au judaïsme sa propre stratégie de groupe à forte cohésion, laquelle rejetait rondement les idéaux des Lumières tendant à une société atomisée fondée sur les droits de l'individu opposés à l'État. Comme je l'ai expliqué au cinquième chapitre de *Separation And Its Discontents*, le national-socialisme peut à cet égard être comparé au judaïsme, lequel a été au fond, dans toute son histoire, un phénomène de groupe où les individualités ont été submergées dans les intérêts du groupe.

Comme les matériaux passés en revue ici et dans les chapitres précédents le manifestent avec évidence, il existe au moins quelques savants et intellectuels juifs influents qui se sont efforcés de subvertir les stratégies de groupe des Gentils, tout en laissant ouverte la possibilité de la perpétuation du judaïsme en tant que stratégie de groupe à forte cohésion. Cette thèse est largement compatible avec le rejet constant, par l'École de Francfort, de toute forme de nationalisme. Il s'ensuit que l'idéologie de cette École peut être définie comme un individualisme radical assorti d'un mépris du capitalisme – un individualisme pour lequel toutes les formes de collectivisme non-juif sont des manifestations de pathologie sociale ou individuelle.

Dans l'essai de Horkheimer sur les Juifs allemands, les véritables ennemis des Juifs sont n'importe quelles collectivités des Gentils, et plus spécifiquement le nationalisme. Bien qu'aucune mention ne soit faite de la nature collectiviste du judaïsme, du sionisme ou du nationalisme israélien, les tendances collectivistes des sociétés non-juives modernes sont déplorées, le fascisme et le communisme au premier chef. Max Horkheimer prescrit à la gentilité un individualisme radical et l'acceptation du pluralisme, car les hommes auraient un droit inhérent à être différents des autres et à être acceptés par les autres dans leur différence. De fait, se différencier des autres revient à atteindre les plus hauts sommets de l'humanité. Pour finir, « aucun parti et aucun mouvement, ni de la Vieille gauche ni de la Nouvelle, ni aucune collectivité d'aucune sorte n'était du côté de la vérité (...) Les forces résiduelles en faveur d'un véritable changement ne se trouvaient que chez l'individu critique » (Maier, « Contribution to a critique of Critical Theory », in *Foundations of the Frankfurt School of Social Research*, p. 45).

Tirant la conséquence de cette thèse, Adorno adopta l'idée que le rôle premier de la philosophie était négatif et consistait à résister aux tentatives de doter le monde de quelque « universalité », « objectivité » ou « totalité » que ce fût, autrement dit de suspendre l'univers social à un seul principe organisateur qui homogénéiserait la société, s'appliquant à tous les hommes (cf. en particulier *Dialectique négative* et les explications du concept dans l'ouvrage de Jay, *Marxism and Totality : The Adventures of a Concept from Lukacs to Habermas*, p. 241-275). Dans *Dialectique négative*, l'exemple concentrant l'attaque est l'idée hégélienne d'une histoire universelle (qui est aussi un cheval de Troie chez Jacques Derrida, nous le verrons), mais le même genre d'argument s'applique à toute idéologie, le nationalisme par exemple, qui produit une universalité nationale ou pan-humaine. Par exemple, le principe de l'échange, caractéristique du capitalisme, se voit rejeté pour la raison qu'il rend les hommes commensurables entre eux et leur fait donc perdre leur particularités uniques. La science n'échappe pas à la condamnation à cause de sa tendance à rechercher les principes universels de la réalité (y compris de la nature humaine) et les différences quantitatives et mesurables entre les hommes, à la place des différences qualitatives. Chaque objet « devrait être respecté dans son unicité historique sans généralisation » (Landman, « Critique of reason : Max Weber to Jürgen Habermas », in *Foundations of the Franfkurt School of Social Research*, p. 123).

Comme l'écrivait Adorno dans *Minima Moralia* : « Face à l'unisson totalitaire qui proclame l'éradication de la différence en tant que fin en soi, il se peut que les dernières forces de libération doivent se retirer à titre provisoire dans la sphère individuelle » (p. 17). Au bout du compte, le seul critère qui définit une bonne société est qu'elle « permette à quelqu'un d'être différent sans avoir peur » (p. 131). Cet ancien communiste en arrivait à défendre l'individualisme le plus radical, au moins pour les Gentils. Comme nous l'avons vu au chapitre précédent, Erich Fromm, membre de l'Ecole de Francfort jusqu'à son exclusion, reconnaissait lui aussi l'utilité de l'individualisme en tant que prescription pour la gentilité, tout en restant fermement attaché à sa judéité.

Cohérent avec son insistance sur l'individualisme et sa glorification de la différence, Adorno défendait un scepticisme philosophique radical, lequel est absolument incompatible avec l'entreprise de science sociale qu'est la *Personnalité autoritaire*. De fait, il rejetait la possibilité même de l'ontologie (« réification ») parce qu'il voyait les positions opposées aux siennes comme soutenant en dernière analyse le totalitarisme. Étant donné qu'il se préoccupait des affaires juives et qu'il se reconnaissait franchement comme juif, il est raisonnable de penser que ces structures idéologiques sont au service de la justification du particularisme juif. Dans cette mesure, le judaïsme, comme tout autre entité historique particulière, doit rester au-delà de la prise du concept, à jamais incompréhensible dans son unicité et pour toujours opposé à toute tentative de développer des structures sociales homogènes dans la société entière. Toutefois, la perpétuation de son existence est garantie par un impératif moral *a priori*.

Cette exigence que la société non-juive adopte une organisation sociale fondée sur l'individualisme radical était en somme une stratégie excellente pour la perpétuation du judaïsme en tant que stratégie de groupe collectiviste et à forte cohésion. Les recherches synthétisées par Triandis sur les différences culturelles appliquées à la question de l'individualisme et du collectivisme, indiquent que l'antisémitisme atteint les niveaux les plus bas dans les sociétés individualistes, contrairement aux sociétés collectivistes et homogènes qui se tiennent à l'écart des Juifs. Au huitième chapitre d'*A People That Shall Dwell Alone*, nous avons vu que les sociétés européennes (sauf les exceptions notables du national-socialisme en Allemagne et de la période médiévale sous l'hégémonie religieuse chrétienne – deux périodes d'intense antisémitisme) se sont distinguées de toutes les autres sociétés économiquement avancées du monde ancien ou moderne, par leur attachement à l'individualisme. Mais comme je l'ai expliqué dans *Separation And Its Discontents* (chap. 3-5), la présence du judaïsme en tant que stratégie de groupe victorieuse et visible, provoque des réponses anti-individualistes dans la gentilité.

Les cultures collectivistes (Triandis place explicitement le judaïsme dans ce groupe) placent les objectifs et les besoins de l'endogroupe bien plus haut que les droits et les intérêts de l'individu. Elles cultivent un « attachement sans remise en question » à l'endogroupe, dont font partie le sentiment que les normes de l'endogroupe sont universellement valides (une forme d'ethnocentrisme), l'obéissance automatique aux autorités de l'endogroupe et la volonté de combattre et de mourir pour l'endogroupe. Ces caractères sont en général associés « à la méfiance vis-à-vis des exogroupes et au peu d'empressement à coopérer avec eux » (« Cross-cultural studies of individualism and collectivism », *Nebraska Symposium on Motivation 1989*, p. 55). Dans les cultures collectivistes, la moralité est comprise comme ce qui bénéficie au groupe ; l'agression et l'exploitation de l'exogroupe sont acceptables (*ibid*. p. 90).

Les gens qui appartiennent à des cultures individualistes, au contraire, manifestent moins de sentiments d'attachement à ceux de l'endogroupe. Les objectifs personnels sont prépondérants et la socialisation met l'accent sur la confiance en soi, l'indépendance, la responsabilité individuelle et la « recherche de l'identité » (Triandis, « Cross-cultural differences in assertiveness/competition vs. Group loyalty/cohesiveness », *Cooperation and Prosocial Behaviour*, p. 82). Les individualistes ont des attitudes plus positives à l'égard des inconnus et des membres de l'exogroupe et sont davantage susceptibles de se comporter avec empressement et altruisme vis-à-vis des inconnus. Comme ils sont moins conscients des frontières entre endogroupe et exogroupe, ceux qui appartiennent à des cultures individualistes sont moins susceptibles de se comporter négativement vis-à-vis de l'exogroupe. Ils expriment souvent leur désaccord à l'égard des décisions politiques prises dans l'endogroupe, manifestent peu de chaleur ou de loyauté à son endroit et n'éprouvent pas le sentiment d'un destin partagé avec les autres membres de l'endogroupe. L'opposition aux exogroupes existe dans les sociétés individualistes, mais elle est davantage « rationnelle », dans la mesure où est plus faible la tendance à supposer que tous les membres de l'exogroupe sont coupables des forfaits de quelques-uns. Les individualistes ont des attaches faibles à plusieurs groupes, alors que les collectivistes ont des attaches et une identification fortes à quelques endogroupes.

Par conséquent, on peut s'attendre à ce que des individualistes soient moins enclins à l'antisémitisme et plus disposés, face à un forfait juif, à condamner les transgressions de Juifs individuels, plutôt que de les déduire stéréotypiquement de leur race. Cela étant, les Juifs, en tant que membres d'une sous-culture collectiviste vivant dans une société individualiste, sont de leur côté plus enclins à voir la césure entre Juifs et Gentils comme tout à fait déterminante et à cultiver des opinions stéréotypiquement défavorables à l'égard des Gentils.

Pour le dire à la façon de Triandis, la difficulté intellectuelle fondamentale que présente la *Personnalité autoritaire* est que le judaïsme est lui-même une sous-culture fortement collectiviste dans laquelle l'autoritarisme, l'obéissance aux normes de l'endogroupe et la répression des intérêts individuels au nom du bien commun ont été d'une importance vitale tout au long de leur histoire. Ces mêmes caractéristiques chez les Gentils tendent à produire l'antisémitisme à cause des processus d'identité sociale. De la sorte, les Juifs perçoivent que leur intérêt vital est de défendre la cause de l'individualisme et de l'atomisation sociale dans la gentilité, tout en maintenant leur propre sous-culture collectiviste très élaborée. Telle est la perspective développée par l'École de Francfort, qui apparaît tout au long de *Studies in Prejudice*.

Ceci étant dit, nous allons voir que la *Personnalité autoritaire* va plus loin que la simple tentative de pathologiser les groupes non-juifs soudés, car elle tâche aussi bien de pathologiser en général le fonctionnement adaptatif des Gentils. La principale difficulté intellectuelle est que ce fonctionnement même, qui a été la clé du succès du judaïsme en tant que stratégie évolutionnaire de groupe, est conçu comme pathologique chez les Gentils.

Partie 3

Compte-rendu de la *Personnalité autoritaire*

La *Personnalité autoritaire* (Adorno, Frenkel-Brunswik, Levinson & Sanford, 1950) est un véritable classique des études de psychologie sociale. Cet ouvrage a suscité des milliers de travaux et il continue d'être cité dans les manuels, même si l'on voit apparaître depuis quelques années de plus en plus de critiques portant en particulier sur les thèses relatives aux liens entre le caractère personnel et les préjugés et l'hostilité entre groupes. Nathan Glazer a fait remarquer qu' » « aucun ouvrage de psychologie sociale publié après la Deuxième Guerre mondiale n'avait autant influencé la direction prise par la recherche empirique contemporaine dans les universités ». Malgré son influence, dès le départ, des problèmes techniques portant sur la construction des échelles et sur la conduite et l'interprétation des entretiens avaient été relevés, tant et si bien que la *Personnalité autoritaire* a fini par devenir une sorte de professeur par l'exemple négatif, montrant comment *ne pas* conduire une recherche en sciences sociales.

Ceci étant, malgré ses problèmes techniques relatifs à la construction de l'échelle de mesure d'origine, il ne fait aucun doute qu'il existe quelque chose comme de l'autoritarisme psychologique, au sens où il est possible de construire une échelle psychométrique fiable pour mesurer un tel concept. Comme l'échelle F [qui mesure le fascisme] de la *Personnalité autoritaire* était grevée d'un ensemble de parti-pris dans sa définition des réponses positives, des versions plus récentes de cette échelle de mesure ont tourné la difficulté, mais sans que les corrélations avec d'autres échelles en soient affectées. Toutefois, la validité de cette échelle de mesure du comportement autoritaire continue d'être contestée, contrairement aux autres échelles de mesure.

Quoi qu'il en soit, mon propre diagnostic mettra en évidence deux aspects de la *Personnalité autoritaire* qui sont au centre du projet politique de l'École de Francfort : 1) je mettrai en valeur la duplicité par laquelle le comportement des Gentils déduit de leur position élevée sur l'échelle F ou sur les échelles d'ethnocentrisme est interprété comme psychopathologique, alors que ce comportement même est au cœur du judaïsme en tant que stratégie évolutionnaire de groupe ; 2) je critiquerai l'idée que des mécanismes psycho-dynamiques perturbant les rapports entre parents et enfants soient au fondement de l'autoritarisme. Ces mécanismes hypothétiques forment l'essence subversive de ce livre que nous identifions comme de la propagande politique. Il n'est pas étonnant que cet aspect fortement contestable du projet ait souvent frappé les commentateurs. Altemayer fait remarquer que malgré le caractère « peu convaincant » des preuves scientifiques qui la soutiennent, l'idée que l'antisémitisme provient d'un dérangement dans les rapports entre parents et enfants s'est « diffusée si largement dans notre culture qu'elle est devenue un stéréotype » (*Enemies of Freedom : Understanding Right-Wing Authoritarianism*, p. 53). Précisons que le succès incroyable de la *Personnalité autoritaire* tient pour beaucoup à sa réception positive auprès des savants juifs qui dans les années 1950 jouaient un rôle éminent dans le monde universitaire américain et qui se préoccupaient beaucoup de l'antisémitisme.

Le caractère politique de la *Personnalité autoritaire* n'avait pas échappé aux psychologues traditionnels. Roger Brown écrivit que

> l'étude intitulée la Personnalité autoritaire a affecté la vie américaine : la théorie du préjugé qu'il établit fait désormais partie de la culture populaire et constitue une force opposée à la discrimination raciale. Est-elle vraie ?

Jugez-en par vous-mêmes (…) Cette étude ne laisse pas grand monde indifférent. La froide objectivité n'est pas le signe distinctif de cette tradition. La plupart de ceux qui ont participé à cette étude étaient profondément impliqués dans les questions sociales en discussion (*Social Psychology*, p. 479, 544).

Le dernier énoncé de Brown reflète bien l'impression du lecteur, à savoir que les opinions des auteurs ont beaucoup compté dans la conception de ces recherches et l'interprétation de leurs résultats.

Christopher Lasch est un bon exemple de lecteur, qui fit remarquer ce qui suit :

> Le dessein et le propos des *Studies in Prejudice* dictaient la conclusion que le préjugé, maladie mentale enracinée dans la structure de la personnalité 'autoritaire', ne pouvait être extirpé qu'en soumettant les Américains à quelque chose qui revenait à une psychothérapie collective – en les traitant comme les détenus d'un asile psychiatrique. » (*The True and Only Heaven : Progress and Its Critics*, p. 445)

Il s'agissait dès le départ de science sociale dirigée par une arrière-pensée politique : « en identifiant la 'personnalité libérale' comme l'antithèse de la personnalité autoritaire, ils posaient un signe égal entre la santé mentale en général et telle position politique autorisée. Ils défendaient le libéralisme (…) au motif que les autres positions s'enracinaient dans une pathologie du caractère » (*ibidem* p. 453).

La *Personnalité autoritaire* débute par un hommage à Freud en tant que figure tutélaire, en particulier parce qu'il a rendu le monde intellectuel « plus sensible à la répression des enfants (au sein du foyer et en dehors) et à l'ignorance naïve de la société à l'égard des dynamiques psychologique de la vie de l'enfant et de l'adulte » (p. x). Conformément à ce point de vue, Adorno et ses collègues « considèrent, avec la plupart des spécialistes en sciences sociales, que l'antisémitisme tient davantage à des facteurs subjectifs qu'aux caractéristiques réelles des Juifs » (p. 2). Les racines de l'antisémitisme sont donc à rechercher dans la psychopathologie des individus – « les couches profondes du caractère » (p. 9) – et non pas dans le comportement des Juifs eux-mêmes.

Le deuxième chapitre (écrit par R. Nevitt Sanford) consiste en des entretiens avec deux personnes, dont l'une se situe assez haut sur l'échelle de l'antisémitisme (Mack) et l'autre assez bas (Larry). Mack est assez ethnocentrique et à tendance à saisir les gens sous le prisme des rapports entre endogroupe et exogroupe, où l'exogroupe est stéréotypiquement vu comme sous un jour défavorable. Comme on pouvait s'y attendre en se fondant sur la théorie de l'identité sociale de Hogg & Abrams, Mack attribue des traits positifs à son propre groupe, les Irlandais, tandis que les autres groupes sont vus comme homogènes et menaçants. Si Mack est très conscient des groupes en tant qu'unités de classification sociales, Larry ne pense pas du tout le monde en termes de groupes.

L'ethnocentrisme de Mack est clairement désigné comme pathologique, mais jamais l'étude ne mentionne la possibilité que les Juifs puissent eux aussi suivre de semblables cheminements de pensée, comme il devrait s'ensuivre de l'extrême importance donnée aux rapports entre l'endogroupe et l'exogroupe dans la socialisation juive. De fait, au premier chapitre de *Separation and Its Discontents,* j'ai fait remarquer que les Juifs étaient plus susceptibles que les Gentils d'entretenir des stéréotypes négatifs sur les exogroupes et de voir le monde comme composé fondamentalement d'exogroupes homogènes, rivaux, menaçants et négativement stéréotypés. Qui plus est, nous avons réuni dans cet ouvrage des preuves abondantes qui montrent que les Juifs voient les Gentils (l'exogroupe) sous un jour défavorable. Cependant, comme nous allons le voir, le message de la *Personnalité autoritaire* est que le même genre d'attitudes chez les Gentils est attribuable à des influences pathologiques précoces sur le caractère.

Dans les chapitres 2, 3 et 4, se dégage un thème majeur, commun à tous les mouvements intellectuels juifs depuis le dix-neuvième siècle : échafauder des théories qui minorent l'importance des catégories sociales de Juif et de Gentil tout en permettant la perpétuation d'une fort attachement à la judéité. La tournure d'esprit de Larry, qu ne voit pas l'environnement social en termes de groupes est liée à l'absence d'antisémitisme, alors que l'antisémitisme de Mack est nécessairement lié à l'importance qu'il attribue aux groupes en tant que catégories sociales.

On peut remarquer l'influence de ces thèmes sur la construction des échelles de mesure aux chapitres 3 et 4 (écrits par Daniel J. Levinson).

Levinson remarque que les antisémites tendent à voir davantage les Juifs comme membres de groupes que comme individus, et il suggère que l'authenticité des rencontres individuelles avec des Juifs « semble dépendre en grande partie de la *capacité à individualiser les expériences* » (p. 95 ; souligné dans l'original). Levinson fait aussi remarquer que les individus qui appartiennent à des groupes pourvus d'une forte conscience de soi, comme les sororités étudiantes, sont plus enclines à l'antisémitisme (p. 104). Répétons qu'est impliquée l'idée que les fortes idéologies d'endogroupe devraient être réservées aux Juifs et sont dangereuses chez les autres. Ces résultats correspondent bien à l'examen des sociétés collectivistes et individualistes fait au début du présent chapitre : les Juifs, en tant que groupe fortement soudé, ont intérêt à défendre l'idée d'une société atomisée et individualiste dans laquelle les distinctions entre endogroupe et exogroupe n'apparaissent pas aux Gentils.

L'échelle de mesure de l'ethnocentrisme a trois sous-échelles : une qui concerne les attitudes à l'égard des Afro-américains, une autre qui concerne les attitudes à l'égard des minorités en général, et une troisième qui porte sur le patriotisme. Bien que la présentation de l'échelle de mesure de l'ethnocentrisme donne l'impression que les chercheurs étudient l'ethnocentrisme en général, en réalité les éléments de mesure sont taillés pour ne mesurer que l'ethnocentrisme parmi les causasoïdes chrétiens. Ceux qui ont un score élevé sur cette échelle ont des attitudes négatives envers les Afro-américains et les Juifs et des attitudes positives envers la majorité blanche et chrétienne. Un élément de cette échelle de mesure est le suivant : « Compte tenu de l'état d'urgence national actuel [Deuxième Guerre mondiale], il est capital de réserver les postes de hauts fonctionnaires aux Américains de souche, blancs et chrétiens ». Les réponses des Juifs conscients d'eux-mêmes, pour qui la distinction entre endogroupe et exogroupe est manifeste, donneront des résultats qui feront baisser leur score sur l'échelle de mesure de l'ethnocentrisme de Levinson.

Les éléments qui concernent l'antisémitisme impliquent que l'antisémitisme est l'idée non-juive que les Juifs forment un groupe distinct. Par exemple, un de ces éléments affirme : « Laisser des Juifs entrer dans un beau quartier aboutirait peu à peu à lui donner une atmosphère typiquement juive ». Brown fit le commentaire suivant :

> Comment pourrait-il en aller autrement ? Des Juifs vont certainement produire une atmosphère juive. Ce sera immanquablement le cas aux yeux de quiconque considère que les Juifs forment un groupe 'catégoriquement différent des non-Juifs'. Mais c'est justement cette mise en relief de la judéité qui est le commencement de l'antisémitisme, selon les auteurs de l'ouvrage. (*op. cit.* p. 483).

Le sous-entendu est que la mise en relief des catégories sociales de Juifs et de Gentils est le signe de l'antisémitisme chez les Gentils et indique donc des rapports perturbés entre parents et enfants. Cependant, un tel processus de catégorisation sociale est vital pour la perpétuation du judaïsme en tant que stratégie évolutionnaire de groupe.

Tout aussi ironique est l'inclusion de ces éléments dans l'échelle de mesure de l'antisémitisme : « Je ne peux pas m'imaginer me marier avec un(e) Juif(ve) » et « Il ne faut pas que les Juifs et les Gentils s'épousent ». Ce genre d'attitudes proviendraient donc de rapports perturbés entre parents et enfants et de la répression de la nature humaine, alors que le refus des mariages mixtes est chose commune chez les Juifs. De fait, la « menace » du mariage mixte a récemment suscité une crise dans la communauté juive et a stimulé les efforts visant à persuader les Juifs de se marier entre eux.

D'autres éléments de cette échelle de mesure reflètent des aspects du judaïsme en tant que stratégie évolutionnaire de groupe qui ont une solide base empirique. Par exemple, plusieurs éléments s'alarment de la perception du côté clanique des Juifs et de ses conséquences sur l'habitat et les pratiques commerciales. D'autres éléments s'alarment des idées selon lesquelles les Juifs pratiqueraient le séparatisme culturel et posséderaient pouvoir, argent et influence, sans rapport avec leur taille dans la population. Un autre élément reflète la sur-représentation des Juifs dans les mouvements de gauche et d'extrême-gauche : « Il semble qu'il y ait un courant révolutionnaire dans le monde juif comme le montre le fait qu'il y ait tant d'agitateurs et de communistes juifs ». Toutefois, les données réunies dans le présent ouvrage, dans *Separation and Its Discontents* et *A People That Shall Dwell Alone* montrent qu'il y a une part considérable de vérité dans ces généralisations. Le fait de réaliser des scores élevés sur l'échelle de l'antisémitisme pourrait tout simplement signifier qu'on est mieux informé, pas qu'on a eu une enfance perturbée.

L'échelle de mesure du patriotisme est particulièrement intéressante. Elle est conçue pour détecter les attitudes « d'attachement aveugle à certaines valeurs culturelles nationales, de conformité a-critique aux usages du groupe dominant et de rejet des autres nations en tant qu'exogroupes » (p. 107). Encore une fois, le fort attachement aux intérêts de son groupe chez les membres du groupe majoritaire est considéré comme pathologique, alors qu'aucune mention n'est faite des attachements au groupe parmi les Juifs. Le fait d'arborer et de défendre la discipline et la conformité dans le groupe majoritaire est un indice important de cette pathologie. Un élément dit : « Les formes mineures d'entraînement, d'obéissance et de discipline militaires, comme les exercices, les marches et les actions militaires simples devraient entrer dans les programmes scolaires ». Toutefois, aucune mention n'est faite de la discipline, de la conformité et de l'apprentissage de la cohésion de groupe en tant qu'idéaux guidant les stratégies des groupes minoritaires. Comme nous l'avons indiqué au septième chapitre de *Separation and Its Discontents*, la socialisation juive traditionnelle met beaucoup l'accent sur la discipline dans le groupe et l'inculcation de ses objectifs (autrement dit, la conformité).

Les résultats sont intéressants parce que l'essentiel de l'effort consiste à pathologiser les attitudes positives qui, chez les Gentils, vont dans le sens d'une stratégie de groupe fortement soudée et disciplinée, mais sans pour autant censurer le même genre d'attitudes chez les Juifs. Les gens qui réalisent des scores élevés sur l'échelle de l'ethnocentrisme et de l'antisémitisme ont assurément une forte conscience de l'appartenance à leur groupe. Ils se considèrent comme membres de groupes cohérents, lesquels comprennent dans certains cas leur groupe ethnique, et au niveau le plus haut, la nation. Ils voient sous un jour défavorable les individus des autres groupes et ceux qui dévient des objectifs et des normes de l'endogroupe. Au troisième chapitre, Levinson affirme que les antisémites veulent que leur propre groupe soit au pouvoir et valorisent l'esprit clanique, tout en condamnant les Juifs pour les mêmes raisons (p. 97). Aussi bien, les données rassemblées dans notre ouvrage s'accordent nettement avec l'idée que beaucoup de Juifs veulent que leur propre groupe soit au pouvoir et valorisent l'esprit clanique dans leur propre groupe, tout en le condamnant chez les Gentils. De fait, comme nous l'avons indiqué au début de ce chapitre, telle est précisément l'idéologie de l'École de Francfort, responsable de ces recherches.

Le point de départ des auteurs de la *Personnalité autoritaire* est que la conscience de groupe au sein du groupe majoritaire est pathologique car elle tend nécessairement à s'opposer aux Juifs en tant que groupe minoritaire soudé, non-assimilé et inassimilable. De ce point de vue, le but premier de la *Personnalité autoritaire* est de pathologiser les stratégies de groupe des Gentils tout en laissant ouverte la possibilité du judaïsme en tant que stratégie de groupe minoritaire.

Dans ce cadre, Levinson définit l'ethnocentrisme par la prédominance des perceptions relatives à l'endogroupe et à l'exogroupe, point de vue qui correspond à la théorie de l'identité sociale que je considère comme le meilleur candidat pour expliquer l'antisémitisme. Levinson conclut : « *L'ethnocentrisme est fondé sur une distinction englobante et rigide de l'endogroupe et de l'exogroupe ; il implique un imaginaire négatif et stéréotypé et des attitudes hostiles concernant les exogroupes et un imaginaire positif et stéréotypé et des attitudes dociles vis-à-vis des endogroupes, et une vision autoritaire des interactions entre groupes dans laquelle l'endogroupe est rigidement dominant, des exogroupes subordonnés* » (p. 130 ; souligné dans le texte).

Levinson fait remarquer plus bas que

> le 'besoin de l'exogroupe', propre à l'ethnocentrique, empêche son identification avec l'humanité en tant qu'ensemble, laquelle se retrouve dans l'anti-ethnocentrisme (p. 148).

Levinson croit manifestement que l'ethnocentrisme est un indice de maladie mentale et que l'identification à l'humanité est le sommet de la santé mentale, sans jamais en inférer que les Juifs sont peu susceptibles de s'identifier à l'humanité, étant donné l'importance de la distinction entre l'endogroupe et l'exogroupe, si essentielle au judaïsme. En outre, Levinson interprète l'exigence de l'assimilation des Juifs, formulée par l'antisémite Mack, comme l'exigence que « les Juifs se liquident, abandonnent complètement leur identité culturelle et adhèrent aux mœurs dominantes » (p. 97). Levinson voit l'exigence de l'assimilation et donc l'abandon des processus de catégorisation sociale rigide en endo et exogroupe comme un aspect de la psychopathologie antisémite de Mack, alors qu'il exprime nettement la volonté que l'antisémite s'identifie à l'humanité et abandonne les processus de catégorisation sociale distinguant l'endogroupe et l'exogroupe. De façon on ne peut plus claire, l'ethnocentrisme et sa catégorisation sociale concomitante en endogroupe et exogroupe doit être réservée aux Juifs et incriminée comme un trait pathologique chez les Gentils.

Les matériaux présentés dans notre présent ouvrage indiquent qu'un courant majeur de l'activité intellectuelle juive a consisté à promouvoir les opinions politiques de gauche et d'extrême-gauche chez les Gentils. Ici, Levinson relie l'ethnocentrisme au conservatisme économique et politique, sous-entendant que ces attitudes font partie d'une pathologie sociale plus vaste qui dérive en dernières instance de rapports perturbés entre parents et enfants. Levinson affirme qu'il y a un lien entre conservatisme politique, conservatisme économique (soutien à l'autorité et à l'idéologie politico-économique) et ethnocentrisme (stigmatisation des exogroupes). Toutefois, « le développement des points de vue de gauche et d'extrême-gauche s'accompagne en général d'un imaginaire et d'attitudes identiques à celles qui sous-tendent l'idéologie ethnocentrique : opposition à la hiérarchie et aux rapports de commandement et d'obéissance, rejet des barrières de groupe et de classe, insistance sur l'interaction égalitaire, et ainsi de suite » (p. 181).

Ainsi donc, la supériorité morale du rejet des barrières entre les groupes est affirmée par une publication officielle de l'AJCommittee, organisation qui se consacre à la défense d'un mode de vie où les barrières *de facto* entre les groupes et la dissuasion des mariages mixtes ont été et continuent d'être tout à fait essentielles et prises très à cœur par les militants juifs. Compte tenu des preuves écrasantes qui montrent que les Juifs soutiennent les projets politiques de gauche et d'extrême-gauche tout en continuant à se reconnaître franchement comme Juifs, on doit conclure que ces données confirment les analyses présentées jusqu'ici : le gauchisme chez les Juifs fonctionne comme un moyen de minorer l'importance de la distinction entre Juifs et Gentils parmi les Gentils, sans cesser de permettre sa continuation chez les Juifs.

Levinson avance ensuite une analyse aux conséquences considérables. Il présente des données qui montrent que les individus qui ont des préférences politiques qui ne sont pas celles de leurs pères réalisent des scores d'ethnocentrisme moins élevés que la moyenne. Il avance l'idée que la révolte contre le père est un indice prédictif du manque d'ethnocentrisme : « les ethnocentristes tendent à la docilité à l'égard de l'autorité de l'endogroupe, les anti-ethnocentristes tendent à la critique et à la rébellion, or (…) la famille est le premier et le plus typique des endogroupes. » (p. 192)

Levinson demande au lecteur d'envisager une situation avec deux générations : la première tend à un fort ethnocentrisme et au conservatisme politique, autrement dit, ils s'identifient à leur groupe ethnique et à ses intérêts économiques et politiques perçus. Pour prédire la reproduction de ces traits, il faut savoir si les enfants vont se rebeller contre leur pères. La conclusion de ce syllogisme, étant donné les valeurs qui sont implicites dans cette étude, est que la rébellion contre les valeurs parentales est psychologiquement saine parce qu'elle aboutit à une baisse des scores sur l'échelle de l'ethnocentrisme. Inversement, le manque de rébellion contre les parents est implicitement considéré comme pathologique. Ces idées sont développées dans les derniers chapitres de la *Personnalité autoritaire* et constituent un aspect essentiel du projet tout entier.

On se demande bien si ces savants défendraient autant l'idée que les enfants juifs devraient rejeter leurs familles en tant qu'endogroupe prototypique. La transmission séculaire du judaïsme a toujours exigé que les enfants acceptassent les valeurs de leurs parents. Au troisième chapitre du présent ouvrage, nous avons fait remarquer que les étudiants juifs d'extrême-gauche des années 1960 s'identifiaient fortement à leurs parents et au judaïsme, ce qui n'était pas le cas de leurs homologues non-juifs. J'ai aussi examiné les pratiques de socialisation par lesquelles les enfants juifs apprenaient à placer les intérêts de la communauté au-dessus de leurs intérêts individuels. Ces pratiques fonctionnent de façon à renforcer la loyauté à l'endogroupe juif. Pour le dire encore une fois, il y a là une duplicité implicite : la rébellion contre les parents et l'abandon absolu de toutes les références à l'endogroupe sont un zénith moral pour les Gentils, alors que les Juifs sont implicitement invités à maintenir et renforcer leur sentiment d'appartenance à l'endogroupe et à marcher sur les pas de leurs parents.

Partie 4

Compte-rendu de la *Personnalité autoritaire* (suite)

De même, concernant l'affiliation religieuse, R. Nevitt Sanford nous informe au sixième chapitre que l'appartenance aux différentes églises chrétiennes va de pair avec l'ethnocentrisme et que les individus qui se sont révoltés contre leurs parents, qui ont embrassé une autre religion ou qui ont quitté toute religion, réalisent des scores d'ethnocentrisme relativement bas. Ceci s'explique par le fait que l'adhésion à la religion chrétienne est positivement corrélée « au conformisme, au manque d'originalité, à la soumission à l'autorité, à la disposition à accepter la contrainte, à la disposition à penser en termes d'endogroupes et d'exogroupes et autres dispositions semblables ; et négativement corrélée à l'anti-conformisme, à l'indépendance, à l'intériorisation morale, et ainsi de suite » (p. 220). Encore une fois, les individus qui s'identifient fortement à l'idéologie du groupe majoritaire sont décrits comme atteints de maladie mentale, bien que le judaïsme doive forcément s'accompagner, en tant que religion viable, de semblables traits psychologiques. Sirkin et Grellong ont montré que lorsque les rapports entre parents et enfants étaient dégradés dans les familles juives et que les adolescents se révoltaient, les jeunes juifs tendaient à abandonner le judaïsme et à adhérer à des sectes religieuses. La dégradation des rapports entre parents et enfants permet de prédire un faible niveau d'acceptation à l'affiliation religieuse des parents, quelle que soit la religion en question.

La deuxième partie de la *Personnalité autoritaire* consiste en cinq chapitres écrits par Else Frenkel-Brunswik qui présentent des résultats d'entretiens liés aux thèmes examinés dans la première partie. Bien que ces résultats soient très problématiques du point de vue de la méthode, ils mettent en évidence de façon cohérente et compréhensible les différences de vies familiales entre les individus qui se situent au bas de l'échelle de l'ethnocentrisme et ceux qui réalisent les plus hauts scores sur la même échelle. Cependant, le tableau que nous découvrons est assez différent de celui que les auteurs de la *Personnalité autoritaire* voulaient nous présenter. Comme le confirment les réponses aux questions ouvertes du quinzième chapitre, les données recueillies tendent fortement à montrer que ceux qui se situent en haut de l'échelle de l'ethnocentrisme sont issus de familles très fonctionnelles, adaptatives, compétentes et attentionnées. Ces individus se reconnaissent dans leurs familles en tant qu'endogroupe prototypique et semblent disposés à reproduire ce modèle familial dans leurs propres vies. Au contraire, ceux qui ont réalisé des petits scores sur cette échelle semblent avoir eu avec leurs familles des rapports marqués par l'ambivalence ou la rébellion et reconnaissent peu leur propre famille en tant qu'endogroupe.

Frenkel-Brunswik commence par examiner les différences d'attitude à l'égard des parents et les différences dans les conceptions de la famille. Les individus à préjugés « glorifient » leurs parents et voient leur famille comme un endogroupe. Les individus qui se situent au bas de l'échelle, de leur côté, sont décrits comme ayant une vision « objective » de leurs parents, accompagnée d'une affection sincère. Pour que ces interprétations fussent crédibles, Frenkel-Brunswik devait montrer que les attitudes très positives manifestée par les individus du haut de l'échelle ne consistaient pas en une affection sincère, mais n'étaient que des façades masquant une hostilité refoulée. Toutefois, comme le fait remarquer Altemeyer :

> Il est au minimum possible que les parents [des individus du haut de l'échelle] aient été un peu meilleurs que la moyenne et que les rapports étroits qui sont décrits aient une explication qui repose tout simplement sur des faits et non pas sur des dynamiques psychiques » (*Right-Wing Authoritarianism*, p. 43).

J'irais plus loin que cet auteur en disant que les parents et les familles des individus en question étaient certainement « meilleurs » que les parents et familles des sujets du bas de l'échelle.

Le seul exemple d'affection sincère de la part d'un sujet situé au bas de l'échelle que mentionne Frenkel-Brunswik est celui d'une femme qui fait état de son désespoir d'avoir été abandonnée par son père. (Il semble que les données que nous examinerons ci-après montrent que ces situations d'abandon et d'ambivalence se retrouvent souvent chez les individus du bas de l'échelle). Ce sujet, F63, fait la remarque suivante : « Je me souviens que lorsque mon père est parti, ma mère est venue dans ma chambre et m'a dit : 'Tu ne verras plus jamais papa'. Elle me l'a dit comme ça. J'étais folle de tristesse, je me disais que c'était de la faute de ma mère. J'ai jeté des trucs, j'ai ouvert l'armoire et j'ai tout balancé par la fenêtre, j'ai arraché les draps du lit et j'ai tout jeté contre le mur' » (p. 346). Cet exemple montre certes un fort attachement entre père et fille, mais l'idée à retenir est que le rapport en question s'appelle abandon et non pas affection. Qui plus est, Frenkel-Brunswik affirme que certains sujets du bas de l'échelle « inhibent leur affects » à l'égard de leurs parents ; autrement dit, ils ne donnent aucune réponse émotionnelle quand il s'agit d'eux. Ceci posé, on se demande bien comment l'auteur peut prétendre que ces individus du bas de l'échelle auraient des rapports émotionnels sincèrement positifs vis-à-vis de leurs parents. Comme nous allons le voir, les données prises dans leur ensemble indiquent de très hauts niveaux d'hostilité et d'ambivalence chez les sujets du bas de l'échelle.

À l'opposé, les femmes situées en haut de l'échelle sont décrites comme se sentant « maltraitées » par leurs parents. Ce terme a des échos négatifs, mais ma lecture des matériaux publiés m'invite à croire que ces sujets expriment des sentiments négatifs à l'égard des punitions parentales ou de certaines injustices, mais dans le contexte d'une vie de famille globalement positive. Les rapports entre parents et enfants, comme tous les autres, peuvent être vus du point de vue de l'enfant comme contenant des éléments aussi bien positifs que négatifs, comme dans un livre de comptes en partie double. Les rapports humains en général ne sont pas susceptibles d'atteindre une perfection pour toutes les parties, à cause des divergences d'intérêts. Il s'ensuit qu'une relation parfaite du point de vue de l'un peut être vue comme étant de l'exploitation du point de vue de l'autre. Il n'en va pas autrement des relations entre parents et enfants. La définition d'une relation parfaite du point de vue de l'enfant serait déséquilibrée et ferait incontestablement pencher la balance au détriment des parents – c'est ce qu'on appelle habituellement une relation parent-enfant permissive ou laxiste.

Mon interprétation des études menées sur le terrain des interactions parents-enfants (ce point de vue est dominant) est que les enfants acceptent toujours un haut niveau de contrôle parental si leur rapport aux parents est globalement positif. La psychologie du développement emploie le terme de « style parental autoritaire » pour désigner une éducation dans laquelle l'enfant accepte le contrôle des parents dans le contexte d'un rapport aux parents positif en général. Bien que ces enfants ne se réjouissent pas toujours de cette discipline et de ces restrictions, ce style parental produit des enfants bien ajustés.

Dans ces conditions, un enfant peut très bien se plaindre de certains actes de ses parents dans le contexte de rapports familiaux globalement satisfaisants et psychologiquement, il n'y a aucun problème à supposer que l'enfant accepte d'avoir fait des besognes pénibles ou même d'avoir été rabaissée en tant que fille, sans que cela ne change son opinion de ses rapports avec ses parents, très favorable en général. Les exemples que prend Frenkel-Brunswik, décrivant des filles qui avaient une opinion très positive de leurs parents mais qui se plaignaient de certaines situations où on les forçait à faire des tâches ménagères, ou d'avoir été moins bien traitées que leurs frères, n'ont pas besoin d'être interprétés comme exprimant une hostilité refoulée.

Frenkel-Brunswik déclare qu'un tel ressentiment n'est pas « accepté par l'ego » de ces filles, remarque qui signifie à mon avis que ces filles ne considéraient pas que ce ressentiment remettait complètement en cause leur rapport à leurs parents. Voici l'exemple de ressentiment non-accepté par l'ego. F39 : Ma mère était « terriblement stricte avec moi pour tout ce qui concerne la tenue de la maison (…) J'en suis heureuse aujourd'hui, mais à l'époque je lui en voulais ». Ces femmes ne peuvent être qualifiées de malades que si l'on accepte l'interprétation psychodynamique qui veut que les rancunes normales liées au fait d'avoir été forcé de travailler sont des signes d'hostilité refoulée et de mécanismes rigides. Au bout du processus, cette hypothétique hostilité refoulée engendrée par la discipline parentale se mue en antisémitisme :

> Le déplacement de l'antagonisme refoulé envers l'autorité pourrait être une source, ou peut-être la source principale, de l'antagonisme envers les exogroupes (p. 482).

Tandis que les sentiments négatifs à l'égard des parents de ceux qui sont en haut de l'échelle du préjugé s'enracinent le plus souvent dans la discipline ou les corvées qui leur avaient été imposées à la maison, ces mêmes sentiments chez ceux du bas de l'échelle du préjugé s'enracinent dans des sentiments d'abandon et de perte d'affection (p. 349). Mais à propos de ces derniers, Frenkel-Brunswik insiste sur le fait que les abandons et les pertes affectives ont été franchement acceptés, acceptation qui selon elle rend impossible la maladie mentale. J'ai déjà parlé du sujet F63, qui avait été abandonnée par son père ; écoutons M55, situé lui aussi en bas de l'échelle : « Par exemple, il prenait des friandises comme des bonbons, faisait comme s'il allait nous en donner, puis les mangeait toutes en éclatant de rire (…) On aurait dit un monstre, bien que ce ne soit pas le cas en réalité » (p. 350). Il n'est pas surprenant que des exemples si clairs d'insensibilité du côté des parents soient restés gravés dans la mémoire du sujet. Toutefois, dans le monde renversé de la *Personnalité autoritaire,* le ressouvenir de tels épisodes est perçu comme un signe de bonne santé mentale chez les sujets, alors que l'évaluation franchement positive de la vie de famille de ceux du haut de l'échelle est considérée comme l'expression de couches profondes et inconscientes de maladie mentale.

La recherche contemporaine en psychologie du développement sur la parentalité autoritaire et les rapports parents-enfants chaleureux indiquent que les parents autoritaires réussissent mieux à transmettre leurs valeurs culturelles à leurs enfants. À la lecture des entretiens recueillis dans la *Personnalité autoritaire,* on ne manque pas d'être frappé par l'amertume de ceux du bas de l'échelle vis-à-vis de leurs parents, contrairement à ceux du haut de l'échelle qui expriment des opinions tout à fait favorables. Il est raisonnable de penser que ceux du bas de l'échelle tendent à la rébellion contre les valeurs de leurs parents, ce qui de fait est le cas.

Toutefois, la tromperie de la *Personnalité autoritaire* repose en partie sur le fait que le ressentiment exprimé par ceux du bas de l'échelle envers leurs parents est interprété comme le signe de l'absence de toute-puissance de la discipline parentale. « Comme le sujet typique du bas de l'échelle ne voit pas ses parents comme tout-puissants ou effrayants, il peut se permettre de donner libre cours à l'expression de son ressentiment sans trop de gêne » (p. 346). Dans ces conditions, les signes d'affection les plus ténus et les signes évidents de ressentiment chez les sujets de cette catégorie, sont interprétés par Frenkel-Brunswik comme exprimant une affection sincère, tandis que les opinions très favorables à l'égard de leurs parents exprimées par les sujets du haut de l'échelle, sont attribuées en dernière analyse à un autoritarisme parental extrême, ayant produit refoulements et dénis des fautes parentales.

Ces résultats illustrent excellemment les partis pris idéologiques de toute cette série d'études. Un psychologue du développement qui se pencherait sur ces données serait impressionné par le fait que les parents de ceux qui sont en haut de l'échelle ont réussi à inculquer à leurs enfants une notion très positive de la vie de famille, tout en les disciplinant. Comme nous l'avons indiqué plus haut, les spécialistes contemporains qualifient ce genre de parents d'autoritaires et leurs recherches confirment la thèse selon laquelle les enfants de ce type de parents acceptent bien les valeurs des adultes. Les enfants élevés dans ce type de familles ont des rapports étroits avec leurs parents et acceptent les valeurs parentales et les identifications de groupe. Par conséquent, si les parents acceptent des identifications confessionnelles, les enfants élevés dans ces familles sont davantage susceptibles de les accepter à leur tour. Et si ces parents tiennent l'instruction en haute estime, leurs enfants seront enclins à accepter l'idée que la réussite scolaire est une chose qui compte. Ces parents autoritaires donnent des modèles de comportement à leurs enfants et veillent à leur bonne application. La chaleur des rapports entre parents et enfants procure à ces derniers une motivation pour se conformer à ces modèles et veiller à ne commettre aucun débordement qui violerait ces normes de comportements de l'endogroupe (familial).

Le projet profondément subversif de la *Personnalité autoritaire* est de pathologiser ce genre de famille chez les Gentils. Mais comme l'affection parentale est considérée positivement dans leur théorie, il fallait que les preuves de l'affection envers les parents chez les sujets du haut de l'échelle fussent interprétées comme masquant une sourde hostilité aux parents ; tandis que ceux du bas de l'échelle devaient être considérés comme ayant des parents affectueux malgré les apparences superficielles du contraire. La rébellion contre les parents chez ceux du bas de l'échelle est donc comprise comme l'aboutissement naturel d'une éducation empreinte d'affection – notion ridicule pour dire le moins.

En somme, l'arrière-pensée de la *Personnalité autoritaire* est non seulement de saper la structure familiale chez les Gentils, mais aussi de subvertir les catégories fondamentales qui sous-tendent la société des Gentils. Les rédacteurs de la *Personnalité autoritaire* étudient la société pour saisir les variations entre familles : à un pôle celles qui répliquent les structures sociales en vigueur, à l'autre pôle celles qui produisent de la rébellion et du changement dans la structure sociale. Les premières sont très soudées, les enfants qui en sont issus ont un fort attachement d'endogroupe envers leur famille. Ces enfants acceptent fondamentalement les structures de catégorisation sociale de leurs parents, s'étendant à l'église, à la communauté et à la nation.

Cet attachement relativement fort à l'endogroupe tend, comme le laissait présager la recherche sur l'identité sociale, à produire des attitudes négatives à l'égard des individus qui appartiennent à d'autres religions, communautés et nations. Du point de vue des rédacteurs de la *Personnalité autoritaire*, ce genre de familles doit être logée à l'enseigne de la pathologie, nonobstant le fait que c'est exactement le genre de familles qui est nécessaire à la perpétuation d'une forte identité juive ; les enfants juifs doivent accepter le système de catégorisation sociale de leurs parents. Ils doivent voir leurs familles comme des endogroupes et en dernière instance accepter l'endogroupe représenté par le judaïsme. Encore une fois, la difficulté intellectuelle fondamentale qui affleure dans l'ouvrage tout entier est que son projet pathologise inévitablement, chez les Gentils, ce qui est de toute première importance pour la conservation du judaïsme.

Le succès des familles de ceux qui sont en haut de l'échelle, ayant réussi à transmettre les valeurs parentales, s'illustre par le fait que ces sujets se sentent obligés envers leurs parents. Remarquons ici la réponse du sujet F78, dont il est dit que « ses parents approuvent complètement ses fiançailles. Le sujet ne sortirait jamais avec un garçon que ses parents n'approuveraient pas » (p. 351). Nous sommes donc en présence d'une jeune femme qui va se marier avec un homme que ses parents approuvent et qui tient compte des avis de ses parents sur ces sujets : elle est considérée comme atteinte d'une maladie mentale. On se demande vraiment si Frenkel-Brunswik ferait le même diagnostic s'il s'agissait d'un sujet juif.

Une autre indication du caractère franchement positif des expériences familiales chez ceux du haut de l'échelle est qu'ils font souvent remarquer que leurs parents se préoccupent beaucoup de leur sort. Dans la vision du monde de Frenkel-Brunswik, c'est un nouvel indice de pathologie chez ceux du haut de l'échelle, lequel est étiqueté

« dépendance aliénante de l'ego » (p. 353) et « opportunisme flagrant » (p. 354).

Considérons par exemple cette réponse faite par un sujet du haut de l'échelle, F79 : « Je dis toujours que ma mère continue à s'occuper de moi. Vous devriez voir ce qu'il y a dans mes placards : des fruits, des jambons, des conserves (…) Elle adore rendre service aux gens » (p. 354). Ranger de telles expressions de sollicitude parentale dans la catégorie d'un syndrome pathologique est tout à fait sidérant. De même, Frenkel-Brunswik considère la remarque suivante d'une femme du haut de l'échelle comme caractéristique de l'opportunisme flagrant propre aux gens de sa catégorie : « Mon père se consacrait entièrement à sa famille – il suait sang et eau pour nous – il n'a jamais cédé à la boisson » (p. 365). Un autre sujet du haut de l'échelle (F24) affirme que son père est « merveilleux » en se justifiant ainsi : « Il ne vous refusera jamais un seul service » (p. 365).

Un évolutionniste interpréterait ces remarques comme signalant le fort investissement familial des parents des sujets du haut de l'échelle, qui font du bien-être de leur famille une haute priorité. Ils insistent sur le comportement adéquat de leurs enfants et ne rechignent pas à employer des punitions physiques pour contrôler leur comportement. Les données rassemblées par nos soins dans *A People That Shall Dwell Alone* (chap. 7) montrent que c'est exactement le type de parentalité qu'on retrouve chez les Juifs de l'Est dans les sociétés traditionnelles du *shtetl*. Dans ces sociétés, le fort investissement parental, la conformité aux pratiques parentales, en particulier la croyance religieuse, étaient de la plus haute importance. Dans ces communautés, les mères juives sont dites manifester une « sollicitude sans relâche » à l'égard de leurs enfants (Zborowski & Herzog, *Life Is with People : The Jewish Little-Town of Eastern Europe*, p. 193). Ces parents juifs de l'Est « consentent à des souffrances et des sacrifices sans bornes. Ils 'se tuent' pour leur progéniture » (*ibidem*. p. 294). En contrepartie, s'exerce un fort contrôle des parents sur leurs enfants, y compris des gronderies colériques et un emploi massif des punitions physiques sous le coup de la colère (*ibid* p. 336-337). Ces motifs de parentalité autoritaire, très intrusive, exigeante et créatrice de dépendance se perpétuent chez les juifs hassidiques contemporains. (Mintz, *Hasidic People : A Place in the New World*, p.

176 sq.)

Ce style parental à fort investissement, où de hauts niveaux de sollicitude se combinent à de puissants contrôles du comportement de l'enfant, aboutit efficacement à l'identification de l'enfant aux valeurs parentales juives traditionnelles. Accepter la religion des parents et la nécessité de choisir un conjoint qui leur sied, en évitant spécifiquement d'en prendre un parmi les Gentils, est la clé de voûte de ces valeurs. Le mariage avec un Gentil est un événement terrible, désastreux, qui indique « qu'il y a quelque chose qui cloche chez les parents » (Zborowski & Herzog, *op. cit.* p. 231). Pourtant, aux yeux de Frenkel-Brunswik, la sollicitude parentale, l'acceptation des valeurs des parents et leur influence dans les choix matrimoniaux sont des preuves de pathologie – des signes avant-coureurs du fascisme. Pour les Gentils, mais à ce qu'il semble, pas pour les Juifs, la rébellion contre les parents est le zénith de la santé mentale.

Les entretiens relatifs à la famille en tant qu'endogroupe sont particulièrement intéressants à cet égard. Les sujets du haut de l'échelle sont fiers de leurs familles, de leurs réussites et de leurs traditions. Usant d'une *chutzpah* rhétorique typique, Frenkel-Brunswik considère que ces expressions de fierté familiale « font valoir une famille homogène et totalitaire contre le reste du monde » (p. 356). Par exemple, le sujet F68, situé en haut de l'échelle, parle ainsi de son père : « Ses ancêtres étaient des pionniers – des chercheurs d'or assez riches. Tout le monde connaît les … du comté de … en cette qualité » (p. 357). Les sentiments de fierté personnelle et de fierté familiale sont des indices de maladie psychiatrique.

D'autres preuves que les rapports familiaux sont de meilleure qualité chez les sujets du haut de l'échelle apparaissent à la lecture des données relatives aux disputes entre parents. La remarque suivante a été faite par M41, un homme du haut de l'échelle, à qui l'on demandait comment s'entendaient ses parents : « Fort bien, je ne les entendais jamais se disputer ». À l'opposé, les conflits assez durs entre parents semblent chose commune dans les familles des sujets du bas de l'échelle, d'après leurs témoignages. M59 : « Bon, ce n'étaient que des disputes assez classiques. Peut-être qu'il avait tendance à élever la voix. (Pour quels motifs ?) Eh bien, pendant les dix premières années de mariage, mon père se saoulait assez souvent et frappait ma mère et ensuite, quand les enfants grandissaient, elle résistait à l'influence de mon père, même s'il contribuait financièrement à la famille (…) Il venait nous voir deux fois par semaine, parfois plus » (p. 369).

Voilà maintenant l'interprétation que Frenkel-Brunswik nous propose de ce tableau des conflits familiaux chez les sujets du bas de l'échelle :

> Ces témoignages illustrent leur franchise et leur perspicacité supérieure pour ce qui touche aux conflits entre parents (p. 369).

Le présupposé semble être le suivant : toutes les familles se caractérisent par l'alcoolisme, la démission, la maltraitance, les disputes et la quête narcissique du plaisir personnel en lieu et place de la satisfaction des besoins familiaux. La santé mentale des sujets du bas de l'échelle se mesure à leur conscience de la psychopathologie familiale, alors que les sujets du haut de l'échelle sont frappés d'aveuglement sur ces points et persistent à croire contre toute évidence que leurs parents se sacrifient pour eux, les aiment et leur apportent une discipline.

Nous voyons par cet exemple à quel point la théorie psychodynamique est utile pour créer une « réalité » politique effective. Un comportement qui ne correspondrait pas à cette théorie peut toujours être rattaché à la répression de conflits profonds, et des comportements véritablement pathologiques deviennent l'incarnation même de la sanité, pour la simple raison qu'ils sont consciemment reconnus. Frenkel-Brunswik invente le terme de « dénégation du conflit » pour décrire la « pathologie » des familles des sujets du haut de l'échelle. Ce terme fait écho à « dépendance aliénante du moi » et « maltraitance » que nous avons mentionnés plus haut. Ma propre lecture de ces entretiens me conduirait à qualifier ces rapports de « non-conflictuels », mais dans le monde renversé de la *Personnalité autoritaire*, l'absence de conflits apparents est le signe certain de la dénégation de conflits extrêmement durs.

Partie 5

Compte-rendu de la *Personnalité autoritaire* (suite et fin)

Quant aux rapports entre frères et sœurs, ils sont traités de la même manière. La bonne entente entre frères et sœurs décrite par les sujets du haut de l'échelle est pathologisée comme étant de « l'idéalisation conventionnelle » ou de la « glorification », tandis que les mauvais rapports entre frères et sœurs présents chez ceux du bas de l'échelle sont caractérisés comme étant des « appréciations objectives ». La description de son frère par M52, un sujet du haut de l'échelle, illustre la façon dont Frenkel-Brunswik pathologise les Gentils très soudés qui sont disposés au sacrifice pour leur famille : « Eh bien, c'est un gamin fabuleux (…) Il a été fabuleux avec mes parents (…) Il a 21 ans. Il a toujours habité à la maison (…). Il donne l'essentiel de sa paye à mes parents » (p. 378). Le reproche qui est fait à ce témoignage est qu'il ne peut pas être vrai et qu'il s'agit donc d'une « glorification du frère ».

Frenkel-Brunswik s'efforce aussi de pathologiser le souci de la réussite sociale exprimé par les Gentils. Les sujets du haut de l'échelle sont décrits comme « sensibles au statut social » et par conséquent leurs déclarations sont empreintes de pathologie : M57 répond ceci quand on lui demande pourquoi ses parents lui ont inculqué une discipline : « Eh bien, ils ne voulaient pas que je traîne avec certaines personnes – les femmes des bas quartiers – ils ont toujours voulu que je fréquente des gens de qualité » (p. 383).

Le souci de la réussite sociale est donc considéré comme pathologique. Le point de vue évolutionnaire affirmerait, contrairement à l'opinion de Frenkel-Brunswik, la haute signification adaptative du statut social. Un évolutionniste dirait que le point de vue de ces parents est tout à fait adaptatif, puisqu'ils veulent que leur fils prenne au sérieux sa propre ascension sociale et que leur belle-fille soit une femme respectable. Un évolutionniste ferait remarquer que le souci de la réussite sociale de ces parents a été d'une importance évolutionnaire évidente dans toutes les sociétés stratifiées depuis que l'histoire existe.

L'autre exemple de souci de la réussite sociale que présente Frenkel-Brunswik est celui d'un individu du haut de l'échelle qui se préoccupe de sa descendance : « Je veux une maison et je veux me marier. Je ne désire pas tant une femme qu'un enfant. Je veux cet enfant pour lui transmettre ce que j'ai. J'ai subitement pris conscience des antécédents que j'avais oubliés. (De quoi parlez-vous ?) Mes antécédents familiaux » (p. 383).

Le fonctionnement biologique adaptatif des Gentils est de nouveau pathologisé. On se demande si les auteurs considéreraient comme également pathologique la préoccupation juive, toute officielle et religieuse, pour le succès reproductif, l'affiliation biologique et le contrôle des ressources.

Lorsqu'elle fait le bilan des entretiens liés à la vie de famille, Krenkel-Brunswik prend le parti d'ignorer les signes évidents de conflit, d'hostilité et d'ambivalence dans les familles des sujets du bas de l'échelle, pour qualifier leurs rapports familiaux de « nourrissants » et d' « aimants » (p. 388), manifestant une « affection non-contrainte » (p. 386). Ces familles produisent des enfants « dont la vie intérieure est plus riche et plus libérée », et qui réussissent bien à « sublimer leurs tendances instinctuelles » (p. 388). D'autre part, les signes évidents de cohésion, d'affection, d'harmonie, de discipline et de transmission réussie des valeurs familiales, sont interprétés chez les sujets du haut de l'échelle comme exprimant « une orientation vers le pouvoir et un mépris pour les prétendus inférieurs » (p. 387). Ces sujets sont caractérisés par leur « soumission craintive aux parents et une répression précoce des instincts » (p. 385).

L'inversion de la réalité se poursuit dans le chapitre intitulé « Le sexe, le soi et les autres d'après les entretiens ». Les garçons du haut de l'échelle semblent mieux réussir du point de vue sexuel et avoir une haute idée de la masculinité ; les filles du haut de l'échelle sont décrites comme ayant la faveur des garçons. Quant aux garçons du bas de l'échelle, ils semblent en échec sur le plan sexuel et leurs contreparties féminines semblent ne pas s'intéresser aux garçons ou ne pas réussir à les attirer. Cette caractéristique des sujets du bas de l'échelle est ensuite interprétée comme de la « franchise » dans l'aveu des échecs sexuels, et donc comme un signe de bonne santé psychologique. La caractéristique commune aux sujets du haut de l'échelle, étiquetée « souci de la réussite sociale », est donc pathologique. Le présupposé est que l'ajustement aux normes sociales et l'estime de soi sont des traits pathologiques, et que les sentiments d'inadéquation et les « aveux d'insuffisance » (p. 389) sont des indices de bonne santé mentale.

Ensuite de quoi, Frenkel-Brunswik tâche de montrer que les sujets du haut de l'échelle se caractérisent par « un moralisme opposé au ça ».

Les minutes des entretiens indiquent que les hommes sont attirés par et tombent amoureux de femmes qui ne sont pas particulièrement intéressées par le sexe. Par exemple, M45 : « Nous ne nous entendions pas très bien sur le plan sexuel, parce qu'elle était du genre frigide, mais malgré cela j'étais amoureux d'elle et je le suis encore. Je ne voudrais rien d'autre au monde que de la retrouver » (p. 396). Les hommes du haut de l'échelle semblent valoriser la pudeur des femmes qu'ils veulent épouser. M20 : « Oui, je suis sorti pendant toutes mes années de lycée avec la même jeune fille (…) très religieuse (…) Elle correspondait plus ou moins avec ce que je recherchais. Très religieuse. »

Un évolutionniste qui consulterait ces minutes serait impressionné par le fait que les hommes du haut de l'échelle semblent rechercher une épouse qui leur donnerait un haut degré de certitude sur la paternité de leurs enfants. Ils veulent une épouse de haute moralité, peu susceptible d'être attirée sexuellement par d'autres hommes, et qui adhère aux valeurs morales conventionnelles. Les femmes du haut de l'échelle tendent à correspondre tout à fait à ce modèle. Elle donnent l'image de femmes qui tiennent la bienséance sexuelle en haute estime et qui se soucient de leur réputation de fidélité.

Qui plus est, ces femmes veulent des hommes qui soient « travailleurs, entreprenants et énergiques, de 'bon caractère', (conventionnellement) vertueux, 'propres sur eux' et galants » (p. 401). Un évolutionniste ne s'étonnerait pas de ce type de comportement sexuel et de discrimination d'époux, puis qu'il caractérise les mariages à « fort investissement », qui sont marqués par la fidélité sexuelle de la femme et un haut niveau d'investissement paternel. Cette tendance très adaptative des femmes du haut de l'échelle à rechercher ce genre d'investissement du côté des maris est qualifiée par Frenkel-Brunswik d' « opportuniste ». (p. 401).

Les attitudes conventionnelles à l'égard du mariage font elles aussi partie de la « pathologie » des sujets du haut de l'échelle. Ils ont « tendance à mettre l'accent sur le statut socio-économique, l'affiliation religieuse et la conformité aux valeurs conventionnelles » (p. 402). Par exemple, F74 : « (Quels sont les aspects les plus désirables pour vous ?) Mon petit ami doit avoir à peu près le même statut socio-économique. Il faut qu'il aime les mêmes choses que moi et qu'on s'en sorte sans trop de disputes ». Cette femme est très exigeante dans ses choix de partenaire. Elle a le souci de choisir un mari responsable, fiable et qui pourra s'investir dans une relation de longue durée. Mais pour Frenkel-Brunswik, ces attitudes attestent un comportement opportuniste. Malgré les signes évidents de la forte affection de F78 et les indications limpides que F74 recherche une relations harmonieuse faite d'attraction mutuelle et d'intérêts communs, Frenkel-Brunswik établit le bilan suivant : « manque d'individuation et de relation d'objet » et « faible teneur en affection » (p. 404).

Encore une fois, la théorie psychodynamique permet à l'auteur de rattacher l'admiration et l'affection de surface à une hostilité sous-jacente, alors que les problèmes de surface des sujets du bas de l'échelle sont des signes de bonne santé mentale :

> Certaines déclarations des sujets du bas de l'échelle identifient franchement leurs inadaptations, inhibitions et échecs sexuels. Il y a également chez eux une ambivalence à l'égard de leur propre rôle sexuel et à l'égard du sexe opposé, même si cette ambivalence, plus intériorisée, ne ressemble pas à cette combinaison d'admiration explicite et d'irrespect implicite qu'on retrouve chez ceux du haut de l'échelle (p. 405)

Cet irrespect implicite n'apparaît pas et il n'y a pas de preuve de son existence, mais la théorie psychodynamique permet à Frenkel-Brunswik d'inférer sa présence.

La pathologisation des comportements liés au fonctionnement adaptatif se retrouve également dans l'examen de l'image de soi. L'étude montre que les sujets du haut de l'échelle ont une image très positive d'eux-mêmes, alors que ceux du bas de l'échelle sont angoissés, se condamnent et s'accusent de façon « morbide » (p. 423 sq.) – résultats qui sont interprétés comme étant les fruits de la répression chez ceux du haut de l'échelle, et de l'objectivité chez ceux du bas de l'échelle.

Dans une partie ultérieure du même chapitre (« La conformité du moi et de l'idéal »), Frenkel-Brunswik découvre que chez les sujets du haut de l'échelle, il n'y a pas une grande marge entre l'état actuel du moi et leur moi idéal. Ces hommes du haut de l'échelle se décrivent d'une manière « pseudo-masculine » et idéalisent ce type de comportement. Leur pathologie supposée s'exprime en partie par leur admiration de héros qu'ils cherchent à égaler, qu'il s'agisse de Douglas MacArthur, d'Andrew Carnegie ou de George Patton. Pour leur part, les sujets du bas de l'échelle perçoivent un fossé entre leur moi actuel et leur moi idéal, fossé que Frenkel-Brunswik interprète en ces termes : « Étant fondamentalement plus sûrs d'eux, semble-t-il, ils peuvent davantage se permettre de saisir le désaccord qu'il y a entre leur moi idéal et la réalité actuelle » (p. 431). « En tant qu'adultes, ceux du bas de l'échelle continuent de manifester angoisse et sentiments dépressifs, qui sont liés au moins en partie à leur plus grande capacité à endurer l'insécurité et le conflit » (p. 441).

De nouveau, la théorie psychodynamique vient à la rescousse. En surface, les sujets du bas de l'échelle semblent angoissés, inhibés et insatisfaits de leur condition actuelle. Mais ce comportement est interprété comme étant le signe d'une assurance supérieure à celle des sujets du haut de l'échelle, qui semblent en surface pleins de confiance en soi et fiers d'eux-mêmes. Inversant à nouveau la réalité, Frenkel-Brunswik fait le bilan suivant de son examen de l'image de soi :

Les individus sans préjugés semblent être en de meilleurs termes avec eux-mêmes, sans doute parce qu'ils ont été davantage aimés et acceptés par leurs parents. Dans ces conditions, ils sont davantage disposés à admettre qu'ils se situent en-deçà de leurs idéaux et de l'accomplissement des fonctions que notre culture attend d'eux (p. 441).

L'ambition des Gentils est elle aussi pathologisée. Outre qu'ils soient plus enclins à rechercher l'ascension sociale et qu'ils prennent pour modèles des héros américains aux succès éclatants, les sujets du haut de l'échelle semblent être en quête de richesses matérielles (p. 443 sq.) Tandis que les sujets du bas de l'échelle avouent avoir été des enfants isolés, ceux du haut de l'échelle sont populaires, avaient des responsabilités dans le cadre scolaire et extra-scolaire, et avaient beaucoup d'amis. Cette dernière caractéristique est nommée « sociabilité de gang » par Frenkel-Brunswik (p. 439) – nouvelle fleur de rhétorique destinée à pathologiser la conduite des Gentils qui sont bien vus par leurs semblables.

D'où l'on peut inférer qu'une partie très notable de ces matériaux ont pour but de pathologiser en général le fonctionnement adaptatif des

Gentils. Ceux d'entre eux qui valorisent des rapports matrimoniaux à fort investissement et des familles soudées, qui s'élèvent socialement et cherchent l'aisance matérielle, qui sont fiers de leurs familles et s'identifient à leurs parents, qui ont une image d'eux-mêmes favorable, qui croient que le christianisme est une force morale positive (p. 408) et un consolation spirituelle (p. 450), qui s'identifient fortement en tant qu'hommes ou femmes (mais pas les deux en même temps !), qui ont du succès auprès de leurs semblables et qui cherchent à égaler des parangons de réussite sociale (par ex. les héros américains), ceux-là sont considérés comme atteints de maladie psychiatrique.

Il est franchement ironique qu'un ouvrage publié par l'une des plus grandes organisations juives se penche sur les signes de maladie mentale que sont chez les Gentils le souci de la réussite sociale et des richesses matérielles, la parentalité à fort investissement, l'identification aux parents et la fierté familiale, étant donné l'extension de toutes ces caractéristiques chez les Juifs. De fait, les auteurs font cette conclusion remarquable :

> Nous sommes conduits à supposer, sur la base des résultats enregistrés dans de nombreux domaines, que l'ascension sociale et l'identification à l'ordre établi sont positivement corrélés à l'ethnocentrisme, alors que le déclassement et l'aliénation vis-à-vis de l'ordre établi accompagnent l'anti-ethnocentrisme.(p. 204)

Pour le dire encore une fois, les indicateurs hypothétiques de la pathologie mentale chez les Gentils continuent d'être la clé du succès du judaïsme en tant que stratégie évolutionnaire de groupe. Chez les Juifs, il y a toujours eu une forte pression, émanant en partie des parents, en vue de l'ascension sociale et de l'acquisition de richesses, et l'expérience confirme que les Juifs ont connu une ascension sociale extraordinaire. Herz et Rosen font remarquer que « le succès est d'une importance cruciale dans l'ethos des familles juives, au point qu'il est difficile de l'exagérer (...) Nous ne pouvons pas espérer pouvoir comprendre la famille juive sans comprendre le rôle que joue le succès pour les hommes (et depuis peu, pour les femmes) dans ce système » ('Jewish Family', in *Ethnicity and Family Therapy*, p. 368). De notre côté, nous avions fait remarquer au septième chapitre d'*A People That Shall Dwell Alone*, que le statut social était fortement lié au succès reproductif dans les communautés juives des sociétés traditionnelles.

Cependant, les Gentils qui sont socialement isolés, qui ont des attitudes négatives et rebelles vis-à-vis de leurs familles, qui sont ambivalents et angoissés dans leurs identités sexuelles, qui ont une faible estime d'eux-mêmes et qui sont remplis d'anxiétés et de problèmes handicapants (anxiétés qui concernent aussi l'affection parentale), qui sont en voie de déclassement et qui ont des attitudes négatives à l'égard du statut social et de l'acquisition de richesses matérielles, sont vus comme les parangons de la bonne santé psychologique.

Dans tous ces matériaux soumis à notre lecture, la recherche d'affection des sujets situés en bas de l'échelle est considérablement soulignée. Une interprétation raisonnable de ces résultats affirmerait que ces individus ont entretenu des rapports avec leurs parents beaucoup plus difficiles et ambivalents que ceux du haut de l'échelle, ce qui déboucherait sur une recherche de ces rapports chaleureux et affectueux avec autrui. Les entretiens publiés de ceux du bas de l'échelle montrent beaucoup de preuves de cette ambivalence et hostilité dans les rapports entre parents et enfants, qui sont souvent marqués par la démission parentale ou même la maltraitance. La conséquence prévisible d'une telle situation est la rébellion contre les parents, l'absence d'identification à la famille ou plus largement aux catégories sociales acceptées par la famille, et enfin la recherche d'affection.

Les expériences familiales positives des sujets du haut de l'échelle, à l'opposé, leur apportent une forte assise de sécurité intérieure dans leurs rapports à autrui, ce qui explique qu'ils aient été diagnostiqués comme étant « orientés vers le monde extérieur » (p. 563-565) à l'issue des tests projectifs, et qu'ils se concentrent davantage sur les valeurs instrumentales qui leur permettent d'atteindre un statut social élevé et d'accomplir d'autres tâches approuvées socialement, comme l'accumulation de richesses – « travail-ambition-activité » (p. 575). Levinson pathologise cette orientation vers le monde extérieur en affirmant que « les réponses que donnent ces individus montrent qu'ils sont effrayés de jeter le moindre regard en eux-mêmes, de peur de ce qu'ils y trouveront » (p. 565). Leurs préoccupations tournent autour de la crainte d'échouer et d'abandonner le groupe, en particulier la famille. Ils semblent animés d'une très forte motivation à réussir et à faire la fierté de leurs familles.

Cela dit, il ne faut pas croire que les sujets du haut de l'échelle sont incapables d'entretenir des rapports affectueux avec autrui, et que l'amour et l'affection ne comptent pas à leurs yeux. Nous avons déjà noté que ceux du haut de l'échelle recherchent des relations à haut investissement, dans lesquelles le sexe est une préoccupation relativement mineure, car ces individus semblent accepter en tant que base du mariage la pré-éminence d'autres qualités, comme l'amour et la communauté d'intérêts. En effet, pour ceux du haut de l'échelle, la recherche d'une sécurité affective n'est pas leur quête du Graal, ils ne la recherchent pas à tout bout de champ. De leur côté, ceux du bas de l'échelle semblent en proie à une pathétique quête de l'amour, lequel a semble-t-il fait défaut dans leurs expériences passées. Comme le fait remarquer Frenkel-Brunswik dans son bilan des entretiens portant sur l'orientation sexuelle : « Chez ceux du bas de l'échelle, l'ambivalence à l'égard du sexe opposé semble être la conséquence d'une quête excessivement intense de l'amour, laquelle n'est pas facilement satisfaite » (p. 405).

Comme les enfants qui sont attachés de façon sécurisée en présence d'un objet d'attachement, ceux du haut de l'échelle sont capables d'explorer le monde et d'adopter un fonctionnement adaptatif, dirigé vers le monde extérieur, sans se soucier constamment de l'état de leur attachement à leur mère. Mais les sujets du bas de l'échelle, comme les enfants attachés de façon non-sécurisée, font visiblement grand cas de leur sécurité et de leurs besoins affectifs. Comme ces besoins n'ont pas été satisfaits par leurs familles, ils sont en quête d'affection dans tous les rapports qu'ils entretiennent avec autrui ; ils sont en même temps préoccupés par leurs propres échecs, ressentent une hostilité diffuse envers les autres et une rébellion contre tout ce que valorisent leurs parents.

Partie 6

Discussion

Notre perspective renverse donc la perspective psychodynamique de la *Personnalité autoritaire*, étant donné que nous acceptons les données présentées pour ce qu'elles disent. Les auteurs de la *Personnalité autoritaire*, *à* cause de leur arrière-pensée fondamentalement politique voulant condamner les Gentils et tout spécialement ceux qui représentent le plus grand succès et la plus grande respectabilité dans leur société, étaient forcés d'adopter un point de vue psychodynamique qui inverse tous les rapports. Une fragilité apparente devient le signe d'une sûreté profonde et d'une appréciation réaliste de l'existence. La sûreté apparente et la confiance en soi devient le signe de fragilités profondes et d'hostilités non-résolues qui s'expriment par la peur de « voir à l'intérieur ».

C'est aussi une grave erreur de supposer que toute inhibition des désirs de l'enfant suscite de l'hostilité et une sourde agressivité envers l'entité parentale. Le fait que ceux du haut de l'échelle ont été disciplinés par leurs parents, mais qu'ils les admirent tout de même et les « glorifient », serait donc une preuve évidente, d'après la perspective intellectuelle de la *Personnalité autoritaire*, de la présence d'une hostilité et d'une agressivité envers les parents, qui ont été refoulées (voir surtout p. 357).

Il devrait pourtant sauter aux yeux, après l'examen que nous venons de faire, que cette « maltraitance » et cette hostilité sous-jacente ne sortent que du raisonnement des auteurs. Ce sont des constructions théoriques qui ne sont étayées d'aucun début de preuve. Aucune raison au monde ne conduit à supposer que la punition des enfants susciterait une hostilité refoulée lorsqu'elle a lieu dans le contexte de rapports positifs en général.

La psychanalyse était sans nul doute le véhicule idéal pour fabriquer ce monde renversé. Brown et surtout Altemeyer ont mis en évidence le côté arbitraire des explications psychodynamiques qu'on trouve dans la *Personnalité autoritaire*. Altemeyer fait remarquer que lorsqu'un sujet du haut de l'échelle fait l'éloge de ses parents, il s'agit d'un signe de « sur-glorification », de répression et d'agressivité, alors que les déclarations hostiles, de leur côté, sont prises pour argent comptant. Les déclarations où louange et hostilité se trouvent mêlées combineraient sur-glorification et souvenirs adéquats.

La psychanalyse a permis aux auteurs de maquiller à volonté leurs récits. Si la vie de famille des sujets du haut de l'échelle était en surface très satisfaisante, on pouvait tout à fait envisager l'idée que ce bonheur et cette affection apparents masquaient de profondes hostilités inconscientes. Le moindre début d'appréciation négative exprimée par ceux du haut de l'échelle à l'égard de leurs parents servait de levier pour créer un monde imaginaire d'hostilité refoulée sous le masque de l'affection. Toutefois, quand Bettelheim et Janowitz nous font savoir, dans un autre volume de *Studies in Prejudice*, que les antisémites avouent avoir entretenu de mauvais rapports avec leurs parents, les déclarations étaient prises à la lettre. De tels procédés ne produisent aucune science, mais induisent efficacement les résultats politiques escomptés.

Il est remarquable que chacun des cinq volumes des *Studies in Prejudice* utilise la psychanalyse pour produire des théories qui attribuent l'antisémitisme à un conflit intra-psychique, aux répressions sexuelles, aux rapports troublés avec les parents, tout en niant l'importance du séparatisme culturel et la réalité de la compétition entre les groupes pour les ressources. Les interprétations psychanalytiques de l'antisémitisme refont surface. Les théories proposées ont entre elles un certain air de famille, en ce qu'elles utilisent beaucoup les projections et formulent des développements psychodynamiques compliqués, bien que les dynamiques qui sont réellement en cause ne soient pas du tout identiques. Il arrive aussi, comme dans le volume de la série intitulé *Anti-Semitism and Emotional Disorder*, que n'apparaisse aucune explication générale claire de l'antisémitisme, mais qu'on trouve en lieu et place des explications psychodynamiques controuvées dont le seul point commun est d'affirmer la projection d'un certain conflit intra-psychique. À ma connaissance, personne n'a jamais soumis ces théories psychodynamiques à des épreuves et contre-épreuves empiriques qui auraient permis de faire le tri entre elles.

Le tableau que je retrace ici peut sembler dérangeant et difficile à accepter. J'affirme que les familles des sujets du haut de l'échelle ont un fonctionnement adaptatif. Chez elles, la chaleur et l'affection s'allient au sens de la discipline et de la responsabilité, et les enfants sont manifestement ambitieux et disposés à incarner les valeurs familiales et nationales. Ces familles fonctionnant en tant qu'endogroupes, ainsi que

Frenkel-Brunswik et Levinson le faisaient remarquer, il se peut très bien que la transmission des valeurs familiales s'accompagne d'attributions négatives à l'égard des autres groupes, étrangers à la famille. Les sujets du haut de l'échelle ont donc accepté les partis-pris de leurs parents en même temps qu'ils acceptaient tant d'autres valeurs parentales. Les sujets du haut de l'échelle sont donc reliés au collectif et se sentent obligés par les normes de l'endogroupe (familial). Pour le dire à la façon de Triandis, ces individus sont des « allocentriques » dans une société individualiste ; autrement dit, des gens socialement intégrés qui reçoivent un soutien social de forte intensité. Ils s'identifient fortement aux normes de l'endogroupe (familial).

La thèse que nous soutenons insiste sur le fait que les processus d'identification sous-tendent les attitudes familiales. Comme le souligne Aronson, toutes les études inspirées par la *Personnalité autoritaire*, qui rattachent le préjugé aux rapports parents-enfants, sont corrélationnelles ; leurs résultats peuvent être par conséquent expliqués par l'intervention de processus d'identification. De même, Billig défend l'idée que des familles compétentes peuvent très bien entretenir des préjugés, et ceux-ci se transmettre familialement de la même manière que les autres croyances. Quant à Pettigrew, il découvre de hauts niveaux de préjugé anti-noirs chez les Blancs sud-africains, alors que leurs personnalités étaient normales et que leurs scores sur l'échelle F, mesurant l'autoritarisme, n'étaient pas particulièrement élevés.

Les sujets du haut de l'échelle étudiés dans la *Personnalité autoritaire* acceptent les partis-pris parentaux concernant les endo et les exogroupes ainsi que les autres valeurs parentales, mais ceci n'explique pas l'origine de ces dernières. Les données rapportées dans cet ouvrage montrent à quel point les familles compétentes parviennent à faire en sorte que ces valeurs se transmettent entre générations. La psychologie du développement contemporain ne fournit aucune raison qui ferait supposer que les familles compétentes et affectueuses produisent nécessairement des enfants dépourvus d'attributions négatives à l'égard des exogroupes.

Si, pour les auteurs de la *Personnalité autoritaire*, la loyauté aux endogroupes est un indicateur de maladie mentale chez les Gentils, le *nec plus ultra* de la santé mentale est représenté par l'individualiste qui est complètement détaché de tout endogroupe, y compris de sa famille. Comme nous l'avons dit, les études portant sur l'individualisme et le collectivisme montrent que les plus individualistes sont moins enclins à l'antisémitisme. Il est intéressant de constater que pour Adorno, le type le plus admirable parmi les sujets du bas de l'échelle est le « libéral authentique », dont les « opinions relatives aux minorités sont guidées par l'idée de l'individu » (p. 782) Le sujet F15, parangon de libéralisme authentique, considère que l'antisémitisme provient de la jalousie envers les Juifs, plus brillants : « Nous autres ne cherchons pas à entrer en compétition avec eux [les Juifs]. Mais s'ils le veulent, il faut qu'ils puissent le faire. Je ne sais pas s'ils sont plus intelligents, mais si c'est le cas, ils doivent pouvoir le faire » (p. 782).

Donc, d'après Adorno, les Gentils qui sont psychologiquement sains ne se soucient pas d'être perdants dans la compétition avec les Juifs, ni d'être déclassés. Ce sont des individualistes absolus, pourvus d'un fort sentiment de leur indépendance et d'autonomie personnelles, qui considèrent les Juifs comme des individus absolument indépendants de leur affiliation collective. Tandis que les Gentils reçoivent le *veto* d'Adorno pour leur non-individualisme, il n'en va pas de même pour les Juifs, lesquels s'identifient fortement à un groupe qui s'est historiquement employé à favoriser les siens dans la compétition avec les Gentils pour les ressources, et qui reste doté d'une puissante influence dans plusieurs domaines politiques fortement conflictuels tels que l'immigration, la séparation des Églises et de l'État, le droit à l'avortement et les libertés civiles (Goldberg, *Jewish Power : Inside the American Jewish Establishment*, p. 5). De fait, la théorie de l'identité sociale prédit que les Juifs sont davantage enclins aux appréciations négatives et stéréotypées à l'endroit des Gentils, que ces derniers ne le sont à leur endroit.

Quant au point de vue caractérologique porté sur le préjugé à l'égard des exogroupes, il a été critique dès les premières années suivant la parution de la *Personnalité autoritaire*. Les études portant sur l'identité sociale suggèrent que les variations relatives à l'hostilité envers les exogroupes sont indépendantes des variations relatives au caractère ou aux rapports entre parents et enfants. Ces études indiquent que même si les individus diffèrent dans leur attachement aux endogroupes (lequel est très fort chez les Juifs), les attitudes touchant aux exogroupes reflètent des adaptations universelles. Du point de vue de la théorie de l'identité sociale, une bonne part des variations dans l'hostilité envers les exogroupes peut s'expliquer par des variables situationnelles, comme par exemple la perception de la perméabilité d'un exogroupe ou le fait que l'endo et l'exogroupe soient ou non en compétition pour des ressources.

Fidèle à cette perspective, Billig souligne que l'attention exclusive portée à la caractérologie (aux traits permanents du caractère individuel) ne permet pas de prendre en compte le rôle de l'intérêt personnel dans le conflit ethnique. Qui plus est, des études comme celle de Pettigrew montrent qu'on peut aisément être raciste sans avoir une personnalité autoritaire ; ces études mettent aussi en valeur le rôle des normes locales, qui peuvent avoir été influencées par la perception de la compétition entre groupes pour les ressources.

De son côté, Altemeyer fait remarquer que les régimes fascistes et autoritaires ne sont pas nécessairement hostiles aux minorités, comme on le voit dans le cas de l'Italie fasciste. De fait, le rôle des normes traditionnelles est bien illustré par cet exemple. Des Juifs occupaient des postes important dans les premiers gouvernements fascistes et continuèrent d'être actifs par la suite (Johnson, *A History of the* Jews, p. 501). La société italienne de cette période était pourtant franchement autoritaire et marquée dans l'ensemble par une forte cohésion corporative. Le gouvernement était très populaire, mais l'antisémitisme n'était pas un sujet avant que Hitler ne forçât les choses en ce sens. Comme l'antisémitisme n'était pas une composante officielle de la stratégie de groupe fasciste italienne, l'autoritarisme a eu lieu sans l'antisémitisme.

Atlemeyer signale que ses propres recherches ont identifié un niveau de corrélation entre autoritarisme et préjugé ethnique bien plus bas que chez Adorno *et alia*. En outre, cet auteur souligne que les données factuelles s'accordent avec la notion selon laquelle les individus autoritaires ne sont ethnocentriques que dans leurs rapports aux groupes qui sont les cibles conventionnelles des groupes auxquels ils s'identifient. De même, les gens qui sont « intrinsèquement » religieux tendent à n'être hostiles à des exogroupes que dans la mesure où leur religion ne l'interdit pas. Le trait caractéristique des individus autoritaires, dans cette optique, n'est pas autre chose que leur adhésion aux normes et conventions du groupe, lesquelles peuvent englober des attitudes négatives à l'égard d'exogroupes. Cette conclusion s'accorde tout à fait avec les thèses que nous défendons relativement à l'identification de groupe et au conflit entre groupes.

Au surplus, Billig a découvert que le profil de beaucoup de fascistes ne correspondait pas au stéréotype du Rigide inhibé tel que dépeint par les auteurs de la *Personnalité autoritaire*. Un tel portrait est contenu implicitement dans la théorie psychanalytique qui enseigne que la libération des pulsions sexuelles met fin à l'antisémitisme, mais les fascistes étudiés par Billig étaient désinhibés, violents et anti-autoritaires. La théorie caractérologique ne permet pas non plus d'expliquer les passages brusques à la détestation des Juifs, tels qu'étudiés par Massing. Ces revirements ne peuvent pas avoir été causés par des changements dans les rapports parents-enfants ni par des configurations particulières de la répression sexuelle. On pourrait faire mention des changements d'attitude très rapides vis-à-vis des Japonais avant, pendant et après la Deuxième Guerre mondiale, ou le rapide déclin de l'antisémitisme aux États-Unis après celle-ci.

Un aspect très notable du programme de recherches de la *Personnalité autoritaire* est l'assimilation de deux concepts plutôt séparés, à savoir l'hostilité envers d'autres groupes ethniques d'une part, et l'autoritarisme d'autre part. Il n'est pas sans intérêt, à cet égard, de souligner que dans le caractère, le trait autoritaire semble impliquer une inclination à l'engagement dans des stratégies de groupe, lequel engagement n'est que tangentiellement lié à l'hostilité envers d'autres groupes ethniques. Altemeyer définit l'autoritarisme de droite par les trois attributs suivants : soumission à l'autorité sociale légitime ; agressivité envers les individus dont la détestation est autorisée ; adhésion aux conventions sociales (*Enemies of Freedom : Understanding Right-Wing Authoritarianism*, p. 2).

À n'en pas douter, des individus possédant de façon marquée ces trois traits seraient les membres idéaux de stratégies évolutionnaires de groupes humains soudés. Or, ce sont ces mêmes attitudes qui définissaient le Juif idéal dans les sociétés traditionnelles : soumis aux autorités de la *kehilla*, adhérant fortement aux conventions sociales internes, comme l'observance des lois juives, et cultivant des attitudes négatives à l'égard de la gentilité, de sa société et de sa culture, vues comme des manifestations d'un exogroupe. Conformément à ce point, les sujets qui réalisent des scores élevés sur l'échelle de l'autoritarisme de droite d'Altemeyer tendent à être fortement attachés à leur religion et à compter parmi les plus engagés et orthodoxes de leur église ; ils croient en la cohésion de groupe, en la loyauté au groupe et s'identifient fortement aux endogroupes. La société juive traditionnelle et les groupes juifs fondamentalistes et orthodoxes sont incontestablement marqués par un niveau élevé d'autoritarisme, à tous égards. Rubinstein a établi que les Juifs orthodoxes se situaient plus haut sur l'échelle de l'autoritarisme de droite que les « Juifs traditionnels », et que ces deux groupes pris ensemble réalisaient des scores plus élevés que les Juifs sécularisés.

Le projet de fond du groupe de Berkeley était de tâcher de pathologiser chez les Gentils cette puissance d'orientation collective, notamment en reliant à l'antisémitisme, de façon illusoire (ou au moins fortement contingente), les traits de caractère rattachés à la promotion de l'unité de groupe. Le groupe de Berkeley est parvenu à disséminer l'idéologie postulant la présence d'une connexion « profonde » et structurelle entre l'antisémitisme et cette puissance d'orientation collective. En rendant compte de façon unitaire de l'autoritarisme et de l'hostilité envers les exogroupes, et en situant la source de ce syndrome dans le dérangement des rapports entre parents et enfants, le groupe de Berkeley a forgé une arme de première classe dans la guerre contre l'antisémitisme.

Les thèses que nous défendons s'accordent bien avec les conclusions des recherches qui indiquent le caractère uniquement tangentiel des rapports entre l'autoritarisme d'une part et l'hostilité ethnique et l'antisémitisme d'autre part. Nous avons vu que l'autoritarisme se réfère à un ensemble de traits qui prédisposent des individus à s'identifier fortement à des groupes très soudés qui imposent des normes de comportement uniformes à leurs membres. Comme ces individus autoritaires sont tout à fait enclins à se fondre dans le groupe, à se conformer à ses conventions et à accepter ses buts, ils tendront à l'antisémitisme si le groupe lui-même est antisémite ; il tendront aussi à l'ethnocentrisme si l'appartenance au groupe est fondée sur l'ethnie.

Telle est la position d'Altemeyer (*Right-Wing Authoritarianism*, p.

238), qui explique que les liens ordinairement plutôt faibles entre autoritarisme et hostilité aux exogroupes ne reflètent qu'une hostilité conventionnelle à leur égard. Dans cette mesure, ces deux concepts peuvent être associés empiriquement dans tels ou tels échantillons, mais ils n'ont pas entre eux de connexion structurelle. Cette association ne fait que refléter la tendances des autoritaires à adopter les conventions et normes sociales du groupe, y compris les attitudes négatives envers tel ou tel exogroupe. Ce point de vue permet de rendre compte des corrélations réelles mais modestes entre autoritarisme et ethnocentrisme qu'Altemeyer a établies.

En outre, du point de vue des recherches sur l'identité sociale, il n'y a pas de nécessité empirique ou logique que l'unité et la cohésion d'un groupe soient fondées sur l'ethnie. Comme nous l'avons vu dans *Separation and Its Discontents*, l'antisémitisme du groupe lui-même est apparu à cette double condition que les Juifs fussent perçus comme un groupe fortement reconnaissable et imperméable à l'intérieur de la société au sens large, et d'autre part comme ayant des intérêts opposés à ceux des Gentils. Il y a de fortes preuves que ces perceptions d'une compétition collective avec les Juifs étaient rarement illusoires. La théorie de l'identité sociale affirme que plus une compétition entre groupes devient manifeste, plus s'accentuera la tendance à rejoindre des groupes soudés et autoritaires dressés contre les exogroupes perçus.

Pour conclure, il ne me semble pas douteux que les résultats des études sur l'autoritarisme, y compris la P*ersonnalité autoritaire*, puissent s'accorder avec les données les plus contemporaines. Toutefois, j'affirmerais que l'idée de constituer un corpus de savoir scientifique n'a jamais été considérée sérieusement par cette série d'études, car l'objectif était de constituer une idéologie de l'antisémitisme qui pût à la fois rallier les loyautés d'endogroupes autour du judaïsme et altérer la culture des Gentils à l'avantage du judaïsme, en représentant les loyautés collectives des Gentils (le nationalisme, les affiliations religieuses, l'étroitesse des liens familiaux, le fort investissement familial, le souci de la réussite matérielle et sociale) comme des indicateurs de maladie psychiatrique. Sous leur plume, la nature du judaïsme n'a aucun rapport avec l'antisémitisme.

Dans un autre volume de *Studies In Prejudice*, Ackerman et Johoda expliquent que le judaïsme opère comme un test de Rorschach qui révèle la pathologie des antisémites. Ces théories jouent le rôle que les idéologies religieuses juives n'ont jamais cessé de jouer : rationaliser la perpétuation du judaïsme aux yeux des membres de l'endogroupe et de ceux des Gentils, tout en éclairant la culture de ces derniers sous un jour particulièrement défavorable.

Comme c'est la règle avec la psychanalyse, les conclusions des recherches scientifiques n'ont que très peu entamé l'idée répandue et persistante que l'autoritarisme, ou certains types de rapports entre parents et enfants, sont liés à l'hostilité envers d'autres groupes. Altemeyer, dans son panorama de la littérature consacrée à la *Personnalité autoritaire*, souligne que ces idées sont enkystées dans la culture au sens large et même dans des manuels universitaires, bien qu'elles manquent de tout appui scientifique.

> Le lecteur au fait de ces sujets n'ignore pas que ces critiques ont plus d'un quart de siècle et que j'ai l'air de tirer sur l'ambulance. Mais hélas, il faut tirer sur l'ambulance, parce que le criminel blessé est encore en état de nuire, par exemple dans des manuels d'introduction à la psychologie et de psychologie du développement. Il semble bien que les critiques méthodologiques fassent des trajets bien plus courts et meurent bien plus vite que les « percées scientifiques ». Mais en définitive, on peut bien répéter autant qu'on voudra que les chercheurs de Berkeley [Adorno et alia] ont découvert les origines infantiles de l'autoritarisme, les éléments de preuve sont tout sauf convaincants. (Altermeyer, *Enemies of Freedom : Understanding Right-Wing Authoritarianism*, p. 38)

À cet égard, outre que la découverte empirique centrale du groupe de Berkeley, affirmant qu'il y aurait une forte corrélation entre l'autoritarisme et l'hostilité à l'égard des autres groupes ethniques, n'a été confirmée par aucune reproduction expérimentale, la *Personnalité autoritaire* est grevée de lourds défauts méthodologiques, dont certains laissent à penser qu'ils ne sont pas involontaires, mais délibérément trompeurs. Mis à part le problème que représentent, dans les questionnaires, l'établissement des « listes de réponses possibles » qui déterminent la construction des échelles, mais qui pourrait aussi bien s'expliquer par de la naïveté, Altemeyer fait remarquer que l'échelle F qui mesure l'autoritarisme a été élaborée en retenant des éléments qui correspondaient bien à l'antisémitisme. Il souligne par exemple que l'élément : « Les livres et les films ne devraient pas autant s'attarder sur le louche et le sordide ; ils devraient s'attacher à des thèmes divertissants et exaltants », figurait dans d'anciennes versions de l'échelle F et se trouvait être très discriminant. Malgré tout, comme il ne se corrélait pas forcément à l'échelle de l'antisémitisme, il fut abandonné dans les versions ultérieures.

Altemeyer fait la remarque suivante :

Malgré la déclaration (…) que les éléments les plus discriminants des questionnaires antérieurs avaient été repris à l'identique ou légèrement corrigés dans les modèles suivants, l'élément « livres et films » a simplement disparu, à tout jamais. Il n'est pas difficile de construire une échelle qui aura une forte corrélation avec une autre, si vous éliminez les éléments qui s'éloignent un peu trop de votre cible (ibidem, p. 27-28).

Il semble bien que malgré les assurances du contraire, des éléments tout à fait discriminants ont été retirés quand ils ne se corrélaient pas à l'antisémitisme. Wiggershaus montre très clairement qu'Adorno s'était donné pour but d'élaborer l'échelle F de façon à en faire une mesure indirecte de l'antisémitisme ; que, pour y arriver, il n'avait pas fait grand cas des procédures scientifiques normales ; et enfin que la procédure qu'il suivit fut exactement la suivante :

À Berkeley, nous avons ensuite élaboré l'échelle F avec une liberté qui s'éloignait beaucoup de cette idée de science pédantesque qui doit justifier chacune de ses démarches. C'était sans doute grâce à notre « culture psychanalytique » partagée par nous quatre, les meneurs du projet, en particulier notre familiarité avec la méthode d'association libre. Je souligne ce point parce qu'un travail comme la Personnalité autoritaire (…) a été fait d'une manière qui ne correspond pas du tout à l'image habituelle du positivisme dans les sciences sociales (…) Nous passions des heures à laisser l'inspiration nous guider, non seulement pour ce qui touche aux grands aspects de l'ouvrage, aux « variables » et aux syndromes, mais aussi pour ce qui touche aux éléments particuliers du questionnaire. Moins le lien entre eux et le thème principal était visible, plus nous en étions fiers, étant donné que des raisons théorétiques allaient établir par ailleurs les corrélations entre ethnocentrisme, antisémitisme et opinions réactionnaires en politique et en économie. Puis nous avons vérifié ces éléments en faisant sans cesse des « pré-expériences », qui nous servaient à réduire le questionnaire à un format raisonnable, ce qui était techniquement nécessaire, et aussi à exclure les éléments qui se montraient à l'usage insuffisamment sélectifs. (Adorno, in Wiggershaus, *The Frankfurt School : Its History, Theories and Political Significance*, p. 373)

Il n'est pas difficile de soupçonner que l'intégralité du projet de recherche nommé la *Personnalité autoritaire* était empreint de tromperie, de la première à la dernière ligne. Un tel soupçon se légitime par la clarté de son intention politique et par ses différences de traitement omniprésentes, en fonction desquelles l'ethnocentrisme des Gentils et leur incorporation à des groupes soudés sont considérés comme des symptômes de maladie mentale, alors que les Juifs sont vus tout uniment comme victimes des pathologies irrationnelles des Gentils, sans que jamais soit fait état de leur propre ethnocentrisme ou de leur loyauté envers des groupes soudés. Une autre différence de traitement a consisté à ignorer superbement l'autoritarisme de gauche, au moment même où l'on « découvrait » que l'autoritarisme de droite était une maladie psychiatrique. La tromperie affleure également, comme nous l'avons vu, dans le refus d'éprouver empiriquement la théorie philosophique adoptée par les auteurs, voulant que les rapports entre parents et enfants soient tenus pour responsables de l'ethnocentrisme et de l'hostilité envers les exogroupes.

En effet, la ligne générale de l'École de Francfort relativement à la science rejette l'idée que celle-ci puisse saisir la réalité et fait sienne l'idéologie selon laquelle la science doit se mettre au service d'intérêts moraux (autrement dit, politiques). Ce fait apparaît d'autant mieux que les tendances anti-démocratiques d'Adorno et Horkheimer et leur critique radicale de la culture de masse du capitalisme n'apparaissent pas dans cet ouvrage, destiné à un public américain (Jay, *The Dialectical Imagination : A History of the Frankfurt School and the Institute of Social Research*, p. 248). (D'ailleurs, Horkheimer avait tendance à présenter la Théorie critique à ses « amis marxistes » comme une forme de radicalisme, alors qu'il la présentait comme « une forme de fidélité à la tradition européenne dans les humanités et la philosophie » quand il en parlait aux « représentants du monde universitaire » [Wiggershaus, *op. cit.* p. 252]).

Pour finir, notre diagnostic relève une masse de difficultés méthodologiques : l'emploi dans les entretiens de sujets non-représentatifs, le caractère incomplet et trompeur des renseignements portant sur la fiabilité des mesures et le fait d'examiner des rapports insignifiants entre des phénomènes en les faisant passer pour significatifs (cf. Altemeyer, *Right-Wing Authoritarianism*). Notre diagnostic a aussi mis en évidence le caractère extrêmement tendancieux, controuvé et contre-intuitif des interprétations proposées par cette étude (voir aussi Lasch, *The True and Only Heaven : Progress and Its Critics*, p. 453). Est particulièrement flagrant l'usage du mode de pensée psychodynamique pour produire à chaque fois le résultat souhaité par l'interprétation.

Évidemment, la tromperie cède peut-être ici le pas à l'auto-tromperie – particularité qui se retrouve assez souvent dans l'histoire intellectuelle juive. Quoi qu'il en soit, le produit final est un excellente œuvre de propagande politique et une arme puissante dans la guerre contre l'antisémitisme.

Partie 7

L'influence de l'École de Francfort

Même s'il est difficile d'évaluer l'effet produit par des ouvrages comme la *Personnalité autoritaire* sur la culture des Gentils, il est incontestable que la ligne directrice de la critique radicale qui lui était portée consistait, à l'instar d'autres ouvrages inspirés par la psychanalyse et ses dérivés, à pathologiser, chez les Gentils, le fort investissement parental et l'ambition de l'ascension sociale, en même temps que les sentiments de fierté envers la famille, la religion et le pays. Bien des attitudes essentielles de la révolution contre-culturelle des années 1960, qui fut globalement victorieuse, trouvent leur expression dans la *Personnalité autoritaire* : l'idéalisation de la rébellion contre les parents, les relations érotiques à faible investissement et le mépris de l'ambition d'une ascension sociale et d'une bonne situation, le mépris de la fierté familiale, de la religion chrétienne et du patriotisme.

Nous avons vu que malgré cette intention antagonique vis-à-vis de la gentilité, les extrême-gauchistes juifs des années 1960 continuaient à se reconnaître dans leurs parents et dans le judaïsme. La révolution contre-culturelle était en un sens très profond une mission destinée aux Gentils, visant à pathologiser leur fonctionnement adaptatif et leurs identifications collectives, tandis que l'identification au groupe juif et à sa continuité conservaient leur importance psychologique et leur valorisation morale positive. À cet égard, le comportement de ces gauchistes correspondait trait pour trait à celui des auteurs de la *Personnalité autoritaire* et à celui des Juifs impliqués dans la psychanalyse et l'extrême-gauche en général : la culture des Gentils et les stratégies de groupe des Gentils sont fondamentalement pathologiques et doivent être clouées au pilori si l'on veut rendre le monde plus sûr pour le judaïsme en tant que stratégie évolutionnaire de groupe.

Comme c'était le cas dans l'extrême-gauche politique, seule une petite élite culturelle pouvait atteindre le niveau extrêmement élevé de santé mentale incarné par le libéral authentique :

> Le remplacement des arguments moraux et politiques par de la psychologisation sauvage permit non seulement à Adorno et à ses collaborateurs de rejeter comme inacceptables certaines opinions politiques pour des raisons médicales, mais elle leur servit aussi à fixer des normes impossibles, qui ne pouvaient correspondre qu'aux membres d'une avant-garde culturelle auto-constituée. Pour que fût reconnue leur « autonomie » émotionnelle, les sujets de leurs examens devaient énoncer les opinions correctes, mais aussi y croire profondément et les exprimer spontanément (Lasch, *op. cit.* p. 453)

Dans la période qui suivit la Deuxième Guerre mondiale, la *Personnalité autoritaire* devint une arme idéologique contre les mouvements populistes américains historiques, le MacCarthysme en particulier. « Les gens dans l'ensemble comprenaient assez mal la démocratie libérale et (…) d'importantes questions de politique générale devaient être tranchées par des élites instruites et non pas livrées aux suffrages populaires » (*ibidem*, p. 455).

Ces tendances s'illustrent dans *The Politics of Unreason*, volume intégré à la série *Patterns of American Prejudice*, financée par l'ADL. Ce livre fut écrit par Martin Lipset et Earl Raab en 1970. (Ces deux auteurs ont aussi écrit *Prejudice and Society*, publié par l'ADL en 1959. À l'instar de la série *Studies in Prejudice* [financée par l'AJCommittee], nous constatons l'existence d'un lien entre la recherche universitaire sur les rapports inter-ethniques d'un côté et les organisations militantes juives de l'autre. Dans sa carrière, Raab a conjugué enseignement universitaire et implication approfondie dans le militantisme juif.) Comme son titre le dit bien, *The Politics of Unreason* explique que les expressions d'ethnocentrisme politique et culturel des gens d'ascendance européenne sont irrationnelles et n'ont rien à voir avec l'intérêt ethnique légitime qui consiste à vouloir conserver le pouvoir politique. Les mouvements « extrémistes de droite » cherchent à conserver ou à restaurer le pouvoir de la majorité d'ascendance européenne aux États-Unis, mais « la politique extrémiste est la politique du désespoir » (p. 3).

Pour ces deux auteurs, la tolérance en faveur du pluralisme culturel et ethnique est un trait constitutif de l'essence de la démocratie, ce qui fait que les groupes qui s'opposent audit pluralisme sont extrémistes et anti-démocratiques par définition. Citant Edward A. Shils (*The Torment of Secrecy*, p. 154), ils affirment que le pluralisme implique la présence de multiples centres de pouvoir, sans domination d'un groupe en particulier – opinion qui implique que l'intérêt qu'ont certains groupes ethniques de conserver et d'étendre leur pouvoir est fondamentalement anti-démocratique. La résistance des majorités face à l'accroissement du pouvoir et de l'influence des autres groupes est donc attentatoire au « centre spirituel fixe du processus politique démocratique » (p. 5). « L'extrémisme, *c'est* l'anti-pluralisme (…) Et le cœur opérationnel de l'extrémisme est la répression de la différence et de la contestation » (p. 6 ; souligné dans le texte).

Lipset et Raab condamnent l'extrémisme de droite pour son moralisme – geste étrange étant donné le rôle central du sentiment de supériorité morale qu'on voit partout à l'œuvre dans les mouvements intellectuels dominés par les Juifs que nous étudions dans le présent ouvrage, sans compter les propres affirmations de ces deux auteurs, selon qui l'extrémisme de droite est un « un mal politique absolu » (p. 4), à cause de ses liens avec l'autoritarisme et le totalitarisme. Ils lui reprochent aussi sa tendance à défendre des solutions simples à des problèmes complexes, ce qui revient, comme l'a fait remarquer Christopher Lasch, à en appeler à une élite intellectuelle pour proposer des solutions aux problèmes sociaux. Ils lui reprochent enfin sa méfiance à l'égard des institutions qui interviennent entre le peuple et son exercice du pouvoir, position qui plaide là encore en faveur du pouvoir des élites.

« Le populisme identifie l'aspiration du peuple à la justice et à la moralité » (p. 13). Leur thèse est en fin de compte que la démocratie n'est pas le pouvoir qu'aurait le peuple de chercher à servir ses intérêts perçus. Au contraire, la démocratie est conçue comme ce qui garantit que les majorités ne résistent pas à l'expansion du pouvoir des minorités, même si une telle chose implique un déclin de leur propre pouvoir.

Au niveau le plus abstrait, le projet fondamental consiste à persuader les gens d'ascendance européenne des États-Unis que leur inquiétude au sujet de leur éclipse démographique et culturelle est irrationnelle et symptomatique de maladie mentale. Le concept adornien de « pseudo-conservatisme » a été employé par Richard Hofstadter, très influent historien d'Harvard, pour condamner ceux qui déviaient de l'orthodoxie de gauche : il leur diagnostiquait une psychopathologie qu'il nommait « anxiété de statut ». Hofstadter développait une perspective favorable au « consensus » en histoire, que Nugent décrivait comme « grognonne par principe à l'égard des mouvements populaires qui semblaient menacer l'hégémonie de l'élite ou de l'*intelligentsia* urbaine et souvent universitaire ; et férue de concepts qu'ils puisaient dans les sciences du comportement. »

Le pseudo-conservatisme était diagnostiqué, dans des termes qui dérivaient entièrement de la *Personnalité autoritaire*, comme étant un « dérangement dans le rapport à l'autorité, caractérisé par une incapacité presque complète à trouver d'autres modes relationnels avec autrui que la domination et la soumission complètes » (Hofstadter, *The Paranoïd Style in American Politics and Other Essays*, p. 58). Comme l'a fait remarquer Nugent, ce point de vue ignore largement « les réalités économiques et politiques concrètes qui déterminent le populisme, lequel n'est donc plus saisi qu'en termes de psychopathologie et d'irrationalité. » (*The Tolerant Populists : Kansas Populism and Nativism*, p. 26) Telle est exactement la méthode de la *Personnalité autoritaire* : les conflits d'intérêt réels entre groupes ethniques sont considérés comme ne représentant rien de plus que les projections irrationnelles faites par des personnalité inadéquates issues du groupe majoritaire.

Lasch attire également notre attention sur Leslie Freidman, Daniel Bell et Seymour Martin, qui expriment les mêmes tendances. (Dans *The*

New American Right [1955], collection d'essais éditée par Daniel Bell, Hofstadter et Lipset se réfèrent favorablement à la *Personnalité autoritaire*, œuvre qui permettrait de comprendre les comportements et attitudes politiques de droite.) De son côté, Nugent mentionne un regroupement d'individus qui n'étaient pas historiens et dont les points de vue reposaient la plupart du temps sur des impressions et qui ne faisaient aucun effort d'examen détaillé : Victor Ferkiss, David Riesman, Nathan Glazer, Lipset, Edward A. Shils et Peter Viereck. Toutefois, ce groupe comportait des historiens qui « comptaient parmi eux quelques flambeaux de la profession » (*op. cit.* p. 13), comme Hofstadter, Oscar Handlin et Max Lerner – tous intellectuellement engagés contre la politique de restrictions migratoires.

Ils avaient tous en commun, d' « insister improprement » comme le dit Nugent, sur l'image du populiste en tant qu'antisémite – image qui exagérait et simplifiait à l'excès le mouvement populiste, mais qui parvint à rendre le mouvement moralement répugnant. Novik est plus explicite : il affirme que leur identification juive jouait un rôle important dans ces affirmations, en expliquant que certains historiens juifs américains (Hofstadter, Bell et Lipset) voyaient le populisme américain sous un jour défavorable parce qu' « une seule génération les séparait du *shtetl* [village juif], où chaque insurrection paysanne des Gentils impliquait le pogrom. » (*That Noble Dream : The « Objectivity Question » and the American Historical Profession*, p. 341)

Cette remarque peut avoir quelque chose de vrai, mais je doute que les interprétations proposées par ces historiens juifs soient tout simplement des restes irrationnels provenant de l'antisémitisme est-européen. De véritables conflits d'intérêt étaient en cause. D'un côté, des intellectuels juifs qui servaient leurs intérêts d'intellectuels urbains briguant la fin de la prépondérance démographique et culturelle des Anglo-saxons protestants. De l'autre, ceux que Higham appelait « les gens du commun du Sud et de l'Ouest » (*Send These to Me : Immigrants in Urban America*, p. 49), qui luttaient pour maintenir leur prépondérance culturelle et démographique. (La lutte entre ces groupes est l'objet de l'examen de l'implication juive dans la formation de la politique migratoire US au septième chapitre, nous traiterons aussi ce thème dans l'examen des *New York Intellectuals* au sixième chapitre. Plusieurs des intellectuels que nous mentionnons ici sont considérés comme membres du mouvement des *New York Intellectuals* [Bell, Glazer, Lipset, Riesman et Shils], tandis que d'autres [Hofstadter et Handlin] sont plutôt des compagnons de route.)

En tant qu'avant-garde de l'élite intellectuelle juive urbaine, ce groupe d'intellectuels méprisait la classe moyenne en général. De leur point de vue, cette classe

> s'attachait à des mœurs dépassées et folkloriques, comme leur religiosité conventionnelle, leur foyer et leur maison, leur culte sentimental de la maternité, et à des modes de production obsolètes. Elle tournait ses regards vers un âge d'or mythique situé dans le passé. Elle s'indignait des classes plus haut placées tout en intériorisant ses normes, préférant en imposer aux pauvres plutôt que de les rejoindre dans une lutte commune contre l'oppression. Elle était hantée par la crainte de tomber encore plus bas dans l'échelle sociale et s'accrochait aux signes de respectabilité qui la distinguaient de la classe des travailleurs manuels. Féroce adepte d'une éthique du travail, elle croyait que quiconque voulait un emploi pouvait en trouver un et que ceux qui refusaient de travailler pouvaient mourir de faim. Manquant de culture libérale, elle était la proie facile de toutes sortes de charlatanismes et de lubies politiques. (Lasch, *op. cit.* p. 458)

Souvenons-nous des remarques de Nicholas von Hoffman, à propos de la morgue exprimée à l'encontre des classes moyennes par les gens de gauche philo-communiste de l'époque, comme Hofstadter et les journalistes de *The New Republic* : « Dans la bataille culturelle qui agite cette période, les élites d'Hollywood, de Cambridge et des cercles de réflexion de gauche avaient peu de sympathie pour les hommes aux jambes arquées coiffés de leurs calots de la légion américaine, pour leurs femmes trop rondes et pour leurs jacasseries sur Yalta et sur la forêt de Katyn. Ces catholiques kitsch, qui décoraient leurs pelouses de flamands roses en plastique, ces petits-bourgeois de la couche inférieure et leurs angoisses de politique extérieure, non, c'était vraiment trop *bas de gamme* pour être pris au sérieux » (Was McCarthy right about the feft ? *Washington Post*, 14 avril 1996).

Escape from Freedom d'Erich Fromm, auteur associé à l'École de Francfort, est un autre bon exemple de cet assaut mené contre la classe moyenne. Dans ce livre, la classe moyenne est considérée comme fortement encline à développer des formations réactives « sado-masochistes » (en participant à des groupes autoritaires !) pour répondre à leurs frustrations tenant à leur statut économique et social. Il n'est guère surprenant que la petite-bourgeoisie, cible de cet assaut idéologique – qui englobe aussi, pourrait-on ajouter, le *Mittlestand* des politiques allemandes inspirées par Guillaume II – a fréquemment eu tendance à utiliser l'antisémitisme pour expliquer son déclassement et son échec à s'élever socialement. Ce groupe a aussi souvent incorporé les groupes soudés et autoritaires pour réaliser ses objectifs politiques. Mais dans le contexte de la *Personnalité autoritaire*, le désir d'ascension sociale et la crainte du déclassement, caractéristiques de beaucoup de mouvement populistes, sont des signes de maladie psychiatrique, les pathétiques effets d'une socialisation inappropriée, appelés à disparaître dans la société utopique de l'avenir.

Bien que la Théorie critique eût cessé d'être un guide pour les mouvements protestataires du début des années 1970, son influence est demeurée très forte dans le monde intellectuel en général. Dans les années 1970, les intellectuels de l'École de Francfort continuaient de faire feu sur les conservateurs allemands. Ceux-ci les voyaient comme les « parents adoptifs des terroristes » et comme les fomentateurs « de la révolution culturelle qui s'emploie à détruire l'Occident chrétien » (Wiggershaus, *op. cit.* p. 657). « L'inséparabilité des concepts d'École de Francfort, de Théorie critique et de néo-marxisme, indique qu'à partir des années 1930, la pensée de gauche productive sur le plan théorique dans les pays de langue allemande s'est concentrée sur Horkheimer, Adorno et l'Institut de Recherche Sociale » (*ibidem* p. 658)

Toutefois, l'influence de l'École de Francfort est allée bien au-delà du monde germanophone, et je ne parle pas seulement de la *Personnalité autoritaire*, des écrits d'Erich Fromm et des œuvres si influentes d'Herbert Marcuse, gourou de la contre-culture de la Nouvelle gauche. Dans le monde intellectuel contemporain, il y a plusieurs revues qui perpétuent cet héritage, comme *New German Critique, Cultural Critique* et *Theory, culture and Society : Explorations in Critical Social Science*. L'influence de l'École de Francfort s'est beaucoup accrue à la suite de la victoire du mouvement contre-culturel de la Nouvelle gauche des années 1960.

L'École de Francfort peut s'enorgueillir d'avoir été la principale source d'influence du colloque de la très post-moderne *Modern Language Association* en décembre 1994. Kramer et Kimball ont mentionné la quantité de références élogieuses à Adorno, Horkheimer, et en particulier Walter Benjamin, qui eut l'honneur d'être le savant le plus cité de ce colloque. Le marxisme et la psychanalyse n'étaient pas des influences absentes de ce colloque. Un moment fort a eu lieu quand le marxiste radical Richard Ohmann reconnut que les humanités avaient été révolutionnées par « l'héritage critique des années soixante » (Farewell to the MLA, *The New Criterion* (1995), p. 12). Ce point, soulignent les deux auteurs, est souvent nié par la gauche universitaire, mais c'est un lieu commun dans les publications conservatrices comme *The New Criterion*, et un de leurs thèmes centraux.

Michel Foucault, auteur post-moderne extrêmement influent, a mis en valeur la proximité entre l'École de Francfort et le postmodernisme contemporain : « si j'avais pu connaître l'école de Francfort, si je l'avais connue à temps, bien du travail m'aurait été épargné, il y a bien des bêtises que je n'aurais pas dites et beaucoup de détours que je n'aurais pas faits en essayant de suivre mon petit bonhomme de chemin alors que des voies avaient été ouvertes par l'école de Francfort » (*in* Wiggershaus, *op. cit.* p. 4 ; original : *Dits et Écrits IV*, texte 330). Tandis que l'École de Francfort avait pour stratégie de déconstruire la pensée scientifique et universaliste au moyen de la « raison critique », le postmodernisme a opté pour le relativisme complet et l'absence de normes, afin de prévenir toute apparition d'une théorie générale de la société ou d'un système philosophique ou moral universellement valable. (Norris, *The Truth about Postmodernism*, p. 278 sq.)

Le postmodernisme contemporain et l'idéologie multiculturaliste ont adopté plusieurs principes fondamentaux de l'École de Francfort : le primat de l'éthique et des valeurs pour tout ce qui touche à l'instruction et aux sciences sociales ; l'idée que la science empirique, aspect de la domination sociale, est oppressive ; le refus de la possibilité de valeurs communes, de toute idée universelle, de toute culture nationale (voir aussi l'examen de la « théorie post-coloniale » chez Jacoby, descendant intellectuel de l'École de Francfort [Marginal Returns : The trouble with post-colonial theory, *Lingua Franca*, 1995, p. 35]) ; l' » herméneutique du soupçon », par laquelle toute tentative de concevoir de tels universaux ou une culture nationale est contrecarrée et « déconstruite » – ce qui est au fond la même chose que la « dialectique négative » d'Adorno.

Il y a là l'acceptation implicite d'un modèle de société balkanisé, dans lequel certains groupes et leurs intérêts possèdent *a priori* une valeur morale, sans qu'il soit possible de développer une théorie rationnelle et scientifique de quelque groupe que ce soit, et encore moins une théorie universelle des affaires pan-humaines. Aussi bien l'École de Francfort que les postmodernistes acceptent implicitement un modèle où règne la compétition entre groupes antagonistes, sans qu'il y ait moyen de réaliser un consensus, bien qu'il existe une différence de traitement en vertu de laquelle les majorités sont considérées comme pathologiques et doivent faire l'objet d'une critique radicale.

C'est une ironie absolue de voir que cet assaut contre l'universalisme occidental donne raison à l'ethnocentrisme des groupes minoritaires, alors même qu'il abolit tout fondement possible de l'ethnocentrisme. Intellectuellement, on se demande bien comment on peut être en même temps postmoderniste et Juif militant. La rigueur intellectuelle voudrait que toutes les identifications personnelles fissent l'objet de la même logique déconstructrice, à moins, évidemment, que l'identité personnelle elle-même n'impliquât de profondes ambiguïtés, de la tromperie et de l'auto-tromperie.

Partie 8

Il semble bien que tel soit le cas de Jacques Derrida, philosophe en chef de la déconstruction, dont la philosophie manifeste de profondes affinités avec les visées intellectuelles du post-modernisme et de l'École de Francfort. Derrida a une identité juive complexe et ambiguë, bien qu'il soit « un intellectuel de gauche parisien, laïque et athée » (Caputo, *The Prayers and Tears of Jacques Derrida : Religion without Religion*, p. xxiii).

Derrida est né d'une famille juive séfarade qui est passée d'Espagne en Algérie au XIXe siècle. Ses ascendants sont donc des crypto-juifs qui ont conservé leur identité religieuse et ethnique pendant 400 ans en Espagne, pendant la période de l'inquisition.

Derrida se définit lui-même comme un crypto-juif : « Marranes, c'est ce que nous sommes, marranes dans tous les cas, bon gré mal gré, que nous le sachions ou non » (Derrida, *Aporias*, p. 81) – ce qui est peut-être un aveu de la complexité, de l'ambivalence et de l'auto-tromperie que comportent les formes prises par l'identité juive depuis l'époque des Lumières.

Dans ses *Carnets*, Derrida affirme le caractère central des affaires juives dans ses écrits : « La circoncision, je n'ai jamais parlé que de ça » (Circumfession in *Jacques Derrida*, Geoffrey Bennington & Jacques Derrida, p. 70). Dans le même passage, il écrit qu'il a toujours « fait grand cas, en anamnèse, du fait que dans ma famille et chez les Juifs d'Algérie, on ne disait presque jamais « circoncision », mais « baptême », non pas Bar Mitzvah mais « première communion », ce qui eut pour conséquence un ramollissement et un affadissement par acculturation craintive, dont j'ai toujours souffert plus ou moins consciemment (*ibidem* p. 72-73). Ces propos font clairement allusion à la perpétuation des pratiques crypto-juives chez les Juifs d'Algérie et indiquent non moins clairement que l'identification juive et le besoin de la dissimuler sont restés des traits psychologiques très nets chez Derrida. Il n'est pas anodin qu'il assimile sa mère à Esther (*ibid* p. 73), l'héroïne biblique qui « ne fit connaître ni son peuple ni sa naissance » (*Esther*, 2 :10) et qui a servi d'inspiration à des générations de crypto-juifs.

Derrida était profondément attaché à sa mère et dit, quand elle était à l'article de la mort : « Je suis sûr que tu ne comprendras pas grand-chose de ce que pourtant tu m'as dicté, de l'inspiration que tu m'as donnée, de ce que tu m'a demandé et ordonné ». Comme sa mère (qui parlait de baptême et de première communion à la place de circoncision et de Bar Mitzvah), Derrida avait donc une identité juive intérieure, tout en adoptant extérieurement la culture française catholique de l'Algérie. Cependant, dans le cas de Derrida, il y a des indications d'ambivalence au sein des deux identités : « Je suis de ces marranes qui ne s'avouent plus juifs même dans le secret de leur propre cœur » (*op. cit.* p. 170).

L'expérience de l'antisémitisme en Algérie pendant la Deuxième Guerre mondiale a été traumatisante pour Derrida et a débouché sur une profonde conscience de sa judaïté. Il fut expulsé de son collège à l'âge de 13 ans sous l'effet du *numerus clausus* édicté par le gouvernement de

Vichy. Il se décrit comme « un petit Juif noiraud et très arabe qui ne comprenait rien à ce qui se passait, qui ne recevait pas la moindre explication, ni de ses parents ni de ses amis » (*op. cit.* p. 58).

> Les persécutions, qui ne ressemblaient pas à celles qui avaient lieu en Europe, furent déclenchées en l'absence de tout occupant allemand (…) C'est une expérience qui ne laisse rien intact, une atmosphère qu'on ne cessera pas de respirer. Les enfants juifs expulsés des écoles. Au bureau du principal : tu vas rentrer à la maison, tes parents t'expliqueront. Puis les Alliés ont débarqué, c'était l'époque du gouvernement à deux têtes (de Gaulle-Giraud) ; les lois raciales furent maintenues pendant environ six mois, sous le gouvernement français « libre ». Les amis qui ne vous connaissaient plus, les insultes, les expulsions de certains professeurs de lycées juifs, qu'aucun murmure de désapprobation n'accompagnait (…) Depuis ce moment, je me suis senti – comment dire ? – aussi peu à ma place du côté de la communauté juive que de l'autre côté (que nous appelions « les catholiques »).

> En France, cette souffrance a subsisté. Je croyais naïvement que l'antisémitisme avait disparu (…) Mais pendant mon adolescence, c'était *la* tragédie, il était présent partout (…) Effet paradoxal, peut-être, de cette brutalisation : le désir de s'intégrer dans la communauté non-juive, un désir fasciné, douloureux, soupçonneux, nerveusement vigilant, une aptitude épuisante à détecter les signes du racisme, dans ses configurations les plus discrètes comme dans ses désaveux les plus bruyants. (*Points… Interviews, 1974-1994*, p. 120-121)

Bennington, dans sa biographie de Derrida, soutient que son expulsion du collège et ses suites ont été « sans aucun doute (…) les années pendant lesquelles s'est imprimée chez Derrida le sens de son « appartenance » au judaïsme, dont l'aspect est si singulier chez lui : une blessure certainement, une sensibilité douloureuse à l'antisémitisme et aux autres racismes, une réponse « crue » à la xénophobie, mais aussi une impatience à l'encontre des identifications grégaires et du zèle militant de l'appartenance en général, y compris juive (…) Je pense que cette difficulté vis-à-vis de l'appartenance, on pourrait presque dire de l'identification, affecte l'ensemble de l'œuvre de Jacques Derrida. Il me semble aussi que la « déconstruction du propre » est l'idée-même, la formulation de cet affect pensant. » (*op. cit.* p. 326)

Derrida ne dit pas autre chose. Il rappelle que juste avant sa Bar

Mitzvah (il répète qu'elle était appelée « première communion » dans la communauté juive algérienne), le gouvernement de Vichy l'avait exclu de son collège et lui avait retiré sa citoyenneté :

> Je devenais l'en-dehors, ils pouvaient se rapprocher de moi autant qu'ils voulaient, ils ne me toucheraient plus (...) J'ai fait ma « première communion » en m'échappant de la prison de toutes les langues : la langue sacrée dans laquelle ils tentaient de m'encager sans m'en donner les clés [l'hébreu] et la langue profane [le français]. Ils ont fait en sorte qu'aucune ne serait mienne. (Circumfession, *op. cit.* p. 289)

Comme tant d'autres Juifs qui voulaient se donner une allure semi-cryptique dans un environnement non-Juif, Derrida a changé son prénom en devenant Jacques.

> En choisissant ce semi-pseudonyme, assurément très français, très chrétien et très simple, j'ai dû oblitérer plus de choses que je ne peux le dire en quelques mots (il faudrait analyser les conditions dans lesquelles une certaine communauté – la communauté juive d'Algérie – a parfois choisi des prénoms américains dans les années 1930) (*Points... Interviews, 1974-1994*, p. 344).

Le changement de prénom est donc une forme de cryptage [*crypsis*] pratiqué par la communauté juive d'Algérie, une manière de se conformer extérieurement à la culture française et chrétienne tout en restant juif en secret.

Le projet politique juif de Derrida est le même que celui de l'École de Francfort :

> L'arrière-pensée de la déconstruction est de déconstruire les mécanismes des États-nations forts qui pratiquent de puissantes politiques d'immigration, de déconstruire la rhétorique du nationalisme, la politique liée au lieu, la métaphysique de la terre natale et de la langue maternelle (...) L'idée est désamorcer les bombes (...) de l'identité que les États-nations fabriquent pour se défendre contre l'étranger, contre les Juifs, les Arabes et les immigrés (...) qui sont tous (...) tout à fait autres.

> Contrairement à ce qu'affirment les critiques négligentes de Derrida, la passion de la déconstruction est profondément politique, car la déconstruction est un discours intransigeant, quoique indirect, sur la démocratie, sur la démocratie à venir. La démocratie chez Derrida est un régime radicalement pluraliste qui résiste à la terreur d'une unité organique,

ethnique et spirituelle, aux liens naturels et natifs de la nation (*natus, natio*), lesquels réduisent en poussière tout ce qui n'est pas apparenté au type et au genre (*Geschlecht*) dominant. Il rêve d'une nation sans clôture nationaliste ou nativiste, d'une communauté sans identité, ou d'une communauté non-identique qui ne peut ni dire je, ni dire nous, car après tout, l'idée même de communauté est de nous renforcer (munis, muneris) en commun contre l'autre.

Son travail est guidé par le sentiment du danger brûlant de la communauté identitaire, dans l'esprit du « nous » de « l'Europe chrétienne » ou d'une « politique chrétienne », mixture mortelle qui signifie la mort des Arabes et des Juifs, des Africains et des Asiatiques, de tout ce qui est autre. Cet esprit chrétien et européen dans lequel les Juifs et les Arabes peinent et soupirent est un air mortel pour eux, pour tous *les Juifs* [Juif signifiant ici l'autre archétypal]. Même quand ils remontent au patriarche Abraham, c'est pour les gazer autant par la lettre que par l'esprit. (Caputo, *op. cit.* p. 231-232)

Derrida a récemment fait paraître un pamphlet qui défend l'immigration des extra-Européens en France [L'auteur ne précise pas s'il s'agit de *Cosmopolites de tous les pays, encore un effort !*, ou bien de *De l'Hospitalité*, NdT]. À l'instar de l'École de Francfort, le scepticisme radical du mouvement déconstructionniste sert à prévenir le développement d'idéologies hégémoniques et universalistes et des autres fondements de la loyauté collective des Gentils, au nom du *tout autre* [en français dans le texte, NdT].

Caputo rattache la motivation de la déconstruction derridienne de Hegel à l'analyse que celui-ci faisait du judaïsme, classé comme moralement et spirituellement inférieur au christianisme à cause de son légalisme et de son exclusivisme tribaliste, alors que le christianisme est la religion de l'amour et de l'assimilation, produit issu des Grecs et non de l'esprit juif. Ces interprétations hégéliennes s'accordent remarquablement bien avec les idées que les chrétiens se font de leur propre religion et du judaïsme, idées qui remontent à l'antiquité (cf. *Separation and Its Discontents*, chap. 3). Cette interprétation s'accorde aussi à l'analyse évolutionnaire que j'ai développée dans *A People That Shall Dwell Alone*.

Les ré-interprétations et les réfutations de Hegel étaient courantes chez les intellectuels juifs du XIXe siècle (cf. *Separation and Its*

Discontents, chap. 6) et nous avons vu que dans la *Dialectique négative*, Adorno se préoccupait de réfuter l'idée hégélienne d'une histoire universelle pour des raisons semblables. « Le portrait des Juifs par Hegel, haineux, marqué au fer rouge (…), semble hanter tout le travail de Derrida ; (…) en résumant de façon loyale et littérale le discours de Hegel, Derrida montre (…) que les dénonciations par Hegel du Juif au cœur châtré sont une castration de l'autre, elle-même haineuse et sans cœur (Caputo, *op. cit.* p. 313).

À l'image de l'École de Francfort, Derrida affirme que le monde futur messianique est inconnu, car autrement, une uniformité imposée deviendrait possible, « une totalité systématique à garantie infinie » (*ibidem* p. 246), une vérité triomphante et dangereuse dans laquelle les Juifs, en tant que représentants du *tout autre*, souffriraient nécessairement. La condition humaine est considérée comme « un aveuglement sans remède, une infirmité structurelle et radicale en vertu de laquelle tout un chacun est aveugle de naissance » (*ibid* p. 313).

Comme chez les auteurs de l'École de Francfort, les représentants de l'altérité sont les détenteurs d'une valeur morale *a priori*. « Dans la déconstruction, l'amour est dégagé de la polémique contre les Juifs [Caputo se réfère aux Écrits de jeunesse de Hegel, où l'amour symbolisé par Jésus brise la loi juive], étant repensé en termes d'altérité, de *juifs* (…) Si cette communauté hégélienne, chrétienne-européenne est définie comme constituant une commune (*com*) défense (*munis*) contre l'autre, Derrida avance l'idée de *rendre les armes*, de capituler devant l'autre » (*ibid* p. 248).

De ce point de vue, reconnaître la possibilité de la vérité est quelque chose de dangereux, à cause du fait que cette possibilité pourrait être employée contre l'autre. La meilleure stratégie, par conséquent, est d'ouvrir le champ d'une « compétition salutaire entre les interprétations, d'une certaine herméneutisation radicale salutaire, dans laquelle nous rêvons avec passion de quelque chose d'imprévisible et d'impossible » (*ibid* p. 277). À ce fait que les opinions des différentes idéologies et religions entrent en conflit, Derrida oppose l'idée « d'une communauté, si c'en est bien une, des aveugles (…), des aveugles guidant d'autres aveugles. La cécité mène à de bonnes communautés, à condition que nous acceptions tous le fait que nous ne voyons pas, que dans les matières cruciales nous sommes tous absolument aveugles et sans accès privilégié [à la vérité], embarqués sur le même bateau sans lumière pour nous montrer l'autre rivage » (*ibid* p. 313-314).

Ce genre de monde n'est pas dangereux pour le judaïsme, pour l'autre archétypal, et ne comporte aucune garantie pour les tendances universalisantes de la civilisation occidentale – on pourrait donc dire que la déconstruction est une dés-hellénisation ou une dés-occidentalisation. La conscience de groupe ethnique minoritaire est donc validée, non qu'elle soit fondée sur une sorte de vérité psychologique, mais parce qu'on ne peut pas prouver qu'elle est fausse. D'un autre côté, les intérêts culturels et ethniques des majorités sont « herméneutisés » et donc rendus impuissants, impuissants parce qu'ils ne peuvent pas servir de base à un mouvement de masse ethnique qui entrerait en conflit avec les intérêts des autres groupes.

Ironiquement, dans le cadre de la théorie du judaïsme que nous élaborons dans le présent ouvrage, Derrida (qui s'est mis en peine de théoriser sa propre circoncision dans *Circonfession*) reconnaît que la circoncision – qu'il compare à un *schibboleth* à cause de sa fonction d'outil de démarcation pour l'endogroupe – est une arme à double tranchant.

Commentant l'œuvre de Paul Celan, poète de l'holocauste, Derrida écrit :

> Marque d'alliance, il intervient aussi, il interdit, il signifie la sentence d'exclusion, la discrimination, voire l'extermination. On peut grâce *au schibboleth* se reconnaître entre soi, pour le meilleur et pour le pire, dans les deux sens du mot partage : d'une part pour le partage et l'anneau de l'alliance mais aussi, d'autre part, de l'autre côté du partage, celui de l'exclusion, pour refuser l'autres, lui refuser le passage ou la vie (…)
>
> À cause du *schibboleth* et dans l'exacte mesure où l'on en fait usage, on peut le voir se retourner contre soi ; alors, c'est le circoncis lui-même qui est proscrit ou maintenu derrière la frontière, exclu de la communauté, mis à mort ou réduit en cendres. (Shibboleth : For Paul Celan in *Word Traces : Readings of Paul Celan*, p. 67-68)

Malgré les dangers de la circoncision, arme à double tranchant, Derrida conclut qu' » il doit y avoir circoncision », conclusion que

Caputo interprète comme l'affirmation de l'exigence humaine irréductible et indéniable « d'une marque différenciatrice, d'une marque de différence ». Par conséquent, Derrida souscrit à l'idée de l'inévitabilité (par innéité ?) des démarcations entre groupes, mais, de façon amusante et apologétique, il s'arrange pour expliquer la circoncision non pas comme le signe d'un exclusivisme tribal, mais comme « la coupure qui ouvre l'espace pour l'advenue du *tout autre* » (Caputo, *op. cit.* p. 250).

La manœuvre est remarquable, puisque, nous venons de le voir, Derrida a l'air tout à fait au courant que la circoncision débouche sur le séparatisme, l'érection de barrières entre endogroupe et exogroupe, la possibilité de conflits entre groupes et même l'extermination. Mais selon la glose derridienne, « spirituellement, nous sommes tous juifs, tous sont appelés à choisir d'accueillir l'autre » (*ibid* p. 262), de telle sorte que le judaïsme devient une idéologie universaliste où les marques de séparatisme sont interprétées comme l'expression d'une ouverture à l'autre.

D'après Jacques Derrida, « si la circoncision est juive, c'est uniquement dans le sens où tous les poètes sont juifs (…) Tout le monde devrait avoir le cœur circoncis ; ceci devrait constituer une religion universelle » (*ibid* p. 262). De même, examinant l'oeuvre de James Joyce, Derrida compare l'écrivain irlandais à Hegel (archétype du penseur occidental), qui « referme le cercle du même ». À cela, il oppose la « circoncision abrahamique [juive] qui coupe le fil du même pour être ouvert à l'autre, la circoncision qui consiste à dire oui (…) à l'autre » (*ibid* p. 257).

En fin de compte, Derrida développe à sa façon la notion extrêmement ancienne du judaïsme comme groupe moralement supérieur, tandis que les idéologie de la ressemblance et de l'universalité, susceptibles de soutenir des idéologies d'homogénéité sociale et de conscience de groupe dans la gentilité européenne, sont déconstruites et présentées comme moralement inférieures.

Chapitre VI

La critique juive de la culture des Gentils, une reprise

> Vous rappelez-vous, me demanda-t-il, ce qu'avait dit Lueger, le maire antisémite de Vienne, quand le conseil municipal discutait d'une subvention à accorder aux sciences naturelles ? "La science ? C'est ce que les Juifs copient les uns sur les autres". C'est ce que je pense de la *Ideengeschichte*, l'histoire des idées.
>
> (Isaiah Berlin, au sujet d'une conversation avec Lewis Namier, in Efron, *Defenders of the Race : Jewish Doctors and Race Science in Fin-de-Siècle Europe*, p. 13)

Partie 1

Les matériaux examinés dans les quatre chapitres précédents indiquent que des individus qui se reconnaissent fortement comme Juifs ont été les principaux conducteurs de mouvements intellectuels extrêmement influents qui ont soumis la culture des Gentils à une critique radicale tout en permettant la continuité de l'identification juive. Pris ensemble, ces mouvements forment l'ossature de la gauche intellectuelle et politique de ce siècle et sont les ascendants intellectuels directs des mouvements intellectuels et politiques gauchistes, en particulier le post-modernisme et le multiculturalisme.

Collectivement, ces mouvements ont remis en question les fondements moraux, politiques et économiques de la société occidentale. Un des aspects remarquables de ces mouvements est qu'ils ont tous été, au moins aux États-Unis, orientés du sommet vers la base, au sens où ce sont des membres de groupes très instruits et intelligents qui leur ont donné naissance et qui les ont dominés. Ces mouvements ont été défendus avec beaucoup de passion intellectuelle et de ferveur morale, à un haut niveau de sophistication théorique. Chacun promettait sa propre version de l'utopie, mais avec des chevauchements et des complémentarités entre eux : une société de gens pourvus du même potentiel biologique et aptes à être facilement façonnés par la culture de façon à devenir des citoyens idéaux conçus par une élite moralement et intellectuellement supérieure ; une société sans classe où il n'y aurait plus de conflits d'intérêt et où les gens œuvreraient avec altruisme pour le bien du groupe ; une société d'où auraient disparu les névroses et l'agressivité envers les exogroupes, et qui ne contrarierait plus les besoins biologiques des hommes ; un paradis multiculturel où différents groupes ethniques et raciaux coopéreraient dans l'harmonie – rêve utopique qui sera au premier plan quand nous examinerons, au septième chapitre, le rôle de l'implication juive dans la formation de la politique migratoire US. Chacune de ces utopies est lourdement problématique d'un point de vue évolutionnaire, comme nous le verrons au huitième chapitre.

Les instigateurs de ces mouvements étaient tous directement concernés par l'antisémitisme et toutes les utopies envisagées par ces mouvements intellectuels et politiques devaient mettre fin à l'antisémitisme tout en permettant la perpétuation du groupe juif. Une génération entière de Juifs de gauche radicale avait vu dans l'Union Soviétique cette terre idyllique où les Juifs pouvaient accéder aux postes de pouvoir, où l'antisémitisme était hors-la-loi et où la vie nationale juive était florissante. Le mouvement psychanalytique et l'École de Francfort envisageaient quant à eux le jour où les Gentils seraient vaccinés de leur antisémitisme par un clergé de cliniciens qui soigneraient leurs déficiences personnelles et les frustrations provoquées par leur déclassement qu'ils projetaient criminellement sur les Juifs. Quant aux descendants des Boasiens et de l'École de Francfort, ils empêcheraient le développement des idéologies antisémites issues de l'ethnocentrisme majoritaire.

Une autre caractéristique palpable des membres de ces mouvements est leur sentiment très net d'une supériorité morale et intellectuelle. Ce genre de morgue intellectuelle et cette hostilité à l'encontre des Gentils et de leur culture a été un thème récurrent de notre examen des mouvements gauchistes au troisième chapitre. J'ai également documenté le profond sentiment de supériorité intellectuelle et d'éloignement vis-à-vis de la culture des Gentils qui se manifestait non seulement chez Freud, mais dans l'ensemble du mouvement psychanalytique. La morgue de cette "avant-garde autoconstituée" (Christopher Lasch) d'intellectuels juifs à l'encontre des mœurs et des attitudes de la classe moyenne a été examinée au cinquième chapitre.

Concernant ce sentiment de supériorité morale, il faut garder à l'esprit que l'orientation fondamentale des intellectuels juifs depuis l'époque des Lumières est d'instituer le judaïsme en phare moral du reste de l'humanité. Ces mouvements constituent des exemples concrets de l'idée ancienne et récurrente que les Juifs ont d'eux-mêmes, à savoir qu'ils sont "la lumière des nations". Nous avons traité en détail cette notion au septième chapitre de *Separation and Its Discontents*. La mise en accusation morale des adversaires est un trait saillant dans les écrits des extrême-gauchistes et des adversaires de la vision biologique portée sur les différences de QI entre individus et entre groupes. Le même genre de morgue morale imprégnait le mouvement psychanalytique et en ce qui concerne l'École de Francfort, elle arborait la position voulant que l'existence du judaïsme fût considérée comme un absolu moral *a priori*, tandis que les sciences sociales devaient être jugées selon des critères moraux.

Comme nous l'avons fait remarquer au premier chapitre, la théorie psychologique et les données contemporaines soutiennent fortement l'idée que les points de vue défendus par les minorités sont capables d'influencer les attitudes de la majorité, en particulier quand lesdits points de vue contiennent un haut degré de cohérence interne et lorsqu'ils sont disséminés depuis les institutions universitaires et médiatiques les plus prestigieuses de la société. Bien que l'influence de l'implication juive dans ces mouvements intellectuels et politiques sur les sociétés des Gentils ne puisse pas être mesurée avec exactitude, les matériaux que nous avons examinés ici suggèrent que cette implication juive a été un facteur crucial du triomphe de la gauche intellectuelle au sein des sociétés occidentales de la fin du XXe siècle.

Ces mouvements intellectuels ont plusieurs traits qui peuvent être vus comme servant les intérêts juifs. Le plus grand danger, pour une stratégie de groupe minoritaire, est le développement d'un groupe majoritaire fermé et très soudé qui voit le groupe minoritaire sous un jour défavorable. Pour contrecarrer cette menace, une stratégie a consisté à promouvoir activement dans la société au sens large des idéologies universalistes qui minoraient l'importance des catégorisations sociales de Juifs et de Gentils. Le judaïsme en tant que stratégie de groupe soudé et fondé sur l'ethnie demeure, mais à l'état cryptique ou semi-cryptique. Le cas exemplaire de cette stratégie est l'idéologie politique gauchiste, mais la psychanalyse et même certaines formes de judaïsme qui minimisent la différenciation phénotypique entre Juifs et Gentils – comme le judaïsme réformé – adoptent une stratégie semblable.

Les intérêts juifs sont aussi servis par le fait de favoriser l'individualisme radical (l'atomisation sociale) chez les Gentils, tout en conservant entre Juifs le plus grand sens de la cohésion de groupe – tel était le projet de l'École de Francfort, pour qui les identifications collectives des Gentils sont des signes de maladie mentale. Une composante importante de cette stratégie est la déconstruction des mouvements intellectuels issus de la majorité qui sont incompatibles avec la perpétuation du judaïsme. Ces mouvements intellectuels comprennent un vaste éventail pouvant aller de l'assimilationnisme radical (par exemple, les conversions forcées au christianisme) jusqu'aux stratégies exclusivistes de groupe majoritaire, fondées sur un ethnocentrisme de groupe majoritaire (par exemple, le national-socialisme).

Les intérêts juifs sont également servis par l'idéologie avancée par l'École de Francfort selon laquelle les inquiétudes des Gentils relatives à leur déclassement et au fait d'être éclipsés économiquement, socialement et démographiquement par d'autres groupes, sont des signes de maladie mentale. Comme les Juifs forment un groupe caractérisé par son ascension sociale exceptionnelle, cette idéologie sert les intérêts juifs en désamorçant les inquiétudes des Gentils en voie de déclassement. Nous verrons au septième chapitre que les organisations juives et les intellectuels juifs se sont portés au tout premier plan du mouvement visant à éclipser la prépondérance démographique et culturelle des gens d'ascendance européenne dans les sociétés occidentales.

Il y a certains traits communs à ces mouvements intellectuels juifs qui méritent d'être mentionnés. Un fil conducteur apparent dans notre examen de la psychanalyse, de l'anthropologie boasienne, de l'École de Francfort et des cercles politiques et intellectuels d'extrême-gauche a été de montrer à quel point les intellectuels juifs ont formé des groupes soudés dont l'influence découle en partie de la cohésion et de la solidarité du groupe. L'influence des idéologies issues de cette minorité augmentent quand ceux qui adoptent la position de la minorité réalisent entre eux un haut de degré de consensus et de cohérence intellectuelle. L'activité intellectuelle n'échappe pas aux lois qui gouvernent les autres entreprises humaines : les groupes soudés sortent gagnants de la compétition avec les stratégies individualistes. Et incontestablement, cette vérité première a été une grande clé du succès du judaïsme dans toute son histoire (cf. *A People That Shall Dwell Alone*, chap. 5).

Dans les sciences, les schémas d'association entre Juifs sont encore plus marqués que dans les mouvements intellectuels soudés que nous avons examinés. Greenwald et Schuh ont démontré en 1994 l'existence d'un schéma répétitif de discrimination ethnique en scrutant dans les articles de revues scientifiques les références bibliographiques. Ils découvrirent que les auteurs juifs étaient 40% plus susceptibles que les auteurs non-juifs de se référer à des auteurs juifs et que les auteurs principaux d'articles scientifiques étaient environ trois fois plus susceptibles d'avoir un co-auteur juif que les auteurs principaux non-juifs. Même si les méthodes employées dans cette étude ne permettent pas de déterminer l'origine de cette discrimination, les données rapportées dans leur article (An ethnic bias in scientific citations, in *European journal of Social Psychology* – 1994) suggèrent qu'une grande part de cette discrimination provient de scientifiques juifs. Y contribue aussi la très forte sur-représentation de co-auteurs juifs, résultat probable des schémas répétitifs d'association entre collègues et mentors, propres à l'endogroupe juif. En outre, dans les cas où il y a des différences notables de taille entre les groupes, les individus appartenant aux groupes minoritaires sont davantage enclins aux partis-pris d'endogroupe que les membres du groupe majoritaire, ce qui nous invite à penser que les Juifs sont plus disposés à la discrimination ethnique que les Gentils.

Chez les universitaires, le fait d'apparaître en référence bibliographique dans les articles d'autres scientifiques est un grand indicateur de réussite professionnelle et les références bibliographiques jouent souvent un rôle-clé dans l'attribution des postes. Dans ces conditions, les partis-pris ethnocentriques dans la politique de citation des auteurs n'est pas un simple reflet de préjugés d'endogroupe chez les scientifiques juifs, car ces schémas répétitifs ont pour effet de promouvoir les travaux et la réputation d'autres scientifiques juifs. Les études sur le thème des intellectuels américains au XXe siècle, menées par Kadushin en 1974, Shapiro en 1989 et 1992, et Torrey en 1992, indiquent un important chevauchement entre origines juives, identification ethnique juive, fréquentations habituelles juives, idées politiques d'extrême-gauche et influence psychanalytique ; elles indiquent aussi un schéma répétitif de références et d'admirations mutuelles. Dans l'étude de Kadushin, à peu près la moitié de son échantillon d'intellectuels américains d'élite étaient juifs (*The American Intellectual Elite*, p. 23). Son échantillonnage avait été fait à partir de la liste des contributeurs les plus fréquents aux revues intellectuelles dominantes, suivi d'entretiens avec des intellectuels qui "votaient" pour un autre intellectuel qu'ils considéraient comme ayant exercé la plus forte influence sur leur pensée. Parmi cette sélection d'intellectuels élus comme les plus influents, plus de 40% des Juifs avaient reçu 6 voix et plus, contre 15% pour les non-Juifs.

La forte sur-représentation des Juifs concerne aussi le monde des éditeurs et des journalistes des périodiques de gauche et d'extrême-gauche comme *The Nation*, *The New Republic* et *The Progressive*. *The New Republic* (*TNR*) fut acheté en 1974 par Martin Peretz, fils de "militant sioniste-travailliste et partisan droitier de Jabotinski" (Alterman, *Sound and Fury : The Washington Punditocracy and the Collapse of American Politics*, p. 185), lui-même ancien militant étudiant gauchiste passé au néo-conservatisme. Sa dévotion aux causes juives, à Israël en particulier, était le seul aspect cohérent de la carrière de Peretz. Sa trajectoire reflète bien ce que nous avancions au troisième chapitre, puisqu'il abandonna la Nouvelle gauche quand le mouvement condamna Israël pour son racisme et son impérialisme. Pendant la guerre israélo-arabe de 1967, il avoua à Henry Kissinger que son "côté colombe s'arrêtait à la porte d'une boutique de delicatessen" (*ibidem* p. 185) et de nombreux collaborateurs de sa revue craignaient que toutes les questions ne fussent traitées que sur la base de la question : " est-ce bon pour les Juifs ? " (*ibid* p. 186). De fait, un responsable de la revue reçut l'instruction d'aller chercher des informations à l'ambassade d'Israël pour en faire son miel dans les éditoriaux de *TNR*. "Dire que le propriétaire de *TNR* est obsédé par Israël est un doux euphémisme, d'ailleurs, il l'avoue lui-même. Mais surtout, Peretz est obsédé par les critiques d'Israël, les anciens critiques d'Israël et les gens qui n'ont jamais entendu parler d'Israël mais qui pourraient un jour rencontrer quelqu'un qui pourrait un jour devenir critique" (*ibid* p. 195).

De même dans le monde littéraire, *Partisan Review* (*PR*), revue de gauche très influente, était la vitrine principale des "New York Intellectuals", groupe dominé par des rédacteurs de revue d'identité ethnique juive et profondément étrangers aux institutions politiques et culturelles américaines. Clement Greenberg, critique d'art très influent qui contribua à établir le mouvement de l'expressionnisme abstrait dans les années 1940, en est un archétype. Il se fit un nom sans faire un pas hors du milieu intellectuel juif. Il était rédacteur à *PR* et à *Contemporary Jewish Record* (l'ancêtre de *Commentary*), puis longtemps rédacteur à *Commentary* sous la houlette d'Elliot Cohen, et simultanément critique d'art pour *The Nation*.

Il y avait donc un chevauchement entre les publications juives officielles et les revues intellectuelles sécularisées associées aux *New York Intellectuals*. De fait, *Commentary*, revue publiée par l'American Jewish Committee, finit par devenir l'organe le plus connu des *New York Intellectuals*, servant à propager leurs idées à un plus large public, tout en traitant aussi de questions spécifiquement juives. À côté de Greenberg, plusieurs membres du groupe avaient un statut de rédacteur à *Commentary*, dont Robert Warshow, Nathan Glazer, Irving Kristol, Sidney Hook et Norman Podhoretz ; de son côté, Philip Rahv, rédacteur à *PR*, était aussi rédacteur à *Contemporary Jewish Record*. Compte tenu des chevauchements entre rédacteurs et contributeurs, on peut considérer que les revues associées aux *New York Intellectuals* sont les suivantes : *PR, Commentary, Menorah Journal, Dissent, The Nation, Politics, Encounter, The New Leader, The New York Review of Books, The Public Interest, The New Criterion, The National Interest* et *Tikkun*.

À l'origine, *PR* est un rejeton du Parti Communiste et ses principaux responsables sont tous marxistes et admirateurs de Trotski. Mais dans les années 1940, la dose de psychanalyse prend de plus en plus d'importante (Lional Trilling, par exemple, expliquait que sa loyauté allait davantage à Freud qu'à Marx [Jumonville, *Critical Crossings : The New York Intellectuals in Postwar America* p. 126]) ; en outre, l'École de Francfort et les *New York Intellectuals* s'influençaient et s'inspiraient réciproquement. Les *New York Intellectuals* finirent par passer petit à petit de la défense de la révolution socialiste à celle de l'anti-nationalisme et du cosmopolitisme, faisant l'apologie d'une "culture large et inclusive" où les différences culturelles seraient estimées (Cooney, *The Rise of the New York Intellectuals :* Partisan Review *and Its Circle*, p. 233). (Comme nous le verrons au septième chapitre, *Commentary* publia dans les années 1950 des articles en faveur du multiculturalisme et d'une forte immigration issue de tous groupes raciaux et nationaux aux États-Unis.) Ils se voyaient eux-mêmes comme des êtres marginalisés et aliénés, reprise moderne de l'aliénation et de la séparation juives traditionnelles d'avec la culture des Gentils.

"Ils ne croyaient pas appartenir à l'Amérique, ni que l'Amérique leur appartenait" (Podhoretz, *Breaking Ranks: A Political Memoir*, p. 117 ; souligné dans le texte). D'ailleurs, un journaliste du *New Yorker* avait demandé à Podhoretz dans les années 1950 si *Partisan Review* était équipée de machines à écrire avec le mot "aliénation" écrit sur une seule touche (Podhoretz, *op. cit.* p. 283). Ils défendaient des positions humanistes et laïques et s'opposaient aux valeurs religieuses au moins en partie à cause des associations passées entre l'antisémitisme et l'idéologie religieuse chrétienne. En tout état de cause, "le travail des *New York Intellectuals* dans les années 1930 et 1940 a suivi un fil directeur continu (...) Ils ont adhéré aux valeurs du cosmopolitisme (...) Leur loyauté à ces valeurs était renforcée par leur conscience d'être juifs et cette conscience a contribué à faire de la variété de cosmopolitisme incarnée par *Partisan Review* une position intellectuelle à part" (Cooney, *op. cit.* p. 245).

Il est difficile de surestimer l'influence des *New York Intellectuals* sur la haute culture américaine des années 1940 et 1950, en particulier dans les domaines de la critique littéraire, de la critique d'art, de la sociologie et du "journalisme de haute volée" (Jumonville, *op. cit.* p.

9). Irving Kristol évoque la présence intimidante de *PR* parmi ses amis d'université. Comme l'écrivait le critique d'art Hilton Kramer :

> Pour certains écrivains et intellectuels de ma génération (…) attirés par *PR* à la fin des années 40 et au début des années 50 (…) c'était plus qu'un magazine, c'était une part essentielle de notre instruction, une part bien plus importante que les livres que nous lisions, que les visites au musée que nous faisions, que les concerts auxquels nous assistions et que les disques que nous achetions. Il nous donnait accès à la vie culturelle moderne – à sa gravité, à sa complexité, à son caractère combatif – à un niveau que peu de nos professeurs pouvaient égaler (…) Il donnait à tous les sujets qu'il abordait – l'art, la littérature, la politique, l'histoire et les actualités – un tel caractère d'urgence intellectuelle que nous autres lecteurs, nous nous sentions impliqués et appelés à y répondre. ("Reflections on the history of *Partisan Review*" in *The New Criterion* sept. 1996 p. 43)

Partie 2

Greenberg avait grandi dans la sous-culture new-yorkaise d'extrême-gauche et de langue yiddish (« Toutes les connaissances de sa famille étaient socialistes. Quand il était enfant, il croyait que *socialiste* voulait dire *juif* » [Rubenfeld, *Clement Greenberg : A Life*, p. 60]). Comme les autres *New York Intellectuals*, Greenberg était fortement attaché à son identité juive, qui influençait son travail en dernière analyse. « Je pense qu'une coloration de judaïté est présente dans chaque mot que j'écris, comme c'est le cas chez tous les autres écrivains américains juifs contemporains » (*in* Rubenfeld, *op. cit.* p. 89). Rédacteur en chef de *Contemporary Jewish Record*, Greenberg publia un article qui faisait ouvertement référence à l'antisémitisme de Henry Adams [grand historien de la deuxième moitié du 19ème siècle, représentant de l'élitisme WASP], chose taboue à l'époque. Il fut aussi l'un des grands thuriféraires de l'œuvre de Franz Kafka, dont la parole représentait pour lui la quintessence juive en littérature :

> L'effet hypnotique et révolutionnaire des œuvres de Franz Kafka (…) sur l'avant-garde littéraire est sans comparaison dans l'histoire (…) Tout porte à croire que Kafka a fait advenir à lui seul une nouvelle ère littéraire, en montrant une direction au-delà des définitions cardinales sur lesquelles la littérature occidentale reposait jusque-là. En outre, les écrits de Kafka

expriment peut-être pour la première fois une notion singulièrement et essentiellement juive de la réalité, laquelle n'avait été exprimée jusqu'ici que sous des formes religieuses, mais qui sous sa plume trouva une expression sécularisée (*ibidem*, p. 92-93).

Dans la *Partisan Review*, à l'occasion du compte-rendu d'un livre sioniste militant d'Arthur Koestler dénigrant les Juifs européens et faisant l'éloge des sionistes qui colonisaient la Palestine, Greenberg exprima ainsi son sentiment de la supériorité juive : « Je suggérerais qu'il n'est pas impossible d'adopter des normes d'évaluation qui ne soient pas celles de l'Europe occidentale. Il est possible que d'après des normes « historico-mondiales », le Juif européen représente un type d'excellence sans équivalent dans l'histoire » ('Koestler new novel', *PR 13*-1946, p. 582). En 1949, un conflit opposa l'*establishment* intellectuel juif naissant à l'*establishment* plus ancien et principalement formé de Gentils, qui portait sur la question d'une récompense attribuée à Ezra Pound, dont la poésie reflétait ses sympathies fascistes et son antisémitisme. Greenberg mit en avant la priorité de la morale sur l'esthétique, écrivant que « la vie englobe l'art et l'emporte sur lui, et elle juge les choses par leurs conséquences (…) En tant que Juif, je ne peux pas ne pas être outragé par la matière des derniers poèmes de Pound. Qui plus est, depuis 1943, ce genre de choses m'effraient *physiquement* » ('The Pound award', *PR* 16-1949, p. 515 ; souligné dans le texte).

De son côté, le philosophe Sidney Hook se reconnaissait énergiquement comme Juif. Il était sioniste, ferme partisan d'Israël et défenseur d'une instruction juive pour les enfants juifs. Hook jouait un rôle décisif à la tête du groupe des *New York Intellectuals* et comme nous l'avons vu, il était rédacteur en chef de la revue *Commentary*. Dans son article *Réflexions sur la question juive*, il écrivit que « les causes de l'antisémitisme ne résident pas dans le comportement des Juifs » (*PR*, 16-1949, p. 465). Car elles résident au contraire « dans les croyances, les habitudes et la culture des non-Juifs » (*ibidem* p. 468), en particulier dans le christianisme. L'antisémitisme est « endémique dans toutes les cultures chrétiennes, dont les religions ont fait du juif le méchant éternel dans le drame chrétien du salut » (*ibid* p. 471-472).

Hook a développé une apologie élaborée du judaïsme dans le monde moderne. Être un Juif n'est plus rien d'autre qu'une catégorie sociale sans soubassement ethnique : « *Est juif quiconque s'appelle lui-même ainsi pour quelque raison que ce soit, ou est appelé ainsi au sein d'un groupe où il est d'usage de prendre en compte cette distinction* » (p. 475 ; souligné dans le texte). Selon Hook, il n'y a pas de mouvements intellectuels juifs, mis à part ceux qui, comme le sionisme ou le hassidisme, peuvent s'expliquer par « les pressions sociales et culturelles de la chrétienté occidentale ». Il affirme que les intellectuels juifs sont bien davantage influencés par les intellectuels de la gentilité que par leur condition de Juifs. De fait, Hook développe un nominalisme extrême qui est en porte-à-faux avec toute l'histoire du judaïsme : sous sa plume, les Juifs n'existent pas du tout en tant que groupe. Le judaïsme est une concaténation volontaire d'atomes individuels dont les seuls liens biologiques se situent au niveau de la famille nucléaire : « Seuls les individus existent » (p. 481).

Cela étant, Hook considérait que rester juif était une obligation morale :

> [Pour la plupart des Juifs], échapper [à sa judaïté] était pratiquement impossible, car dans les cas où une telle chose était possible, le coût psychologique était trop lourd et parce que du point de vue moral, il était intrinsèquement dégradant de capituler devant des préjugés irrationnels et de nier sa parenté avec ses pères et mères qui, souvent contre vents et marées, avaient courageusement préservé leur intégrité et leur foi, quelle qu'elle fût. (p. 479)

Comme tant d'autres gauchistes, Hook faisait sien le rêve de l'universalisme humain, mais ce rêve « néglige le fait que les êtres humains vivent ici et maintenant une vie de Juifs ou de non-Juifs et il en ira ainsi pendant longtemps ; que ce rêve se fonde sur l'acceptation des différences entre les hommes, pas sur l'espoir d'une unité indifférenciée ; et que les microbes de l'antisémitisme infectent jusqu'à ces mouvements qui interdisent officiellement sa présence » (p. 481). (Hook était extrêmement sensible à l'antisémitisme à gauche, à commencer par le conflit entre Staline et Trotski dans les années 1920, cf. chapitre 3.) Les Juifs continueraient donc à vivre en tant que Juifs longtemps après l'instauration de l'utopie démocratique et socialiste de Hook. À ses yeux, l'universalisme de gauche bien compris impliquait l'acceptation de la diversité culturelle, non seulement au cœur de la philosophie du judaïsme, mais aussi au cœur de l'idée de la démocratie :

> Aucune philosophie du judaïsme n'est requise, si ce n'est celle-ci, qui est identique au mode de vie démocratique. Elle permet au Juifs, qui pour une raison ou pour une autre acceptent leur existence juive, de mener une vie digne et vigoureuse, une vie dans laquelle ils combattent collectivement, avec leurs compagnons, pour améliorer la qualité des cultures démocratiques et sécularisées et, ce faisant, favorisent au maximum la diversité culturelle, juive comme non-juive (…) À condition de lui retrancher son utopisme et sa non-compréhension du fait que l'éthique de la démocratie présuppose non pas une égalité de ressemblance ou d'identité, mais une égalité de différences, l'universalisme est pour l'essentiel une position valable. (p. 480-481)

D'après Hook, la diversité d'expérience [diversité culturelle et ethnique comprise], directe ou indirecte, est immédiatement plaisante (…) Elle nous garde de tout provincialisme et de la tyrannie des choses familières, dont la prise est si forte qu'elle nous met parfois dans l'incapacité d'apporter les réponses nouvelles exigées par la survie (…) Gagner en maturité, c'est pour beaucoup à apprendre à apprécier les différences. » Ainsi donc, Hook formule l'intérêt fondamental que les Juifs portent à la diversité ethnique, que nous examinerons en détail au chapitre suivant, consacré à l'implication juive dans la politique migratoire US.

Faisaient partie des *New York Intellectuals* les personnalités juives suivantes, classées grossièrement en fonction de leur domaine principal d'activité, bien qu'elles fussent plus généralistes que spécialistes : Elliot Cohen (rédacteur en chef de *Menorah Journal* et fondateur de *Commentary*) ; Sidney Hook, Hannah Arendt (philosophie politique, journalisme politique et intellectuel) ; William Phillips et Philip Rahv (rédacteurs en chef de *PR* ; critique littéraire, journalisme intellectuel) ; Lional Trilling, Leslie Fiedler, Alfred Kazin et Susan Sontag (critique littéraire) ; Robert Warshow (critique cinématographique et culturelle) ; Isaac Rosenfeld, Delmore Schwarz, Paul Goodman, Saul Bellow et Norman Mailer (fiction et poésie, critique littéraire) ; Irving Howe (journalisme politique, critique littéraire) ; Melvin J. Lasky, Norman Podhoretz et Irving Kristol (journalisme politique) ; Nathan Glazer, Seymour Martin Lipset, Daniel Bell, Edward Shils, David Riesman et Michael Walzer (sociologie) ; Lionel Abel, Clement Greenberg, George

L. K. Morris, Meyer Schapiro et Harold Rosenberg (critique d'art).

Les *New York Intellectuals* ont mené l'intégralité de leur carrière au sein d'un milieu social et intellectuel juif. Dans la liste établie par Rubenfeld des personnalités que Greenberg avait reçues dans son appartement de New York, le seul Gentil qui soit mentionné est l'artiste William de Kooning. De façon révélatrice, Wrezin appelle Dwight Macdonald, trotskiste et contributeur à *PR*, « le Goy distingué au milieu des Partisansky ». L'écrivain James T. Farrell était un autre non-Juif, mais son journal montre qu'il avait passé une grande partie de sa vie dans un milieu quasi-intégralement juif et qu'il interagissait de façon ininterrompue avec les *New York Intellectuals*. Podhoretz avoue que le groupe formait une « famille » : quand ils étaient invités à une sauterie, ils arrivaient en même temps et restaient entre eux.

La critique culturelle était au cœur du travail des *New York Intellectuals*. Philip Rahv écrivit que la culture moderniste était importante au vu de la critique culturelle qu'elle portait en puissance. Le modernisme encourageait « la création de valeurs morales et esthétiques qui contrecarraient l'esprit bourgeois et qui lui étaient souvent violemment critiques ». « Qu'est-ce que la littérature moderne, sinon une querelle vindicative, névrosée et continuellement reprise contre le monde moderne ? ». Ces évaluations du potentiel critique de l'art, même le plus abstrait, reflétaient le point de vue des théoriciens de l'École de Francfort, Adorno et Horkheimer. Ce dernier avait écrit qu' » un élément de résistance est inhérent à l'art le plus éthéré » ('Art and mass culture' in *Studies in Philosophy and Social Science*, p. 291).

Les *New York Intellectuals* illustrent cette tendance, typique des mouvements que nous examinons dans cet ouvrage, à exsuder une morgue morale et intellectuelle, associée à une pratique consommée de la *realpolitik* destinée à promouvoir et consolider le pouvoir de l'endogroupe. De leur point de vue, les *New York Intellectuals* « associaient une loyauté sincère à des valeurs qui étaient assiégées, à une certaine image, celle d'une *intelligentsia* lointaine et aliénée, qui tenait ferme sa ligne opposée aux corruptions de la conscience et de l'esprit » (Cooney, *The Rise of the New York Intellectuals : Partisan Review and Its Circle*, p. 200). J'ai déjà fait remarquer que Clement Greenberg donnait le primat à la morale sur l'esthétique ; de même, Lionel Trilling considérait que la critique littéraire devait se préoccuper avant tout de « la qualité que la vie n'a pas, mais qu'elle devrait avoir » (*in* Jumonville, *op. cit.*, p. 123). En politique, les questions étaient envisagées sous l'angle « de la lutte entre le bien et le mal (…) Les positions tranchées, chargées d'émotion et souvent moralistes qu'adoptaient les *New York Intellectuals*, ainsi que leur tendance à assimiler leurs opinions propres à l'intégrité intellectuelle pure, allaient à l'encontre de leur professions de foi favorables à l'ouverture et à la pensée libre, qu'ils proclamaient publiquement et qui étaient impliquées par leur attachement aux valeurs cosmopolites » (Cooney, *op. cit.* p. 265).

> L'élitisme de leur vision du monde n'était pas du genre socio-économique, lequel est attaché aux privilèges de la grande bourgeoisie. Non, c'était un élitisme intellectuel, celui d'une aristocratie jeffersonienne du talent, de la capacité, de l'intelligence et de l'acuité critique. Ils se préoccupaient du maintien de leur vocation intellectuelle et des valeurs afférentes. Qui plus est, ils étaient une élite au sens de choisis ou d'élus. Mais tous ces types d'élitisme avaient quelque chose en commun : c'étaient des manières de conserver le pouvoir d'un seul groupe, qui débouchaient sur une condescendance paternaliste vis-à-vis des couches plus basses de la société. (Jumonville, *op.cit.* p. 169)

Cette condescendance et cet irrespect des idées d'autrui sont particulièrement évidents lorsque l'on considère l'attitude des *New York Intellectuals* à l'égard de la culture américaine, et singulièrement celle de l'Amérique rurale. Il y a beaucoup de recoupements entre les *New York Intellectuals* et les forces anti-populistes qui avaient utilisé la *Personnalité autoritaire*, comme nous l'avons vu au cinquième chapitre, pour pathologiser le comportement de la gentilité américaine et en particulier de la classe moyenne. Les *New York Intellectuals* étaient des élitistes culturels qui abhorraient la démocratie culturelle et craignaient les masses, sans cesser d'être de gauche du point de vue politique. Ce mouvement était « un gauchisme élitiste – un conservatisme gauchiste pourrait-on dire – qui s'est lentement mué en néoconservatisme » (*ibidem* p. 185). Les *New York Intellectuals* associaient l'Amérique rurale « à l'autochtonisme, à l'antisémitisme, au nationalisme et au fascisme, ainsi qu'à l'anti-intellectualisme et au provincialisme ; l'urbain au contraire était associé à la tolérance ethnique et culturelle, à l'internationalisme et aux idées avancées (…) Les *New York Intellectuals* partaient tout bonnement du *principe* que la ruralité – laquelle englobait à leurs yeux l'essentiel de la tradition américaine et du territoire américain au-delà de New York – n'avait pas grand-chose à apporter à une culture cosmopolite (…) En interprétant les questions culturelles et politiques sous le prisme du rapport entre villes et campagnes, ces écrivains pouvaient exprimer des sentiments méprisants et anti-démocratiques sous le masque de l'expertise objective » (Cooney, *op. cit.* p. 267-268 ; souligné dans le texte). Au septième chapitre, nous verrons que c'est autour de la question de l'immigration que se livra la bataille entre l'Amérique rurale et cet *establishment* urbain, intellectuel et politique, auquel l'ensemble des organisations politiques juives dominantes apportèrent leur soutien.

Partisan Review avait cette mentalité séparant nettement l'endogroupe et l'exogroupe, à l'instar des autres mouvements intellectuels juifs que nous examinons dans cet ouvrage. Norman Podhoretz définissait les gens de *PR* comme une « famille » dont l'unité découlait « de ce sentiment d'isolement et de marginalisation qu'éprouvaient également les maîtres du mouvement moderniste, de l'élitisme – cette conviction que *les autres* n'étaient pas dignes d'être pris en considération sinon pour être attaqués, et qu'ils ne méritaient pas d'être discutés par écrit ; et aussi d'un autre sentiment, une sorte de désespoir relatif à la destinée de la culture américaine en général, assorti de la conviction que l'intégrité morale n'était possible qu'entre *nous*. » C'était un monde insulaire dans lequel les seuls à vraiment exister étaient les membres de l'endogroupe : « La famille n'avait pas un regard pour quiconque en-dehors d'elle-même, à part peut-être pour tel ou tel cousin (…) Être adopté dans la famille était une distinction de marque : elle signifiait que vous étiez reconnu comme valable, que vous *existiez* en tant qu'écrivain et intellectuel » (*Making It*, p. 115-116 ; souligné dans le texte).

À l'image des autres mouvements intellectuels que nous examinons, *PR* avait une culture de la communauté et du groupe, « le sens d'un but commun et d'une solidarité autour de la revue » ; au sujet d'un écrivain, les considérations essentielles tournaient autour de la question de savoir si c'était « un écrivain dans notre genre » (Cooney, *op. cit.* p. 225 et 249). Au sein de ce groupe qui se voyait comme aliéné et marginalisé, régnait une atmosphère de soutien social qui fonctionnait incontestablement à la façon de la solidarité d'endogroupe juive traditionnelle, tournant le dos à un monde extérieur moralement et intellectuellement inférieur. Ils se percevaient comme des « intellectuels en rébellion qui défendaient une position minoritaire et arboraient les meilleures traditions de l'extrême-gauche » (*ibidem* p. 265). *PR* apportait aux siens « un havre de paix et de soutien » et une identité sociale ; la revue « servait à assurer à nombre de ses membres qu'ils n'étaient pas seuls au monde, que des intellectuels sympathisants existaient en nombre suffisant pour leur prêter assistance sur le plan social et professionnel » (*ibid* p. 249). On peut suivre un fil continu qui part de ce « groupe cohérent et reconnaissable » d'intellectuels « qui avaient commencé leur carrière en révolutionnaires communistes dans les années 1930 pour devenir une composante institutionnalisée et même hégémonique de la culture américaine pendant la décennie conservatrice des années 1950, sans cesser de maintenir un haut degré de continuité collective » (Wald, *The New York Intellectuals : The Rise and Decline of the Anti-Stalinist Left from the 30's to the 80's*, p. 12 et 10).

Compte tenu des multiples chevauchements et alliances produites par ce milieu intellectuel juif, des voix s'élevèrent contre cet *establishment* littéraire juif qui avait le pouvoir de décider des succès dans le monde littéraire et qui favorisait les carrières des écrivains juifs. Dans leurs remontrances, Truman Capote et Gore Vidal avaient en vue cette cohésion de groupe juif. Capote parlait d'une « mafia juive » dans le monde des lettres, d'une « clique d'écrivains à tendance new-yorkaise qui contrôlent l'essentiel de la scène littéraire par le biais de leurs revues intellectuelles. Toutes ces publications sont dominées par les Juifs et cette coterie les utilise pour fabriquer ou pour briser des auteurs en les exposant à l'attention ou en n'en parlant pas » (*in* Podhoretz, 'the hate that dare not speak its name', *Commentary* #82 – 1986, p. 23).

Je suppose que ces schémas répétitifs d'association reposent non seulement sur certains sentiments conscients d'une judaïté partagée, mais aussi sur une solidarité inconsciente qui existe entre Juifs et qui favorise les alliances tous azimuts et les schémas répétitifs de références mutuelles que nous avons tantôt observés. Greenwald et Schuh considèrent que les effets de discrimination mis en évidence par leur étude sur les savants juifs sont quelque chose d'inconscient, en partie parce qu'ils ont observé ces mêmes schémas répétitifs de discrimination ethnique entre Juifs et non-Juifs chez des savants qui faisaient des recherches sur le thème du préjugé et qu'il était raisonnable de supposer que lesdits savants n'adopteraient pas consciemment ces schémas répétitifs de discrimination ethnique. Et de fait, un considérable corpus de recherches indiquent la présence de préjugés inconscientes chez des gens qui se définissent comme sans préjugés, sur la base de déclarations qui ont toutes les apparences de l'honnêteté. Ces découvertes s'accordent bien avec l'idée de l'importance de l'auto-tromperie dans le judaïsme (cf. *Separation and Its Discontents*, chap. 8) : les savants juifs qui se perçoivent comme sans aucun préjugé favorisent inconsciemment les membres de l'endogroupe.

J'ai donné beaucoup d'exemples de cette profonde solidarité juive au premier chapitre de *Separation and Its Discontents* et ces sentiments sont caractéristiques chez Freud, comme nous l'avons vu au quatrième chapitre du présent ouvrage. On les voit illustrés dans cette remarque faite par Robert Reich, ministre du travail de Bill Clinton, au sujet de sa première rencontre avec Alan Greenspan, président de la *Federal Reserve* :

> Nous ne nous étions jamais rencontrés, mais je l'avais immédiatement reconnu. Un seul regard, une seule phrase, et je savais où il avait grandi, comment il avait grandi, d'où il tenait son énergie et son sens de l'humour. Il est New York. Il est juif. Il ressemble à mon oncle Luis, il parle comme mon oncle Sam. J'ai l'impression de l'avoir côtoyé à de multiples reprises lors de mariages, de bar mitzvahs et de funérailles. Je connais sa structure génétique. Je suis certain qu'en remontant cinq siècles, ou peut-être moins, nous avons un ancêtre commun (*Locked in the Cabinet,* p. 79).

Comme le fit remarquer Daniel Bell, membre des *New York Intellectuals* : « Je suis né en *galut* [mot hébreu signifiant : en exil, dans la diaspora. NdT] et j'accepte – avec joie désormais, quoiqu'autrefois avec peine – le double fardeau et le double plaisir de ma conscience : vivre extérieurement la vie d'un Américain et en secret, la vie intérieure d'un Juif. J'avance avec la marque d'un sceau entre les yeux, lequel est aussi visible aux yeux de certains êtres marqués du même secret, que le leur est aux miens » ('Reflections of Jewish identity', *Commentary* #31 – 1961, p. 477).

Le théologien Eugene Borowitz écrit pour sa part que dans les situations sociales, les Juifs se recherchent les uns les autres et se sentent « beaucoup plus à l'aise » une fois qu'ils ont découvert qui est juif (*The Mask Jews Wear : Self-Deceptions of American Jewry*, p. 136). En outre, « la plupart des Juifs disent qu'ils sont équipés d'un dispositif sensoriel de discrimination de l'ami et de l'ennemi qui leur permet de détecter la présence d'un autre Juif, derrière les plus épais camouflages. » Ces liens profonds de ressemblance génétique, typiquement inconscients, et ce sentiment d'une destinée commune en tant que membres d'un même endogroupe ont produit des liens très puissants au sein des groupes juifs militants, intellectuels et politiques, que nous examinons dans cette étude.

Partie 3

La théorie des différences individuelles quant à l'individualisme et au collectivisme, telle qu'exposée dans *Separation and Its Discontents* (chap. 1) prévoit que les Juifs, à cause de leur impulsion génétique et environnementale relativement forte dans le sens collectiviste, sont particulièrement attirés par ce genre de groupes. Sulloway, dans *Freud : Biologist of the Mind* a décrit l'aura religieuse et « quasi-sectaire » dont était imprégnée la psychanalyse – aspect qui correspond bien à l'idée que le judaïsme ne peut pas être compris sans saisir les mécanismes psychologiques qui sous-tendent la participation à des cultes religieux. Dans ces conditions, le parallélisme entre le judaïsme traditionnel et la psychanalyse, en tant qu'endogroupe soudé et autoritaire qui inculque à ses membres une conformité forcée, va bien au-delà de la simple structure formelle du mouvement. Il touche aussi à cette implication personnellement et profondément ressentie, qui satisfait des besoins psychologiques du même genre. Du point de vue développé dans mon ouvrage sus-cité, il n'est pas du tout surprenant que les organisations laïques construites et dominées par des Juifs, y compris les mouvement politiques de gauche radicale et l'anthropologie boasienne, aient fini par exercer leur attrait sur les mêmes systèmes psychologiques que, jadis, le judaïsme traditionnel. À un niveau élémentaire, le judaïsme implique un engagement vis-à-vis d'un groupe exclusiviste qui maintient activement des barrières entre l'endogroupe et le reste du monde.

Cette cohésion de groupe apparaît avec un éclat particulier dans le cas des intellectuels juifs qui ont continué de fonctionner en groupes soudés même après que l'antisémitisme de l'époque nazie les eut forcé à émigrer. Tel fut le cas de la psychanalyse et tel fut le cas de l'École de Francfort. I. L. Horowitz rapporte qu'un schéma semblable se retrouve chez les philosophes très influents du Cercle de Vienne.

Dans le monde intellectuel, la cohésion de ces groupe a favorisé la propagation de certains points de vue au sein des associations professionnelles universitaires (par exemple, le programme boasien dans l'*American Anthropological Association*, la psychanalyse dans l'*American Psychiatric Association*). Rothman et Lichter font remarquer que les Juifs formaient et dominaient des sous-groupes soudés et orientés politiquement à l'extrême-gauche, dans le sein des sociétés universitaires des années 1960. Ces deux auteurs ont documenté leur présence dans les domaines des sociétés officielles d'économie, de science politique, de sociologie, d'histoire et dans la *Modern Language Association*. Ils suggèrent aussi la présence, chez les savants juifs de cette époque, d'un projet politique plus vaste : « Nous avons déjà souligné les faiblesses de certaines de ces études [portant sur l'implication juive dans les mouvement politiques de gauche radicale]. Nous soupçonnons que nombre de « vérités » établies dans d'autres domaines des sciences sociales, à cette époque, sont affectées des mêmes faiblesses. L'acceptation de ces thèses (…) est sans doute autant liée à la modification du caractère ethnique et idéologique de ceux qui dominaient le monde des sciences sociales qu'à une véritable avancée de la connaissance » (*Roots of Radicalism : Jew, Christians, and the New Left*, p. 104). De son côté, Sachar fit remarquer que le *Caucus fot a New Politics* de l'*American Political Science Association* était « principalement juif » (*A History of Jews in America*, p. 804) et que l'*Union of Radical Political Economists* était à ses débuts marquée par une sur-représentation des Juifs. En outre, comme nous l'apprend Higham, le succès incroyable de la *Personnalité autoritaire* a favorisé l' » extraordinaire ascension » des Juifs préoccupés d'antisémitisme au sein des départements de sciences humaines, dans la période de l'après-Deuxième Guerre mondiale (*Send These to Me : Immigrants in Urban America*, p. 154).

Dès lors qu'une organisation est dominée par une perspective intellectuelle, survient une énorme inertie intellectuelle, engendrée par ceci que les réseaux informels qui dominent les universités d'élite jouent le rôle de gardiens qui sélectionnent la génération suivante d'enseignants. Les aspirants, qu'ils soient Juifs ou Gentils, font l'objet d'un endoctrinement de haute intensité aux premier et deuxième cycles universitaires ; ils subissent une pression psychologique considérable en vue de les faire adhérer aux principes intellectuels fondamentaux qui sont au cœur du système de pouvoir de la discipline en question. Comme nous l'avons vu au premier chapitre, quand un mouvement intellectuel dominé par les Juifs franchit le cap de la prépondérance, il ne faut pas s'étonner que les Gentils soient attirés par les intellectuels juifs, en leur double qualité de membres d'un groupe prestigieux et socialement dominant, et de dispensateurs de ressources prisées.

La cohésion de groupe se manifeste aussi dans le développement de sectes idolâtres qui portent aux nues les réalisations de leurs dirigeants (l'anthropologie boasienne et la psychanalyse). De la même manière, Whitfield a rendu compte d'une certaine « adulation grotesque » à l'égard de l'universitaire sioniste Gershom Scholem (*American Space, Jewish Time*, p. 32). Daniel Bell, sociologue à Harvard et membte dirigeant des *New York Intellectuals*, disait de l'ouvrage de Scholem *Sabbataï Tsevi : Le messie mystique,* que c'était le livre le plus important de toute la période de l'après-Deuxième Guerre mondiale. Et la romancière Cynthia Ozick de proclamer : « Il y a certains ouvrages magistraux sur l'esprit humain qui modifient sa compréhension ordinaire de façon si inattendue et dans des dimensions si prodigieuses que toute la culture en est chamboulée : plus un seul objet n'échappe à l'éclairage étrange de ce nouveau savoir (…) L'accumulation d'intuitions fondamentales y est telle que cet ouvrage acquiert le pouvoir d'une force naturelle. L'œuvre de Gershom Scholem possède une force de ce genre et *Sabbataï Tsevi*, sa pierre angulaire, exerce sa pression sur la conscience avec toute la vigueur, non seulement de son érudition invulnérable qui vous submerge comme une marée montante, mais aussi de sa singulière intelligence de la nature humaine. » Whitfield fait ici le commentaire suivant : « À peine avait-on fini de lire le papier d'Ozick qu'Aristote en personne avait l'air d'un cancre, et même Freud était ravalé au rang d'un 'judas donnant sur un couloir obscur', alors que Scholem devenait un 'radio-télescope qui balayait l'univers' ». (À côté de cette promotion ethnique agressive, Scholem était peut-être considéré comme un penseur d'importance universelle à cause du fait qu'il minorait délibérément le particularisme juif dans ses ouvrages).

Il n'est pas inintéressant de faire remarquer d'autres exemples de groupes soudés d'intellectuels juifs, outre ceux que nous avons présentés aux chapitres précédents. Dans l'Espagne du XVIe siècle, un groupe concentré d'intellectuels judéo-convers se lièrent pour faire de l'Université d'Alcalá un bastion du nominalisme – doctrine largement considérée comme subversive du point de vue religieux (cf. Gonzalez, 'The intellectual influence of Conversos Luis and Antonia Coronel in sixteenth-centry Spain' in *Marginated Groups in Spanish and Portugese History*). Pour sa part, George Mosse a fait la description d'un groupe d'intellectuels gauchistes principalement juif dans l'Allemagne de Weimar, lequel « avaient atteint un certain niveau de cohésion grâce aux journaux qu'ils s'étaient appropriés » (*Germans and Jews : The Right, the Left, and the Search for a « Third Force » in pre-Nazi Germany*, p. 172). Dans le même ordre d'idées, Irving Louis Horowitz décrivit un « groupe organique' d'intellectuels marxistes autrichiens de l'avant-Deuxième Guerre mondiale, qui « avaient en commun au minimum des origines juives, au maximum des orientations sionistes » (*op. cit.* p. 123). Il ajoute que ce groupe de marxistes autrichiens et l'École de Francfort « avaient des racines ethniques et religieuses communes (…) sans oublier le chevauchement entre réseaux et partisans de l'un et l'autre groupe », qui provenait en dernière analyse de l'unité de la juiverie allemande d'avant-guerre.

Il y a un autre exemple intéressant, qui est celui du groupe très soudé des intellectuels juifs néo-kantiens basé à l'université de Marbourg, sous la direction de Hermann Cohen, à la fin du XIXème siècle. Cohen (1842-1918), qui avait terminé sa carrière en enseignant dans un séminaire rabbinique, avait rejeté l'historicisme des penseurs *volkish* et des hégéliens, en faveur d'une version idéaliste du rationalisme kantien. Il se proposait de définir l'Allemagne idéale en des termes moraux universels à même de rationaliser la perpétuation du particularisme juif : « Un germanisme qui exigerait que je renonçasse à ma religion et à mon héritage religieux, je ne le reconnaîtrais pas comme un cadre national pourvu du pouvoir d'État et revêtu de son autorité (...) Un germanisme qui exigerait un tel abandon de la conscience religieuse ou même qui en approuverait l'idée à défaut de la réaliser, se trouverait en contradiction avec l'impulsion historico-mondiale du germanisme » (cité *in* Scwarzchild, « Germanism and Judaism » – Hermann Cohen's normative paradigm of the German-Jewish Symbiosis', in *Jew and Germans from 1860 to 1933*, p. 143).

L'École de Marbourg, comme l'École de Francfort, considère comme des impératifs moraux absolus l'existence du judaïsme d'une part, et d'autre part le refus de la définition ethnique de la nation allemande, qui en exclurait les Juifs. Dans l'utopie philosophique de Cohen, différentes « entités socio-historiques ne se fondent pas en une seule, mais vivent paisiblement et créativement l'une avec l'autre » (*ibidem* p. 140), expression qui fait écho au pluralisme culturel d'Horace Kallen, que nous examinerons au septième chapitre. Le groupe de Cohen était considéré par les antisémites comme vecteur d'un projet ethnique et Schwarzchild fait remarquer que « l'esprit du néo-kantisme de Marbourg était en fait lourdement déterminé par la judaïté de ses fidèles » (*ibid.* p. 145). On faisait communément le reproche à l'École de Marbourg de ré-interpréter les textes historiques de façon outrée, en particulier les textes d'auteurs juifs comme Maïmonide dont l'ethnocentrisme est bien connu, mais qui étaient interprétés comme illustrant l'impératif moral universel. Indice de tromperie ou d'auto-tromperie, il y a chez Cohen une tension entre son nationalisme allemand et ses déclarations de grande sollicitude envers les souffrances des Juifs d'autres pays, accompagnées d'appels les enjoignant à suivre l'exemple des Juifs allemands.

Pendant les années 1920 [aux États-Unis], existait une « coterie à part » d'intellectuels juifs (Lionel Trilling, Herbert Solow, Henry Rosenthal, Tess Slesinger, Felix Morrow, Clifton Fadiman, Anita Brenner), regroupée autour du *Menorah Journal*, sous la direction d'Elliot Cohen (qui fonda ensuite la revue *Commentary*). Ce groupe, qui fit dans une grande mesure cause commune avec les *New York Intellectuals* décrits plus haut, se consacrait à la promotion des idées du pluralisme culturel. (Horace Kallen, instigateur du pluralisme culturel en tant que modèle pour les États-Unis, était l'un des membres fondateurs de la *Menorah Society*.) Compte tenu de son projet politique foncièrement juif, ce groupe gravita dans les années 1930 autour du Parti Communiste et de ses organismes générés, dans l'idée que « la révolution socialiste et son extension constituent le seul espoir réaliste que les Juifs, parmi d'autres, ont d'échapper à la destruction » (*in* Wald, *op. cit.* p. 32). En outre, sans cesser d'adhérer à l'idéologie de l'internationalisme révolutionnaire, ce groupe « était hostile à l'assimilation par la culture dominante, conformément à son pluralisme culturel » (*ibidem* p. 43) – indication supplémentaire de la compatibilité entre universalisme gauchiste et non-assimilation juive, examinée au troisième chapitre.

Ayant fait ses premiers pas aux débuts des années 1950, un autre groupe centré autour d'Irving Howe et comprenant Stanley Plastrik, Emanuel Geltman et Luis Coser, mit sur pied la revue *Dissent* au moment où la coterie de *PR* s'éloignait à grands pas du socialisme révolutionnaire. Howe écrivit, en sus de ses articles de critique sociale gauchiste, de nombreux autres portant sur la littérature yiddish et l'histoire juive. Son livre *Le Monde de nos pères* manifeste une nostalgie de la sous-culture yiddish et socialiste de sa jeunesse. *Dissent* était très influencée par l'École de Francfort pour tout ce qui avait trait à la critique culturelle, en particulier par les ouvrages d'Horkheimer et Adorno et par les écrits d'Erich Fromm et d'Herbert Marcuse, fondés sur une synthèse de Freud et de Marx. De même, à l'époque de la Nouvelle gauche, le groupe radical *Foundation for Policy Studies* était centré autour d'un groupe d'intellectuels juifs.

Nous avons vu que chez les gauchistes, les communistes juifs tendent à se donner des mentors juifs et à idéaliser d'autres Juifs, Trotski en tête, en qualité de dirigeants et de martyrs de la cause. Même le mouvement néoconservateur a cherché son inspiration auprès de Léo Strauss, plutôt que chez des intellectuels conservateurs de la gentilité comme Edmund Burke, Russel Kirk ou James Burnham. Pöur Strauss, qui était un Juif très engagé, le libéralisme n'est que la moins mauvaise des options à choisir entre plusieurs autres encore moins acceptables (à savoir, l'extrême-gauche ou l'extrême-droite). Strauss se plaint des tendances assimilationnistes de la société libérale et de ses tendances à briser la loyauté de groupe, si fondamentale dans le judaïsme, à la faveur de « l'appartenance à une société universelle inexistante » (*in* Tarcov &

Pangle, 'Epilogue : Leo Strauss and the history of political philosophy', in *History of Political Philosophy*, p. 909). La philosophie politique de Léo Strauss, favorable à un libéralisme démocratique, était conçue comme un instrument devant permettre la survie du groupe juif dans le monde politique d'après l'époque des Lumières. J. J. Goldberg fit remarquer qu'avant leur conversion, les futurs néoconservateurs étaient disciples du théoricien trotskiste Max Shachtman, juif lui aussi et membre important des *New York Intellectuals* (cf. également *Memoirs of a Trotskyist* d'Irving Kristol).

En ce qui concerne la psychanalyse et l'École de Francfort, et dans une moindre mesure l'anthropologie boasienne, nous avons vu que ces groupes soudés ont tous une coloration nettement autoritaire, et qu'à l'image du judaïsme traditionnel, il étaient très exclusivistes et intolérants face aux désaccords. Cuddihy fit remarquer que Wilhelm Reich avait le privilège d'avoir été exclu aussi bien du Parti Communiste d'Allemagne (pour ses idées « incorrectes » relatives aux causes du fascisme), que de la psychanalyse (pour cause de fanatisme politique) : « Reich voulut marier deux idéologues de la diaspora, Freud et Marx, mais il n'aboutit qu'à sa séparation d'avec les deux mouvements qui parlaient en leur nom » (*The Ordeal of Civility*, p. 106). Rappelons la description faite par David Horowitz du monde de ses parents qui étaient inscrits à une *shul* [une école, NdT] du PCUSA. Remarquons la mentalité séparant nettement l'endogroupe des exogroupes, le sentiment de leur supériorité morale, l'idée qu'ils forment une minorité persécutée par les goyim et les puissante coloration d'autoritarisme et de refus de tout désaccord :

> Ce qu'avaient fait mes parents en entrant au Parti Communiste et en déménageant à Sunnyside, c'était revenir au ghetto. Il y avait le même langage privé, le même univers hermétiquement clos, la même attitude duale, montrant une face au monde extérieur et une autre à la tribu. Et surtout, il y avait la certitude d'être dans le viseur de la persécution et des lois spéciales et l'idée d'une supériorité morale sur la foule des *goyim* dans le monde extérieur. Il y avait aussi la même peur de l'expulsion pour hérésie, laquelle attachait les élus à leur foi.

La séparation nette entre endogroupe et exogroupes, telle que nous l'avons remarquée dans la coterie de *PR*, était tout aussi manifeste au sein des groupes politiques gauchistes, lesquels étaient principalement juifs à cette époque. William Phillips, rédacteur en chef de *PR*, écrivait :

> Les communistes étaient passés maîtres dans l'art de maintenir une atmosphère fraternelle par laquelle ceux du dedans se distinguaient nettement de ceux du dehors. On ne pouvait pas quitter tout simplement le parti ; non, il fallait une expulsion. Une expulsion de la tribu mettait en mouvement une machinerie conçue pour transformer l'expulsé en authentique paria. On interdisait aux membres du parti de parler à l'ex-communiste et on déchaînait une campagne de dénigrement dont l'intensité variait en fonction de l'importance de la personne exclue. (*A Partisan View : Five Decades of the Literary Life*, p. 41)

Nous avons vu que la psychanalyse traitait les désaccords d'une manière comparable.

Ces mouvements tendaient à s'agréger autour d'un dirigeant charismatique (Boas, Freud ou Horkheimer) pourvu d'une puissante vision morale, intellectuelle et sociale, tandis que les partisans suivaient ces dirigeants avec une intense dévotion Leur zèle missionnaire et leur ferveur morale étaient chez eux, nous l'avons vu, des traits psychologiques profonds. Ce phénomène était visible dans la psychanalyse et l'anthropologie boasienne et aussi, ce qui est franchement ironique, dans la Théorie critique.

> La théorie qui donnait à Adorno et Marcuse le sentiment d'accomplir une mission, que ce fût avant ou après la guerre, était une théorie du genre tout spécial : au milieu des doutes, elle était encore une source d'inspiration, au milieu du pessimisme, elle les aiguillonnait vers un salut qui passait par le savoir et la découverte. La promesse n'était ni accomplie, ni trahie ; elle était maintenue en vie (Wiggershaus, *op. cit.* p. 6).

Tout comme Freud, Horkheimer inspirait une loyauté intense qui se combinait à une insécurité personnelle (au moins à cause du fait qu'il tenait le budget de l'Institut), de telle sorte que ses vassaux à l'Institut, comme Adorno, se fixèrent à lui et jalousaient férocement leurs rivaux, dans l'espoir d'obtenir les faveurs du maître. « Adorno était disposé à s'identifier entièrement à la grande cause de l'Institut, mesurant toute chose à cette aune » (*ibidem* p. 160). Lorsque Leo Lowenthal, lui aussi membre de l'Institut, se plaignit du fait qu'Adorno montrait « un zèle qui n'était pas si éloigné de la rancœur », Horkheimer répondit que c'était précisément cela qu'il appréciait chez Adorno : « Pour Horkheimer, tout ce qui comptait, c'était que l'agressivité zélée d'Adorno – qui l'aidait à détecter les concessions faites au système universitaire bourgeois dans les ouvrages de Lowenthal, Marcuse, Fromm, et encore plus chez les autres – pût être canalisée dans les bonnes directions, à savoir celles qui seraient significatives du point de vue de la théorie sociale » (*ibid.* p. 163).

Le ralliement autour de dirigeants charismatiques (Leon Trotski, Rosa Luxembourg) est un trait apparent chez les Juifs d'extrême-gauche. Les *New York Intellectuals* feraient exception à cette règle, étant donné que ce groupe était relativement décentralisé et marqué par des querelles et des compétitions internes, aucune figure n'étant hissée sur le pavois à la façon de Freud ou de Boas. Toutefois, comme tant d'autres gauchistes juifs, ils avaient tendance à idolâtrer Trotski et comme nous l'avons vu, Sidney Hook joua un rôle décisif à la direction du groupe. Ils constituaient une coterie à part, autour de « petits magazines », dont les rédacteurs en chef exerçaient leur grands pouvoir et influence sur les carrières de ceux qui aspiraient à rejoindre leur groupe. Elliot Cohen, malgré sa faible présence en tant que rédacteur, exerçait une influence charismatique sur ceux qui écrivaient pour lui, en qualité de rédacteur en chef du *Menorah Journal*, puis de *Commentary*. Lional Trilling l'avait qualifié de « génie tourmenté » ayant influencé beaucoup de gens, lui-même y compris, dans l'odyssée qui les conduisit du stalinisme à l'anti-stalinisme, jusqu'aux rivages du néoconservatisme.

Les membres postulants de l'endogroupe idolâtraient typiquement les membres de l'endogroupe, comme des icônes culturelles. Norman Podhoretz évoqua cette « adoration fascinée avec des étoiles dans les yeux » (*Making It*, p. 147), dont faisaient l'objet les gens de *PR* au début de sa carrière. Les membres de l'endogroupe accordaient une « attention passionnée » aux autres membres du groupe (Cooney, *op. cit.* p. 249). À l'image de ce qui eut lieu dans la psychanalyse, des rameaux dissidents émergèrent de ces magazines, à l'initiative de gens qui avaient des vues esthétiques ou politiques quelque peu différentes, comme par exemple le cercle réuni autour de la revue *Dissent* et de son fondateur Irving Howe.

Cette tendance à se regrouper autour d'un dirigeant charismatique est un trait caractéristique des groupes juifs traditionnels. Ces groupes sont extrêmement collectivistes au sens de Triandis. Leur nature autoritaire et le rôle central du rabbin charismatique est particulièrement frappant. « Un *haredi* [un juif orthodoxe] (…) consultera son rabbin ou son *rebbe* hassidique sur n'importe quel aspect de sa vie. Il obéira à ses avis comme si c'était un commandement halakhique » (Landau, *Piety and Power : The World of Jewish Fondamentalism*, p. 47). « L'obéissance aveugle des *haredim* à leurs rabbins est l'une des caractéristiques les plus frappantes du harédisme pour un regard extérieur, aussi bien juif que non-juif » (*ibidem* p. 45). Les *rebbes* fameux sont révérés à l'image de quasi-divinités (il s'agit du *tzaddikisme*, ou culte de la personnalité), et de fait, une controverse éclata récemment, pour savoir si le *rebbe* loubavitch Schneerson était bel et bien le messie. Nombre de ses disciples le croyaient. Mintz a fait remarquer qu'il est fréquent que les juifs hassidiques prennent leur *rebbe* pour le messie (*Hassidic People : A Place in the New World*, p. 348 sq.).

Cette intensité du sentiment de groupe, focalisé sur un dirigeant charismatique, rappelle celle qu'on trouvait chez les juifs traditionnels d'Europe de l'Est, ascendants immédiats de ces intellectuels. Le dirigeant sioniste Arthur Ruppin fait le compte rendu suivant de son passage dans une synagogue de Galicie (en Pologne) en 1903.

> Il n'y avait pas de bancs, et plusieurs centaines de juifs se tenaient debout en groupes très proches les uns des autres, ondulant dans la prière comme un champ de blé agité par le vent. Lorsque le rabbin apparut, l'office commença. Chacun tentait de se rapprocher le plus possible de lui. Il dirigea les prières d'une voix ténue et plaintive. Elle semblait faire naître une sorte d'extase parmi les auditeurs. Ils fermaient les yeux en se balançant violemment. La prière tonitruante avait des allures de tempête. Quiconque voyant ces juifs en prière aurait conclu que c'était le peuple le plus religieux de la terre. (*Arthur Ruppin : Memoirs, Diaries, Letters*, p. 69)

Ensuite, ceux qui étaient les plus proches du rabbin étaient animés d'un fort désir de manger toute nourriture qu'avait touchée le rabbin, et ses disciples conservaient les arêtes de poisson qu'il avait laissées, comme des reliques.

Comme le laisse présager la théorie de l'identité sociale, tous ces mouvements manifestent leur sentiment d'appartenance à un endogroupe considéré comme intellectuellement et moralement supérieur, combattant les exogroupes vus comme moralement dépravés et intellectuellement inférieurs (par exemple Horkheimer rappelait constamment aux siens qu'ils étaient de « rares élus » destinés à développer la Théorie critique). Au sein de l'endogroupe, les désaccords étaient canalisés dans un espace intellectuel étroitement confiné, et ceux qui franchissaient les bornes étaient tout simplement retranchés du mouvement. Les remarques faites par Eugen Bleuler à l'intention de Freud, au moment de quitter le mouvement psychanalytique en 1911, méritent d'être citées derechef puisqu'elles décrivent un aspect central de la psychanalyse et des autres mouvements que nous examinons dans le présent ouvrage : « le 'qui n'est pas avec nous est contre nous' et le 'tout ou rien' sont nécessaires aux communautés religieuses et utiles aux partis politiques. Je peux donc comprendre ce principe, mais dans les sciences, je le considère comme nuisible. » (*in* Gay, *A Godless Jew*, p. 144-145). Tous ces aspects sont aussi au cœur du judaïsme traditionnel et s'accordent avec l'idée que l'un des traits élémentaires de toutes les manifestations du judaïsme est l'inclination à développer des structures sociales très collectivistes et pourvues d'un fort sentiment de la séparation entre endogroupe et exogroupe.

Partie 4

Il importe aussi de saisir que la psychanalyse et la série d'études dont fait partie la *Personnalité autoritaire* tendaient toutes deux à l'endoctrinement : elles développaient des théories qui identifiaient les comportement non-conformes aux normes politiquement acceptables comme des manifestations de maladie mentale. Ce point apparaît clairement dans la tendance qu'a la psychanalyse à attribuer le rejet d'icelle à diverses formes de psychopathologies, dans sa perspective générale selon laquelle la culture des Gentils, prédisposant à la pathologie, était la source cachée de tous les diagnostics psychiatriques, et enfin dans la thèse voulant que l'antisémitisme fût le signe d'une perturbation de la personnalité. La série à laquelle appartient la *Personnalité autoritaire* est issue de la même tradition, au sens où elle proposait la « découverte » que l'incapacité ou le refus de développer une « personnalité libérale » et d'adopter profondément et sincèrement des opinions politiques de gauche étaient des signes de maladie mentale.

Un trait commun et vraiment remarquable de tous ces mouvements de critique culturelle est d'affirmer la nature pathogène des structures sociales dominées par les Gentils. Du point du vue de la psychanalyse, École de Francfort y compris, les sociétés humaines ne satisfont pas les besoins humains enracinés dans la nature humaine, de sorte que les hommes développent un éventail de troubles psychiatriques, qui sont autant de réponses à notre chute loin de l'équilibre de notre nature et de l'harmonie avec la nature. Ou alors, les hommes sont considérés comme des pages blanches sur lesquelles la culture occidentale capitaliste a écrit sa rapacité, son ethnocentrisme non-juif et d'autres types de troubles psychiatriques supposés (telle est la thèse du marxisme et de l'anthropologie boasienne).

Quant à la cohésion de groupe, on peut la repérer en considérant le soutien que ces mouvements ont obtenu de la part de la communauté juive au sens large. Au cinquième chapitre, j'ai fait remarquer que les Juifs d'extrême-gauche se préoccupaient beaucoup de maintenir leurs attaches avec la communauté juive au sens large. Celle-ci, de son côté, avait apporté son soutien économique à la psychanalyse, sa psychothérapie préférée ; d'autre part, leurs fondations philanthropiques soutenaient les instituts de psychanalyse. Ce furent des Juifs qui apportèrent la plus grande partie du soutien financier à l'Université de Francfort, qui était le havre des intellectuels juifs allemands depuis l'époque de Guillaume II. L'Institut de Recherche Sociale de l'Université de Francfort fut mis sur pied par Felix Weil, millionnaire juif, qui le pourvut d'une certaine mission intellectuelle et politique, qui allait finir par donner la Théorie critique. Aux États-Unis, des fondations comme la Stern Family Fund, Rabinowitz Fund et Rubin Foundation ont financé des publications de gauche radicale pendant les années 1960. Auparavant, des capitalistes juifs américains comme Jacob Schiff avaient financé les mouvements d'extrême-gauche russes qui cherchaient à renverser le Tsar et qui eurent vraisemblablement un impact considérable.

Qui plus est, l'influence juive dans les médias populaires contribua puissamment à jeter une lumière favorable sur les mouvements intellectuels juifs, en particulier la psychanalyse et les mouvements politiques radicaux des années 1960. Les descriptions positives de la psychanalyse étaient monnaie courante pendant les années 1950, atteignant un pic au milieu des années 1960, période où la psychanalyse était au zénith de son influence aux États-Unis. « Les images populaires de Freud le montraient en observateur soigneux, travailleur infatigable, grand guérisseur, explorateur vraiment original, parangon de vertu, découvreur des sources de l'énergie personnelle et authentique génie » (N. G. Hale, *The Rise and Crisis of Psychoanalysis in the United States : Freud and the Americans, 1917-1985*, p. 289). Dans les films, les psychiatres étaient dépeints comme « à la fois efficaces et humains. Les vedettes hollywoodiennes, réalisateurs et producteurs « en analyse » étaient légion » (*loc. cit.*). Dans ce processus, il ne faut pas perdre de vue le rôle de la création de revues qui n'étaient pas seulement destinées à un groupe restreint de spécialistes universitaires, mais aussi à un public plus large de lecteurs instruits et à autres consommateurs de cette contre-cultures.

Quant au soutien de la communauté juive au sens large, on peut le repérer dans les alliances qui se sont nouées entre ces mouvements intellectuels et des maisons d'édition tenues par des Juifs : l'École de Francfort s'est par exemple associée à la *Hirschfeld Publishing Company*. De même, le mouvement néoconservateur straussien a pu s'ouvrir un passage en direction des médias intellectuels dominants. Les disciples de Léo Strauss avaient développé leur propre réseau de publication de livres et de revues, comme la maison d'édition néoconservatrice *Basic Books*, ainsi que les presses de l'Université Cornell, Johns Hopkins et celles de l'Université de Chicago.

Ces idéologies étaient promues par les institutions les plus prestigieuses de la société, en particulier par les universités d'élite et les médias dominants, comme incarnant l'essence de l'objectivité scientifique. Les *New York Intellectuals* nouèrent des liens avec des universités d'élite comme Harvard, Columbia, l'Université de Chicago et celle de Berkeley, tandis que l'anthropologie boasienne tenait ferme ses positions dans l'ensemble du monde universitaire. L'élite morale et intellectuelle établie par ces mouvements dominait le discours intellectuel pendant la période cruciale qui suivit la fin de la Deuxième Guerre mondiale, laquelle mena à la révolution contre-culturelle des années 1960. Ces mouvements dominaient le discours intellectuel à l'époque du changement si capital des lois sur l'immigration. Il faut donc comprendre que les individus qui étaient passés par l'université dans cette période étaient vigoureusement encouragés à adopter des opinions culturelles et politiques de gauche ou d'extrême-gauche. L'idéologie affirmant que l'ethnocentrisme était une forme de psychopathologie était promue par un groupe qui dans sa longue histoire peut être raisonnablement considéré comme le plus ethnocentrique parmi toutes les civilisations de l'histoire. Cette idéologie était promue par les membres qui se reconnaissaient fortement dans un groupe dont le droit à se perpétuer en tant que groupe soudé et imperméable du point de vue génétique – donc idéalement taillé pour gagner un maximum de pouvoir politique, économique et culturel – n'était jamais sujet à la moindre discussion. Toutefois, la non-adoption de ces opinions de la part des Gentils étaient considérée comme l'aveu d'insuffisances personnelles et la preuve que l'individu en question était dans un tel état qu'il bénéficierait d'une consultation chez le psychiatre.

La respectabilité scientifique et intellectuelle était donc un trait marquant des mouvements examinés dans le présent ouvrage. Ceci étant, ces mouvements intellectuels étaient fondamentalement irrationnels, irrationalité qui transparaît dans l'intégralité de la conduite de la psychanalyse, entreprise autoritaire et pseudo-scientifique, et dans la description explicite de la science par l'École de Francfort, qui la qualifiait d'instrument de domination sociale. Cette irrationalité transparaît aussi au vu de la structure de la psychanalyse et de l'idéologie de gauche radicale, lesquelles, à l'image de l'idéologie religieuse juive traditionnelle, consistent en des théories essentiellement herméneutiques, au sens où la théorie est dérivée de principes *a priori* et conçue de façon à ce que tout événement y soit interprétable. En lieu et place de la perspective scientifique qui met l'accent sur la rétention sélective de variables théoriques, la théorie devient un exercice herméneutique par lequel n'importe quel événement peut être interprété dans son cadre. En ce qui concerne la Théorie critique et, dans une grande mesure, la psychanalyse, le contenu de la théorie changeait continuellement et des divergences apparaissaient entre ses praticiens, sans que l'objectif de la théorie – servir d'instrument à la critique sociale gauchiste – en fût affectée en quelque façon.

Malgré l'irrationalité foncière de ces mouvements, il ont souvent revêtu le masque de l'objectivité scientifique ou philosophique quintessentielle. Ils ont tous cherché à se parer de l'aura de la science. Hollinger, décrivant « une *intelligentsia* laïque, de plus en plus juive, résolument de gauche, basée en grande partie mais pas exclusivement dans les départements de philosophie et de sciences humaines », fait remarquer que « la science apparaissait à Hofstadter et à nombre de ses contemporains comme une ressource idéologique inestimable. Ou pour le dire plus précisément, ces hommes et ces femmes piochaient dans le stock d'images de la science celles qui leur étaient les plus utiles, celles qui permettaient d'accoler l'adjectif *scientifique* à un savoir public plutôt que privé, à des discours ouverts plutôt qu'à des discours fermés, à des normes de validité universelles plutôt que locales, associées à des modèles d'autorités démocratiques plutôt qu'aristocratiques. » (*Science, Jews and Secular Culture : Studies in Mid-Twentieth Century American Intellectual History*, p. 160)

Nathan Glazer, sociologue à Harvard, écrivait que « la sociologie consiste encore pour beaucoup de socialistes et de sociologues en la poursuite d'objectifs politiques par des moyens académiques » (cité *in* Jumonville, *op. cit.* p. 90), tout en s'incluant lui-même, en compagnie des autres *New York Intellectuals*, dans cette déclaration. Jumonville en fit le commentaire suivant : « La force de percussion du groupe de New York sur la vie intellectuelle américaine venait en partie du fait qu'ils étaient parvenus à élever cette politisation à une très haute dignité. Ils n'éprouvaient aucune gêne à admettre le caractère politique de leur travail. En fait, ils réussirent à faire passer dans la doxa intellectuelle l'idée que toute œuvre ayant une certaine force possédait forcément une coloration idéologique et politique. » (*ibidem* p. 90)

Même l'École de Francfort, dont l'idéologie amalgamait systématiquement science, politique et moralité, présenta la *Personnalité autoritaire* comme une étude à fondement scientifique et enracinée dans l'empirie, à cause du besoin perçu de complaire à un lectorat américain, composé de chercheurs en sciences humaines de tendance empirique. Qui plus est, dans le halo rhétorique construit autour de l'Institut de Recherche Sociale, on ne manquait jamais de souligner la nature scientifique de l'entreprise. Ainsi, Carl Grünberg, premier directeur de l'institut, tâchait délibérément de dissiper les soupçons concernant son engagement en faveur d'une forme dogmatique et politique de marxisme.

L'institut souscrivait, disait-il, à une méthodologie scientifique de recherche clairement articulée : « Inutile d'insister sur ceci qu'en parlant de marxisme, je ne l'entends pas au sens d'un parti politique, mais dans un sens purement scientifique, comme un terme désignant un système économique complet, une idéologie et une méthodologie de recherche nettement définie » (cité in Wiggershaus, *op. cit.* p. 26). De la même manière, le groupe de *Partisan Review* se revendiquait du parti de la science, comme on pouvait le voir sous la plume de William Phillips, rédacteur en chef de *PR*, qui incorporait les noms de Marx, Lénine et Trotski dans sa liste de « scientifiques ».

Un aspect particulièrement important de cet effort général a été l'emploi d'un scepticisme philosophique étayé de raisons, destiné à combattre l'universalisme scientifique. Cet usage du scepticisme comme arme de combat contre telle ou telle théorie scientifique qui déplairaient à quelqu'un pour des raisons plus profondes, a été une caractéristique majeure de l'activité intellectuelle juive pendant tout le vingtième siècle. C'était l'un des traits essentiels de l'anthropologie boasienne, mais aussi de la plupart des travaux théoriques opposés à l'école évolutionnaire et favorables aux explications dynamiques et contextualistes du développement comportemental, que nous avons examinés au deuxième chapitre. D'une manière générale, ce scepticisme visait à prévenir le développement de théories générales du comportement humain, dans lesquelles la variation génétique joue un rôle causal dans la production de la variation comportementale ou psychologique, ou dans lesquelles les processus adaptatifs jouent un rôle important dans le développement de l'esprit humain. L'apothéose du scepticisme radical apparaît dans la « dialectique négative » de l'École de Francfort et dans la philosophie de la déconstruction de Jacques Derrida, qui cherchent toutes deux à déconstruire les théories universalistes et assimilationnistes de la société, entendue comme un tout homogène et harmonieux. Leur volonté de déconstruction se basait sur l'idée qu'une telle société serait incompatible avec la perpétuation du judaïsme. À l'instar de l'activisme politique que nous décrirons au chapitre suivant, cet effort vise à empêcher toute émergence de mouvements de masses unissant solidairement les groupes de Gentils, et toute ré-édition de l'holocauste.

L'intuition fondamentale de l'École de Francfort et de ses récents avatars post-modernes, ainsi que de l'école boasienne d'anthropologie et de la plupart des critiques du point de vue évolutionnaire en sciences humaines que nous avons examinés au deuxième chapitre, est qu'un scepticisme de longue portée et la fragmentation du discours intellectuel qu'il provoque dans la société, sont d'excellentes prescriptions pour la perpétuation des stratégies de groupe collectiviste et minoritaire. Dans le monde intellectuel, ce qui menace le plus une stratégie de groupe collectiviste et minoritaire, c'est l'idée que la science elle-même, en tant qu'entreprise individuelle conduite dans un univers discursif atomiste, puisse se coaguler autour d'un ensemble d'énoncés universalistes portant sur le comportement humain, énoncés qui auraient la capacité de remettre en question tout parti-pris moral émanant de stratégies de groupe collectiviste minoritaire comme le judaïsme. Pour prévenir cette possibilité, un moyen tout trouvé est de problématiser le statut de la science elle-même et de la remplacer par un scepticisme englobant portant sur la structure de la réalité en général.

Le résultat que ces mouvements espéraient (et qu'ils ont réussi à atteindre dans une très grande mesure) était d'imposer une orthodoxie anti-scientifique de type médiéval dans l'essentiel du monde intellectuel contemporain. Mais contrairement à l'orthodoxie médiévale chrétienne qui était foncièrement antisémite, c'est une orthodoxie qui favorise la perpétuation du judaïsme en tant que stratégie évolutionnaire de groupe, qui minore l'importance du judaïsme en tant que catégorie intellectuelle ou sociale et qui déconstruit les bases intellectuelles du développement des stratégies de groupe majoritaire des Gentils.

Rien de tout cela ne saurait surprendre un évolutionniste. L'activité intellectuelle au service d'objectifs évolutionnaires est une caractéristique du judaïsme depuis l'antiquité. À cet égard, je soutiens l'idée que ce n'est pas par accident que la science a pu se développer uniquement dans les sociétés individualistes d'Occident. La science est fondamentalement un phénomène individualiste, incompatible avec le mode de pensée tranchant nettement entre endogroupe et exogroupe, qui est la signature des mouvements intellectuels juifs examinés dans ces pages, et qui a fini par devenir celle des discours qui passent généralement pour intellectuels en Occident – en particulier le post-modernisme et le mouvement multi-culturel aujourd'hui en vogue.

Les groupes scientifiques n'ont pas d'essence au sens où il n'y a pas de membres essentiels d'un groupe, ni d'énoncés essentiels auxquels il faudrait adhérer pour en être membre, même si dans les mouvements que nous avons passés en revue, les deux points sus-mentionnés sont présents. Hull écrit que même Darwin aurait pu quitter son groupe ou en être exclu sans que le programme évolutionniste n'en perdît son identité. Je doute fort en revanche que Freud pût être exclu du mouvement psychanalytique sans que l'orientation du mouvement ne s'en trouvât entièrement changée. Hull, mettant en lumière la nature foncièrement individualiste des communautés scientifiques, a fait remarquer qu'alors même que chaque scientifique individuel possède sa propre idée de la nature essentielle du système conceptuel qu'il considère, l'adoption d'un tel point de vue essentialiste par la communauté tout entière ne ferait qu'étouffer dans l'œuf la croissance conceptuelle caractéristique des sciences authentiques.

Cette conceptualisation de la science en tant qu'activité individualiste s'accorde tout à fait avec les travaux récents en philosophie des sciences. Dans ce domaine, une question fondamentale porte sur la description du genre de discours social qui est apte à promouvoir la pensée scientifique, quel qu'en soit le domaine. Comme l'écrit Donald Campbell, la question qui se pose est de savoir « quel système social de révision ou de rétention de croyances serait le plus susceptible d'améliorer la teneur en significations vraies desdites croyances ? » ('Plausible coselection of belief by referent : All the "objectiviy" that is possible, in *Perpectives on Science*, p. 97). Je soutiens pour ma part la thèse que le prérequis minimal d'un système social scientifique est que l'activité scientifique science ne soit pas menée en fonction d'une perspective qui oppose endogroupe et exogroupes. Le progrès scientifique (la « teneur en significations vraies » de Campbell) dépend d'un univers de discours individualiste et atomiste dans lequel l'individu se voit non pas comme un membre d'une entité culturelle ou politique plus englobante prêt à se placer au service de ses points de vue particuliers, mais au contraire comme un agent indépendant qui s'efforce d'évaluer les preuves et de découvrir la structure de la réalité.

Comme l'a fait remarquer Campbell, la science telle qu'elle a évolué au dix-septième siècle avait comme critère la possibilité pour des agents indépendants de reproduire chacun de son côté et par eux-mêmes les découvertes scientifiques qui parvenaient à leur connaissance. L'opinion scientifique se coagule incontestablement autour de certains énoncés appartenant aux sciences authentiques (comme par exemple la structure de l'ADN ou les mécanismes du renforcement), mais ce consensus scientifique est aisément rompu, dès lors que de nouvelles données jettent un doute sur les théories en vigueur. Dans ces conditions, Barker et Gholson ont montré que la longue rivalité entre les postions cognitivistes et behaviouristes en psychologie était suspendue aux résultats de quelques expériences-clés, lesquels ont déterminé des passages d'une position à l'autre chez des chercheurs de ce domaine. Arthur Jensen a bien résumé ce point en faisant remarquer que « lorsque de nombreux scientifiques individuels (...) sont capables de penser comme ils le jugent bon et font leurs recherches sans subir l'obstruction de contraintes collectivistes ou totalitaires, la science est un processus qui corrige ses propres erreurs. » ('The debunking of scientific fossils and straw persons' in *Contemporary Education Review* #1, 1982, p. 124)

Chaque participant individuel à une science authentique doit se considérer comme un agent libre qui évalue continuellement les données disponibles pour parvenir à la meilleure compréhension possible de la réalité. Toute une gamme d'influences extra-scientifiques peuvent affecter les scientifiques individuels au moment de conduire leurs recherches ou d'évaluer leurs résultats, comme par exemple le besoin de ne pas vexer son supérieur hiérarchique ou de ne pas apporter d'eau au moulin de tel groupe de recherche rival. Un véritable scientifique, toutefois, doit tâcher d'écarter consciencieusement au moins l'influence des rapports personnels, des liens de groupe, de sexe, de classe sociale, l'influence des projets moraux ou politiques et même des opportunités d'avancement. Les véritables scientifiques modifient leurs croyances sur la base des données et des preuves et sont disposés à abandonner les convictions acquises dans la mesure où les unes entrent en conflit avec les autres.

Partie 5

Porté par l'effort honnête qui vise à écarter ces influences, le consensus scientifique en vient à se coaguler de plus en plus autour d'énoncés décomposables en sous-énoncés scientifiques dont la teneur en vérité joue un grand rôle dans leur établissement en tant que croyances fermes parmi les scientifiques. D. C. Stove dans *Popper and After : Four Modern Irrationalists*, fait remarquer que malgré les protestations du contraire dans une grande partie du monde intellectuel, la connaissance a connu une croissance gigantesque au cours des quatre derniers siècles. Toutefois, ce même progrès des connaissances consensuelles n'a pas eu lieu dans les sciences humaines, et je doute qu'il arrive tant que la recherche continuera à être menée sous l'égide d'une pensée séparant endogroupe et exogroupes.

Dans les mouvements que nous examinons, le travail intellectuel était placé sous le signe de la solidarité de groupe, car les intervenants individuels pouvaient toujours compter sur le fait que les autres défendissent des idées semblables et présentassent un front uni face à toute information gênante. Dans la péninsule ibérique, pendant la période de l'inquisition, le conflit entre groupes a eu pour conséquence de rendre impossible la pratique de la science. L'idéologie qui soutenait l'inquisition, y compris les opinions issues de la théologie sur la nature de la réalité physique, entra dans la composition d'une vision du monde collectiviste dans laquelle toute déviation de l'idéologie établie étaient considérée comme une trahison envers le groupe. Or, la science commande que ce genre de trahison soit quelque chose de possible et même d'intellectuellement respectable, ou pour être plus précis, elle commande l'impossibilité de toute trahison, étant présupposé que le point de vue sur la réalité d'untel ne découle pas d'une quelconque allégeance à un groupe, mais de son jugement indépendant (individualiste) qui découle des données à sa disposition.

Dans une science authentique, la structure fondamentale de la réalité ne peut pas être décidée *a priori* et imperméabilisée contre les démentis de l'expérience, comme cela arrive dès lors qu'un groupe prend parti pour telle interprétation de la réalité. Pourtant, c'était le cas pendant l'inquisition et la période d'orthodoxie médiévale chrétienne, et c'est le cas dans tous les mouvements intellectuels que nous passons en revue (et dans l'essentiel de l'historiographie juive, cf. *SAID*, chap. 7). Parce que ces mouvements contenaient un projet politique juif sous-jacent, les points doctrinaux essentiels et l'orientation de la recherche étaient conçus *a priori* pour être conformes aux intérêts en question. Et à cause de l'irrationalité foncière des idéologies ainsi produites, ces mouvements ne pouvaient pas revêtir d'autres formes que celles d'endogroupes autoritaires qui retranchaient les dissidents de leurs rangs. Au sein de ces groupes, l'accession à la réussite professionnelle impliquait nécessairement une soumission autoritaire à ses grandes définitions.

La situation est parfois plus compliquée, car la participation à la véritable culture scientifique peut elle aussi servir des intérêts ethniques juifs. Au deuxième chapitre, nous avons fait remarquer que R.C. Lewontin, biologiste des populations à Harvard, employait dans ses recherches empiriques des méthodes condamnées par le purisme méthodologique extrême qu'il opposait aux études du comportement humain sous l'angle évolutionnaire et biologique. Il n'est pas sans intérêt de noter que Lewontin était manifestement conscient du fait que la participation à une culture authentiquement scientifique crée « un compte en banque de légitimité dans lequel nous pouvons puiser pour poursuivre nos buts politiques et humanistes. » ('Women versus the biologists' *New York Reviw of Books* # 41 – 1994). Lewontin s'est donc d'abord fait un nom dans une vraie communauté scientifique, avant d'utiliser sa réputation au service du projet de son ethnie, par exemple en exigeant des sciences sociales une rigueur méthodologique à laquelle elles ne pouvaient satisfaire. Même la science véritable pour être changée en petite monnaie politique.

Plus profondément, il me semble qu'un aspect essentiel de l'histoire intellectuelle juive est l'idée qu'il n'y a pas de différence démontrable entre la vérité et le consensus. Dans le discours religieux juif traditionnel, la « vérité » était l'apanage d'une élite d'interprètes, qui formaient la classe éduquée de la communauté juive. Au sein de celle-ci, la « vérité » et la « réalité » n'étaient pas autre chose (et n'étaient pas pensées comme étant autre chose) que le consensus d'une partie suffisamment grande de la communauté interprétative.

> Sans la communauté, nous ne pouvons pas donner un sens quelconque à des notions telles que « parole divine » ou « sainteté ». La canonisation de l'Écriture Sainte n'existe que dans le contexte de la compréhension de ces écritures par une communauté. La sainteté de l'écrit dépend de sa signification qui est « vraiment là » dans le texte. C'est seulement la

lecture-compréhension communautaire des textes qui fait leur signification, signification qui les rend aptes à être appelés saints, sainteté qui est aussi réelle que la communauté elle-même (Agus, *The Binding of Isaac and Messiahs : Law, Martyrdom and Deliverance in Early Rabbinic Religiosity*, p. 34).

Comme nous l'avons vu au septième chapitre de *SAID*, l'idéologie religieuse juive est un ensemble extrêmement plastique d'énoncés, capable de rationaliser et d'interpréter n'importe quel événement d'une manière qui convienne aux intérêts de la communauté. Dans la communauté intellectuelle juive, l'autorité était toujours entièrement fondée sur la jurisprudence issue des docteurs reconnus (consensuels). Il n'est jamais venu à l'esprit des membres de cette communauté discursive d'aller chercher autre part une confirmation de leurs opinions, que ce soit dans une autre communauté discursive (chez les Gentils), ou en tâchant de comprendre la nature de la réalité elle-même. La réalité était ce que le groupe décidait qu'elle serait et tout écart de cette réalité socialement construite ne pouvait se produire que dans un espace intellectuel étroit, de façon à ne pas mettre en péril les objectifs fondamentaux du groupe.

L'acceptation du canon juif, tout comme l'adhésion aux mouvements intellectuels que nous examinons, était fondamentalement un acte de soumission autoritaire. Le coup de génie de l'action intellectuelle juive contemporaine a été de comprendre qu'il était possible de former des communautés herméneutiques fondées uniquement sur le consensus intellectuel à l'intérieur d'un groupe, y compris dans le cadre du monde discursif issu des Lumières, et qu'il était même possible de les disséminer avec succès dans la communauté non-juive au sens large pour servir au mieux les intérêts politiques spécifiquement juifs.

Bien sûr, la différence avec le monde d'avant les Lumières était que ces discours intellectuels devaient s'orner d'une façade scientifique pour pouvoir plaire aux Gentils. Ou bien, comme ce fut le cas dans la philosophie de la déconstruction de Derrida ou dans l'École de Francfort (abstraction faite de leur implications dans des travaux comme la *Personnalité autoritaire*), il fallait défendre la viabilité du scepticisme philosophique. L'application de vernis scientifique et de respectabilité philosophique ont permis à ces mouvements de se présenter comme les résultantes de décisions libres et individualistes, fondées sur une appréciation raisonnée des preuves et des données. Une telle prétention impliquait que de grands efforts fussent entrepris dans ces mouvements pour y masquer l'implication et la domination juive, ainsi que la portée et la teneur de leurs ambitions au service d'intérêts politiques spécifiquement juifs.

Cet effort de minoration de l'implication juive était clairement manifeste dans les mouvements politiques d'extrême-gauche et dans la psychanalyse, mais ils étaient également visibles dans l'anthropologie boasienne. Bien que les desseins politiques juifs de l'École de Francfort fussent beaucoup moins camouflés, une grande partie de son projet consistait à développer un corpus théorique applicable à toute conception universaliste de la société et indépendant de la formulation d'un projet politique spécifiquement juif. En conséquence, leur perspective idéologique et ses avatars post-modernes ont été accueillies avec faveur et enthousiasme par les intellectuels des groupes minoritaires non-juifs pourvus de leurs propres buts politiques.

Ce phénomène est un bon exemple de la susceptibilité des sociétés individualistes occidentales à l'invasion par de quelconques groupes collectivistes soudés. J'ai fait remarquer la forte tendance historique du judaïsme à prospérer dans les sociétés individualistes occidentales et à décliner dans les sociétés orientales ou collectivistes et occidentales (cf. *SAID*, chapitres 3 à 5 et *PTSDA*, chapitre 8). Les Juifs profitent grandement des sociétés ouvertes et individualistes où sont levées les barrières qui empêchent l'ascension sociale et où les normes du discours intellectuel ne sont pas prescrites par des institutions dominées par les Gentils, comme l'Église catholique. Mais, comme l'a écrit Charles Liebman, « Si les Juifs ont pris parti pour les Lumières, ils ont rejeté leurs conséquences » (*The Ambivalent American Jew : Politics, Religion and Family in American Jewish Life*, p. 157). Autrement dit, ils ont conservé un fort sentiment de leur identité de groupe au sein d'une société dont l'orientation officielle était individualiste. Les sociétés individualistes développent des institutions politiques républicaines et des institutions de recherche scientifique qui comptent sur le fait que les groupes soient éminemment perméables les uns aux autres et que les individus puissent très facilement les quitter au cas où leurs besoins n'y seraient pas satisfaits. Dans ces sociétés, les individus ont une faible loyauté envers les endogroupes et tendent à ne pas voir le monde en termes d'endogroupes et d'exogroupes. Il y a une forte tendance à voir les autres comme étant des individus et à les juger comme tels, même lorsqu'ils agissent en qualité de membres d'un groupe collectiviste.

Par conséquent, dans ces sociétés, des mouvement intellectuels très collectivistes peuvent être considérés par des tiers comme résultant de choix individualistes et rationnels faits par des agents libres. L'étude des faits suggère que les Juifs ont manifesté leur souci de présenter les mouvements intellectuels juifs comme résultant de choix libres et éclairés. Les auteurs juifs ont pesé de tout leur poids pour présenter l'engagement juif au service de causes politiques d'extrême-gauche comme étant l'expression du « libre choix d'une minorité bien douée » (Rothman & Lichter, *op. cit.* p. 118) et j'ai fait remarquer le rôle des médias dans la confection du portrait de Freud en chercheur de vérité acharné. En vertu de leur nature collective et du déploiement ciblé de leurs énergies, l'activité de ces groupes peut exercer une influence bien supérieure à celle des individus atomisés et fragmentés. Les travaux des individualistes peuvent être aisément passés sous silence, marginalisés, ou frappés d'anathème ; en revanche, la collectivité continue de dominer le discours intellectuel grâce à sa force de cohésion et à son contrôle des moyens de production intellectuelle. Toutefois, sur la longue durée, il n'est pas déraisonnable de penser que l'orientation individualiste de l'Occident dépend de l'absence de groupes puissants et soudés agissant au sein de la société (cf. *SAID*, chapitres 3 à 5).

Un autre fait n'est pas sans importance concernant ces mouvements intellectuels apparus après l'époque des Lumières : aucun d'entre eux n'a développé de raison particulière et positive pour justifier la perpétuation de l'identification juive. Les matériaux qui nous avons ici réunis indiquent qu'une telle tentative n'aurait pas été la bienvenue, étant donné qu'en un sens très fondamental, le judaïsme représente l'antithèse de l'individualisme des Lumières et du type de discours scientifique et intellectuel qu'il implique. Dans la sphère économique et sociale, le judaïsme représente la possibilité qu'une stratégie ethnique d'un groupe soudé provoque des réactions anti-individualistes dans les exogroupes non-juifs et menace la viabilité des institutions politiques et sociales individualistes. Dans la sphère intellectuelle, le judaïsme a produit des entreprises collectivistes qui ont systématiquement perturbé la recherche en sciences humaines, en faveur du développement et de la dissémination de théories visant à servir certains intérêts politiques et sociaux particuliers.

Dans ces conditions, il n'est pas surprenant que même si ces théories visaient à manipuler la culture au service de certains intérêts spécifiquement juifs, elles ne pouvaient pas « avouer leur nom » ; autrement dit, elles devaient s'abstenir au maximum de mentionner ouvertement que l'identité collective juive ou des intérêts collectifs juifs étaient en jeu, et ne pouvaient pas non plus développer une défense spécifique du judaïsme qui fût acceptable dans le contexte intellectuel de l'époque d'après les Lumières. Au deuxième chapitre de *SAID*, j'ai fait remarquer que la contribution juive à la culture non-juive dans l'Allemagne du XIXe siècle avait été réalisée d'un point de vue particulariste à l'extrême, selon lequel l'identité du groupe juif était d'une importance subjective capitale, malgré son « invisibilité ». De la même manière, à cause de ce besoin d'invisibilité, les théories et les mouvements que nous examinons étaient forcés de minorer l'importance du judaïsme en tant que catégorie sociale – réalisant ainsi le cryptage [« crypsis »] que nous avons traité en détail au sixième chapitre de *SAID*, l'identifiant comme la technique commune parmi les Juifs pour combattre l'antisémitisme. En ce qui concerne l'École de Francfort, « ce qui frappe l'observateur, c'est l'intensité avec laquelle tant de membres de l'Institut niaient, et dans certains cas nient encore, que leur identité juive eût une quelconque importance » (Jay, *The Dialectical Imagination : A History of the Frankfurt School and the Institute of Social Research*, p. 32).

Les instigateurs et les praticiens de ces théories tâchèrent de cacher leurs identités juives, comme le fit Freud, et de pratiquer une auto-tromperie massive, à la façon des extrême-gauchistes juifs chez qui la chose était manifestement monnaie courante. Rappelons-nous ces gauchistes juifs qui croyaient en leur propre invisibilité en tant que Juifs, tout en apparaissant aux yeux d'autrui comme des Juifs quintessentiels et tout en veillant toujours à placer des Gentils aux postes de pouvoir visibles au sein du mouvement. Cette technique consistant à placer des

Gentils en position de représentants exemplaires d'un mouvement dominé par les Juifs a été couramment utilisée par les groupes juifs qui cherchaient à complaire aux Gentils sur toute une série d'affaires juives. Cet aspect apparaîtra nettement quand nous étudierons, au chapitre suivant, l'effort juif visant à influencer la politique d'immigration. À titre d'exemple et de confirmation, mentionnons qu'Irving Louis Horowitz oppose les nouvelles minorités ethniques et sexuelles qui défendent leur cause particulière en se mettant « très en avant » dans le monde de la sociologie, à la tendance des Juifs à se mettre peu en avant comme tels (*The Decomposition of Sociology*, p. 91). Même si les Juifs dominaient la sociologie américaine depuis les années 1930, les intérêts et les projets politiques spécifiquement juifs n'étaient jamais mis en exergue.

Compte tenu de ces faits, il est franchement ironique que les intellectuels juifs néoconservateurs se soient placés aux avant-postes quand il s'est agi d'exiger que les sciences humaines adoptassent un paradigme scientifique et non pas les idéologies subjectivistes et racialistes anti-scientifiques, typiques des récents idéologues multiculturalistes. Donc Horowitz, dans l'ouvrage sus-cité, montre que les Juifs ont dominé la sociologie depuis les années 1930 et furent les maîtres d'œuvre du déclin des paradigmes darwiniens et de l'émergence des modèles conflictuels de société fondés sur la théorie politique de la gauche radicale. Horowitz fait néanmoins remarquer que la domination juive sur la sociologie est désormais menacée par les politiques de discrimination positive à l'embauche qui limitent le nombre de Juifs admis dans la profession, et par l'antisémitisme et les programmes de recherche politiquement motivés de ces nouvelles minorités ethniques qui influencent de plus en plus la profession. Face à un tel état de choses, Horowitz se fait l'avocat d'une sociologie scientifique et individualiste : « la croissance et la survie des Juifs sont servies au mieux dans un régime démocratique et par une communauté scientifique. » (*op. cit.* p. 92)

Les matériaux que nous présentons auraient beaucoup de pertinence si l'on voulait théoriser la manière dont la psychologie humaine évoluée interagit avec les messages culturels. Les évolutionnistes ont manifesté un intérêt considérable à l'égard de l'évolution culturelle et de ses rapports à l'évolution organique. Dawkins dans *Le Gène Égoïste* a développé l'idée des « mèmes », unités culturelles réplicatives qui se transmettent dans les sociétés. Les mèmes peuvent avoir une valeur adaptative ou mal-adaptative pour les individus ou les sociétés qui les adoptent. En ce qui concerne le thème de notre ouvrage, les mouvements intellectuels et culturels juifs peuvent être considérés comme des mèmes conçus pour favoriser la perpétuation du judaïsme en tant que stratégie évolutionnaire de groupe. Leur teneur adaptative pour les Gentils qui les adoptent est toutefois extrêmement discutable ; en effet, il est peu probable qu'un Gentil qui croit par exemple que l'antisémitisme est forcément un signe de maladie mentale se comporte de façon adaptative.

La question est donc : quels sont les traits évolutifs de l'esprit humain qui expliquent l'inclination de certains à adopter des mèmes hostiles à leurs intérêts ? D'après les éléments que nous avons rassemblés dans cette étude, il semble que l'une des composantes essentielles soit que ces mèmes sont propagés par des sources extrêmement prestigieuses, ce qui suggère que l'un des traits de notre psychologie évoluée est une grande inclination à adopter les messages culturels qui proviennent de ceux qui jouissent d'un haut statut social. La théorie de l'apprentissage social sait depuis longtemps que les modèles, pour être plus efficaces, doivent posséder prestige et haut statut social et que cette tendance s'accorde bien au point de vue évolutionnaire selon lequel la recherche d'un haut statut social est un trait universel de l'esprit humain. Comme les autres influences issues de modèles, donc, les mèmes mal-adaptatifs sont mieux propagés par les individus et les institutions jouissant d'un haut statut social et nous avons vu que les mouvements intellectuels juifs ont eu constamment pour porte-parole des individus représentant les institutions intellectuelles et médiatiques les plus prestigieuses. Ils ont aussi tâché de se draper dans le manteau de la science, en vertu du haut statut ce celle-ci. Des individus comme Freud sont devenus des icônes culturelles, de véritables héros de la culture. Les mèmes culturels qui émanaient de sa pensée avaient donc toutes les chances de prendre racine dans l'ensemble de la culture.

Il faut aussi relever que les mouvements que nous avons examinés se sont tous développés dans une atmosphère de cryptage ou de semi-cryptage, au sens où le projet politique juif n'était pas dans le programme théorique proposé et que les théories elles-mêmes n'avaient pas de contenu juif explicite. Les intellectuels non-juifs qui en approchaient étaient donc peu enclins à les voir comme des expressions de la compétition culturelle entre Juifs et Gentils, ou d'un projet politique spécifiquement juif. Ils étaient au contraire bien plus disposés à considérer les avocats de ces doctrines comme des « gens comme vous et moi » – comme des individualistes qui cherchent scientifiquement des vérités fondées sur les êtres humains et leur société. La psychologie sociale sait depuis longtemps que la ressemblance mène puissamment à l'amitié, phénomène qui est susceptible d'une analyse évolutionnaire (faite par Rushton dans 'Genetic Similarity, human altruism and group selection' in *Behavioral and Brain Science* # 12 – 1989). Autrement dit, si ces doctrines avaient été défendues par des juifs orthodoxes traditionnels, avec leur accoutrement et leur façons de parler différentes, elles n'auraient jamais eu la force de percussion culturelle qui a été la leur. De ce point de vue, le cryptage et le semi-cryptage juifs sont des éléments primordiaux du succès du judaïsme dans les société d'après l'époque des Lumières – thème que nous avons traité au neuvième chapitre de *SAID*.

Cependant, en parlant de mécanismes évolutifs qui favorisent l'acceptation d'idéologies mal-adaptatives parmi les Gentils, nous n'avons pas tout dit. Au huitième chapitre de *SAID*, j'ai fait remarquer la tendance générale à l'auto-tromperie parmi les Juifs, robuste schéma répétitif qui se manifeste à différentes époques historiques et qui touche un grand éventail de questions, comme l'identité personnelle, les causes et la portée de l'antisémitisme, les caractéristiques des Juifs (par exemple, le succès économique) et le rôle des Juif dans les processus culturels et politiques des sociétés traditionnelles et contemporaines. L'auto-tromperie peut avoir son importance, en favorisant l'implication juive dans les mouvements que nous examinons. J'ai relevé des données en ce sens dans le cas des extrême-gauchistes juifs, et Greenwald et Schuh ont montré de façon convaincante que les partis-pris ethniques en faveur de l'endogroupe, manifestés chez les universitaires qui étudiaient les préjugés, n'étaient pas conscients. Nombre de Juifs impliqués dans les mouvements en question peuvent sincèrement croire qu'ils ont vraiment rompu avec l'idée de défendre des intérêts spécifiquement juifs, ou qu'ils défendent les intérêts des autres groupes autant que ceux des Juifs. Ils peuvent sincèrement croire qu'ils n'ont pas de parti-pris dans leurs schémas répétitifs d'association ou de citations d'auteurs dans les articles scientifiques, mais, comme l'a expliqué R. Trivers dans *Social Evolution*, les meilleurs trompeurs sont ceux qui sont eux-mêmes trompés.

Pour finir, les théories de l'influence sociale dérivées de la psychologie sociale sont elles aussi pertinentes et justiciables d'une analyse évolutionnaire. J'ai suggéré que les mêmes générés par ces mouvements intellectuels juifs acquièrent leur influence, au moins au départ, à cause des processus d'influence des groupes minoritaires. La question de savoir si cet aspect de la psychologie sociale peut être considéré comme relevant de traits évolutifs de l'esprit humain reste à résoudre.

Chapitre VII

L'implication juive dans l'élaboration de la politique migratoire U.S.

[Pour comprendre ce chapitre, il faut savoir qu'aux États-Unis, les lois sur l'immigration de 1924 exigeaient que les immigrés fussent à l'image du pays ; les proportions d'immigrés des différentes ethnies devant correspondre aux proportions desdites ethnies dans le corps national. Les Européens, en particulier ceux du nord-ouest de notre continent, étaient donc "favorisés", chose que la juiverie ne supportait pas et combattit jusqu'à faire tomber cette législation en 1965, ouvrant l'accès à l'immigration légale à eux-mêmes d'abord, au tiers-monde ensuite – NdT.]

Aujourd'hui (…) les immigrés – les immigrés juifs surtout – ont l'air plus américain [que les WASP]. Ils nous montrent des visages, des voix et des inflexions de pensée que nous semblent en tout point familières, comme une seconde nature. [Le WASP] est le drôle d'oiseau, l'étranger, le fossile. Nous lui jetons un coup d'œil, un peu étonnés, et nous nous interrogeons : « Mais où est-il passé ? » Nous nous souvenons de lui : pâle, posé, bien habillé, alerte, sûr de lui. Et désormais nous le voyons comme un intrus, un étranger, une espèce noble en voie de disparition (…) Il a cessé d'être représentatif, et jusqu'à cette heure, nous ne l'avions pas remarqué. Ou pas aussi nettement, en tout cas.

Ce qui est arrivé depuis la Deuxième Guerre mondiale, c'est que la sensibilité américaine est devenue en partie juive, sans doute plus juive qu'autre chose (…) L'esprit des Américains instruits en est venu à penser dans une certaine mesure de façon juive. On le leur a appris, mais ils étaient disposés à le faire. Après les hommes de spectacle et les romanciers, sont venus les critiques, les politiciens et les théologiens juifs. Or, critique, politicien et théologien, ce sont des métiers de façonneurs : ils forment les façons de voir les choses.

> Walter Kerr, 'Skin deep is not good enough',
> *The New York Times* du 14 avril 1968.

Partie 1

La politique migratoire est l'exemple paradigmatique des conflits d'intérêt entre groupes ethniques, puisqu'elle détermine la composition ethnique future de la nation. Les groupes ethniques qui sont incapables d'influencer la politique migratoire à leur avantage finissent par céder le pas à ceux qui le peuvent. La politique migratoire est par conséquent d'un intérêt capital pour un évolutionniste.

Ce chapitre examinera le conflit ethnique entre Juifs et Gentils dans le domaine de la politique d'immigration. Mais celle-ci n'est qu'un aspect du conflit d'intérêts qui les oppose aux États-Unis. Les premières escarmouches entre les Juifs et la structure étatique des Gentils remontent à la fin du XIXe siècle et ont toujours été marquées par une forte coloration antisémite. Les enjeux de ces batailles portaient sur les possibilités d'ascension sociale des Juifs et les quotas de Juifs dans les établissements scolaires d'élite, bataille qui commença au XIXe siècle et connut son apogée dans les années 1920 et 1930. Ce conflit sous-tendait les croisades anti-communistes de l'après-Deuxième Guerre mondiale, ainsi que la remise en question de l'influence culturelle des grands médias, qui commença avec les écrits d'Henry Ford dans les années 1920, se manifesta pendant les activités inquisitoriales contre Hollywood à l'époque de McCarthy, et s'est poursuivie jusqu'à aujourd'hui. La présence de l'antisémitisme dans ces affrontements est attestée par le fait que les historiens du judaïsme comme Sachar dans *A History of Jews in America* (p. 620 et suivantes) se sentent obligés de rendre compte de ces événements comme étant des faits d'importance dans l'histoire des Juifs des États-Unis, en raison des déclarations antisémites de nombre de protagonistes non-juifs et de la conscience de leur judaïté chez les protagonistes juifs, laquelle n'échappait pas aux observateurs.

L'effort déployé par les Juifs pour influencer la politique migratoire aux États-Unis est particulièrement significative de la présence d'un conflit ethnique. Leur implication dans ce travail d'influence a fait apparaître certaines particularités uniques qui distinguent les intérêts des Juifs de ceux des autres groupes qui défendaient la libéralisation des politiques migratoires. Pendant l'essentiel de la période allant de 1881 à 1965, leur défense de cette libéralisation provenait du désir de procurer un sanctuaire pour les Juifs qui fuyaient les persécutions antisémites en Europe et ailleurs. Les persécutions antisémites étaient un phénomène récurrent dans le monde moderne, commençant par les pogroms russes de 1881 et se poursuivant dans la période suivant la Deuxième Guerre mondiale en Union Soviétique et en Europe de l'Est. Par conséquent, la libéralisation de l'immigration était dans l'intérêt des Juifs, parce que « les impératifs de la survie forçaient les Juifs à trouver refuge sur d'autres terres » (Cohen, *Not Free to Desist : The American Jewish Committee, 1906-1966*, p. 341). Pour une raison du même ordre, les Juifs ont constamment milité en faveur d'une politique étrangère internationaliste, parce qu' » une Amérique d'esprit international avait plus de chances d'être sensible aux problèmes des juiveries de l'étranger » (*ibidem* p. 342).

Des données montrent aussi que les Juifs des États-Unis, bien plus qu'aucun autre groupe d'ascendance européenne, considéraient la libéralisation des politiques migratoires comme un mécanisme garantissant que les États-Unis fussent une société pluraliste et non pas unitaire et homogène. Le pluralisme sert les intérêts juifs, internes (au sein du groupe) et externes (dans son rapport avec les autres). Le pluralisme sert les intérêts juifs internes parce qu'il donne sa légitimité à cet intérêt juif interne qu'est la justification et la défense publiques d'un intérêt propre, condition qui permet à l'implication collective et à la non-assimilation juives de ne plus se faire de façon à moitié cryptée. Howard Sachar définit ainsi cette utilité : « légitimer la préservation d'une culture minoritaire au milieu d'une société hôte majoritaire ».

Pour leur part, Neusner et Ellman proposent l'idée que la montée en puissance de la conscience ethnique observée récemment dans les milieux juifs a été influencée par cette tendance générale, dans la société américaine, à l'acceptation du pluralisme culturel et de l'ethnocentrisme des groupes minoritaires.

Cette mutation du judaïsme, le faisant abandonner les formes semi-cryptiques, telles qu'elles étaient adoptées au vingtième siècles dans les sociétés occidentales, pour revêtir des formes plus manifestes, est considérée comme essentielle pour la perpétuation du judaïsme par de nombreux auteurs juifs comme E. Abrams dans *Faith or Fear : How Jews Can Suvive in Christian America* et A. Dershowitz dans *The Vanishing American Jew : In Search of a Jewish Identity for the Next Century* (cf. sur ce point *SAID*, chap. 8). Le judaïsme réformé, forme la moins manifeste de judaïsme, revient à grands pas vers le judaïsme traditionnel, insistant même sur l'importance des rituels religieux et la prévention des mariages mixtes. À ce titre, une assemblée de rabbins réformés vient de rappeler que l'essor du traditionalisme découle en partie du gain de légitimité accordé à la conscience ethnique en général (*Los Angeles Times* du 20 juin 1998).

Le pluralisme ethnique et religieux sert également les intérêts juifs externes, puisqu'il produit une situation où les Juifs deviennent un groupe parmi beaucoup d'autres. Il en découle une certaine ventilation de l'influence politique et culturelle entre différents groupes ethniques et religieux, ce qui rend difficile ou impossible le développement de groupes de Gentils unifiés et soudés dans leur opposition au judaïsme. Historiquement, les grands mouvements antisémites ont eu tendance à apparaître dans des sociétés qui, outre la présence juive, étaient homogènes du point de vue religieux et ethnique. Comparé à celui qui existait en Europe, l'antisémitisme était relativement faible aux États-Unis étant donné que les « Juifs n'y apparaissaient pas comme un groupe isolé de non-conformistes [religieux] » (Higham, *op. cit.* p. 156). Bien que le pluralisme ethnique et culturel ne garantisse certainement pas la satisfaction des intérêts juifs, il est néanmoins vrai que les sociétés pluralistes du point de vue ethnique et religieux ont été perçues par les Juifs comme plus susceptibles de servir leurs intérêts que les sociétés ethniquement et religieusement homogènes de la gentilité.

En effet, la motivation profonde de toute l'activité politique et intellectuelle juive que nous examinons dans cet ouvrage se rattache intimement à la crainte de l'antisémitisme. Svonkin a indiqué que l'inquiétude et l'angoisse étaient très répandues dans la juiverie américaine au sortir de la Deuxième Guerre mondiale, y compris face au déclin de l'antisémitisme, devenu un phénomène tout à fait marginal. Dans ces conditions, « la priorité de l'agence pour les relations entre groupes [AJCommittee, AJCongress et ADL] après 1945 fut (...) de prévenir l'irruption d'un mouvement antisémite réactionnaire de masses aux États-Unis » (*Jews Against Prejudice : American Jews and the Fight for Civil Liberties*, p. 8).

Dans les années 1970, S. D. Isaacs avait décrit l'inquiétude répandue chez les Juifs américains et leur hyper-sensibilité à tout ce qui pouvait ressembler à de l'antisémitisme. S'entretenant avec des « personnalités publiques considérables » au sujet de l'antisémitisme au début des années 1970, Isaacs leur posait cette question : « Pensez-vous que ça pourrait arriver ici ? »

> Je n'avais jamais besoin de préciser ce que j'entendais par « ça ». La réponse était presque toujours la même : 'si vous êtes un peu au courant de l'histoire, vous ne devriez pas vous dire que ça pourrait arriver, mais que ça va sans doute arriver' ; ou bien 'ce n'est pas une question de possibilité, c'est une question de date' (*Jews and American Politics*, p. 15).

Isaacs rattache, d'une façon pertinente à mon avis, cette peur de l'antisémitisme à l'intensité de l'implication juive dans le monde politique. Le militantisme juif portant sur les questions d'immigration n'est qu'un rameau d'un mouvement multiforme qui vise à prévenir l'émergence d'un mouvement antisémite de masses dans les sociétés occidentales. Les autres aspects de ce projet seront brièvement examinés plus bas.

On peut trouver des déclarations de savants juifs en sciences humaines et de militants politiques juifs, qui rattachent explicitement la question de la politique migratoire à l'avantage que le pluralisme culturel procure aux Juifs. Joseph L. Blau, rendant compte de l'ouvrage d'Horace Kallen *Cultural Pluralism and the American Idea* (1956) pour la revue *Congress Weekly* (publiée par l'AJCongress) faisait remarquer que « le point de vue de Kallen est utile à la cause des groupes et cultures minoritaires dans cette nation, sans majorité permanente », voulant dire que l'idéologie du multi-culturalisme défendue par Kallen s'opposait à la domination de tout groupe ethnique sur les États-Unis. Maurice Samuel, auteur célèbre et sioniste éminent, s'en prenant, entre autres, à la loi sur l'immigration de 1924, écrivait ceci la même année : « Si la lutte entre nous [Juifs et Gentils] doit un jour s'élever au-dessus de l'affrontement physique, alors il faudra que vos démocraties modifient leur exigences portant sur l'homogénéité raciale, spirituelle et culturelle au sein d'un État. Mais il serait insensé de considérer cette possibilité, car la tendance de cette civilisation va en sens inverse. Le gouvernement tend de plus en plus à s'identifier à la race, non pas à l'État politique. » (*You Gentiles*, p. 215)

Samuel considérait à regret que les lois de 1924 contredisaient l'idée qu'il se faisait des États-Unis, entité purement politique et dépourvue de tout contenu ethnique :

> Nous venons d'assister, en Amérique, à la répétition, sous la forme particulière adaptée à ce pays, de la sinistre farce à laquelle nous n'arrivons pas à nous habituer, bien qu'elle dure plusieurs siècles. Si l'Amérique a quelque signification, celle-ci réside dans cette tentative de surmonter le courant de notre civilisation actuelle, à savoir l'identification de l'État à la race (…) L'Amérique était donc le Nouveau Monde, au sens où l'État était un idéal pur et la nationalité était identique à l'acceptation de cet idéal. Mais il apparaît désormais que ce point de vue était erroné, car l'Amérique était incapable de surmonter ses propres origines et cette apparence de nationalisme d'idéal n'était qu'une étape sur le chemin de l'esprit universel de la gentilité (…)
>
> Aujourd'hui, la race triomphant de l'idéal, l'antisémitisme montre à nouveau ses crocs et le froid refus du droit d'asile, pourtant reconnu comme un droit de l'homme élémentaire, n'est qu'une lâche insulte supplémentaire. Nous sommes non seulement exclus, mais on nous fait savoir dans le langage particulièrement clair des lois sur l'immigration, que nous sommes un peuple « inférieur ». N'ayant pas le courage de se dresser énergiquement contre ses mauvais instincts, le pays avait été préparé, par ses journalistes, à une longue période de dénigrement des Juifs et une fois mis en condition par ces potions populaires et « scientifiques », il finit par accoucher de ces lois. (*ibidem* p. 218-220)

Earl Raab, éminent spécialiste de sciences sociales et militant ethnique juif, exprima des opinions du même genre quand il mentionnait très positivement l'altération de la composition ethnique des États-Unis, comme preuve du succès de la nouvelle politique d'immigration depuis 1965. Raab fait remarquer le rôle dirigeant de la communauté juive dans le retrait du parti-pris favorable aux Européens du Nord-Ouest dans la politique d'immigration (*Jewish Bulletin* du 23 juillet 1993, p. 17). Il explique également que l'antisémitisme est inhibé dans les États-Unis d'aujourd'hui par ceci que « la croissance de l'hétérogénéité ethnique, produit de l'immigration, a rendu encore plus difficile le développement d'un parti politique ou d'un mouvement de masse nationaliste » ('Can antisemitism disappear ?' in *Antisemitism in America Today : Outspoken Experts Expose the Myths*, p. 91). Il le dit de façon plus colorée dans un article du *Jewish Bulletin* du 19 février 1993, p. 23 :

> Le Bureau du Recensement vient d'annoncer que près de la moitié de la population américaine sera bientôt non-blanche ou non-européenne. Et ce seront tous des citoyens américains. Nous venons de franchir le cap de l'impossibilité pour un parti nazi-aryen de triompher dans ce pays.
>
> Depuis un demi-siècle, nous [les Juifs] alimentons l'atmosphère américaine d'anti-nationalisme. L'atmosphère n'est pas encore parfaite, mais la nature hétérogène de notre population tend à la rendre irréversible, et rend nos dispositions légales contre le nationalisme plus praticables que jamais.

Des dispositions tout aussi favorables à l'égard de la diversité culturelle apparaissent dans les déclarations d'autres auteurs et dirigeants juifs. Charles Silberman affirme ainsi :

> Les Juifs américains s'engagent en faveur de la tolérance culturelle à cause de leur croyance – fermement ancrée dans l'histoire – que les Juifs ne sont en sécurité que dans une société qui accepte une grande variété d'attitudes et de comportements, ainsi qu'une variété de religions et de groupes ethniques. C'est cette croyance, par exemple, et non pas l'approbation de l'homosexualité, qui a poussé une majorité écrasante des Juifs américains à soutenir les 'droits des homosexuels' et à adopter une position libérale dans la plupart des questions dites 'sociétales'. (*A Certain People : American Jews and Their Lives Today*, p. 350).

De la même manière, le directeur de la branche de Washington du *Council of Jewish Federations*, faisant la liste des bienfaits de l'immigration, déclara que celle-ci « apporte la diversité, l'enrichissement culturel et des opportunités économiques pour les immigrés » (in *Forward* du 8 mars 1996, p. 5). Résumant l'implication juive dans les batailles législatives de 1996 au sujet de l'immigration, un article de journal faisait savoir que « les groupes juifs n'ont pas réussi à tuer certaines dispositions qui exprimaient le genre d'opportunisme politique qu'ils jugent directement contraires au pluralisme américain » (*Detroit Jewish News* du 10 mai 1996).

Puisque la libéralisation de la politique migratoire est un intérêt juif essentiel, il n'est pas étonnant que cette ligne politique soit soutenue par l'ensemble du spectre politique juif. Nous avons vu que Sidney Hook, qui peut être considéré comme un précurseur du néo-conservatisme à côté des autres *New York Intellectuals*, considérait que la démocratie consistait en une égalité des différences accompagnée du maximum de diversité culturelle. Les néo-conservateurs ont été de chauds partisans de la libéralisation des politiques migratoires, ce qui conduisit à un conflit entre néo-conservateurs principalement juifs, et paléo-conservateurs, principalement non-juifs, sur la question de l'immigration issue du tiers-monde aux États-Unis. Les néo-conservateurs Norman Podhoretz et Richard John Neuhaus avaient réagi très négativement à un article écrit par un paléo-conservateur qui faisait part de ses inquiétudes qu'une telle immigration n'aboutît à la domination de leur descendance sur les États-Unis. (cf. Judis, 'The conservative crack-up', dans le numéro d'automne 1990 de *The American Prospect*, p. 33).

D'autres néo-conservateurs, tels Julian Simon et Ben Wattenberg, ont donné de la voix pour soutenir de hauts niveaux d'immigration issue du monde entier, afin que les États-Unis devinssent la première « nation universelle » du monde, comme l'écrit ce dernier. Se fondant sur les données les plus récentes, J. S. Fetzer a conclu que les Juifs demeuraient beaucoup plus favorables à l'immigration aux États-Unis que tout autre groupe ethnique ou religieux ('Anti-immigration sentiment and nativist political movements in the United States, France and Germany : Marginality or economic self-interest ?' Papier présenté à la conférence annuelle de l'*American Political Science Association*, août-septembre 1996).

Il faut ajouter, à titre de remarque générale, que l'efficacité des organisations juives dans leur effort visant à influencer la politique migratoire U.S. a été favorisée par certaines caractéristiques de la juiverie américaine, lesquelles sont directement liées au judaïsme en tant que stratégie évolutionnaire de groupe, en particulier leur QI qui se situe à un écart-type de un au-dessus du QI caucasoïde (cf. *PTSDA*, chap. 7). Dans les sociétés contemporaines, un quotient intellectuel élevé est associé au succès dans un vaste éventail d'activités, en particulier à la richesse et au statut social. Comme le souligne Neuringer dans *American Jewry and United States Immigration Policy, 1881-1953* (p. 87), l'influence juive sur la politique migratoire a été favorisée par la richesse, l'instruction et le statut social des Juifs. Les organisations juives, reflétant la sur-représentation des Juifs dans les ensembles qui se distinguent par leur succès économique et leur l'influence politique, ont été en mesure d'exercer une influence, sans proportion avec la taille de leur communauté, sur la politique d'immigration. Les Juifs en tant que groupe sont très organisés, très intelligents et politiquement astucieux, et ils ont pu mobiliser d'immenses ressources financières, politiques et intellectuelles pour réaliser leurs objectifs politiques.

Dans le même ordre d'idées, D. A. Hollinger fait remarquer que le déclin de l'homogénéité culturelle chrétienne et protestante doit moins à l'influence des catholiques qu'à celle des juifs, à cause de leur plus grande richesse, de leurs meilleures situations et de leurs plus grande habileté technique dans l'arène intellectuelle. En ce qui concerne le domaine de la politique migratoire, l'organisation militante juive la plus influente était l'AJCommittee, qui se caractérisait par « sa forte direction [Louis Marshall en particulier], sa cohésion interne, sa puissance de financement, la sophistication de ses méthodes de *lobbying*, le choix avisé de ses alliés non-juifs et son sens du moment opportun » (Goldstein, *The Politics of Ethnic Pressure : The American Jewish Committee Fight against Immigration Restriction*, p. 333). Pour sa part, J. J. Goldberg indique qu'il y a en ce moment environ 300 organisations juives nationales aux États-Unis, dont le budget cumulé est estimé à 6 milliards de dollars, somme qui – fait remarquer Goldberg – dépasse le produit intérieur brut de la moitié des pays membres de l'Organisation des Nations Unies.

Partie 2

L'effort juif visant à transformer les États-Unis en une société pluraliste a été mené sur plusieurs fronts. À côté des activités de législation et de lobbying liées à la politique d'immigration, nous mentionnerons aussi l'effort juif fourni dans la sphère intellectuelle et universitaire, dans celle des rapports entre églises et État et enfin leur effort en vue d'organiser les Afro-américains en tant que force politique et culturelle.

1. Efforts intellectuels et universitaires.

D. A. Hollinger a mis le doigt sur « la transformation ethno-confessionnelle de la démographie du monde universitaire américain » dans la période allant des années 1930 aux années 1960 (*Science, Jews, and Secular Culture : Studies in Mid-Twentieth-Century American Intellectual History*, p. 4). Il a aussi remarqué le rôle de l'influence juive dans l'orientation vers la sécularisation de la société américaine et la promotion d'un idéal cosmopolitique. La progression de cette influence a très vraisemblablement tenu aux luttes politiques des années 1920 portant sur l'immigration. Hollinger fait remarquer que « l'influence du vieil *establishment* protestant persista jusque dans les années 1960, phénomène en grande partie lié à la loi sur l'immigration de 1924. Si l'immigration massive de catholiques et de Juifs avait maintenu ses taux d'avant 1924, l'histoire des États-Unis en eût été changée, en raison de la probable diminution rapide de l'hégémonie culturelle protestante, comme on peut raisonnablement le supposer. La politique de restriction migratoire a redonné vie et oxygène à cette hégémonie » (*ibidem*, p. 22). Il n'est pas déraisonnable d'affirmer que les batailles portant sur l'immigration de la période 1881-1965 ont contribué d'une façon cruciale à façonner la physionomie de la culture américaine de la fin du vingtième siècle.

Dans ce cadre, l'idéologie voulant que les États-Unis aient vocation à être une société ethniquement et culturellement pluraliste revêt un intérêt tout particulier. Horace Kallen en tête, les intellectuels juifs ont été à l'avant-garde de la formulation de modèles présentant les États-Unis comme une société pluraliste du point de vue ethnique et culturel. Kallen exprimait dans sa personne-même la valeur du pluralisme culturel du point de vue de l'intérêt juif qu'est la préservation de son séparatisme culturel : cette idéologie du pluralisme culturel s'associait chez lui à une immersion profonde dans l'histoire et la littérature juive et à une défense du sionisme et à une activité politique menée au nom des Juifs d'Europe de l'Est.

Kallen élabora un idéal « polycentrique » destiné à gouverner les rapports entre ethnies en Amérique. Il définissait l'ethnie comme découlant de la dotation biologique des individus, ce qui impliquait que les Juifs pussent à la fois demeurer un groupe génétiquement et culturellement soudé et participer aux institutions américaines démocratiques. Cette conception faisant des États-Unis un ensemble de groupes ethno-culturels séparés s'accompagnait de l'idéologie voulant que les rapports entre ces groupes fussent marqués par la coopération et empreints de douceur. « Kallen, entouré par un tourbillons de conflits, élevait son regard vers ce domaine idéal où la diversité et l'harmonie coexistaient » (Higham, *op. cit.* p.209). De même en Allemagne, le dirigeant juif Moritz Lazarus défendait l'idée, contre l'intellectuel allemand Heinrich von Treitschke, que le maintien de la séparation entre divers groupes ethniques contribuait à la richesse de la culture allemande. Lazarus avait élaboré une doctrine de la double loyauté, qui était devenue une pierre angulaire du mouvement sioniste. En 1862 déjà, Moses Hess avait développé l'idée que le judaïsme mènerait le monde dans une ère d'harmonie universelle, où chaque groupe ethnique conserverait son existence séparée, sans qu'aucun groupe ne pût dominer la moindre parcelle de terrain. (cf. *SAID*, chap. 5)

Kallen écrivit son livre de 1915 pour s'opposer aux idées d'Edward A. Ross, entre autres. Ross était un sociologue darwinien qui pensait que l'existence de groupes clairement démarqués les uns des autres tendait à provoquer entre les groupes une compétition pour les ressources – point de vue correspondant tout à fait aux données et aux théories que j'ai présentées dans *SAID*. La remarque d'Higham est intéressante en ce qu'elle montre que les idées romantiques de Kallen sur la coexistence des groupes étaient massivement contredites par la réalité de la compétition entre groupes telle qu'elle existait à sa propre époque. Il faut ici souligner que Kallen faisait partie de la direction de l'AJCongress. Pendant les années 1920 et 1930, l'AJCongress se faisait le champion des droits économiques et politiques du groupe juif en Europe de l'Est, à une époque de grandes tensions ethniques et de persécution des Juifs et malgré la crainte diffuse que de telles revendications n'exacerbassent les tensions en cours. L'AJCongress exigeait qu'on accordât aux Juifs une représentation politique proportionnelle à leur nombre et qu'on protégeât l'autonomie de leur culture nationale. Les traités passés entre pays de l'est européen et la Turquie comprenaient des dispositions obligeant les États à dispenser une instruction dans les langues des minorités et à accorder aux Juifs le droit de refuser d'ester en justice ou de participer à tout autre réunion publique le jour du shabbat. (cf. M. Frommer, *The American Jewish Congress : A History, 1914-1950*, p. 162)

L'idée du pluralisme culturel en tant que modèle pour les États-Unis fut popularisée dans la gentilité intellectuelle par John Dewey, lequel fut à son tour mis en avant par les intellectuels juifs : « Si des congrégationnalistes déchus comme Dewey n'avaient pas besoin des immigrés pour les inciter à faire reculer les frontières des sensibilités protestantes, même les plus à gauche, les gens comme Dewey étaient encouragés de façon retentissante à le faire par les intellectuels juifs qu'ils fréquentaient dans les cercles universitaires et littéraires » (Hollinger, *op. cit.* p. 24). « Parmi les forces en présence [dans la guerre culturelle des années 1940], il y avait une intelligentsia de gauche, basée largement (…) dans les départements de philosophie et de sciences humaines (…). Leur chef de file était le vieux John Dewey, qui contribuait à la cause par quelques discours et articles » (*loc. cit.* p. 160). (Les responsables de *Partisan Review*, revue principale des *New York Intellectuals*, publièrent des œuvres de Dewey et l'appelèrent « le philosophe en chef de l'Amérique » [*PR* # 13, 1946] ; Sidney Hook, ancien élève de Dewey, ne tarissait pas d'éloges pour lui, l'appelant « le dirigeant intellectuel de la gauche aux États-Unis » et « une sorte de tribun intellectuel des causes progressistes ».)

En qualité de dirigeant laïciste, Dewey s'était allié avec un groupe d'intellectuels juifs qui s'opposaient aux « formulations spécifiquement chrétiennes de la démocratie américaine » (Hollinger, *op. cit.* p. 158). Il était lié de près aux *New York Intellectuals,* qui pour beaucoup étaient trotskystes. Ainsi présida-t-il la Commissions Dewey qui blanchit Trotsky des accusations portées à son encontre lors des procès de Moscou de 1936. Dewey avait une très forte influence dans le public en général. Henry Commager avait défini Dewey comme « le guide, le mentor et la conscience du peuple américain ; il n'est presque pas exagéré de soutenir que pour toute une génération, aucune question n'était vraiment éclairée tant que Dewey n'avait pas parlé » (*in* Sandel, 'Dewey rides again' *New York Review of Books*, mai 1996).

Dewey était le champion de l' » instruction progressiste » et contribua à la fondation de la *New School of Social Research* et à l'*American Civil Liberties Union*, organisations essentiellement juives (Goldberg, *Jewish Power : Inside the American Jewish Establishment*, p. 131). Dewey, dont le « manque de présence en tant qu'auteur et orateur et le côté falot de sa personnalité faisaient que sa popularité représentait une sorte de mystère », incarnait aux yeux du public un mouvement dominé par des intellectuels juifs, à l'instar d'autres Gentils que nous avons examinés dans cet ouvrage.

Les idées de Kallen ont beaucoup contribué à l'élaboration des idées que les Juifs se font de leur condition en Amérique. Son influence était déjà attestée en 1915 chez des sionistes américains comme Louis D. Brandeis. Celui-ci considérait que les États-Unis étaient composés de différentes nationalités dont le libre développement « enrichirait spirituellement les États-Unis et en ferait une démocratie par excellence » (*in* Gal, 'Brandeis, Judaism, and Sionism' *in Brandeis in America*, p. 70). Ces idées devinrent « le trait distinctif du sionisme américain dominant, aussi bien laïc que religieux » (*loc. cit.* p. 70). Le pluralisme culturel était aussi le trait distinctif du mouvement pour des rapports inter-ethniques qui exista dans l'après-Deuxième Guerre mondiale et qui était dominé par les Juifs. Cependant, les intellectuels en question formulaient la chose en termes d' « unité dans la diversité » ou de « démocratie culturelle », afin de retrancher les connotations renvoyant à l'idée que les États-Unis eussent vocation à vraiment devenir une fédération de différents groupes nationaux, position défendue par l'AJCongress à l'égard des pays d'Europe de l'Est, entre autres.

L'influence de Kallen s'étendait à l'ensemble des Juifs instruits :

> Le pluralisme, légitimant la préservation d'une culture minoritaire au milieu d'une société hôte majoritaire, fonctionnait comme un point d'attache pour les Juifs instruits de la deuxième génération. Il alimentait leur sens de la cohésion et soutenait leurs efforts communautaires tenaces pendant les rigueurs de la grande dépression, marquées par un regain d'antisémitisme, et lors du choc du nazisme et de l'holocauste. Il en alla

ainsi jusqu'au sortir de la Deuxième Guerre mondiale, où l'émergence du sionisme répandit dans la juiverie américaine un apogée de ferveur, liée à son idée de rédemption. (Sachar, *op.cit.* p. 427)

Comme le dit David Petergorsky, directeur exécutif de l'AJCongress, lors de son discours à la convention bi-annuelle de l'AJCongress en 1948 :

> Nous sommes profondément convaincus que la survie juive dépendra de sa planche de salut en Palestine, pour une part, et de l'existence d'une *communauté* juive créative, consciente et bien intégrée dans ce pays, pour une autre part. Une communauté créative de ce genre ne peut exister que dans le cadre d'une société démocratique en expansion, où les institutions et les orientations politiques donnent au concept de pluralisme culturel son sens plein et entier. (in Svonkin, *op. cit.* p. 82)

À côté de l'idéologie du pluralisme ethnique et culturel, le succès final des façons de voir juives pour ce qui touche à l'immigration a été favorisé par les mouvements intellectuels que nous avons examinés aux chapitres 2 à 6. Ces mouvements, et singulièrement l'œuvre de Franz Boas, ont provoqué la chute de la pensée évolutionnaire et biologique dans le monde universitaire. Bien qu'elle n'eussent quasiment aucune incidence sur la position restrictionniste en matière d'immigration dans les débats aux congrès (l'argument essentiel des restrictionnistes était que par justice, il fallait maintenir le *statu quo* ethnique), les théories évolutionnistes sur la race et l'ethnie, en particulier celles de Madison Grant dans *The Passing of the Great Race* (1921) faisaient partie de l'esprit du temps. Grant affirmait que le fonds génétique des colons américains d'origine étant issu d'éléments raciaux nordiques et supérieurs, l'immigration d'individus d'autres races ferait baisser le niveau de compétence de la société entière et mettrait en danger les institutions démocratiques et républicaines. Les idées de Grant étaient popularisées dans les médias de l'époque des débats sur l'immigration et suscitèrent des reproches dans des publications juives comme *The American Hebrew*.

La lettre de Grant au *House Committee on Immigration and Naturalization* soulignait l'argument principal des restrictionnistes, selon lequel il était juste et équitable, pour tous les groupes ethniques présents dans le pays, de prendre pour base de la loi sur l'immigration le recensement de 1890 des personnes nées à l'étranger ; alors que l'usage du recensement de 1910 empiéterait sur les droits des « Américains de souche dont les ancêtres étaient dans ce pays avant son indépendance ». Il défendait également l'idée de quotas pour restreindre l'immigration des gens venus du Nouveau Monde, par ce que « ces pays fournissent dans certains cas des immigrés fort indésirables. Les Mexicains qui viennent aux États-Unis sont dans leur immense majorité de sang indien, or les récents tests d'intelligence ont montré leur très bas niveau intellectuel. Nous avons déjà trop de ces gens dans nos États du Sud-Ouest ; il faudrait limiter leur croissance. »

Grant se préoccupait du fait que les nouveaux immigrés n'étaient pas assimilables. Il ajouta à la lettre en question un éditorial de la *Chicago Tribune* qui évoquait la situation de la commune de Hamtramck dans le Michigan, où les immigrés récents exigeaient, paraît-il, « le pouvoir polonais », l'expulsion des non-Polonais et l'emploi de la seule langue polonaise par les autorités fédérales. Grant expliquait aussi que les différences de taux de fécondité entre ethnies déboucheraient sur le remplacement des groupes où les mariages étaient plus tardifs et moins féconds – remarque qui reflète les différences ethniques dans les stratégies d'histoire de vie (cf. J. P. Rushton, *Race, Evolution, and Behavior : A Life-History Perspective*). Il s'inquiétait explicitement de la possibilité que son groupe ethnique fût remplacé par d'autres groupes ethniques connaissant une croissance démographique plus élevée.

Confirmant ses préoccupations touchant à l'immigration issue du Mexique, des données récentes montrent que les jeunes femmes d'origine mexicaine sont celles qui ont le taux de fécondité le plus élevé des États-Unis, de sorte que les gens d'origine mexicaine seront majoritaires en Californie à l'horizon 2040. En 1995, les femmes de 15 à 19 ans d'origine mexicaine avaient un taux de fécondité de 125 pour 1000, contre 39 pour 1000 chez les Blanches non-hispaniques et 99 pour 1000 chez les noires non-hispaniques. Il y a 3,3 enfants par femme chez les Hispaniques, 2,2 enfants par femmes chez les Noirs non-hispaniques et 1,8 enfants par femme chez les Blancs non-hispaniques (*Los Angeles Times* du 13 février 1998). Qui plus est, les militants latinos ont un projet explicite de « reconquête » des États-Unis par l'immigration et l'accroissement démographique.

Au deuxième chapitre, nous avons expliqué que Stephen Jay Gould et Leon Kamin ont présenté un tableau très exagéré et en grande partie faux du rôle des débats sur le QI dans les années 1920 qui eurent lieu à l'occasion des débats sur les lois de restriction de l'immigration. Il est aussi très facile de surestimer l'importance des théories de la supériorité nordique en tant qu'élément du sentiment restrictionniste chez l'homme de la rue et les parlementaires. Comme le fait remarquer Singerman : « l'antisémitisme racial » n'était d'usage que chez une « poignée d'auteurs » et le « problème juif » (...) était une préoccupation mineure même chez des auteurs à succès comme Madison Grant ou T. Lothrop Stoddard. Aucun des individus examinés [dans l'étude de Singerman] ne peut être considéré comme un démolisseur de Juif professionnel ou un propagandiste anti-juif à plein temps » ('The Jew as a racial alien' in *Antisemitism in American History*, p. 118-119).

Comme nous l'avons dit, les arguments liés à la supériorité nordique, y compris leur supériorité intellectuelle, réelle ou supposée, jouèrent un rôle remarquablement faible lors des débats au Congrès sur l'immigration pendant les années 1920 : l'argument commun des restrictionnistes était que la politique migratoire devait refléter équitablement les intérêts de tous les groupes ethniques présents dans le pays. Il y a même des preuves que l'argument de la supériorité nordique n'était pas vraiment au goût du public : un membre de la *Immigration Restriction League* déclara en 1924 que « le pays en a assez d'entendre parler de ces histoires pédantesques de supériorité nordique » (*in* Samelson, 'On the science and politics of the IQ', *Social Research* # 42, 1979).

Ceci étant, le déclin des théories évolutionnaires et biologiques de la race et de l'ethnie a vraisemblablement facilité le changement complet de marée de la politique migratoire provoqué par la loi de 1965. Comme l'a indiqué Higham, au moment de cette victoire finale entérinée par la loi de 1965, laquelle retirait le double critère de l'origine nationale et raciale du choix de l'immigré et ouvrait l'immigration à tous les groupes humains, le point de vue boasien sur le déterminisme culturel et l'anti-biologisme était déjà devenu la pensée commune à l'université. Moyennant quoi, il était « devenu intellectuellement à la mode de rejeter l'existence même des différences ethniques persistantes. Cette réaction d'ensemble priva les sentiments raciaux du peuple d'une puissante arme idéologique » (Higham, *op. cit*, p. 58-59).

Les intellectuels juifs étaient de beaucoup les plus engagés dans le combat pour éradiquer les idées racialistes de Grant et des autres. De fait, même pendant les premiers débats menant aux lois de 1921 et 1924, les restrictionnistes percevaient qu'ils étaient attaqués par les intellectuels juifs. En 1918, Prescott F. Hall, secrétaire de la *Immigration Restriction League*, écrivit à Grant : « Ce que je voudrais (...) ce sont les noms de quelques anthropologues de renom qui se sont déclarés en faveur de l'idée d'inégalité des races (...). Comme je me retrouve sans cesse à devoir batailler avec les Juifs autour de l'argument de l'égalité, je pensais que vous pourriez peut-être me donner quelques noms de savants que je pourrais citer pour soutenir ma cause » (*in* Samelson, *op. cit.* p. 467)

Grant pensait aussi que les Juifs étaient à la manœuvre pour discréditer la recherche raciale. Dans son introduction de l'édition de 1921 de *The Passing of the Great Race*, il déplorait le fait qu'il était « pour ainsi dire impossible de publier dans un journal américain quelque réflexion que ce soit sur certaines religions ou certaines races qui sont hystériquement chatouilleuses, même lorsqu'on ne fait qu'énoncer leur nom. L'idée sous-jacente semble être que si la publication en est censurée, les faits eux-mêmes disparaîtront. À l'étranger, la situation est tout aussi mauvaise. En France, l'un des plus éminents anthropologues [il s'agit de Georges Vacher de Lapouge, NdT] rapporte que les mensurations anthropologiques des soldats au déclenchement de la Grande Guerre avaient été empêchées sous l'influence des Juifs, lesquels cherchaient à censurer toute idée de différenciation raciale en France ».

De son côté, Boas était très motivé par la question de l'immigration, telle qu'elle existait au début du XXe siècle. Carl Degler indique que sa correspondance professionnelle « révèle qu'un motif de poids de son fameux projet de mensuration de crânes en 1910 était le fort intérêt personnel qu'il portait au maintien de la diversité de la population des États-Unis » (*In Search of Human Nature : The Decline and Revival of Darwinism in American Social Thought*, p. 74). L'étude de Boas, dont les conclusions avaient été citées dans le journal des débats du Congrès par le représentant Emanuel Celler, pendant le débat sur la restriction de l'immigration (*Congressional Record* du 8 avril 1924, p. 5915-5916), affirmait que c'étaient les différences environnementales consécutives à l'immigration qui causaient les différences crâniologiques. (À cette époque, la détermination de « l'indice céphalique » était la principale mesure que faisaient les scientifiques impliqués dans les recherches raciales).

Boas expliquait que son étude montrait que tous les groupes étrangers qui jouissaient de circonstances sociales favorables étaient assimilés aux États-Unis, dans la mesure où leurs mensurations physiques correspondaient à celles du type américain. Bien qu'il fît des conclusions beaucoup plus circonspectes dans le corps même de son rapport, Boas écrivit en introduction que « toute crainte d'une influence défavorable, provenant de l'immigration de l'Europe du Sud, sur le corps de notre peuple devrait être écartée » (*Reports of the Immigration Commission*, 'Changes in Bodily Form of Descendants of Immigrants' – 1911, p. 5). Degler confirme la réalité de l'implication de Boas dans la question immigrée, qui apparaissait dans ses explications environnementalistes des différences mentales entre enfants immigrés et enfants de souche, en faisant la remarque suivante : « Il est difficile de comprendre pourquoi Boas avait proposé une interprétation aussi controuvée, tant qu'on ne repère pas son désir de faire apparaître sous un jour favorable le retard mental manifeste des enfants immigrés » (*op. cit.* p. 75).

L'idéologie de l'égalité raciale était une arme de choix pour les partisans de l'ouverture du droit à l'immigration de tous les groupes humains. L'AJCongress, par exemple, fit cette déclaration au Congrès en 1951 :

> Les découvertes de la science doivent forcer même ceux qui parmi nous sont les plus imbus de préjugés, à reconnaître, tout comme nous le faisons au sujet de la loi de la gravité, que l'intelligence, la moralité et le caractère n'ont aucun rapport d'aucune sorte avec la géographie ou le lieu de naissance.

La déclaration citait à ce sujet des écrits populaires de Boas sur ce sujet, ainsi qu'Ashley Montagu, son protégé, qui était l'opposant le plus en vue du concept de race dans cette période. Montagu, qui s'appelait en réalité Israel Ehrenberg, expliquait, juste après la Deuxième Guerre mondiale, que les êtres humains avaient une tendance innée à la coopération, mais aucune à l'agressivité, et qu'il existe une fraternité universelle entre les êtres humains.

En 1952, Margaret Mead, elle aussi protégée de Boas, témoigna devant la *President's Commission on Immigration and Naturalization* que « tous les groupes humains ont les mêmes potentialités (…) À ce jour, les meilleures données anthropologiques suggèrent que les individus de tous les groupes connaissent à peu près la même distribution de potentialités. » (*PCIN* 1953, p. 92). Un autre témoin déclara que le bureau exécutif de l'*American Anthropological Association* avait unanimement entériné la proposition selon laquelle « toutes les données scientifiques indiquent que tous les peuples sont intrinsèquement capables d'acquérir notre civilisation ou de s'y adapter » (*PCIN* 1953, p. 93) (cf. le chapitre 2 qui examine l'effort couronné des succès des boasiens en vue de la domination de l'AAA).

En 1965, le sénateur Jacob Javits put sereinement annoncer, lors du débat sur la loi relative à l'immigration, que « la voix impérative de la conscience, aussi bien que les préceptes des sociologues, nous disent que l'immigration telle qu'elle existe sous le régime des quotas, est une mauvaise chose qui n'a aucun fondement en raison ou en fait, car nous avons dépassé le stade où l'on pouvait dire qu'un homme est meilleur qu'un autre à cause de la couleur de sa peau. » (*Congressional Records, III*, 1965, p. 24469). La révolution intellectuelle et sa traduction politique étaient achevées.

Partie 3

2. Rapports entre églises et État.

Si les Juifs trouvent un avantage au pluralisme culturel, c'est aussi que leur intérêt bien compris est que les États-Unis ne se définissent pas comme une culture chrétienne homogène. Comme le fait remarquer Ivers, « les organisations juives pour les droits civils ont joué un rôle historique dans le développement de la législation sur les églises et l'État en Amérique » (*To Build a Wall : American Jews and the Separation of Church and State*, p. 2). L'effort juif en ce sens a commencé après la Deuxième Guerre mondiale, mais les Juifs s'opposaient depuis bien plus longtemps à la liaison entre l'État et la religion protestante. Par exemple, les publications juives étaient unanimes dans leur opposition à une loi de l'État du Tennessee qui déboucha sur le procès Scopes en 1925, théâtre de l'affrontement entre le darwinisme et le fondamentalisme religieux.

Peu importe que l'évolution soit une idée vraie ou fausse. Ce qui importe, c'est qu'il y a certaines forces dans ce pays qui insistent pour que rien de ce qui entre dans l'instruction ne puisse jeter le moindre doute sur l'infaillibilité de la Bible. Voilà, pour résumer, à quoi tient cette affaire. Il s'agit, autrement dit, d'une tentative délibérée et non-américaine d'union entre Église et État (…) Nous irons plus loin en affirmant qu'il s'agit d'une tentative d'union entre l'État et l'Église protestante. (*Jewish Criterion* # 66 du 10 juillet 1925)

L'effort juif fut bien financé dans cette affaire judiciaire, qui fut le point de mire de l'activité d'organisations civiles juives très motivées et organisées, comme l'AJCommitte, l'AJCongress et l'ADL. Elles proposèrent les services de leurs experts en droit qui intervinrent dans le cours du procès et qui influencèrent aussi l'opinion publique en rédigeant des articles dans des revues de droit et autres forums de débat intellectuel, mais aussi dans les médias populaires. Leur effort était porté par une direction charismatique et efficace, en particulier Leo Pfeffer de L'AJCongress :

> Aucun avocat n'a jamais exercé un tel magistère intellectuel dans tout un domaine du droit et pendant une aussi longue durée. En qualité d'auteur, de professeur, de citoyen et par-dessus tout, d'avocat qui réunissait ses multiples et formidables talents en une force unique capable d'apporter satisfaction à tous les besoins d'une institution qui cherche à impulser un mouvement de réforme constitutionnel (…) Que Pfeffer, grâce à une combinaison enviable de talent, de détermination et de persévérance ait pu en si peu de temps faire de la réforme des rapports entre églises et État une cause majeure, au sort de laquelle les organisations rivales lièrent l'AJCongress, montre à quel point des avocats individuels pourvus de capacités exceptionnelles peuvent déterminer le cours et le caractère des organisations pour lesquelles ils travaillent (…)

> Comme s'ils voulaient confirmer la portée de l'action de Pfeffer sur le développement constitutionnel post-*Everson* [autrement dit, après 1946], même les plus ardents critiques de la nouvelle jurisprudence de l'époque relative aux rapports entre églises et État et de la doctrine moderne de la séparation entre Église et État, manquent rarement de faire référence à Pfeffer en tant que responsable en chef de leur chagrin. (Ivers, *op. cit.* p.

222-224)

De la même manière, les Juifs de France et d'Allemagne s'efforcèrent au XIXe siècle de priver les Églises, respectivement catholiques et luthériennes, de leur mainmise sur les écoles, alors que pour nombre de Gentils, le christianisme formait une part notable de l'identité nationale. À cause de ce genre de menées, les antisémites avaient l'habitude de considérer les Juifs comme des destructeurs du corps social.

3. Organisation des Afro-américains et du mouvement pour les rapports inter-ethniques de l'après-Deuxième Guerre mondiale.

Les juifs ont été enfin la cheville ouvrière de la mobilisation politique des Afro-américains, laquelle servait les intérêts juifs en dissolvant l'hégémonie politique et culturelle des Américains d'origine européenne et non-juive. Les Juifs ont joué un rôle de tout premier plan dans la mobilisation des noirs, à commencer par la fondation de la *National Association for the Advancement of Colored People* (NAACP) en 1909 qui se maintient encore, malgré la croissance de l'antisémitisme noir.

Vers le milieu de la décennie [1915], la NAACP ressemblait à une force auxiliaire du B'nai B'rith et de l'American Jewish Committee : les frères Joel Spingarn présidait son conseil d'administration et son frère Arthur Spingarn était son avocat en chef ; Herbert Lehman était au comité exécutif ; Lillian Wald et Walter Sachs ont fait partie du conseil d'administration (mais pas en même temps) ; Jacob Schiff et Paul Warburg étaient ses anges gardiens financiers. En 1920, Herbert Seligman était son directeur aux relations publiques et Martha Greuning, son assistante (…) Rien d'étonnant donc à ce que Marcus Garvey eût claqué la porte de la NAACP en 1917 en rouspétant qu'il s'agissait d'une organisation blanche. (Levering-Lewis, 'Shortcuts to the mainstream : Afro-americans and Jewish Notables in the 1920's and 1930's, in *Jews in Black Perspective : A Dialogue*, p. 85)

Les Juifs riches furent également d'importants contributeurs à la *National Urban League* : « la présidence d'Edwin Seligman, la présence au conseil d'administration de Felix Adler, Lillian Wald, Abraham

Lefkowitz, puis peu après, de Julius Rosenwald, et celle du directeur Sears, actionnaire de la Roebuck Company, laissaient augurer une forte contribution juive à cette ligue » (*loc. cit*). Outre l'apport de fonds et de dirigeants talentueux (les présidents de la NAACP étaient tous juifs jusqu'en 1975), les Juifs fournirent leurs contingents d'avocats aux causes afro-américaines. Louis Marshall, exemple éminent de l'intervention juive dans les questions d'immigration, était l'un des avocats principaux de la NAACP dans les années 1920. Les Afro-américains jouaient un rôle très réduit dans ces initiatives : par exemple, il n'y eut jusqu'en 1933 aucun avocat afro-américain dans la branche judiciaire de la NAACP (cf. Friedman, *What Went Wrong ? The Creation and Collapse of the Black-Jewish Alliance*, p. 106).

Les historiens révisionnistes passés en revue par Friedman montrent qu'en créant ces organisations, les Juifs avaient en vue leurs intérêts propres et non ceux des Afro-américains. Dans la période de l'après-Deuxième Guerre mondiale, l'intégralité des organisations civiles juives étaient impliquées dans les affaires noires, y compris donc l'AJCommittee, l'AJCongress et l'ADL : « Munies d'un personnel professionnel et compétent, de bureaux parfaitement équipés et de leur savoir-faire en matière de communication, elles étaient en mesure de faire la différence » (Friedman, *op. cit.* p. 135). Les Juifs apportèrent entre les deux tiers et les trois quarts du budget des groupes militant pour les droits civils pendant les années 1960 (Kaufman, 'Blacks and Jews : The struggle in the cities' in *Struggles in the Promised Land : Toward a History of Black-Jewish Relations in the United States*, p. 110).

Les groupes juifs, en particulier l'AJCongress, jouèrent un rôle de premier plan puisqu'ils rédigèrent les plans de la future législation des droits civils et intentèrent des procès relatifs aux questions de droits civils, principalement au profit des noirs (Svonkin, *op. cit.* p. 79-112).

> Le soutien juif, légal et financier, permit au mouvement des droits civils d'emporter victoires sur victoires (...) Il y avait peu d'exagération dans cette saillie d'un avocat de l'*American Jewish Congress* : 'nombre de ces lois ont été écrites par des employés juifs dans les bureaux des agences juives, ont été proposées par des législateurs juifs et ce sont les électeurs juifs qui ont fait pression pour qu'elles fussent adoptées' (Levering-Lewis, *op. cit.* P 94).

Harold Cruse développe une analyse particulièrement tranchante de la coalition négro-judaïque, qui rejoint nombre de thèmes du présent ouvrage. Tout d'abord, il fait savoir que « les Juifs *savent exactement ce qu'ils veulent en Amérique* » (Negroes and Jews The Two Nationalisms and the Bloc(ked) plurality, in *Bridges and Boudaries : African Americans and American Jews*, p. 121 ; souligné dans l'original). Les Juifs veulent le pluralisme culturel à cause de leur politique à long terme de non-assimilation et de solidarité de groupe. Cruse fait remarquer, que l'expérience juive en Europe leur a montré qu'ils pouvaient « jouer ce jeu *à deux* » (à savoir : développer des solidarités hautement nationalistes), puis « ceci fait, malheur à ceux qui sont les moins nombreux » (*ibidem* p. 122). Cruse fait référence ici à la possibilité de stratégies de groupe antagonistes (et aussi aux processus de réaction, je suppose) que j'ai traitées dans *SAID* aux chapitres 3 à 5.

Cruse fait observer que les organisations juives considèrent le nationalisme anglo-saxon (lire : caucasoïde) comme le plus menaçant pour eux et qu'elles ont tendance à soutenir les lignes politiques favorables à l'intégration des noirs en Amérique (autrement dit, les lignes assimilationnistes et individualistes), vraisemblablement parce que celles-ci dissolvent le pouvoir caucasoïde et réduisent le risque d'une majorité caucasoïde soudée, nationaliste et antisémite. En même temps, les organisations juives se sont opposées à la position nationaliste noire, laquelle optait pour une stratégie collective nationaliste et anti-assimilationniste pour son propre groupe.

Cruse fait aussi remarquer l'asymétrie des rapports entre Noirs et Juifs. Ces derniers détenaient les postes-clés dans les organisations noires pour les droits civils, ils étaient leurs grands argentiers, ils formulaient leurs programmes et les faisaient appliquer. Mais réciproquement, les Noirs étaient complètement écartés de la vie interne et des organismes dirigeants des organisations juives. Dans une très grande mesure et jusqu'à une date récente, la structuration et les objectifs du mouvement noir aux États-Unis doit être considéré comme un instrument de la stratégie juive, au service de buts très semblables à ceux qui étaient visés dans le domaine de la législation relative à l'immigration.

Le rôle des Juifs dans les affaires afro-américaines doit cependant être saisi dans le contexte général de ce que les militants impliqués appelaient « le mouvement pour les rapports inter-groupes » de l'après-Deuxième Guerre mondiale, qui se donnait pour but d' » éliminer les préjugés et la discrimination contre les minorités raciales, ethniques et religieuses ». À l'image des autres mouvements où les Juifs étaient fortement impliqués, les organisations juives, en particulier l'AJCommittee, l'AJCongress et l'ADL, avaient pris la tête de celui-ci. Ces organisations étaient la source principale du financement de ce mouvement, elles élaboraient ses tactiques et définissaient ses objectifs. Comme dans le mouvement qui visait à façonner la politique migratoire, le but de celui-ci était tout aussi intéressé, puisqu'il s'agissait de prévenir le développement d'un mouvement antisémite de masse aux États-Unis. Les militants juifs « considéraient leur implication dans le mouvement pour les rapports inter-groupes comme une mesure préventive destinée à s'assurer que « cela » – la guerre d'extermination menée par les nazis contre la juiverie européenne – ne se produise jamais en Amérique » (Svokin, *op. cit.* p. 10).

Il s'agissait d'un effort tous azimuts, où l'on luttait par des procès contre des partis-pris dans le monde de l'immobilier, de l'école et de la fonction publique ; par des propositions législatives et des actions visant à les faire adopter par les autorités de niveau étatique et fédéral ; par des actions visant à façonner les messages émis par les médias ; par des séances de formation pour les élèves et les professeurs et enfin par un travail mené dans le monde universitaire pour remodeler le discours intellectuel. Cette implication juive dans le mouvement pour les rapports inter-groupes se réalisait souvent de façon à ne pas être reconnue comme telle. C'était le cas dans le mouvement pour modifier la politique migratoire et dans tant d'autres cas, anciens et modernes, d'activité intellectuelle et politique juive.

Comme au XIXe siècle en Allemagne, où les Juifs cherchaient à définir leurs intérêts en termes d'idéaux germaniques, la rhétorique du mouvement pour les rapports inter-groupes insistait sur l'idée que ses buts étaient conformes aux idées que l'Amérique se faisait d'elle-même. Il s'agissait de mettre l'accent sur l'héritage des Lumières des droits individuels, tout en faisant l'impasse sur le courant républicain de l'identité américaine qui la définissait comme une société soudée et socialement homogène, ainsi que le courant « ethno-culturel » qui soulignait l'importance de l'ethnie anglo-saxonne dans le développement et la préservation des formes culturelles américaines.

Le cosmopolitisme libéral et les droits individuels étaient aussi perçus comme conformes aux idéaux juifs issus des prophètes, mais cette interprétation laissait de côté les représentations négatives des endogroupes, les mesures discriminatoires à leur encontre et la tendance collectiviste prononcée qui est au cœur du judaïsme en tant que stratégie évolutionnaire de groupe. Comme l'a indiqué Svonkin, la rhétorique juive de cette période reposait sur une vision illusoire du passé juif, qu'on avait taillé sur mesure pour l'adapter aux objectifs juifs dans les monde moderne, dans lequel la rhétorique issue des Lumières, portant sur l'universalisme et les droits individuels, conservait un prestige intellectuel considérable.

À ce titre, les mouvements intellectuels de cette époque, ici examinés, ont été d'une importance cruciale pour rationaliser les intérêts juifs, en particulier l'anthropologie boasienne, la psychanalyse et l'École de Francfort. Comme nous l'avons vu au cinquième chapitre, les organisations juives ont financé la recherche en science humaine (en particulier la psychologie sociale), où un noyau d'universitaires juifs militants travaillait en étroite relation avec les organisations juives.

Après la Deuxième Guerre mondiale, l'anthropologie boasienne a été mobilisée dans les matériaux de propagande distribués et promus par l'AJCommittee, l'AJCongress et l'ADL, comme on peut le voir dans le film *Brotherhood of Man*, qui brossait un tableau de l'humanité où tous les groupes humains avaient les mêmes capacités. Pendant les années 1930, l'AJCommitte soutenait financièrement les recherches de Boas et dans l'après-guerre, l'idéologie boasienne de l'absence de différences raciales et l'idéologie boasienne du relativisme culturel, ainsi que l'idée d'Horace Kallen selon laquelle il fallait respecter et préserver les différences culturelles, étaient des éléments notables des projets éducatifs parrainés par les organisations juives militantes, qu'elles distribuaient largement sous forme de brochure dans tout le système scolaire américain.

Au début des années 1960, un responsable de l'ADL estima qu'un tiers des enseignants américains avaient reçu du matériel éducatif fondé sur ses idées (Svonkin, *op. cit.* p. 69). L'ADL était très impliquée dans ce travail qui consistait à réunir des équipes, à écrire des brochures et financer des ateliers destinés aux enseignants et au personnel d'encadrement du système scolaire. Cette ligue était souvent assistée dans ses activités par des professeurs d'université en science humaines, association qui a sans nul doute ajouté à la crédibilité scientifique de ces exercices. Il est peut-être ironique de voir que ces menées au sein du système scolaire ont été le fait des mêmes groupes qui naguère luttaient âprement pour retrancher les influences chrétiennes ouvertes des écoles publiques.

L'idéologie de l'animosité entre groupes, telle qu'elle a été développée par le mouvement pour les rapports entre groupes, dérivait de la série des *Études sur le Préjugé*, que nous avons examinée au cinquième chapitre. Le mouvement considérait explicitement les manifestations d'ethnocentrisme chez les Gentils ou les discriminations contre les exogroupes comme des maladies mentales et donc comme un problème de santé publique. Leur assaut contre l'animosité entre les groupes était interprété comme un assaut mené à des maladies infectieuses. Les porteurs de ces maladies étaient définis par les militants comme « infectés » (Svonkin, *op. cit.* p. 30 et 59).

Les tenants de ce militantisme ethnique mettaient constamment en avant l'avantage qui résulterait de gains d'harmonie entre les groupes – élément d'idéalisme inhérent à la notion du multiculturalisme selon Horace Kallen – mais sans jamais faire état du fait que certains groupes, notamment ceux d'ascendance européenne, non-juive, perdraient leur pouvoir économique et politique, ainsi que leur influence culturelle. Les attitudes négatives envers d'autres groupes n'étaient pas considérées comme provenant de divergences d'intérêts collectifs, mais comme le produit d'une psychopathologie individuelle. Pour finir, alors même que l'ethnocentrisme était vu comme un problème de santé publique, l'AJCongress combattait toute assimilation juive. L'AJCongress « défendait explicitement une vision pluraliste qui respectait les droits des groupes et le caractère distinct des groupes, en tant que liberté civile fondamentale » (Svonkin, *op. cit.* p. 81)

Partie 4

L'activité politique juive anti-restrictionniste
L'activité juive anti-restrictionniste aux États-Unis jusqu'en 1924

L'altération par les Juifs de la discussion intellectuelle de la race et de l'ethnie a eu manifestement des répercussions à long terme sur la politique migratoire U.S., mais l'implication politique juive est allée bien au-delà. Les Juifs ont été « le seul groupe qui a fait pression de façon ininterrompue en faveur d'une libéralisation de la politique d'immigration » aux États-Unis, au cours de toute la durée de ce débat, entamé en 1881 (Neuringer, *American Jewry and United States Immigration Policy, 1881-1953*, p. 392).

Tout à leur effort de faire pencher la politique d'immigration dans le sens de sa libéralisation, les porte-parole juifs et leurs organisations ont manifesté un niveau d'implication sans commune mesure avec les autres groupes de pression concernés. La question de l'immigration a constitué la préoccupation prioritaire de presque toutes les organisations juives de défense communautaire et de dialogue inter-communautaire. Pendant toutes ces années, leurs porte-parole ont participé assidûment aux commissions du Congrès et l'effort juif a joué un rôle capital dans la mise sur pied et le financement de groupes militants non-confessionnels comme la *National Liberal Immigration League* et le *Citizens Committee for Displaced Persons*.

Comme le rapporte Nathan C. Belth dans son histoire de l'ADL : « Au Congrès, pendant toutes ces années de batailles sur l'immigration, c'étaient les noms de législateurs juifs qu'on trouvait aux premiers rangs des forces libérales : Adolph Sabathh, Samuel Dickstein et Emanuel Celler à la Chambre des représentants et Herbert H. Lehman et Jacob Javits au Sénat. Chacun d'entre eux avait été à un moment dirigeant de la *Anti-Defamation League* et d'autres organisations attachées au progrès démocratique ». Autrement dit, les parlementaires juifs les plus étroitement liés à l'effort anti-restrictionniste au Congrès ont donc aussi figuré à la direction du groupe le plus étroitement lié au militantisme ethno-politique juif et à l'auto-défense juive.

Au cours de la période de presque cent ans qui précède la victoire qu'a été pour eux la loi sur l'immigration de 1965, les groupes juifs ont noué des alliances d'opportunité avec d'autres groupes, dont les intérêts convergeaient temporairement avec les intérêts juifs (à savoir l'essaim sans cesse changeant de groupes ethniques, de groupes religieux, de pro-communistes, d'anti-communistes ; les intérêts diplomatiques de divers présidents, le désir des présidents de se gagner les faveurs de groupes influents dans des États populeux pour se faire élire à l'échelon national, etc.).

Cette ligne politique de libéralisation de l'immigration jouissait du soutien d'une importance considérable : celui des intérêts industriels en quête de main d'œuvre à bas coût, au moins dans la période qui précède le triomphe temporaire du restrictionnisme en 1924. Au milieu de ces jeux d'alliances sans cesse changeants, les organisations juives poursuivaient obstinément leur objectif : augmenter au maximum le nombre d'immigrés juifs et ouvrir les vannes de l'immigration à tous les peuples du monde. Au vu des pièces du dossier, il apparaît que l'idée de transformer les États-Unis en une société multiculturelle a été, depuis le dix-neuvième siècle, l'un des grands objectifs juifs.

Le triomphe juif dans cette affaire de l'immigration est remarquable en ceci que leur combat a été mené dans plusieurs domaines et contre une très puissante coalition d'adversaires. À la fin du XIX ème siècle, on trouvait à la direction du mouvement restrictionniste des patriciens de la côte Est, comme le sénateur Henry Cabot Lodge. Cependant, la base politique essentielle du restrictionnisme de la période 1910-1952 était formée (en plus du mouvement syndical relativement inefficace) des « gens du commun du Sud et de l'Ouest » (Higham, *op. cit.* p. 84) et de leurs représentants au Congrès. Au fond, les batailles entre Juifs et Gentils dans la période 1900-1965 se ramènent à un conflit entre les Juifs et ce groupe ainsi défini géographiquement. « Les Juifs, en vertu de leur énergie intellectuelle et de leur ressources économiques, constituaient l'avant-garde des nouveaux arrivants qui n'avaient pas d'atomes crochus avec les traditions de l'Amérique rurale » (*ibidem* p. 168-169). Nous avons déjà rencontré ce thème chez les *New York Intellectuals* au sixième chapitre et dans l'extrême-gauche juive au troisième chapitre.

Même s'ils s'inquiétaient souvent de la possibilité que l'immigration juive ravivât la flamme de l'antisémitisme en Amérique, les dirigeants juifs menèrent dans la période 1881-1924 un combat prolongé de retardement, globalement couronné de succès, contre les restrictions migratoires, en particulier parce qu'elles affectaient la capacité des Juifs à immigrer. Cet effort ne s'interrompit pas lorsqu'émergea en 1905 « une polarité entre les Juifs et l'opinion publique américaine sur la question de l'immigration » (Neuringer, *op. cit.* p. 83). Tandis que les autres groupes religieux comme les catholiques, et les autres groupes ethniques comme les Irlandais, se divisaient, avaient un comportement ambivalent à l'égard de l'immigration, étaient mal organisés et n'arrivaient pas à influer sur la politique migratoire, et que d'autre part les syndicats s'opposaient à l'immigration car ils souhaitaient réduire l'offre de main d'œuvre à bas coût, les groupes juifs exerçaient de façon intensive et durable leur effort contre les politiques de restriction de l'immigration.

N. W. Cohen fait remarquer, dans son ouvrage sur l'AJCommittee, que son travail d'opposition aux restrictions migratoires au début du vingtième siècle représente un exemple remarquable de la capacité juive à exercer une influence sur la politique générale. De tous les groupes affectés par la loi sur l'immigration de 1907, les Juifs étaient ceux qui avaient le moins à gagner en termes d'effectifs d'immigrés possibles, mais ce furent eux qui qui jouèrent le plus grand rôle dans la conception de cette loi. Dans la période suivante, débouchant sur la loi restrictionniste relativement inefficace de 1917, pendant laquelle les restrictionnistes bataillaient au Congrès, « seuls les bancs juifs donnaient de la voix » (Cohen, *Not Free to Desist : The American Jewish Committee, 1906-1966*, p. 92).

Cela étant, de crainte de rallumer l'antisémitisme, on tâcha d'éviter que l'implication juive dans la campagne anti-restrictionniste ne fût trop visible. En 1906, les cadres politiques juifs du mouvement anti-restrictionniste furent instruits de ne pas mentionner leur affiliation à l'AJCommittee quand ils faisaient pression sur les parlementaires, à cause du « danger qu'on accuse les Juifs de s'organiser en vue de buts politiques » (remarque faite par Herbert Friedenwald, secrétaire de l'AJCommittee, cité *in* Goldstein, *The Politics of Ethnic Pressure : The American Jewish Committee Fight Against Immigration Restriction, 1906-1917*, p. 125). Les arguments anti-restrictionnistes, dès la fin du XIXe siècle, étaient uniformément coulés dans la langue des idéaux humanitaires universalistes. Dans le cadre de ce travail universalisant, on recrutait pour la galerie quelques Gentils de vieux lignage protestant et des groupes juifs comme l'AJCommittee finançaient des groupes pro-immigration composées de non-Juifs (Neuringer, *op. cit.* p. 92).

La plus grande partie de cette activité consistait à intervenir personnellement en coulisses avec des hommes politiques ; il s'agit d'une constante qui vise à minorer le rôle des Juifs aux yeux du public, afin de ne pas provoquer d'opposition. Les hommes politiques qui justement s'opposaient à eux, tels Henry Cabot Lodge, et des organisations comme la *Immigration Restriction League* étaient surveillées de près et les agents de persuasion ne manquaient pas d'exercer leur pression sur eux.

À Washington, les agents de persuasion relevaient quotidiennement les votes des parlementaires quand les propositions de lois faisaient leurs aller-retours au Congrès ; ils déployaient de grands efforts pour persuader les présidents Taft et Wilson de poser leur *veto* sur les restrictions légales à l'immigration. On recrutait des prélats catholiques pour s'insurger des effets produits par les restrictions touchant l'immigration italienne et hongroise. Lorsque des arguments restrictionnistes étaient avancés dans les médias, l'AJCommittee élaborait des réponses sophistiquées reposant sur des données universitaires et coulées dans un langage universaliste destiné à montrer que leurs propositions profiteraient à l'ensemble de la société. Des articles favorables à l'immigration étaient publiés dans des magazines nationaux et des lettres ouvertes paraissaient dans les journaux. On s'efforçait de dissiper les jugements négatifs à l'égard de l'immigration en répartissant les immigrés juifs dans tout le pays et en s'arrangeant pour qu'ils ne dépendissent pas de la générosité publique. On menait des actions en justice pour éviter la déportation des étrangers juifs. En dernier ressort, on tenait des rassemblements de protestation.

Le sociologue Edward A. Ross écrivit en 1914 que la libéralisation de l'immigration était une cause exclusivement juive. Il citait Israel Zangwill, fameux auteur et pionnier du sionisme, qui avançait la thèse que les États-Unis étaient l'endroit idéal pour satisfaire les intérêts juifs :

> En Amérique, il y a largement la place pour héberger les six millions de gens de la Zone [*Zone de Résidence*, domaine d'où provenaient la plupart des Juifs de Russie] ; n'importe lequel de ses cinquante États peut les absorber. À côté de la possession de leur propre patrie, ils ne peuvent pas trouver meilleur sort que sur une terre de liberté civile et religieuse, où le christianisme constitutionnel n'entre pas dans l'équation et où le système

électoral les protégerait de futures persécutions. (Israel Zangwill, cité *in* Ross, *The Old World and the New : The Significance of Past and Present Immigration to the American People*, p. 144)

L'intérêt des Juifs pour la politique d'immigration était donc porté par de puissants motifs :

> De là, l'effort mené par les Juifs pour prendre la contrôle de la politique d'immigration des États-Unis. Bien que les leurs ne comptassent que pour un septième du total des immigrés, ce furent eux qui menèrent la lutte contre la proposition de loi de la commission sur l'immigration. Un million de Juifs de New-York se sont mobilisés derrière leurs représentants au Congrès pour s'opposer vigoureusement à l'épreuve de maîtrise de la langue qu'on faisait passer aux candidats à l'immigration. La campagne systématique menée dans les journaux et les magazines, visant à démolir tous les arguments restrictionnistes et pour calmer les peurs nationalistes, est menée par et pour une seule race. L'argent hébreu alimente la *National Liberal Immigration League* et ses nombreuses publications. Que ce soit l'article communiqué à une institution commerciale ou à une association scientifique, ou l'épais traité produit sous les auspices de la fondation du baron de Hirsch, la littérature qui prouve les bienfaits de l'immigration pour toutes les classes de l'Amérique émane de subtils cerveaux hébraïques. (*loc. cit*)

Israel Zangwill, inventeur du "melting-pot"

Ross rapporte, à la page 140 de son livre, que les responsables des services liés à l'immigration « en étaient venus à s'ulcérer du feu roulant des fausses accusations que la presse et les sociétés juives leur lançaient.

Au plus fort de la lutte relative à la proposition de loi sur l'immigration, les sénateurs se plaignirent d'être engloutis sous un torrent de statistiques erronées et de déclarations trompeuses envoyées par les Hébreux opposés à l'épreuve de maîtrise de la langue ». En 1924, les opinions de Zangwill étaient bien connues des restrictionnistes lors des débats préparatoires à la loi sur l'immigration. Dans une allocution republiée dans *The American Hebrew* du 19 octobre 1923, Zangwill affirmait :

> Il n'y a qu'une seule voie vers la Paix Mondiale, c'est l'abolition totale des passeports, des visas, des frontières, des barrières douanières et des autres dispositifs qui font en sorte que la population de notre planète ne forme pas une civilisation de coopération, mais une société de mutuelle irritation.

Sa fameuse pièce de théâtre, *The Melting Pot*, dédiée à Theodore Roosevelt, dépeignait des immigrés juifs qui désiraient ardemment s'assimiler et contracter des mariages mixtes. Le personnage principal décrit les États-Unis comme un creuset où toutes les races, « jaunes et noires » y compris, sont mélangées. Toutefois, les opinions de Zangwill touchant aux mariages mixtes entre Juifs et Gentils étaient ambiguës, pour dire le moins, et il détestait le prosélytisme des chrétiens en direction des juifs. C'était un sioniste ardent et il admirait l'orthodoxie religieuse de son père en tant que modèle de préservation du judaïsme. Il croyait que les Juifs étaient une race moralement supérieure, dont la vision morale avait façonné les sociétés chrétiennes et musulmanes et finirait par façonner le monde, bien que le christianisme demeurât moralement inférieur au judaïsme. Les Juifs conserveraient leur pureté raciale à condition de pratiquer leur religion : « Tant que le judaïsme prospère parmi les Juifs, il n'y a pas besoin de discourir sur la préservation de la race ou de la nationalité ; toutes deux sont automatiquement préservées par la religion » (cité *in* Leftwich, *Israel Zangwill*, p. 161).

Bien qu'ils prétendissent que le mouvement pro-immigration avaient une large base de masse, les militants juifs savaient bien que les autres groupes manquaient d'enthousiasme. Lors de la joute relative à la législation restrictionniste qui eut lieu à la fin du mandat du président William Howard Taft, Herbert Friedenwald, secrétaire de l'AJCommittee, écrivait qu'il était « très difficile de mobiliser quiconque dans ce combat, à l'exception des Juifs » (cité *in* Goldstein, *op. cit.* p. 203). L'AJCommittee contribua grandement à l'organisation de rassemblements anti-restrictionnistes dans les grandes villes américaines, tout en laissant d'autres groupes ethniques s'en attribuer le mérite. Il mit aussi sur pied des groupes non-juifs destinés à pousser le président Taft à exercer son droit de *veto* sur la législation restrictionniste. Sous l'administration Wilson, Louis Marshall affirmait : « Nous sommes pratiquement les seuls à combattre [les épreuves de maîtrise de la langue], car 'la plupart' [des gens] sont 'indifférents à la question' » (*ibidem* p. 249).

Les forces favorables à la restriction de l'immigration connurent des succès temporaires quand les lois sur l'immigration de 1921 et de 1924 furent adoptées, malgré l'intense opposition des groupes juifs. À ce titre, R. A. Divine fait remarquer : « Les seuls à se dresser contre les forces restrictionnistes en 1921 furent les avocats de l'immigration d'Europe du Sud et de l'Est, des dirigeants juifs principalement. Mais leurs protestations furent noyées sous l'exigence générale de restriction de l'immigration. » (*American Immigration Policy, 1924-1952*, p. 8). De même, pendant les commissions parlementaires de 1924 relatives à l'immigration, « le groupe le plus important de témoins opposés à la loi était formé de représentants des immigrés d'Europe du Sud et de l'Est, des dirigeants juifs en particulier » (*ibidem* p. 16).

L'opposition juive à ces lois venait autant de l'idée qu'elles étaient motivées par l'antisémitisme et destinées à favoriser les Européens du Nord-Ouest que de leur crainte qu'elles ne missent un frein à l'immigration juive – opinion implicitement opposée au *statu quo* ethnique favorable aux Européens du Nord-Ouest. Cette opposition à la préférence migratoire accordée aux Européens du Nord-Ouest est restée constante dans les années qui suivirent, mais l'opposition à toute restriction migratoire fondée sur la race ou l'ethnie remonte au dix-neuvième siècle.

En 1882, la presse juive condamnait unanimement la loi d'exclusion des Chinois, même si celle-ci n'avait aucune conséquence directe sur l'immigration juive. Au début du vingtième siècle, l'AJCommittee combattait chaque projet de loi qui réservait le droit à l'immigration aux seuls Blancs ou non-Asiatiques et ne se retenait que s'il jugeait que son activisme pût mettre en question l'immigration des Juifs. En 1920, la conférence centrale des rabbins américains adopta une résolution exigeant que « la Nation (...) laisse ouvertes les portes de notre république bien-aimée (...) aux opprimés aux aux affligés de toute l'humanité, conformément à son rôle historique de havre ou de refuge pour tous ceux et celles qui jurent fidélité à ses lois » (*The American Hebrew* du 17 février 1922). *The American Hebrew*, publication fondée en 1867 et destinée à défendre les opinions de l'*establishment* juif-allemand de l'époque, était fidèle à sa ligne politique traditionnelle, réaffirmant qu'il « a toujours revendiqué l'admission d'immigrés valables de toutes classes, quelle que soit leur nationalité ».

En 1924, Louis Marshall, chef de l'AJCommittee, affirma dans son témoignage auprès de la commission de la Chambre des Représentants sur l'immigration et la naturalisation, que le projet de loi en question faisait écho aux sentiments du Ku Klux Klan ; il le définissait également comme inspiré par les théories racialistes de Houston Stewart Chamberlain. À une époque où il y avait déjà plus de cent millions d'habitants aux États-Unis, Marshall affirmait : « Il y a de la place dans ce pays pour une population dix fois plus importante ». Il défendait l'idée de laisser immigrer des gens du monde entier sans aucun quota, à la seule exception des « déficients mentaux, moraux et physiques, des ennemis de tout gouvernement organisé et de ceux qui pourraient grever les finances publiques ». De même, la rabbin Stephen S. Wise, représentant l'AJCongress et tout un éventail d'autres organisations juives aux commissions parlementaires, revendiquait « le droit de tout homme, en dehors de l'Amérique, à être considéré avec justice, équité et sans discrimination ».

La loi de 1924 prescrivant que la proportion d'immigrés fût restreinte à 3% du total d'habitants établi par le recensement de 1890, elle imposait le *statu quo* ethnique tel qu'il se dégageait du recensement de 1920. La rapport rédigé par la majorité à la Chambre des Représentants soulignait qu'avant cette législation, l'immigration avait amplement favorisé les Européens du Sud et de l'Est et que ce déséquilibre s'était maintenu à la faveur de la législation de 1921, par laquelle le calcul des quotas se fondait sur le nombre de personnes nées à l'étranger enregistrées lors du recensement de 1910. L'intention explicite de la loi de 1924 était de contrebalancer l'intérêt qu'avaient les autres groupes à augmenter leur pourcentage dans la population, par la prise en compte de l'intérêt ethnique de la majorité, qui était de conserver la part de sa représentation dans la population.

La loi de 1921 attribuait à l'immigration originaire de l'Europe du Sud et de l'Est cumulée un quota de 46%, alors que les habitants originaires de ces régions ne constituaient que 11,7% de la population U.S. d'après le recensement de 1920. La loi de 1924 réduisait ce quota à 15,3%, soit une proportion supérieure à leur part dans la population. « L'usage du recensement de 1890 n'est pas discriminatoire. Il sert à préserver aussi précisément que possible le *statu quo* racial aux États-Unis. Il est destiné à garantir autant que possible l'homogénéité raciale des États-Unis en cette heure tardive. Utiliser un recensement plus tardif aurait été discriminatoire à l'égard de ceux qui ont fondé la nation et maintenu ses institutions » (*Bulletin de la Chambre des Représentants # 350*, 1924, p. 16). Trois ans plus tard, on calcula les quotas par nationalités en se fondant sur les données du recensement de 1920 concernant le total de la population, et non les personnes nées à l'étranger. S'il est incontestable que cette législation était une victoire pour les descendants d'Européens du Nord-Ouest, il n'y eut aucune tentative de renverser la tendance en matière de composition ethnique ; au contraire, tout tendait au maintien du *statu quo* ethnique.

Malgré cette motivation conservatrice du point de vue ethnique, ces lois ont pu être aussi motivées par l'antisémitisme, étant donné qu'à l'époque, la défense de la position libérale en matière d'immigration était perçue comme une affaire principalement juive. Et les observateurs juifs, manifestement, en étaient bien conscients : Maurice Samuel, important écrivain juif, écrivit au lendemain de la loi de 1924 que « c'est d'abord contre les Juifs que les lois anti-immigration sont adoptées ici en Amérique, tout comme en Angleterre et en Allemagne » (*You Gentiles*, p. 217), opinion encore partagée par des historiens spécialistes de cette période. Cette interprétation n'était pas le fait des seuls Juifs. Le sénateur Reed du Missouri, appartenant au camp anti-restrictionniste, fit remarquer : « On s'en est pris aux Juifs qui sont arrivés en masse sur nos rivages. L'esprit d'intolérance a été particulièrement virulent à leur encontre » (*Congressional Records* du 19 février 1921, p. 3463). Pendant la Deuxième Guerre mondiale, Henry L. Stimson, ministre de la guerre, avait affirmé que c'était bien l'immigration illimitée des Juifs qui avait provoqué la législation restrictive de 1924.

Qui plus est, le rapport rédigé par la majorité au Comité de la Chambre des Représentants sur l'Immigration soulignait que « le groupe immigré de loin le plus nombreux est celui des gens d'extraction juive » (*Bulletin de la Chambre des Représentants # 109* du 6 décembre 1920, p. 4) et il laissait entendre qu'il s'agissait de Juifs polonais. Le rapport « confirmait la déclaration publiée par un membre de du *Hebrew Sheltering and Aid Society of America*, fondée sur une enquête menée en personne en Pologne, selon laquelle 's'il y avait un bateau assez grand pour contenir trois millions d'êtres humains, les trois millions de Juifs de Pologne le prendraient pour s'échapper en Amérique' » (*ibidem* p. 6).

Dans ce même rapport figurait un compte-rendu de Wilbur S. Carr, chef du *United States Consular Service*, qui expliquait que les Juifs polonais étaient « anormalement dérangés, à cause a) de réactions aux privations du temps de guerre, b) de chocs liés aux troubles révolutionnaires, c) d'un abrutissement provoqué par des années d'oppression et de mauvais traitements (…) Entre 85% et 90% d'entre eux n'ont pas la moindre idée de ce qu'est l'esprit patriotique ou national. Et dans ce lot, la majorité est incapable de l'acquérir » (*ibid* p. 9). (En Angleterre, beaucoup d'immigrés juifs de fraîche date refusèrent d'être enrôlés pour aller combattre le Tsar pendant la Première Guerre mondiale). Le rapport en question prévenait aussi qu'il y avait « beaucoup de sympathisants bolcheviques en Pologne » (p. 11).

Au Sénat, le sénateur McKellar cita lui aussi le rapport disant que s'il existait un bateau assez grand, trois millions de Polonais émigreraient. Il fit remarquer que « le *Joint Distribution Committee*, un comité américain qui apporte des secours aux Hébreux de Pologne, distribue chaque mois plus d'un million de dollars d'argent américain dans ce seul pays. On a pu montrer que cette somme d'un million de dollars était une estimation basse de tout l'argent qui est envoyé en Pologne depuis l'Amérique par courrier, par virement bancaire et par le truchement des sociétés de secours. Ce courant d'or qui va d'Amérique en Pologne rend pratiquement chaque Polonais fou du désir d'aller dans le pays d'où proviennent de si merveilleuses richesses » (*Congressional Records* du 19 février 1921, p. 3456).

Partie 5

L'activité juive anti-restrictionniste aux États-Unis jusqu'en 1924 (suite et fin)

Ce qui confirme le fait que la question de l'immigration juive-polonaise se détachait du lot, c'est que la lettre sur les visas des étrangers, écrite par le Département d'État à Albert Johnson, président du Comité sur l'Immigration et la Naturalisation, passait quatre fois plus de temps à décrire la situation en Pologne que celle de n'importe quel autre pays. Ce compte-rendu insistait sur les activités du journal juif polonais *Der Emigrant* qui promouvait l'émigration des Juifs polonais aux États-Unis, ainsi que sur les activités de la *Hebrew Sheltering and Immigrant Society* et celles de particuliers américains fortunés qui facilitaient l'immigration en distribuant de l'argent et en prenant en charge les démarches administratives. (Il y avait un important réseau d'agents juifs en Europe de l'Est qui « battaient le rappel et incitaient au maximum à l'immigration », en contravention avec la loi américaine [Nadell, "From shtetl to border : Easter European Jewish immigrants and the « agents » system, 1869-1914", in *Studies in the American Jewish Experience II*, p. 56).

Ce compte-rendu présentait ces candidats à l'immigration sous un jour défavorable : « À l'heure actuelle, il est patent que ces gens sont en dessous de la normale et que leur état normal est d'un niveau très bas. Six années de guerre, de confusion, de famine et de calamités ont abîmé leur corps et déformé leur mentalité. Leurs anciens sont considérablement détériorés. Quant aux jeunes, toute cette période les a empêchés de passer correctement à l'âge adulte et ils ont embrassé trop souvent les idées perverses qui ont submergé l'Europe depuis 1914 [allusion probable aux idées d'extrême-gauche qui étaient répandues dans ce groupe] » (*Congressional Records* du 20 avril 1921, p. 498).

Le document mentionne aussi des articles de la presse de Varsovie qui rapportaient qu'une « propagande en faveur d'une immigration sans limites » était en cours, mettant en avant des cérémonies à New York qui montraient les contributions des immigrés au développement des États-Unis. Les paragraphes du document consacrés à la situation en Belgique (où les candidats à l'immigration vers les États-Unis venaient de Pologne et de Tchécoslovaquie) et en Roumanie, soulignaient l'importance numérique des Juifs parmi les candidats à l'immigration. Répondant au bilan établi par ce document, le parlementaire Isaac Siegel déclara qu'il avait été « trafiqué par certains responsables » et qu'il ne mentionnait pas certains pays qui fournissaient un plus gros contingent d'immigrés que la Pologne. (Par exemple, le rapport ne disait rien de l'Italie). Sans le dire nommément (« Je laisse chaque parlementaire libre de faire ses propres déductions à partir de ces faits » [*Cong. Rec.* du 20 avril 1921, p. 504]), le sous-entendu était que l'insistance du document sur le cas polonais était motivée par l'antisémitisme.

Le compte-rendu de la majorité du comité *ad hoc* de la chambre des représentants (signé par 15 de ses 17 membres, à l'exception des républicains Dickstein et Sabath) soulignait aussi que les Juifs avaient tâché de définir le débat intellectuel sur les restrictions migratoires en termes de supériorité nordique et d' » idéaux américains » et non pas en termes de *statu quo* ethnique comme le faisait le Comité sur l'Immigration et la Naturalisation.

> Le comité est d'avis que les plaintes relatives à la discrimination ont été manufacturées et propagées par des représentants spéciaux de certains groupes raciaux, avec le soutien d'étrangers qui vivent actuellement hors de nos frontières. Les membres du comité ont pris connaissance d'un article paru dans la *Jewish Tribune* (New-York) du 8 février 1924, le compte-rendu d'un dîner d'adieu à M. Israel Zangwill, qui affirmait ceci : « M. Zangwill a parlé principalement de la question de l'immigration, déclarant que si les Juifs persistaient à s'opposer bec et ongles aux restrictions migratoires, il n'y aurait plus de restrictions. « Si vous continuez à faire assez de bruit contre ces absurdités nordiques », a-t-il dit, « vous vaincrez cette législation. Vous devez combattre cette loi ; dites-leur qu'ils sont en train de détruire les idéaux américains. La plupart des fortifications sont faites en carton-pâte ; si vous appuyez assez fort dessus, elles tomberont. »

> Le comité ne croit pas que la restriction que nous proposons dans cette loi se dirige contre les Juifs, puisqu'ils peuvent venir dans le cadre des quotas réservés aux différents pays où ils sont nés. Le comité n'a pas fait fonds sur la désirabilité des « Nordiques » ni d'aucun autre type d'immigrés, mais s'est tenu fermement à son but qui était d'assurer une restriction nette, de façon à réduire la part de l'immigration en provenance des pays qui ont

fourni le plus gros des effectifs dans les deux décennies ayant précédé la Guerre mondiale, et à restaurer l'équilibre de sa population. L'accusation constante selon laquelle le comité aurait fait l'article de la race « nordique » et orienté ses auditions à cette fin est une attaque délibérément fabriquée, pour la bonne et simple raison que le comité n'a rien fait de tel. (*Bulletin de la Chambre des Représentants # 350*, 1924, p. 16)

De fait, ce qui frappe le lecteur des débats de ces séances parlementaires de 1924, c'est la très faible fréquence des mentions de la supériorité nordique qui viennent étayer le projet de loi, alors que presque tous les anti-restrictionnistes bataillaient sur ce point. Après avoir entendu une remarque particulièrement pittoresque visant à dénigrer la théorie de la supériorité raciale nordique, le dirigeant restrictionniste Albert Johnson avait répondu : « Je tiens à dire au nom du comité qu'eu égard au peu de temps qui nous est imparti pour mener à bien ces auditions, le comité a décidé de ne pas aborder la thèse nordiciste ni aucun thème racial » (*Cong. Rec.* du 8 avril 1924, p. 5911).

Au cours d'une audition précédente, le même Johnson avait répondu au rabbin Stephen S. Wise qui représentait l'AJCongress : « Je n'aime pas être mis sur la sellette en tant que porteur de préjugés raciaux, car il y a une chose que je tâche de faire depuis onze ans, qui est de me libérer de tels préjugés, à supposer que j'en eusse. » Plusieurs restrictionnistes avaient explicitement dénoncé la théorie de la supériorité nordique, dont les sénateurs Bruce (p. 5955) et Jones (p. 6614), et les représentants Bacon (p. 5902), Byrnes (p. 5653), Johnson (p. 5648), McLoed (p. 5675-5676), McReynolds (p. 5855), Michener (p. 5909), Miller (p. 5883), Newton (p. 6240), Rosenbloom (p. 5851), Vaile (p. 5922), Vincent (p. 6240), White (p. 5898) et Wilson (p. 5671) (toutes références tirées du *Cong. Rec.* d'avril 1924).

Qui plus est, certains éléments montrent que lors des débats parlementaires, des représentants du Far West faisaient part de leurs inquiétudes touchant à la compétence des immigrés japonais et à la dangereuse concurrence qu'ils représentaient. Leur rhétorique laissait entendre qu'ils voyaient les Japonais comme égaux ou supérieurs racialement parlant, et non point inférieurs. Le sénateur Jones, par exemple, déclara : « Nous reconnaissons qu'ils [les Japonais] sont aussi capables, aussi évolués, aussi honnêtes et aussi cérébraux que nous autres.

Ce sont nos égaux en tout ce qui fait un grand peuple et une grande nation » (*Cong. Rec.* du 18 avril 1924, p. 6614). Le représentant MacLafferty expliqua que les Japonais dominaient certains marchés agricoles (*Cong. Rec.* du 5 avril 1924, p. 5681) et le représentant Lea remarqua leur capacité à supplanter « leurs compétiteurs américains » (*Cong. Rec.* du 5 avril 1924, p. 5697). Le représentant Miller définit ainsi le Japonais : « un compétiteur implacable et imbattable de notre peuple, partout où il entre en lice avec nous » (*Cong. Rec.* du 8 avril 1924, p. 5884) ; voir aussi les remarques des représentants Gilbert (*Cong. Rec.* du 12 avril 1924, p. 6261), Raker (*Cong. Rec.* du 8 avril 1924, p. 5892) et Free (*ibidem* p. 5924 *sq.*).

En outre, et bien que la question de la compétition entre Juifs et Gentils pour les ressources ne fût pas soulevée pendant les débats parlementaires, celle des quotas de Juifs dans les universités de la *Ivy League* [groupe de 8 universités d'élite du N-E des États-Unis, NdT] préoccupait grandement les Juifs en ce temps. La question de ces quotas était fortement mise en avant dans les médias juifs, qui chroniquaient les activités des organisations d'auto-défense juive telles que l'ADL (voir par exemple la déclaration de l'ADL dans *The American Hebrew* du 29 septembre 1922, p. 536). Il n'est donc pas impossible que certains législateurs eussent en tête cette question de la compétition pour les ressources entre Juifs et Gentils. À ce titre, notons que le président de l'université d'Harvard, A. Lawrence Lowell, était aussi vice-président national de la *Immigration Restriction League* et partisan des quotas de Juifs dans son université, chose qui laisse à penser que la compétition pour les ressources avec les Juifs, groupe supérieurement intelligent, était une question qui se posait, au moins chez certains restrictionnistes importants.

Il est probable que l'animosité contre les Juifs, surgie des différents points de friction liés à la compétition pour les ressources, était quelque chose de répandu. Higham parle de la pression intense que les Juifs, peuple immigré exceptionnellement ambitieux, exerçaient au niveau des marches les plus encombrées de l'échelle sociale » (*op. cit.* p. 141). À partir du XIXe siècle, un antisémitisme tant manifeste que caché se développa dans les cercles patriciens, d'une intensité plutôt élevée. Il provenait de l'ascension sociale très rapide des Juifs et de leur soif de compétition.

Avant la Première Guerre mondiale, la réaction des cercles dirigeants consistait à élaborer des bottins à usage interne et à mettre en avant la généalogie à des fins d'exclusion. Il s'agissait de « critères que l'argent ne pouvait pas acheter » (*ibidem* p. 104 *sq.* ; p. 127). À cette époque, Edward A. Ross décrivait le ressentiment du Gentil, « qui était forcé de batailler de façon indigne et humiliante pour conserver son affaire ou ses clients, face à l'envahisseur juif » (*The Old World and the New : The Significance of Past and Present Immigration to the American People*, p. 164). Cette remarque suggère que la concurrence des Juifs suscitait des inquiétudes à relativement grande échelle. Les tentatives de les déloger d'un grand nombre de branches de l'économie se firent plus nombreuses dans les années 1920 et atteignirent un sommet pendant les années de vaches maigres de la crise économique des années 1930.

Au cours des débats parlementaires de 1924, j'ai trouvé une seule remarque qui pointe en direction de la compétition pour les ressources entre Juifs et Gentils (elle s'inquiète aussi du fait que les immigrés juifs ne partagent pas les traditions culturelles de l'Amérique et qu'ils ont une influence délétère). Elle fut prononcée par le représentant Wefald :

> Pour tout dire, je ne crains pas les idées radicales que certaines gens apportent dans leurs bagages. Après tout, les idées, on ne peut pas les stopper à la frontière. Ce qui m'indispose, c'est que la direction de notre vie intellectuelle, dans nombre de ses courants, est passée dans les mains de ces nouveaux arrivants qui sont malins et qui n'ont aucune sympathie pour nos vieux idéaux américains, ni pour ceux de l'Europe du Nord. Ils détectent nos faiblesses, les encouragent bassement et s'enrichissent des mauvais services qu'ils nous rendent.
>
> Tout notre système de divertissements a été repris par des hommes qui ont été portés par la vague d'immigration du sud et de l'est de l'Europe. Ils produisent ces horribles histoires au cinéma, ils composent et nous servent la musique jazz, ils écrivent nombre des livres que nous lisons et éditent nos magazines et nos journaux. (*Cong. Rec.* du 12 avril 1942, p. 6272)

Le débat sur l'immigration s'est aussi invité dans les discussions que les médias juifs faisaient autour du fameux essai de Thorsten Veblen : *The Intellectual pre-eminence of Jews in modern Europe*, que *The American Hebrew* publia en feuilleton à partir du 10 septembre 1920.

Dans son éditorial du 13 juillet 1923, *The American Hebrew*, faisant remarquer que, d'après l'étude de Louis Terman, les Juifs étaient sur-représentés parmi les enfants bien doués, ajouta que « ce fait devrait inciter à une réflexion désagréable, bien qu'inutile, les soi-disant Nordiques ». L'éditorial affirmait aussi que les Juifs étaient sur-représentés parmi les lauréats des concours d'érudition parrainés par l'État de New York. Il précisait, acerbe, que « peut-être les Nordiques sont-ils trop fiers pour entrer en lice dans ces compétitions. Quoi qu'il en soit, la liste des lauréats de ces prix convoités qui vient d'être annoncée par le ministère de l'éducation à Albany n'a rien de nordique. On dirait une liste de petits communiants au temple. »

Il y a des preuves qui montrent que les Juifs, comme les Asiatiques de l'Est, ont des QI plus élevés que les caucasoïdes (cf. Lynn, « The intelligence of the Mongoloïds: A psychometric, evolutionary and neurological theory » in *Personality and Indiviual Differences* – 1987 ; Rushton, *Race, Evolution and Behavior : A Life-History Perspective* ; *PTSDA*, chap. 7). Terman a découvert que les Chinois avaient un QI égal à celui des caucasoïdes, ce qui indique que « leurs résultats aux épreuves de QI n'ont pas servi d'excuse à leur discrimination » qu'aurait été la législation de 1924 (Carl Degler, *In Search of Human Nature : The Decline and Revival of Darwinism in American Social Thought*, p. 52). Comme nous l'avons dit plus haut, une masse de preuves tirées des débats parlementaires montre que l'exclusion des Asiatiques était motivée, au moins en partie, par la peur de devoir entrer en compétition avec un groupe talentueux et intelligent, et non par des sentiments de supériorité raciale.

L'argument le plus commun de ceux qui défendaient ce projet de loi, repris dans le compte-rendu rédigé par la majorité du comité *ad hoc*, voulait que, pour respecter équitablement les intérêts des différents groupes ethniques, il fallait que les quotas reflétassent la part de chacun d'eux dans la composition ethnique du pays tout entier. Les restrictionnistes faisaient remarquer que le choix du recensement de 1890 s'imposait, pour la bonne et simple raison que les proportions de gens nés dans divers pays étrangers cette année-là correspondaient d'assez près aux proportions desdits groupes ethniques tels qu'ils étaient enregistrés en 1920. Le sénateur Reed de Pennsylvanie et le représentant Rogers du

Massachusetts proposèrent d'aboutir au même résultat en calculant les quotas directement à partir des relevés des origines nationales de tous les habitants du pays, effectués par le recensement de 1920. Leur proposition fut incorporée dans la loi.

Le représentant Rogers expliquait : « Messieurs, vous ne pouvez pas vous écarter de ce principe, car il est juste. Il n'établit aucune discrimination, ni pour les uns, ni contre les autres » (*Cong. Rec.* du 8 avril 1924, p. 5847). Pour sa part, le sénateur Reed déclarait : « Le but recherché par la plupart d'entre nous qui voulons changer la base du calcul des quotas, est de mettre fin à une discrimination qui affecte défavorablement les indigènes qui sont nés ici et le groupe de nos citoyens qui viennent du Nord et de l'Est de l'Europe. Je pense que le système actuel est discriminatoire et favorise le Sud et l'Est de l'Europe » (*Cong. Rec.* du 16 avril 1924, p. 6457). (En effet, sous l'égide de la loi de 1921, 46% des immigrés venaient d'Europe du Sud et de l'Est, alors que les groupes ethniques correspondants formaient 12% de la population).

Considérons la déclaration suivant du représentant du Colorado, William N. Vaile, l'un des plus importants restrictionnistes, à titre d'illustration de cet argument fondamental qui met en avant un intérêt ethnique légitime, sans prétention de supériorité raciale :

> Je soulignerai que les restrictionnistes du Congrès ne prétendent pas que la race « nordique », ni même « anglo-saxonne », soient les meilleures races au monde. Nous concédons volontiers que le Tchèque est un travailleur plus solide, dont les taux de criminalité et de folie sont très bas, que le Juif est le meilleur homme d'affaires au monde, et que l'Italien a une qualité spirituelle et un sens artistique qui a considérablement enrichi le monde et qui nous a certainement enrichis nous aussi. Le Nordique atteint rarement cette exaltation spirituelle et ce sens créatif artistique. Les Nordiques ne doivent pas tirer vanité de leurs propres aptitudes. Il leur convient de rester humbles.
>
> Ce que nous soutenons, c'est que ce sont les Européens du Nord, les Anglo-Saxons en particulier, qui ont fait ce pays. Oh bien sûr, les autres ont aidé. Mais on ne saurait en dire davantage. Ils sont venus dans ce pays parce qu'il était déjà fait, c'était un bien commun anglo-saxon. Ils y ont ajouté quelque chose, ils l'ont souvent enrichi, mais ils ne l'ont pas fait et ils ne l'ont pas beaucoup changé. Nous sommes résolus à ce que ce ne soit pas le cas. C'est un bon pays. Il nous convient. Ce que nous affirmons, c'est que

nous n'avons pas l'intention de le livrer à quelqu'un d'autres ou de permettre à d'autres gens, quels que soient leurs mérites, d'en faire quelque chose de différent. Si quelque changement doit être fait, nous le ferons nous-mêmes. (*Cong. Rec.* du 8 avril 1924, p. 5922)

Le débat à la chambre des représentants vit les législateurs juifs jouer un rôle marquant dans le combat contre le restrictionnisme. Le représentant Robison considérait le représentant Sabath comme l'anti-restrictionniste en chef. Sans mentionner d'autres noms d'anti-restrictionnistes, il cibla les représentants Jabobstein, Celler et Perlman pour leur opposition aux restrictions migratoires (*Cong. Rec.* du 5 avril 1924, p. 5666). Le représentant Blanton, qui se plaignait du fait que la loi restrictionniste était difficile à faire voter par le Congrès, disait : « Quand 65% du sentiment de cette Chambre, à mon avis, est favorable à l'exclusion de tout étranger pour une période de cinq ans, pourquoi ne posons-nous pas cette exigence dans la loi ? Est-ce que Frère Sabath a une telle influence sur nous autres qu'il nous empêche de faire passer cette proposition ? » (*Cong. Rec.* du 5 avril 1924, p. 5685). Le représentant Sabath répondit : « Il y a du vrai dans ce que vous dites ».

Les remarques suivantes, faites par le représentant Leavitt, montrent clairement l'importance des parlementaires juifs aux yeux de leurs adversaires, pendant les débats :

> L'instinct de préservation nationale et raciale ne doit pas être condamné, comme on nous en intime l'ordre dans cette enceinte. Personne n'est mieux placé pour comprendre le désir des Américains de conserver une Amérique américaine que ce monsieur de l'Illinois [M. Sabath] qui mène l'attaque contre cette mesure, ou ces messieurs de New York, M. Dickstein, M. Jacobstein, M. Celler et M. Perlman. Ils font partie d'un grand peuple historique qui a conservé l'identité de sa race pendant des siècles, parce qu'ils croient sincèrement qu'ils sont un peuple élu, qui a certains idéaux à préserver, sachant bien que la perte de l'identité raciale implique un changement des idéaux.

> Ce seul fait devrait leur faire comprendre facilement notre point de vue, à eux et à la majorité des adversaires les plus actifs de ce projet de loi. Ils devraient admettre notre point de vue et sympathiser avec lui, qui n'est pas aussi extrême que celui de leur propre race, car il exige seulement que l'ajout d'éléments d'autres peuples se fasse selon une teneur, des quantités et des proportions telles qu'elles n'altèrent pas les caractéristiques raciales

plus rapidement qu'il ne faudrait pour permettre une assimilation des idées politiques, ainsi que du sang. (*Cong. Rec.* du 12 avril 1924, p. 6265-6266)

L'idée que les Juifs avaient une forte tendance à refuser l'assimilation génétique des groupes environnants fut exprimée par d'autres observateurs ; c'était une composante de l'antisémitisme de l'époque. L'idée que les Juifs refusent l'exogamie a incontestablement un fondement dans la réalité (cf. *PTSDA*, chapitres 2 et 3) et il vaut la peine de rappeler que le refus des mariages mixtes était puissant, y compris dans les secteurs les plus libéraux du judaïsme américain du début du vingtième siècle, et à plus forte raison dans les secteurs les moins libéraux, qui représentaient la grande majorité des immigrés juifs orthodoxes qui venaient d'Europe de l'Est, lesquels finirent par constituer la grande majorité de la juiverie américaine.

David Einhorn, grand dirigeant juif réformé du dix-neuvième siècle, était un opposant résolu des mariages mixtes et refusait de célébrer de tels mariages, même quand on faisait pression en ce sens. Il s'opposait également à la conversion des Gentils au judaïsme à cause de ses effets sur la « pureté raciale » du judaïsme (Levenson, « Reform Attitudes, in the past, toward intermarriage », *Judaism* – 38, 1989, p. 331). Kaufman Kohler, intellectuel influent du judaïsme réformé, était lui aussi un adversaire ardent des mariages mixtes. Élaborant une pensée très congruente au multiculturalisme d'Horace Kallen, Kohler concluait qu'Israël devait rester séparé et éviter les mariages mixtes, tant qu'il n'aura pas fait parvenir l'humanité à une ère de paix universelle et de fraternité entre les races (*Jewish Theology*, p. 445-446).

Cette disposition hostile aux mariages mixtes était confirmée par certains sondages. Un sondage de 1912 indiquait que seuls 7 rabbins sur 100 avaient déjà célébré des mariages mixtes, et une résolution datée de 1909 du *Central Council of American Rabbis*, groupe principal du judaïsme réformé, déclara que « les mariages mixtes sont contraires aux traditions de la religion juive et devraient être découragés par le rabbinat américain ». Les perceptions des Gentils concernant les attitudes des Juifs à l'égard des mariages mixtes étaient donc fermement ancrées dans la réalité.

Cela étant, il y avait deux thèmes essentiels qui engendraient l'animosité anti-juive à l'époque des débats parlementaires de 1924, bien au-delà de la tendance endogame des Juifs : l'idée que les immigrés juifs d'Europe de l'Est étaient inassimilables et qu'ils conserveraient leur culture distincte, et d'autre part, l'idée que beaucoup trop d'entre eux étaient engagés à l'extrême-gauche (voir le troisième chapitre).

Cette idée de l'imprégnation gauchiste des immigrés juifs étaient un thème récurrent dans les publications tant juives que non-juives. *The American Hebrew* affirmait dans un éditorial : « Nous ne devons pas oublier que les immigrés de Russie et d'Autriche arriveront de pays infestés de bolchevisme et il faudra plus qu'un travail de surface pour en faire de bons citoyens » (*in* Neuringer, *American Jewry and United States Immigration Policy, 1881-1953*, p. 165). Le fait qu'on les vît comme « infectés de bolchevisme, non-patriotes, étrangers et inassimilables » provoqua une vague d'antisémitisme dans les années 1920 et contribua à la loi de restriction de l'immigration de cette période. L'étude de Sorin sur les militants gauchistes issus de l'immigration juive montrait que plus de la moitié d'entre eux étaient déjà engagés à l'extrême-gauche en Europe avant d'émigrer, et que chez ceux qui émigrèrent après 1900, leur part s'élevait à 69%. Les publications juives avertissaient du risque d'antisémitisme accentué par le gauchisme des immigrés juifs et les responsables officiels de la communauté juive firent des « efforts quasi-désespérés (…) pour dépeindre le Juif comme un être à cent pour cent américain ». Ils organisaient par exemple des spectacles patriotiques pendant les jours fériés et ils tâchaient de faire apprendre l'anglais aux immigrés.

Pour saisir le contexte de ces débats sur l'immigration, il faut se souvenir que dans les années 1920, la majorité des membres du Parti Socialiste était immigrée et qu'une part « écrasante » des effectifs du PCUSA consistait en immigrés de fraîche date, dont une part considérable de Juifs (Glazer, *The Social Basis of American Communism*, p. 38 et 40). Jusqu'en juin 1933, 70% de membres du PCUSA étaient nés à l'étranger. À Philadelphie en 1929, 90% des membres du Parti Communiste étaient nés à l'étranger, et 72,2 % du total des membres du PCUSA dans cette ville étaient des enfants d'immigrés juifs qui étaient arrivés aux États-Unis à la fin dix-neuvième siècle et au début du vingtième.

Partie 6

L'activité juive anti-restrictionniste, 1924-1945

L'implication remarquable des Juifs dans la politique migratoire US se poursuivit après la promulgation de la loi de 1924. Les groupes juifs trouvaient particulièrement contestable le système des quotas par origine nationale. Un rédacteur de la *Jewish Tribune* affirmait en 1927 : « Nous (…) considérons toutes les mesures de régulation de l'immigration par nationalité comme illogiques, injustes et non-américaines » (cité *in* Neuringer, *op. cit.* p. 205). Pendant les années 1930, le critique le plus en vue des restrictions supplémentaires de l'immigration (lesquelles étaient principalement motivées par l'inquiétude que l'immigration n'exacerbât les problèmes liées à la grande dépression), était le représentant Samuel Dickstein. Il se hissa à la présidence du comité de la chambre des représentants sur l'immigration en 1931, année à partir de laquelle les restictionnistes cessèrent de pouvoir ajouter de nouvelles restrictions à l'immigration.

Dans les années 1930, les groupes juifs formaient l'avant-garde opposée aux restrictions de l'immigration et favorable à sa libéralisation, tandis que dans le camp adverse, on mettait en avant les conséquences économiques fâcheuses de l'immigration dans un contexte de chômage élevé. Entre 1933 et 1938, le représentant Dickstein fit un certain nombre de propositions de loi, soutenues principalement par les organisations juives, qui visaient à admettre davantage de réfugiés d'Allemagne nazie, mais les restrictionnistes eurent le dessus.

Pendant les années 1930, ce furent les inquiétudes liées à l'extrême-gauchisme des immigrés juifs et à leur impossible assimilation, ainsi que la crainte d'une possible subversion nazie, qui firent qu'on ne changeât point les lois sur l'immigration. Qui plus est, « l'accusation voulant que les Juifs fussent plus loyaux à leur tribu qu'à leur pays était monnaie courante aux États-Unis dans les années 1930 » (Breitman & Kraut, *American Refugee Policy and European Jewry, 1933-1945*, p. 87). Tous les intéressés étaient parfaitement au courant que le public était contre tout changement dans la politique d'immigration et qu'il s'opposait en particulier à l'immigration juive. Dans ces condition, lors des auditions relatives à la proposition de loi sur l'admission de vingt mille enfants de réfugiés allemands en 1939, on minora la part de l'intérêt juif. La proposition de loi parlait de gens « de toute race et de toute confession, qui subissaient des conditions d'existence telles qu'ils étaient forcés de chercher refuge sur d'autres terres ». La proposition de loi ne mentionnait pas le fait que les Juifs en seraient les premiers bénéficiaires et les témoins qui militaient en sa faveur lors des auditions, soulignaient que la proportion d'enfants juifs n'excéderait pas 60% du total. Pendant les auditions, le seul témoin en faveur de la proposition de loi qui se présenta en tant que « membre de la race juive », était « un quart catholique et trois quart juif », avait des nièces et neveux protestants et catholiques, et venait du sud du pays, bastion de l'opinion anti-immigration.

Les adversaires de cette proposition de loi, en revanche, menaçaient de divulguer le très fort pourcentage de Juifs déjà admis sous l'égide du système des quotas – ce qui semble bien indiquer la puissance de cet antisémitisme « virulent et très répandu » au sein du public américain (*ibidem*, p. 80). Ils soulignaient que la proposition de loi ferait pénétrer une immigration « qui serait pour l'essentiel de race juive » ; un témoin affirma que « les Juifs seraient les premiers bénéficiaires de cette loi, cela va sans dire ». Les restrictionnistes adoptaient aussi une argumentation économique, citant souvent le président Roosevelt qui avait déclaré lors de son deuxième discours d'investiture : « un tiers de la nation est mal logée, mal vêtue, mal nourrie », et rappelant qu'il y avait déjà un grand nombre d'enfants nécessiteux aux États-Unis. Toutefois, les restrictionnistes s'inquiétaient au premier chef du fait qu'une telle proposition de loi représentait un maillon de toute une chaîne d'efforts anti-restrictionnistes visant à accumuler des précédents afin de saper la loi de 1924. Francis Kinnecutt par exemple, président de l'*Allied Patriotic Societies*, expliquait que la loi de 1924 se fondait sur l'idée que la représentation des immigrés devait être proportionnelle à la composition ethnique du pays. La proposition de loi en question serait donc un précédent ouvrant la voie à une « législation non-scientifique et empreinte de favoritisme national, adoptée pour répondre à la pression de groupes étrangers, nationalistes ou raciaux, et non pour s'accorder aux besoins et aux désirs du peuple américain ».

Pendant les années 1930, Wilbur S. Carr et d'autres responsables du ministère des affaires étrangères jouèrent un rôle important pour réduire au minimum l'entrée sur le sol américain de réfugiés juifs d'Allemagne. Le sous-secrétaire d'État William Philips était un antisémite qui exerça une forte influence sur la politique migratoire dans la période 1933-1936. Pendant toute cette période qui va jusqu'à la fin de la Deuxième Guerre mondiale, les tentatives de favoriser l'immigration juive échouèrent globalement, même si l'on savait que les Nazis persécutaient les Juifs, car le Congrès ne s'y plia pas, non plus que les responsables du ministère des affaires étrangères. Des journaux comme *The Nation* (19 novembre 1938) et *The New Republic* (23 novembre 1938) accusaient le restrictionnisme d'être motivé par l'antisémitisme, mais les adversaires de l'immigration massive de Juifs soutenaient que celle-ci exacerberait encore davantage l'antisémitisme.

Henry Pratt Fairchild, restrictionniste et très judéo-sceptique en général, expliquait qu' » un puissant courant anti-étrangers et antisémite court tout près de la surface de la conscience du public américain, prêt à éclater violemment au prétexte d'une provocation, même assez mineure. » L'opinion publique était résolument opposée à une augmentation des quotas de réfugiés européens : un sondage paru dans le numéro d'avril 1939 de la revue *Fortune* montrait que 83% des sondés avaient répondu « non » à la question suivante : « Si vous étiez parlementaire, voteriez-vous « oui » ou « non » à la proposition de loi voulant ouvrir les portes des États-Unis à un plus grand nombre de réfugiés européens que ce que nos quotas d'immigration ne permettent ? » Moins de 9% des sondés avaient répondu « oui » et le reste était sans opinion.

L'activité juive anti-restrictionniste, 1946-1952

Même si les intérêts juifs avaient été contrecarrés par la loi de 1924, « le caractère discriminatoire de la loi Reed-Johnson restait en travers de la gorge de tous les secteurs de l'opinion juive américaine » (Neuringer, *op. cit.* p. 196). Un article du *Congress Weekly* écrit par Will Maslow en 1950 répétait l'idée que la législation migratoire ciblait délibérément les Juifs : « De toutes les lois, seules celles qui sont relatives à l'immigration des étrangers ne sont pas soumises aux garanties constitutionnelles. Mais même là, l'hostilité à l'égard de l'immigration juive a dû être masquée sous un dispositif compliqué de quotas qui définissaient l'éligibilité à l'immigration sur la base du pays de naissance et non de la religion. »

Que les Juifs se soient préoccupés d'altérer l'équilibre ethnique des États-Unis est un fait qui ressort clairement des débats parlementaires sur l'immigration dans la période de l'après-Deuxième Guerre mondiale. En 1948, l'AJCommittee fit communication à un sous-comité du Sénat d'un rapport, qui tout à la fois niait les intérêts matériels des États-Unis et affirmait son engagement à y faire entrer des immigrés de toutes les races : « L'américanisme ne se mesure pas à l'aune de l'obéissance aux lois, ni à celle du zèle pour l'instruction ou du degré d'instruction, ni à aucune de ces qualités sur le terrain desquelles, d'ailleurs, les immigrés pourraient bien supplanter les indigènes. Non, l'américanisme, c'est l'esprit qui sous-tend l'accueil que l'Amérique accorde par tradition aux gens de toute race, de toute religion et de toute nationalité » (cité *in* N. W. Cohen, *Not Free to Desist : The American Jewish Committee, 1906-1966*, p. 369).

En 1945, le représentant Emanuel Celler proposa une loi voulant abolir la rétention de l'immigration chinoise, à laquelle on n'accordait que des quotas de pure forme ; en 1948, l'AJCommittee condamnait le principe des quotas d'Asiatiques. D'un autre côté, dans cette même période, les groupes juifs montraient de l'indifférence ou de l'hostilité au principe de l'immigration d'Européens non-juifs (même d'Europe méridionale). Ainsi, les porte-parole juifs ne participèrent aucunement aux auditions relatives aux futures lois portant sur l'immigration d'un nombre limité d'Allemands, d'Italiens, de Grecs et de Néerlandais, de rescapés du communisme et d'un petit nombre de Polonais, d'Asiatiques et d'Arabes. Quand les porte-parole finirent par participer aux auditions (en partie parce que quelques rescapés du communisme étaient juifs), ils profitèrent de l'occasion pour concentrer le tir sur la référence à l'origine nationale inscrite dans la loi de 1924.

Dans cette période, les Juifs s'opposaient aux restrictions migratoires afin d'établir des précédents qui court-circuitaient le système des quotas et d'accroître l'immigration juive issue d'Europe de l'Est. Le *Citizens Committee on Displaced Persons*, qui militait pour l'admission de 400.000 réfugiés hors-quotas sur une période de quatre ans et était tenu par une équipe de 65 permanents ; il était financé principalement par l'AJCommittee et d'autres contributeurs juifs (cf. *Cong. Rec.* du 15 octobre 1949, p. 14647-14654). Lorsqu'on proposa une loi relative à l'immigration des déplacés, les témoins qui y étaient opposés se plaignirent lors des auditions que celle-ci visait à subvertir l'équilibre ethnique des États-Unis établi par la loi de 1924.

La proposition de loi issue de ce sous-comité ne satisfaisait pas les intérêts juifs, parce qu'elle fixait une date-butoir qui excluait les Juifs qui avaient quitté l'Europe de l'Est après la Deuxième Guerre mondiale, y compris les Juifs qui fuyaient l'antisémitisme polonais. Le sous-comité du sénat « considérait les mouvement migratoires des Juifs et autres réfugiés d'Europe de l'Est après 1945 comme tombant en dehors du spectre du problème principal et laissait entendre que cet exode était une migration planifiée et organisée par les agences juives aux États-Unis et en Europe » (*Senate Rep. # 950* [1948] p. 15-16).

Les représentants juifs lancèrent un assaut contre cette proposition de loi. Le représentant Emanuel Celler dit qu'il aurait préféré qu'il n'y eût « aucune proposition de loi. Tout ce qu'elle propose, c'est d'exclure les Juifs » (cité *in* Neuringer, *op. cit.* p. 298). Quand, à contre-cœur, le président Truman signa cette loi, il expliqua que la date-butoir de 1945 « était sèchement discriminatoire à l'égard des personnes déplacées de confession juive » (*Interpreter Releases 25* [21 juillet 1948], p. 252-254). En revanche, le sénateur Chapman Revercomb expliquait qu'il n'y avait « nulle distinction, et certainement nulle discrimination dirigées contre qui que ce soit en raison de sa religion ou de sa race, mais que des différences avaient été faites entre les personnes déplacées pour donner un traitement préférentiel à celles qui avaient séjourné plus longtemps dans des camps » (*Cong. Rec.* du 26 mai 1948, p. 6793). Ayant analysé cette séquence, R. A. Divine conclut ce qui suit :

> Le motif explicite des restrictionnistes, qui était de circonscrire ce programme aux gens qui avaient été déplacés pendant le cours de la guerre, semble être la raison suffisante des dispositions de cette loi. La tendance des groupes juifs à rattacher l'exclusion de nombre de leurs coreligionnaires à un parti-pris antisémite est compréhensible ; cependant, les accusations de discrimination assenées avec violence lors de la campagne présidentielle de 1948 laissent supposer que l'aile septentrionale

du parti démocrate se servait de cette affaire pour attirer à soi les suffrages des membres des groupes minoritaires. Le fait que Truman affirmait que la loi le 1948 était anti-catholique, alors que les catholiques eux-mêmes le niaient, montre bien qu'on mettait l'accent sur la question de la discrimination pour des raisons d'opportunisme politique. (*American Immigration Policy, 1924-1952*, p. 143)

Quand la proposition de loi vit le jour, le *Citizens Committee on Displaced Persons* publia un communiqué affirmant que celle-ci étaient empreinte de « haine et de racisme » et que les organisations juives la dénonçaient unanimement. Quand les élections de 1948 donnèrent une majorité démocrate au congrès, sous la présidence de Truman qui était favorable aux Juifs, le représentant Celler fit une nouvelle proposition de loi qui retirait la clause fixant la date-butoir à 1945. La chambre des représentants l'accepta, mais pas le sénat, à cause de l'opposition du sénateur Pat McCarran. Celui-ci faisait remarquer que le *Citizens Committee* avait dépensé plus de 800.000 $ pour faire adopter la proposition de loi en question, de façon à mener « une campagne dans l'ensemble du pays, disséminant idées fausses et tromperies de façon à égarer le jugement de quantité d'organisations et de citoyens, pourtant de bonne foi et inspirés par le bien public » (*Cong. Rec.* du 26 avril 1949, p. 5042-5043).

Après sa défaite, le *Citizens Committee* augmenta la mise et dépensa un million de dollars ; il réussit cette fois-ci à faire adopter une nouvelle proposition de loi, présentée par le représentant Celler, qui marquait comme date-butoir l'année 1949, date qui ne portait pas atteinte aux Juifs, mais qui excluait largement les Allemands de souche qui avaient été expulsés d'Europe de l'Est. Le débat prit un tour inattendu, puisque les restrictionnistes accusèrent alors les anti-restrictionnistes de partis-pris ethnique (cf. les interventions du sénateur Eastland, *Cong. Rec.* du 5 avril 1950, p. 2737 et du sénateur McCarran, *ibidem* p. 4743).

À cette époque, il n'y avait pas d'irruption d'antisémitisme dans le monde qui auraient déterminé le besoin urgent d'une immigration juive et il y avait un refuge sûr pour les Juifs : l'État d'Israël. Cependant, les organisations juives persévéraient dans leur opposition vigoureuse au principe des quotas par origine nationale, prévu par la loi de 1924 et maintenu dans la loi McCarran-Walter de 1952. De fait, quand Simon H.

Rifkind, juge à la cour d'appel, témoigna contre la proposition de loi McCarran-Walter lors d'une audition, au nom de toute une série d'organisations juives, il fit une remarque digne d'intérêt. La situation internationale ayant changé, expliquait-il, mentionnant en particulier l'existence d'Israël en tant que sûr refuge pour les Juifs, l'opinion des Juifs au sujet des lois sur l'immigration ne se fondait plus sur « le sort malheureux de nos coreligionnaires, mais sur l'impact que les lois sur l'immigration et la naturalisation produisent sur le caractère national et la qualité de vie américaine, ici aux États-Unis ».

Son argumentation était coulée dans la langue des « principes démocratiques et de la cause de l'amitié internationale » (cité *in* N. W. Cohen, *op. cit.* p. 386). La théorie implicite était que les principes de la démocratie exigeaient la diversité ethnique (opinion propagée par des intellectuels juifs militants comme Sydney Hook à l'époque [cf. chap. 6]). Une autre théorie implicite était que la bonne volonté des autres pays dépendait de l'acceptation de leurs ressortissants en tant qu'immigrés aux États-Unis. « Son adoption [la proposition de loi McCarran-Walter] gênerait gravement l'effort national que nous menons. Car nous sommes engagés dans une guerre pour gagner les cœurs et les consciences des hommes. Les nations libres attendent de nous des renforts moraux et spirituels, en un temps où la foi qui mène les hommes est aussi importante que la force qu'ils possèdent ».

La loi McCarran-Walter faisait explicitement mention de l'hérédité raciale dans ses critères d'admission, par exemple dans sa disposition relative aux quotas d'Orientaux, laquelle ne tenait aucun compte de leur pays de naissance. Herbert Lehman, sénateur de New York et plus grand opposant de sa Chambre aux restrictions migratoires dans les années 1950, expliquait, au cours des délibérations relatives à la proposition de loi McCarran-Walter, que les immigrés de Jamaïque d'extraction africaine devraient être comptés dans les quotas d'immigrés d'Angleterre. Il affirmait aussi que la proposition de loi provoquerait du ressentiment parmi les Asiatiques. Les représentants Celler et Javits, chefs des anti-restrictionnistes à la chambre des représentants, employaient des arguments du même genre (*Cong. Rec.* du 23 avril 1952, p. 4306 et 4219). Comme dans les batailles qui avaient eu lieu au siècle précédent, l'opposition aux lois de restriction de l'immigration sur la base des origines nationales avait une portée qui dépassait leurs effets sur l'immigration juive, car les tenants de cette position défendaient le principe d'une immigration ouverte aux groupes raciaux et ethniques du monde entier.

Le rapport du sous-comité chargé d'examiner la proposition de loi McCarran sur l'immigration, manifestant son souci de maintenir le *statu quo* ethnique et de mettre en évidence les affaires juives, faisait remarquer : « la population totale des États-Unis a triplé depuis 1877, mais la population juive est vingt-et-une fois plus nombreuse depuis cette même date » (*Senate Rep. #1515* [1950] p. 2-4). La proposition de loi en question stipulait que les citoyens naturalisés perdraient automatiquement leur citoyenneté s'ils résidaient cinq ans de suite à l'étranger. Cette disposition était considérée par les organisations juives comme la manifestation de tendances anti-sionistes : « Les témoignages énoncés par des responsables gouvernementaux lors des auditions montrent clairement que cette disposition découle de la volonté de dissuader les Juifs naturalisés américains d'adhérer à un idéal profondément ancré en eux, que certains responsables considèrent comme indésirable, contrevenant ainsi à la ligne politique américaine. »

Fidèle à la logique des restrictionnistes de 1924, le rapport du sous-comité souligna que le dessein de la loi de 1924 était de « restreindre l'immigration du Sud et de l'Est de l'Europe pour préserver la prépondérance des gens originaires de l'Europe du Nord et de l'Ouest dans la composition de la population totale », mais sans toutefois adopter « une quelconque théorie de la supériorité nordique » (*ibidem* p. 442, 445-446). On attendait que les futurs immigrés eussent une « similitude de fonds culturel », ce qui impliquait le refus des théories du pluralisme culturel. Comme en 1924, les théories de la supériorité nordique étaient rejetées, mais contrairement à ce qui était énoncé alors, toute mention des intérêts ethniques légitimes des gens issus du Nord et de l'Ouest de l'Europe avait disparu, signe indiquant sans doute que l'assaut mené par les boasiens contre cette idée avait réussi.

> Sans ajouter foi à une quelconque théorie de la supériorité nordique, le sous-comité pense que l'adoption de la formule par origines nationales est la méthode rationnelle et logique qui permet de restreindre numériquement l'immigration, de façon à préserver au mieux l'équilibre sociologique et

culturel de la population des États-Unis. Incontestablement, cette formule a favorisé les ressortissants des pays du Nord et de l'Ouest de l'Europe, au détriment des gens issus du Sud et de l'Est de l'Europe ; toutefois, le sous-comité soutient que ceux qui ont apporté la plus grande contribution au développement de ce pays étaient absolument dans leur droit quand ils décidèrent que le pays n'étaient plus un champ ouvert à la colonisation et que par suite, l'immigration devait être non seulement restreinte, mais réservée à ceux qui seraient plus facilement assimilables en vertu de la similitude de fonds culturel entre eux et les composantes principales de notre population. (*Sen. Rep. # 1515*, 81st Cong, 2nd Sess. 1950, p. 455)

Ici, il faut remarquer que lorsque les porte-parole juifs s'opposaient aux restrictions migratoires à cette époque, ils n'avaient pas les mêmes motifs que les autres groupes de gauche. Dans les remarques qui suivent, je mettrai en exergue le témoignage du juge Simon H. Rifkind, qui représentait tout un éventail d'agences juives lors des auditions parlementaires relatives à la proposition de loi MacCarran-Walter, en 1951.

1. L'immigration devait englober tous les groupes ethniques et raciaux :

> Nous considérons que l'américanisme est l'esprit qui sous-tend l'accueil que l'Amérique accorde par tradition aux gens de toutes races, de toutes religions et de toutes nationalités. L'américanisme, c'est un mode de vie tolérant qui fut conçu par des hommes très différents du point de vue de la religion, de l'origine raciale, de l'instruction et du lignage, mais qui ont convenu de laisser tout cela de côté pour ne plus demander à leur voisin d'où il venait, mais seulement ce qu'il pouvait apporter et quel était son état d'esprit à l'égard de son prochain. (*ibidem.* p. 566)

2. Le nombre total d'immigrés doit être le plus grand possible, dans le cadre de contraintes économiques et politiques très vaguement définies. « La régulation [de l'immigration] est la régulation d'une ressource, pas d'un handicap » (*ibid*, p. 567). Rifkind souligna plusieurs fois que le fait que tous les quotas n'étaient pas remplis réduisait le nombre d'immigrés, chose très funeste à ses yeux.

3. Les immigrés ne devaient pas être vus comme des ressources économiques et importés uniquement pour servir les besoins actuels des États-Unis.

> On considère [l'immigration choisie] du point de vue des États-Unis, jamais du point de vue de l'immigré. Je pense qu'il faudrait certes faire droit à nos besoins circonstanciels, mais surtout, ne pas faire de la question de l'immigration une variable d'ajustement touchant à l'emploi. Quand nous laissons entrer des immigrés, je ne pense pas que nous achetions des biens économiques. Nous admettons des êtres humains qui vont fonder des familles et élever des enfants, et dont les petis-enfants atteindront les sommets – c'est en tout cas ce que nous espérons et ce pour quoi nous prions. En ce qui concerne un petit segment du flux d'immigrés, je pense que nous avons le droit de nous dire que comme nous manquons de tel ou tel talent, il faut aller les chercher si nécessaire, mais ne faisons pas en sorte que ce mode de pensée recouvre toutes les autres. (*ibid.* p. 570)

En s'opposant à l'idée que le besoin de talents soit le fondement de l'immigration, Rifkind marchait dans les pas de ses prédécesseurs qui s'étaient évertués depuis la fin du XIXe siècle à faire ajourner l'obligation légale de l'épreuve d'alphabétisation pour les immigrés, jusqu'au moment où cette obligation entra dans la loi en 1917.

Partie 7

L'activité juive anti-restrictionniste, 1946-1952 (suite et fin)

Même si, dans son témoignage, Rifkind n'accusait pas la politique d'immigration d'être fondée sur la théorie de la supériorité nordique, ce thème restait d'une actualité brûlante dans les autres groupes juifs, en particulier l'AJCongress, lequel défendait l'ouverture de l'immigration à tous les groupes ethniques. Ce groupe affirmait que la législation de 1924 reposait en grande part sur la théorie de la suprématie nordique. À rebours de l'assertion surprenante de Rifkind, selon laquelle il existait une tradition américaine d'ouverture à tous les groupes ethniques, l'AJCongress souligna dans une déclaration le long passif d'exclusion ethnique des États-Unis, antérieur à l'apparition de ces théories. Ce groupe juif y relevait la loi d'exclusion des Chinois de 1882, l'engagement d'honneur de 1907 avec le Japon qui limitait l'immigration de travailleurs japonais, et l'exclusion des autres Asiates en 1917.

Dans la tribune en question, L'AJCongress remarquait que la législation de 1924 avait réussi à préserver l'équilibre ethnique des États-

Unis au moment du recensement de 1920, mais ajoutait la remarque suivante : « cet objectif est sans valeur aucune. La composition ethnique de 1920 n'a rien de sacro-saint. Seul un imbécile pourrait croire que nous avons atteint le zénith de la perfection ethnique cette année-là ». L'AJCongress adoptait l'idéal multiculturel d'Horace Kallen, autrement dit « la thèse de la démocratie culturelle, qui garantit à chaque groupe, 'majoritaire ou minoritaire (…) le droit d'être différent et la responsabilité de faire en sorte que leurs différences n'entrent pas en conflit avec le bien-être du peuple américain dans son ensemble' ».

Dans cette période, l'AJCongress s'en prenait régulièrement aux dispositions des lois sur l'immigration relatives aux origines nationales, qu'il considérait comme fondées sur « le mythe de l'existence de fonds raciaux supérieurs et inférieurs » (*Congress Weekly* du 17 octobre 1955, p. 3). L'organe de ce groupe défendait le principe d'une immigration fondée sur « les besoins et autres critères non-liés à la race ou à l'origine nationale » (*Congress Weekly* du 4 mai 1953, p. 3). Le plus contestable, du point de vue de l'AJCongress, était l'idée de l'inviolabilité du *statu quo* ethnique, prescrit par la législation de 1924. Le système des quotas par origine nationale « est honteux de nos jours (…) car notre expérience nationale a confirmé, sans l'ombre d'un doute, que notre force réside dans la diversité de nos peuples » (Israel Goldstein, 'The racist immigration law', *Congress Weekly* du 17 mars 1952).

Comme nous l'avons vu, certains éléments indiquent que la loi de 1924 et le restrictionnisme des années 1930 étaient motivés en partie par des orientations antisémites. Dans les années 1950, lors des débats qui précédèrent et suivirent l'adoption de la loi McCarran-Walter, l'antisémitisme se manifesta en liaison avec l'anti-communisme. Les restrictionnistes mettaient souvent en avant le fait que plus de 90% des communistes américains avaient des origines les rattachant à l'Europe de l'Est. Les restrictionnistes s'efforçaient d'empêcher l'immigration et de faciliter les déportations des gens issus de cette région du monde, afin de prévenir la subversion communiste. Or, c'est d'Europe de l'Est que venaient la plupart des Juifs, et les Juifs étaient outrancièrement disproportionnés parmi les communistes américains ; de la sorte, on relia tous ces faits et la situation produisit une floraison de théories du complot antisémite sur le rôle des Juifs dans la politique américaine. Au congrès, le représentant John Rankin, antisémite notoire, déclara ce qui suit, sans mentionner explicitement les Juifs :

> Ils se plaignent de la discrimination. Mais savez-vous qui est vraiment discriminé ? Les chrétiens blancs d'Amérique, ceux qui ont créé cette nation (…) Je parle des chrétiens blancs du Nord autant que du Sud (…) Le communisme est racial. Une minorité raciale a pris le pouvoir en Russie et dans tous ses satellites, comme en Pologne, en Tchécoslovaquie et dans bien d'autres pays que je pourrais nommer. Ils ont été expulsés de presque tous les pays d'Europe au fil du temps, et s'ils continuent de fomenter des troubles raciaux dans ce pays, s'ils tentent d'imposer leur programme communiste aux chrétiens blancs d'Amérique, je ne peux pas prévoir ce qui pourrait leur arriver (*Cong. Rec.* du 23 avril 1952).

Pendant ces années, les organisations juives dominantes se préoccupaient d'éradiquer le stéréotype du Juif-communiste et de développer l'image du Juif libéral et anti-communiste. « Dans toute l'Amérique, le combat contre le stéréotype du Juif-communiste devint pratiquement une obsession chez les dirigeants juifs et les faiseurs d'opinion » (Liebman, *Jews and the Left*, p. 515). [Pour donner une idée de l'étendue de ce stéréotype : quand le FBI mena une enquête de voisinage sur Eleanor Leacock, anthropologue non-juive qui demandait une certaine autorisation de sécurité, on demanda à ses amis si elle fréquentait des Juifs, pour avoir une idée de ses liaisons avec l'extrême-gauche (cf. G. Frank, 'Jews, multiculturalism and boasian anthropology' *American Anthropologist* # 99 – 1997)].

L'AJCommittee fit tout son possible pour modifier l'opinion de la communauté juive en montrant que les intérêts juifs étaient plus compatibles avec la démocratie américaine qu'avec le communisme soviétique (par exemple, en mettant en avant l'antisémitisme soviétique et le soutien de l'URSS aux pays opposés à Israël dans l'après-Deuxième Guerre mondiale). Bien que l'AJCongress reconnût que le communisme était un danger, ce groupe arborait une position « anti-anti-communiste » qui répudiait les atteintes aux libertés civiles contenues dans la législation anti-communiste de l'époque.

Cette organisation « freinait des quatre fers et participait sans enthousiasme » à l'effort juif visant à se constituer une solide réputation d'anti-communisme (Svonkin, *Jews Against Prejudice : American Jews and the Fight for Civil Liberties*, p. 132). Cette position reflétait les sympathies de quantité de ses membres, qui étaient pour la plupart des immigrés d'Europe de l'Est de la deuxième ou troisième génération.

Cette culture juive d'extrême-gauche et ses liens aux communisme apparurent avec éclat lors des émeutes de Peekskill, dans l'État de New York, en 1949. Peekskill était le séjour estival d'environ 30.000 Juifs, des cadres urbains pour la plupart, qui se regroupaient dans des camps de vacances socialistes, anarchistes et communistes, établis dans les années 1930. La cause immédiate des émeutes fut un récital donné par Paul Robeson, communiste revendiqué, sous le parrainage du Civil Right Congress, un groupe pro-communiste étiqueté comme subversif par le ministère de la justice. Les émeutiers firent des déclarations antisémites, dans ce contexte où le lien entre les Juifs et le communisme était très manifeste. Il s'ensuivit un effort de ravalement de façade de la part de l'AJCommittee, qui tâcha de minorer le caractère antisémite de l'événement, illustrant ainsi la méthode de la mise en quarantaine, qui est souvent de mise dans la stratégie politique juive (cf. *SAID*, chap. 6, note 14). Cette stratégie entra en conflit avec celle d'autres groupes, comme l'AJCongress et l'ACLU, qui signèrent un document attribuant la violence au préjugé antisémite et soulignant que les victimes avaient été privées de leurs libertés civiles en raison de leurs sympathies communistes.

Ce qui causa une inquiétude particulière aux dirigeants juifs américains, ce fut l'arrestation et la condamnation pour espionnage de Julius et Ethel Rosenberg. Les partisans gauchistes des Rosenberg, qui étaient pour beaucoup des Juifs, interprétèrent cette affaire comme un cas exemplaire d'antisémitisme. Comme le dit un fameux publiciste de l'époque : « Si le peuple américain n'y met pas le holà, le lynchage de ces deux Juifs américains innocents servira de signal pour des coups de mains génocidaires de type hitlérien contre les Juifs partout aux États-Unis » (*in* Svonkin *op. cit.* p. 155). Ces organisations gauchistes tentèrent de rallier à leur interprétation le gros de l'opinion juive, mais ce faisant, ils rendaient encore plus manifestes l'identité juive des individus en question et leur liaison au communisme. Les représentants officiels de la communauté juive se donnèrent beaucoup de mal pour modifier le stéréotype commun de la subversion et déloyauté juives.

Tout à son effort d'incriminer le communisme, l'AJCommittee s'empara du procès de Rudolph Slansky et de ses collègues juifs, en Tchécoslovaquie. Ce procès faisait partie de la vague de purges antisémites des élites juives communistes en Europe de l'Est après la Deuxième Guerre mondiale. La situation était analogue au cours des événements en Pologne, tels que narrés par Schatz et examinés par nos soins au troisième chapitre du présent ouvrage. L'AJCommittee déclara : « Le procès du juif renégat Rudolph Slansky et de ses comparses, qui ont trahi le judaïsme en servant la cause du communisme, devrait nous faire prendre conscience que l'antisémitisme est désormais partie prenante de la politique communiste. Il est paradoxal de constater que ces hommes qui ont déserté les rangs du judaïsme, lequel est opposé au communisme, servent aux communistes de prétexte dans leur campagne antisémite » (cité *in* Svonkin, *op. cit.* p.282).

Les organisations juives coopérèrent pleinement avec la commission parlementaire sur les activités anti-américaines et les défenseurs des Rosenberg et autres communistes furent pourchassés et exclus des grandes organisations juives, où ils étaient auparavant bienvenus. Le cas le plus frappant est celui du *Jewish Peoples Fraternal Order* (JPFO), fort de 50.000 membres. C'était un organisme généré de l'*International Workers Order* (IWO), lequel était sur la liste des organisations subversives du ministère de la justice. L'AJCommittee exclut, au grand dam des organisations juives locales, le JPFO, qui combattit cette mesure bec et ongles. De son côté, l'AJCongress dissout l'affiliation du JPFO et celle d'une autre organisation dominée par les communistes, l'*American Jewish Labor Council*. Les organisations juives dominantes se dissocièrent de même de la Social Service Employees Union, un syndicat juif qui organisait les employés des organisations juives. Ce syndicat avait déjà été exclu du *Congress of Industrial Organizations* pour son philo-communisme.

Les organisations juives avaient obtenu que des Juifs eussent des fonctions importantes au ministère public pendant le procès des Rosenberg. Après que le verdict fut rendu, l'AJCommittee et l'American Civil Liberties Union s'échinèrent à défendre lesdits Juifs. La revue *Commentary*, publiée par l'AJCommittee, « exerçait un strict contrôle rédactionnel sur ses articles, de façon à ne laisser apparaître aucun propos peu ou prou favorable au communisme » et la revue, contrairement à ses habitudes, fit paraître des articles extrêmement anti-soviétiques (Liebman, *Jews and the Left*, p. 516).

Sur la question de l'immigration toutefois, les organisations juives dominantes arboraient une position qui coïncidait souvent avec celle du PCUSA ; c'était le cas de l'AJCommittee, qui s'opposait au communisme. En compagnie du PCUSA, L'AJCommittee condamna la loi McCarran-Walter ; cette organisation avait en même temps l'oreille de la commission du président Truman sur l'immigration et la naturalisation (PCIN) et lui souffla ses consignes recommandant de relâcher la bride aux dispositions sécuritaires de la loi McCarran-Walter. Ces recommandations furent chaudement saluées par le PCUSA, dans ce contexte où le dessein principal des tours de vis sécuritaires était d'exclure les communistes. (Le juge Julius Rifkind condamnait lui aussi, lors des auditions relatives au projet de loi McCarran-Walter, les clauses sécuritaires de cette proposition de loi.)

Les Juifs étaient sur-représentés au PCIN et dans les organisations impliquées dans les questions migratoires, considérées comme des vitrines communistes par le congrès. Le président du PCIN s'appelait Philip B. Perlman et son équipe comprenait un fort taux de Juifs : Harry N. Rosenfled était l'administrateur, Elliot Shirk son administrateur-adjoint. Ses comptes-rendus étaient approuvés de tout cœur par l'AJCongress (cf. le *Congress Weekly* du 12 janvier 1952, p. 3). Ses délibérations furent publiées, tout comme le rapport intitulé *Whom We Shall Welcome* ['Ceux que nous devons accueillir'], avec la collaboration du représentant Emanuel Celler.

Au congrès, le sénateur McCarran accusa le PCIN d'abriter des sympathisants communistes et la commission parlementaire sur les activités anti-américaines (HUAC) publia un document déclarant que « deux douzaines de communistes, et un nombre bien plus important de personnes affiliées de longue date à des entreprises communistes connues, ont pu témoigner lors d'auditions parlementaires ou y faire lire des déclarations écrites (...) Or, dans les archives parlementaires, il n'y a pas une seule mention du véritable passif des individus en question » (*House Rep.* # 1182, 85th Cong. 1st Session, p. 47). Ce document visait en particulier les communistes liés à l'*American Committee for the*

Protection of Foreign Born (ACPFB), dirigé par Abner Green. Cet individu, un juif, avait été très en vue lors des auditions parlementaires. Les Juifs étaient sur-représentés parmi les cadres et les parrains de l'ACPFB, mis en épingle par le document en question. Le HUAC apporta la preuve que l'ACPFB entretenait des liens étroits avec le PCUSA et fit remarquer que 24 personnes liées à l'ACPFB avaient signé des déclarations incorporées dans les archives publiées du PCIN.

L'AJCommittee était lui aussi très impliqué dans les délibérations du PCIN. Ses militants non seulement y témoignaient directement, mais communiquaient aussi leur documentation – données chiffrées et autres matériaux – aux autres individus et organisations qui témoignaient devant le PCIN. Toutes les recommandations de l'AJCommittee furent incorporées dans le rapport final du PCIN, y compris la minoration du critère de l'employabilité dans les critères d'immigration, l'érosion des dispositions législatives liées aux origines nationales et l'ouverture des vannes migratoires à tous les peuples du monde, sur la base du principe « premier arrivé, premier servi ». La seule exception concernait le nombre total d'immigrés recommandé par le rapport, inférieur au nombre préconisé par l'AJCommittee et d'autres groupes juifs. Par conséquent, l'AJCommittee allait au-delà de la seule défense du principe de l'ouverture de l'immigration à tous les groupes ethniques et raciaux (des quotas symboliques avaient déjà été octroyés par la loi McCarran-Walter aux Asiates et aux Africains), car ce groupe tâchait d'augmenter au maximum le nombre total d'immigrés venus du monde entier, en dépit de l'atmosphère politique de l'époque.

La commission présidentielle sur l'immigration et la naturalisation faisait nettement remarquer que la législation de 1924 avait réussi à maintenir le *statu quo* racial et que la plus grand obstacle au changement de ce dernier n'était pas le système de quotas par origines nationales, parce qu'il y avait déjà une forte proportion d'immigrés hors-quotas et que les quotas d'immigrés des pays d'Europe du Nord et de l'Ouest n'étaient pas remplis (rapport du PCIN de 1943, p. 106). Le rapport soulignait que le véritable obstacle au changement du *statu quo* racial était la quantité d'immigrés. La commission considérait donc le changement de la composition raciale des États-Unis comme un objectif désirable et soutenait que l'augmentation du nombre total d'immigrés était au plus haut point souhaitable (*ibidem* p. 42). Comme l'écrit Bennett, la loi de 1924, qui réduisait le nombre total d'immigrés, était aux yeux de la PCIN « une chose très funeste, car la commission considérait qu'une race donnée était tout aussi apte qu'une autre à recevoir la nationalité américaine, comme à tout autre emploi » (*American Immigration Policies: A History*, p. 185).

De leur côté, les partisans de la législation de 1952 voyaient cette affaire comme étant au fond un épisode de guerre ethnique. Le sénateur McCarran déclara que la subversion du système des quotas par origine nationale « avait de quoi modifier la composition ethnique et culturelle de cette nation en une seule génération » (*in* Bennett, *op. cit.* p. 185). Comme le fait remarquer R. A. Divine, les intérêts ethniques étaient prépondérants, des deux côtés. Les restrictionnistes défendaient implicitement le *statu quo* ethnique, tandis que les anti-restrictionnistes étaient animés du désir plus explicite de l'altérer conformément à leurs intérêts ethniques, quand bien même leur rhétorique était coulée dans un moule universaliste et moraliste.

Pendant cette période, l'implication juive dans les questions migratoires se manifeste avec force dans plusieurs autres incidents. En 1950, le représentant de l'AJCongress, témoignant devant une commission parlementaire, expliqua que la conservation du système de quotas par origines nationales serait « un désastre politique et moral » ('Revision of Immigration Laws', *Joint Hearings*, 1950, p. 336-337). Le principe des quotas par origine nationale implique que « les personnes qui cherchent l'opportunité de vivre sur cette terre doivent être jugées conformément à leur lignage, comme des bêtes à cornes dans un marché aux bestiaux, et non pas sur la base des aptitudes de leur personnalité » (*Congress Weekly* # 21, 1952, p. 3-4). R. A. Divine considère que l'AJCongress représentait « l'aile la plus militante » de l'opposition, à cause de son refus de principe de toute forme de quota par nationalité, alors que les autres opposants se cantonnaient à exiger la redistribution des quotas non-remplis aux immigrés issus de l'Europe du Sud et de l'Est.

Le représentant Francis Walter remarquait que « certains membres de l'American Jewish Congress, opposés au code de l'immigration et de la nationalité, sont agités en ce moment d'une pulsion propagandesque » (*Cong. Rec.* du 13 mars 1952, p. 2283). Il visait en particulier les activités du Dr. Israel Goldstein, président de l'AJCongress, qui était cité par le *New York Times* affirmant que la loi sur l'immigration et la nationalité « flétrirait d'une marque d'infériorité quiconque n'est pas d'origine anglo-saxonne ». Le représentant Walter remarquait pour sa part le rôle tout particulier que jouaient les organisations juives, s'agissant du militantisme visant à faire reposer les droits d'immigration sur le regroupement familial et non plus sur les aptitudes professionnelles individuelles. Quand le représentant Jabob Javits eut affirmé que l'opposition à la proposition de loi en question « n'était pas confinée à un seul groupe, comme le dit ce monsieur », Walter rétorqua ce qui suit :

> Je pourrais attirer votre attention sur le fait que M. Harry N. Rosenfield, membre de la commission sur les personnes déplacées [et aussi administrateur de la PCIN, voir plus haut] se trouve aussi être le beau-frère d'un certain avocat qui a fomenté toute cette agitation et qui a dit dans un discours récent que 'la législation en discussion au parlement est le tribunal de Nuremberg de l'Amérique. Elle est « racieuse » et archaïque, se fondant sur l'idée que les gens qui ont différents types de nez ne doivent pas être traités de la même façon ». (*Cong. Rec.* du 13 mars 1952, p. 2284)

Le représentant Walter a ensuite fait remarquer que les seules organisations qui s'étaient opposées au projet de loi dans son intégralité étaient l'AJCongress et l'Association of Immigration and Nationality Lawyers, laquelle est « représentée par un avocat qui est aussi conseiller de l'American Jewish Congress ». (Israel Goldstein avait lui-même avoué qu' » au moment des auditions parlementaires liées à la proposition de loi McCarran-Walter, l'American Jewish Congress était le seul groupe qui osa s'opposer résolument au principe des quotas d'immigration par nationalité » ['An American immigration policy', *Congress Weekly*, nov. 1952]).

Le représentant Emanuel Celler répondit à Walter qu'il « n'aurait pas dû monter en épingle comme il l'a fait un groupe confessionnel qui s'oppose à la proposition de loi » (*Cong. Rec.* du 13 mars 1952, p. 2285). Le représentant Walter se dit d'accord avec la remarque de Celler, ajoutant qu'il y a de « bons juifs qui sont d'accord avec la proposition de loi ». Cependant, les principales organisations juives, comme l'AJCongress, l'AJCommittee, L'ADL, le National Council of Jewish Women et la Hebrew Immigrant Aid Society, étaient contre la proposition de loi (*Cong. Rec.* du 23 avril 1952, p. 4247). Quand le juge Simon Rifkind témoigna contre elle lors des auditions parlementaires, il souligna qu'il représentait un très large éventail de groupes juifs, soit « l'ensemble de l'opinion religieuse et de l'opinion laïque du groupe juif défini d'un point de vue confessionnel, de l'extrême-droite à l'extrême-gauche » (*ibidem* p. 563). Rifkind parlait au nom d'une longue liste de groupes juifs locaux et nationaux, y compris, outre ceux que nous avons déjà cités, le Synagogue Council of America, le Jewish Labor Committee, les Jewish War Veterans of the United States et 27 comités juifs locaux de tout le pays. Qui plus est, le combat mené contre la proposition de loi était mené par les parlementaires juifs, dont Celler, Jevits et Lehman, tous membres éminents de l'ADL.

Même si telle n'était pas son intention, le représentant Walter attirait clairement l'attention sur le rôle spécial des Juifs dans le conflit de 1952 portant sur l'immigration. Le militantisme tout particulier de l'AJCongress contre la proposition de loi McCarran-Walter était un motif de fierté à l'intérieur du groupe. Juste avant leur victoire de 1965, un éditorial du *Congress bi-Weekly* expliquait « tirer fierté » du fait que le rabbin Israel Goldstein, président de l'AJCongress, eût été « la cible de l'attaque du représentant Walter, en tant que figure de proue du combat contre les mesures qu'il parrainait » (1er février 1965, p. 3).

L'idée que l'opposition à la loi MacCarran-Walter avait une forte composante juive ressort de l'échange suivant entre les représentants Celler et Walter. Celler disait : « La théorie de l'origine nationale, sur laquelle repose notre loi sur l'immigration (...) insulte nos doléances qui sont fondées sur l'égalité des chances pour tous les peuples, quelles que soient leur race, leur couleur ou leur confession ». Le représentant Walter lui répondit : « Il y a un grand danger qui menace l'Amérique : tous ces bourgeois, bourgeois juifs y compris, qui versent des larmes de crocodile sans aucune raison valable » (*Cong. Rec.* du 13 janvier 1953, p. 372).

Richard Arens, étudiant les particularités des intérêts juifs dans la question de l'immigration, fait remarquer ce qui suit : « Ce qu'il y a de curieux chez ceux qui ont fait le plus de bruit pour faire croire que la loi de 1952 était 'discriminatoire' et qu'elle ne fait pas assez de place aux prétendus réfugiés, c'est qu'ils se sont opposés à toute admission d'un seul réfugié arabe, sur environ un million d'Arabes réfugiés dans des camps où ils vivaient dans des conditions déplorables après avoir été chassés d'Israël » (cité *in* Bennett, *op. cit.* p. 181).

La loi McCarran-Walter fut donc promulguée malgré le *veto* de Truman, dont « la supposée sympathie envers les Juifs était habituellement ciblée par les antisémites » (N. W. Cohen, *op. cit.* p. 377). Avant ce *veto*, Truman avait reçu de pressantes visites, « de sociétés juives en particulier » qui s'opposaient à la proposition de loi (Divine, *op. cit.* p. 184). Toutefois, des voix gouvernementales, comme celle du ministère des affaires étrangères, enjoignirent Truman de signer la proposition de loi (malgré l'argument anti-restrictionniste selon lequel ses conséquences seraient désastreuses du point de vue de la politique étrangère). En outre, des individus d'orientation ouvertement antisémite comme John Beaty, auteur de *The Iron Curtain Over America* (1951), évoquaient souvent l'implication juive dans ces batailles liées à l'immigration.

Partie 8

L'activité juive anti-restrictionniste, 1953-1965

Pendant cette période, le *Congress Weekly* soulignait régulièrement le fait que les organisations juives étaient à l'avant-garde de la libéralisation des lois sur l'immigration. L'éditorial du numéro du 20 février 1956, page 3, félicitait le président Eisenhower de « s'être opposé sans équivoque au système des quotas, lequel a soulevé, plus que tout autre aspect de notre politique migratoire, une aversion puissante et généralisée dans le public américain. En proposant de 'renouveler les critères et les directives' d'admission, le président Eisenhower a pris une position courageuse et même plus avancée que celle de nombre de défenseurs d'une libéralisation de la politique migratoire. La position qu'il fait sienne avait d'abord été défendue par l'American Jewish Congress et d'autres agences juives. »

De son côté, l'AJCommittee faisait tout son possible pour maintenir en vie la question de l'immigration dans cette période d'apathie générale, entre l'adoption de la loi McCarran-Walter et le début des années 1960. Comme le font remarquer N. W. Cohen et S. M. Neuringer, les organisations juives avaient intensifié leurs efforts durant cette période. L'AJCommittee avait contribué à mettre sur pied deux organisations immigrationnistes – la *Joint Conference on Alien Legislation* et l'*American Immigration Conference* – dont il assurait l'essentiel du financement et réalisait la plupart des tâches. En 1955, l'AJCommittee constitua une *National Commission on Immigration and Citizenship* qui rassemblait des citoyens influents, « afin d'apporter du prestige à sa campagne » (N. W. Cohen, *op. cit.* p. 373).

> Tous ces groupes étudiaient les lois sur l'immigration, disséminaient des informations au public, apportaient leur témoignages aux auditions parlementaires et poursuivaient d'autres projets allant dans le même sens (…) Il n'y eut pas de résultats immédiats ou spectaculaires, mais la campagne de l'AJC, menée de concert avec d'autres groupes de même orientation, fut si tenace qu'elle finit par pousser à l'action l'administration Kennedy puis l'administration Johnson. (*loc. cit.*)

Oscar Handlin, grand historien de l'immigration à Harvard, écrivit en 1952 un article qui présente un microcosme fascinant du point de vue juif sur l'immigration dans cette période. Handlin l'écrivit pour *Commentary* (revue de l'AJCommittee) presque trente ans après la défaite de 1924 et au lendemain de l'adoption de la loi McCarran-Walter, et l'intitula *Le combat pour l'immigration ne fait que commencer : leçons de la défaite nommée McCarran-Walter*. Ce titre est un signe remarquable de la ténacité et de l'obstination caractéristiques de l'implication juive à ce sujet. L'article appelle les lecteurs à ne pas se laisser décourager par cette récente défaite, qui a eu lieu « malgré nos efforts tendant à faire réviser nos lois sur l'immigration ».

Handlin s'efforce de formuler sa position en termes universalistes, expliquant qu'elle est à l'avantage des Américains et qu'elle s'accorde à leurs idéaux selon lesquels « tous les hommes étant frères, ils sont tous capables d'être américains ». La législation migratoire actuelle reflète une « xénophobie raciste », comme le prouvent les quotas purement symboliques d'Asiates et le refus de faire profiter les Noirs des Antilles des quotas britanniques. Handlin rattache le point de vue restrictionniste de Pat MacCarran à « la haine des étrangers qui a imprégné toute sa jeunesse et par les réminiscences de peur diffuse d'être tenu pour l'un d'eux », reprenant ainsi l'argument de l'identification-à-l'agresseur, cher à la psychanalyse (McCarran était catholique).

Dans son article, Handlin employait le « nous », comme dans cette remarque : « si nous ne pouvons pas vaincre McCarran et ses partisans avec leurs propres armes, nous pouvons tâcher de détruire l'efficacité de ces armes ». Handlin exprime ainsi sa conviction qu'il y a un intérêt juif unifié à libéraliser la politique migratoire et annonce le travail de sape à venir de la loi de 1952. Sa stratégie anti-restrictionniste commandait d'altérer, chez les chercheurs en sciences humaine, l'idée qu'il était « possible et nécessaire de faire des distinctions parmi les 'races' d'immigrés qui exigeaient à cor et à cri d'être admis aux États-Unis ». Son idée de recruter des chercheurs en sciences humaines dans la bataille pour l'immigration congruait tout à fait au projet de l'école boasienne d'anthropologie, que nous avons examinée au deuxième chapitre. Comme l'a bien vu Higham, l'ascendant de ce corpus d'idées a joué une part notable dans la défaite finale des restrictionnistes.

Handlin présentait d'une façon très tendancieuse la logique de préservation du *statu quo* ethnique qui sous-tendait la position restrictionniste de 1921 à 1952 :

> Ces lois sont mauvaises en ce qu'elles reposent sur le fondement raciste que l'humanité est divisée en différents types fixes, séparés biologiquement et culturellement les uns des autres. Dans ce cadre, on affirme que les Américains sont des Anglo-saxons et qu'ils doivent le rester. Concernant tous les autres, la loi veut que les États-Unis les rangent en fonction de leur plus ou moins grande proximité à notre « type » supérieur, et parmi les millions et les millions d'Américains qui ne descendent pas des Anglo-Saxons, les lois font un tri selon le degré d'infériorité.

Hendlin déplore l'apathie des « Américains naturalisés », qui ne participent pas à l'enthousiasme de l'effort juif. « Beaucoup de groupes n'ont pas compris que la proposition de loi McCarran-Walter concernait leurs propres positions ». Il leur propose d'agir en tant que groupes pour faire valoir leurs intérêts : « L'Italo-Américain a le droit de donner de la voix sur ces questions précisément *en tant qu'* Italo-Américain ». Le présupposé est ici que les États-Unis devraient être composés de sous-groupes soudés animés de l'idée de leurs intérêts collectifs, à faire valoir contre les gens d'extraction nord et ouest-européenne ou contre les États-Unis dans leur ensemble. Est aussi présente l'idée que les les Italo-

Américains auraient intérêt à promouvoir l'immigration d'Africains et d'Asiates et à façonner une telle société multiraciale et multiculturelle.

Handlin développa ces points de vue dans un livre publié en 1957, *Race and Nationality in American Life*. Il s'agit d'un pot-pourri d' » explications » psychanalytiques des conflits ethniques et de classe à partir de l'idéologie de *La Personnalité autoritaire,* associées à la théorie boasienne voulant qu'il n'y ait pas de différences biologiques entre les races qui puissent influencer le comportement. On y trouve aussi fortement soulignée l'idée que les hommes peuvent être perfectionnés en changeant les institutions humaines défectueuses. Handlin défend le principe d'une immigration issue de toutes les régions du monde, défini comme un devoir moral. Toutefois, lorsque la question israélienne est examinée au douzième chapitre, on ne trouve nulle indication qu'Israël lui aussi devrait tendre à considérer que l'ouverture de l'immigration au monde entier est un devoir moral, ou que les Juifs ne devraient pas se sentir obligés de conserver le pouvoir politique en Israël. En lieu et place de ces considérations, l'auteur se penche sur la question de la cohérence morale de la double loyauté aux États-Unis et à Israël. Cette cécité morale concernant les questions juives été soulignée par Albert Lindemann, qui remarque que le livre de Handlin intitulé *Three Hundred Years of Jewish Life in America* ne pipe mot des marchands d'esclaves et les propriétaires d'esclaves juifs « même quand il nomme les 'gros négociants juifs' qui firent fortune dans le commerce d'esclaves. » (*Ésaü's Tears : Modern Anti-Semitism and the Rise of the Jews*, p. xx).

Quelque temps après l'article de Handlin, en 1955, William Peterson écrivit, dans *Commentary* également, que les forces immigrationnistes devraient défendre explicitement l'idée d'une société multiculturelle aux États-Unis, et que cet objectif dépassait en importance tout autre objectif intéressé, comme par exemple celui d'obtenir des travailleurs qualifiés dont on avait besoin ou d'améliorer les relations diplomatiques. Il cita à l'appui de sa thèse un ensemble de chercheurs en sciences humaines, presque tous juifs, dont les travaux, lancés par Horace Kallen et sa défense d'un société multiculturelle et pluraliste, « apportent les prémisses d'une légitimation universitaire d'une autre politique migratoire, qui va peut-être un jour rentrer dans la loi ». Dans cette liste de noms figuraient, à côté de Kallen, Melville Herskovits (un anthropologue boasien), Geoffrey Gorer, Samuel Lubell, David Riesman (un *New York Intellectual*), Thorsten Sellin et Milton Konvitz.

Ces chercheurs en sciences humaines ont effectivement croisé le fer sur le terrain de l'immigration. La citation suivante, tirée d'un ouvrage sur la politique migratoire écrit par Milton Konvitz, de l'université Cornell (et publié par les presses universitaires de Cornell), rejette l'idée de faire de l'intérêt national un élément de la politique migratoire U.S., reflétant ainsi un aspect distinctif du point de vue juif sur l'immigration.

> Donner une si grande place aux qualifications technologiques et professionnelles revient à éliminer toute trace d'humanitarisme de notre politique migratoire. Nous mériterions peu de remerciements de ceux que nous faisons venir ici si nous ne les acceptons que parce qu'il se trouve que leur présence est requise d'urgence, en raison de leur formation et de leur expérience, pour satisfaire nos intérêts nationaux. C'est à peine de l'immigration, c'est de l'importation de compétences, qui n'est pas tellement différente de l'importation de café ou de caoutchouc. Nous reconnaissons à peine l'esprit des idéaux américains quand on néglige le caractère et les promesses d'un homme pour ne regarder qu'à sa formation et aux compétences professionnelles qu'il a la chance de posséder. (Konvitz, *Civil Rights in Immigration*, p. 26)

Parmi les autres fameux chercheurs en sciences sociales qui illustrèrent par leurs écrits le point de vue anti-restrictionniste, on trouvait aussi Richard Hofstadter et Max Lerner. Hofstadter, qui contribua tant à dépeindre les populistes de l'Ouest et du Sud en antisémites irrationnels, condamna aussi ces mêmes populistes pour avoir eu l'intention de « maintenir l'homogénéité de la civilisation yankee » (*The Age of Reform : From Bryan to FDR*, p. 34). Il reliait le populisme à la question de l'immigration : à ses yeux, le populisme « recevait en grande partie sa coloration de la réaction à ce courant immigré, parmi les éléments indigènes de la population » (*ibidem* p. 11).

Dans *America as a Civilization*, ouvrage encensé par la critique, Max Lerner relie explicitement à la question de l'immigration l'essentiel de la tradition intellectuelle que nous avons examinée dans les chapitres précédents. Leerner considère que les États-Unis sont une nation tribaliste qui « rejette l'étranger avec passion » (p. 502). Il affirme que « lors de l'adoption des lois sur les quotas [d'immigrés, en 1924], le racisme est arrivé à pleine maturité en Amérique ». Lerner déplore que ces lois « racistes » soient toujours en vigueur, en raison du sentiment populaire, « quoiqu'en disent les intellectuels ». Il reproche carrément aux Américains, s'agissant de la question de l'immigration, de ne ne pas suivre les directives de l'élite intellectuelle urbaine et à dominante juive, représentée par l'auteur. Cette remarque reflète l'élément anti-démocratique et anti-populiste de l'activité intellectuelle juive, que nous avons examiné aux cinquième et sixième chapitres.

Lerner considère que l'œuvre d'Horace Kallen apporte le modèle d'une Amérique multiculturelle et pluraliste (p. 93), expliquant par exemple approuver l'idée « de communautés ethniques qui existent dans le sein de la communauté américaine au sens large, chacune s'efforçant de maintenir les éléments de son identité de groupe et, ce faisant, d'enrichir le motif culturel d'ensemble » (p. 506). Tout en concédant que les Juifs ont résisté énergiquement à l'exogamie, il explique que l'immigration et le métissage ne produisent que des effets bénins : « bien que certains historiens de la civilisation soutiennent que la dilution du fonds génétique indigène doive provoquer une décadence civilisationnelle, les exemples des cités-États italiens, de l'Espagne, de la Hollande, de la Grande-Bretagne et aujourd'hui, de la Russie et de l'Inde, ainsi que de l'Amérique, montrent bien que la phase la plus vigoureuse peut émerger du mélange de plusieurs fonds génétiques. Le plus grand danger, c'est de relever les pont-levis » (p. 82).

Lerner cite favorablement Franz Boas et ses travaux sur la plasticité de la taille des crânes, tout en affirmant qu'il s'agit-là d'un paradigme qui montre l'immense portée des influences environnementales. Sur cette base, il affirme que les différences intellectuelles et biologiques entre groupes ethniques sont entièrement le produit de différences environnementales. Dans ces conditions, « on peut comprendre la crainte des taux de fécondité plus prolifiques des minorités, mais comme elles sont largement le produit d'un bas niveau de vie, la stratégie consistant à emmurer les minorités dans une caste semble contre-productive » (p. 506). Pour finir, Lerner se sert de *La Personnalité autoritaire* pour interpréter les conflits ethniques et l'antisémitisme (p. 509).

Handlin écrivait que la loi McCarran-Walter n'était qu'une défaite temporaire, et il avait raison. Trente ans après le triomphe du restrictionnisme, seuls les groupes juifs continuaient à défendre âprement l'idée d'une Amérique multiculturelle. Quarante-et-un an après le triomphe restrictionniste de 1924 et des quotas par nationalité, et treize ans seulement après sa réaffirmation par la loi McCarran-Walter de 1952, dans un climat intellectuel et politique radicalement changé, les organisations juives saluèrent la fin du critère géographique et national dans la législation migratoire, lequel était destiné à maintenir le *statu quo* ethnique.

Une disposition particulièrement importante de la loi sur l'immigration de 1965 augmentait le nombre d'immigrés hors-quotas. Les porte-parole juifs, dès les auditions de témoins de 1924, s'étaient portés aux avant-postes pour faire admettre les membres des familles en dehors des quotas. Pendant les débats parlementaires relatifs à la loi McCarran-Walter, le représentant Walter avait fait remarquer que les organisations juives ne centraient pas leur attention sur les aptitudes professionnelles, mais sur le regroupement familial. Répondant au représentant Javits qui se plaignait que la proposition de loi impliquait que 50% des quotas de Noirs des colonies antillaises britanniques seraient réservés aux gens ayant des aptitudes précises, Walter dit ce qui suit : « Je souhaiterais attirer l'attention de ce monsieur sur le fait qu'il s'agit du principe voulant qu'on utilise 50% du quota pour les gens dont on a besoin aux États-Unis. Mais si la première catégorie n'atteint pas les 50%, le restant peut entrer dans l'autre catégorie, ce qui répond aux objections que font les organisations juives, à savoir que les familles sont séparées. » (*Cong. Rec.* du 13 mars 1952, p. 2284).

Avant la loi de 1965, Bennett, à l'occasion d'une analyse du regroupement familial tel que prévu par la loi de 1961, remarquait que « les liens de sang ou de mariage et le principe d'unification des familles sont devenues le 'Sésame, ouvre-toi' des barrières migratoires » (*American Immigration Policies: A History*, p. 244). En outre et malgré les dénégations répétées des anti-restrictionnistes, qui affirmaient que leurs projets n'affecteraient pas l'équilibre ethnique du pays, Bennett remarquait dans cet ouvrage de 1963, que « l'extension répétée et persistante des statuts hors-quotas attribués à des immigrés issus de pays ayant dépassé leurs quotas et ciblés de façon discriminatoire [par la loi McCarran-Walter], jointe à des renoncements administratifs d'inadmissibilité, à des ajustements de statuts et à des contrats privés, contribue à accélérer et à rendre inévitable un changement du visage ethnique de la nation », (*ibidem* p. 257). Il faisait référence à ce « travail de sape » contre la loi de 1952, que recommandait stratégiquement l'article de Handlin. De fait, un des argument majeurs avancé pendant les débats relatifs à la loi de 1965, énonçait que la loi de 1952 avait été si affaiblie qu'elle était devenue globalement caduque et qu'il fallait donc une refonte de la législation migratoire pour légitimer la situation de fait.

Bennett fit aussi remarquer que « l'insistance sur la question de l'immigration est le fait de ceux qui voient les quotas non comme des plafonds, mais comme des planchers [les adversaires de la restriction migratoire disaient souvent que le non-remplissement de certains quotas étaient du « gâchis », pensant aux titres de séjour qui auraient pu être donnés à des non-Européens]. Ils veulent refaire l'Amérique à l'image des pays à faibles quotas, ils n'aiment ni fond de notre idéologie, ni nos orientations culturelles, ni notre héritage. Ils répètent que le devoir des États-Unis est d'accepter les immigrés sans prendre en compte leur capacité d'assimilation, ni nos problèmes ethno-démographiques. Ils veulent à tout prix rester des Américains naturalisés » (*op. cit.* p. 295)[le texte dit 'hyphenated Americans' soit 'Américains à trait d'union' : il s'agit des Afro-Américains, des Italo-Américains, des Judéo-Américains, etc. NdT].

Les nouvelles régulations des quotas imposées par la loi de 1965 mettaient l'accent sur le regroupement familial : 24% des quotas de chaque zone géographique devait être réservée aux frères et sœurs de ceux qui étaient déjà citoyens américains. L'effet multiplicateur de cette disposition finit par subvertir de fond en comble le système des quotas en permettant un phénomène de « chaîne », par lequel des maillons interminables de parents proches de parents proches étaient admis en dehors du système des quotas.

> Supposons un immigré, disons un étudiant en ingénierie, qui faisait ses études aux États-Unis dans les années 1960. S'il avait pu trouver un emploi après avoir eu son diplôme, il pouvait alors faire venir son épouse [en tant qu'épouses d'un résident étranger] et six ans plus tard, après avoir été naturalisé, il pouvait faire venir ses frères et sœurs [en tant que frères et sœurs d'un citoyen américain]. Ceux-là, de leur côté, pouvaient faire venir

leurs épouses, époux et enfants. En l'espace de douze ans, un immigré qui était entré en tant que travailleur qualifié pouvait facilement générer 25 visas pour des beaux-frères, des nièces et des neveux. (Scott McConnell, 'The new battle over immigration', *Fortune* – 1988).

La loi de 1965 rabaissait aussi le critère exigeant des aptitudes professionnelles particulières. (En 1986, mois de 4 % des immigrés étaient admis sur la base des aptitudes professionnelles demandées, tandis que 74 % d'entre eux étaient admis sur la base du regroupement familial). Comme nous l'avons vu, le rejet du critère de l'aptitude professionnelle et des autres épreuves de compétence, en faveur des « buts humanitaires » et du regroupement familial, faisait partie de la ligne politique juive en matière d'immigration, au moins depuis le débat sur la loi McCarran-Walter du début des années 1950, et plus tôt encore, depuis leur opposition constante aux épreuves d'alphabétisation, depuis la fin du XIXe siècle.

Le sénateur Jacob Jarvits joua un rôle prépondérant lors des auditions parlementaires liées à la proposition de loi de 1965 et Emanuel Celler, qui avait combattu pendant 40 ans les restrictions migratoires à la chambre des représentants, finit par y faire passer une législation à sa convenance. Des organisations juives (*American Council for Judaism Philanthropic Fund, Council of Jewish Federations & Welfare Funds* et *B'nai B'rith Women*) adressèrent des communiqués aux sous-comités *ad hoc* du sénat, à l'instar d'autres organisations comme l'*ACLU* et *Americans for Democratic Action*, qui avait beaucoup de Juifs dans ses rangs.

Remarquons ici que bien avant la victoire finale de la ligne politique juive en matière d'immigration, Jarvits avait rédigé en 1951 un rapport intitulé *Let's open the gates* [Ouvrons les portes], qui proposait de faire entrer 500.000 immigrés par an pendant 20 ans, sans aucune restriction quant à leur origine nationale. En 1961, ce même Jarvits fit une proposition de loi qui « cherchait à détruire [le système des quotas par origine nationale] au moyen d'une attaque de flanc, ainsi qu' à augmenter les quotas d'immigration et l'immigration hors-quotas » (Bennett, *op. cit.* p. 250). Cette proposition de loi, outre qu'elle comportait des dispositions visant à lever les obstacles liés à la race, à l'ethnie et à l'origine nationale, stipulait aussi que les frères, les sœurs et les filles et fils mariés de citoyens américains, avec leur conjoints et leurs enfants, lesquels avaient déjà été déclarés éligibles à l'immigration en vertu des systèmes de quotas de la loi de 1957, fussent admis au titre d'immigrés hors-quotas. Cette version était encore plus radicale que la disposition incorporée dans la loi de 1965 qui facilita l'immigration non-européenne aux États-Unis. Même si cette proposition de loi de Jarvits ne fut pas adoptée à l'époque, ce fut le cas de certaines de ses propositions, comme le relâchement des restrictions concernant l'immigration asiatique et noire, le retrait de la classification raciale des visas (laquelle permit l'immigration illimitée et hors-quotas d'Asiatiques et de Noirs nés dans les pays occidentaux).

Il n'est pas sans intérêt de faire remarquer qu'en 1965, la plus grande victoire des restrictionnistes consista à inclure les pays occidentaux dans le nouveau système de quotas, chose qui mit fin à la possibilité de l'immigration sans restriction depuis ces pays-là. Le sénateur Jarvits s'opposa âprement, dans des discours au sénat, à cette extension du système des quotas, expliquant que toute limitation de l'immigration issue de pays occidentaux aurait des conséquences funestes sur la diplomatie américaine. Lors des débats très révélateurs qui furent tenus au sénat au sujet de cette proposition de loi, le sénateur Sam Ervin affirma ce qui suit : « ceux qui ne sont pas d'accord avec moi ne s'offusquent pas du fait que la Grande-Bretagne nous enverra 10.000 immigrés de moins par an que dans le passé. Leur seul motif d'alarme, c'est que la Guyane britannique ne pourra pas nous envoyer tous les immigrés qui veulent s'établir chez nous » (*Cong. Rec.* 89th Cong. 1St Sess., 1965, 24446-51). Les forces favorables à la libéralisation de l'immigration voulaient clairement faire venir une immigration illimitée aux États-Unis.

En 1965, les immigrationnistes ne furent pas en mesure d'empêcher le ministre du travail de poser deux conditions à l'immigration, à savoir qu'il y eût un nombre insuffisant d'Américains capables et désireux d'accomplir les tâches que les étrangers se déclaraient prêts à accomplir, et que l'emploi de ces étrangers n'affectât ni les salaires ni les conditions de travail des travailleurs américains. S. Liskovsky fit remarquer que les groupes immigrationnistes étaient contre ces exigences, mais qu'ils avaient néanmoins choisi par calcul de les accepter, pourvu que passât la proposition de loi qui supprimait les quotas par origine nationale. Mais quand la disposition proposée par le ministre du travail fut adoptée, « ils furent très inquiets. Ils exprimèrent publiquement leur crainte que la nouvelle procédure encombrante ne paralysât le gros de l'immigration des travailleurs qualifiés et non-qualifiés, ainsi que celle des autres immigrés » ('United States immigration policy', *American Jewish Year Book* – 1966).

Il n'est pas déraisonnable de penser que la loi de 1965 eut l'effet que ses défenseurs juifs avaient toujours recherché. Les projections du bureau du recensement conjecturent que vers l'an 2050, les gens d'ascendance européenne ne seront plus majoritaires dans la population des États-Unis. Qui plus est, le multiculturalisme est déjà devenu une puissante réalité idéologique et politique. Bien que les défenseurs de la proposition loi de 1965 affirmaient mordicus qu'elle n'affecteraient ni l'équilibre ethnique des États-Unis, ni sa culture, il est difficile de croire qu'on aurait pu trouver des défenseurs de cette loi qui n'étaient pas au courant de ses implications.

Les adversaires de cette proposition de loi étaient de leur côté tout à fait convaincus qu'elle allait affecter l'équilibre ethnique des États-Unis. En ce qui concerne les organisations comme L'AJCommittee et l'AJCongress, il serait déraisonnable de supposer qu'elles n'étaient pas au courant de la fausseté des pronostics établis par les partisans de cette loi, étant donné leur zèle militant concernant les moindres détails des lois sur l'immigration, leur hostilité au parti-pris favorable aux Européens du Nord et de l'Ouest qui caractérisait la politique migratoire antérieure à 1965, et la répugnance que leur inspirait l'idée d'un *statu quo* ethnique, laquelle se manifestait, par exemple, dans le document de la PCIN intitulé *Whom We Shall Welcome* [Ceux qu'il faut accueillir].

Considérant en outre leur ambition de mettre fin au *statu quo* ethnique, laquelle apparaît avec évidence dans l'argumentation anti-restrictionniste de 1924 à 1965, la loi de 1965 n'aurait pas été perçue par ses défenseurs comme une victoire s'ils ne l'avaient pas envisagée comme destinée à briser le *statu quo* ethnique. Comme nous l'avons vu, les partisans de l'immigration se préoccupèrent, immédiatement après l'adoption de la loi, d'amodier les effets limitatifs des procédures administratives régulant le nombre des immigrés. Il est donc révélateur que les anti-restrictionnistes aient vu la loi de 1965 comme une victoire. Après avoir régulièrement condamné les lois migratoires US et arboré l'éradication des quotas par nationalité, précisément parce qu'ils produisaient un *statu quo* ethnique, le *Congress bi-Weekly* cessa de publier des articles sur ce thème.

Qui plus est, Lawrence Auster montre que les partisans de cette loi cherchaient à brouiller la distinction entre l'immigration sous quotas et l'immigration hors-quotas et ne parlaient pas des effets de cette loi sur l'immigration hors-quotas. Les anticipations du nombre de nouveaux immigrés ne prenaient pas en considération le fait, pourtant bien connu et très discuté, que les anciens quotas qui favorisaient les pays d'Europe de l'Ouest n'étaient pas remplis. La rhétorique immigrationniste, fidèle à une tradition de plus de quarante ans, présentait les lois de 1924 et de 1952 comme fondée sur des théories de la supériorité raciale et non pas comme des tentatives de maintenir un *statu quo* ethnique.

En 1952 déjà, le sénateur McCarran était conscient des risques impliqués par la politique migratoire. Faisant écho aux propos susmentionnés de N. Vaile pendant les débats des années 1920, McCarran déclara ce qui suit :

> Je crois que cette nation est le dernier espoir de la civilisation occidentale et que si cet oasis doit être submergé, perverti, contaminé ou détruit, alors c'est la dernière flamme tremblante de l'humanité qu'on aura éteinte. Je ne cherche pas querelle à ceux qui font l'éloge des contributions apportées à notre société par des gens de diverses races et religions. L'Amérique est en effet le confluent de beaucoup de cours d'eau qui en viennent à former un fleuve impétueux que nous appelons l'*american way*. Toutefois, nous voyons aujourd'hui que se sont formés aux États-Unis des blocs soudés et indigestes qui ne se sont pas intégrés au mode de vie américain, mais qui sont au contraire ses ennemis irréconciliables. Aujourd'hui, comme jamais auparavant, des millions et des millions des gens se jettent à nos portes pour être admis et ces portes cèdent sous la pression. La solution aux problèmes de l'Europe et de l'Asie ne viendra pas de la transplantation en masse de ces problèmes aux États-Unis (…) Je ne veux pas prophétiser, mais si les ennemis de cette loi réussissent à la tailler en pièces ou à l'amender au point de la rendre méconnaissable, ils auront davantage contribué à la chute de cette nation que tout autre groupe, depuis que nous avons acquis l'indépendance de notre nation. (*Cong. Rec.* du 2 mars 1953, p. 1518)

Partie 9

Appendice : l'effort juif immigrationniste dans d'autres pays occidentaux

Le but de cet appendice est de montrer que les organisations juives ont mené des politiques semblables en ce qui concerne l'immigration dans d'autres sociétés occidentales. En France, la représentation officielle de la communauté juive a invariablement soutenu le principe de l'immigration des non-Européens. Récemment, la communauté juive française s'est prononcée avec force contre une remarque de l'actrice Brigitte Bardot, qui disait : « mon pays, la France, a été de nouveau envahi par des étrangers, notamment des musulmans » (*Forward* du 3 mai 1996, p. 4). Haïm Musicant, directeur général du CRIF – structure qui chapeaute les organisations de la juiverie française – répondit que la déclaration de Bardot « frôlait de très près le racisme ».

En Allemagne, l'état d'esprit des Juifs à l'égard du sentiment anti-immigré apparaît bien dans l'incident suivant. Dans la vision que la juiverie contemporaine a d'elle-même, vision commune et sans doute empreinte d'auto-tromperie, la société israélienne est diversifiée du point de vue ethnique et culturel, en vertu de l'immigration à grande échelle de Juifs de diverses parties du monde, à telle enseigne que ce pays devrait être tenu pour le modèle à suivre par le reste du monde pour ce qui est de la régulation des rapports entre ethnies et de l'accueil des immigrés. Récemment, le B'naï B'rith, voulant réagir au sentiment anti-immigré et à la résurgence perçue du néo-nazisme, a reçu une subvention de l'Unesco pour inviter des députés allemands en Israël, « car cette société diversifiée et formatrice, mise à rude épreuve par la guerre, le terrorisme et un afflux massif d'immigré pauvres, s'est pourtant démenée pour construire une société juste, démocratique et tolérante » (*Toleration and Pluralism : A Comparative Study ; UNESCO Evaluation Report Request # 9926*). « Nous sommes d'avis que la société démocratique israélienne, multiculturelle, multi-ethnique, multi-confessionnelle et parcourue de nombreuses lignes de fracture (…) pourrait offrir un point de comparaison crédible et valable pour d'autres personnes arrivant de sociétés elles aussi problématiques ».

En Angleterre, comme aux États-Unis, une bataille ethnique eut lieu, qui commença vers 1900, à l'occasion de l'afflux de Juifs d'Europe de l'Est qui fuyaient l'antisémitisme tsariste. En 1904, l'intervention juive joua son rôle pour contrecarrer un projet de loi du gouvernement britannique qui cherchait à restreindre l'immigration. Dans ce cas précis, le comité des députés juifs britanniques – autorités institutionnelles du judaïsme britannique – adopta une position modérée, probablement dans l'idée qu'un surcroît d'immigrés juifs de l'Est alimenterait la flamme de l'antisémitisme. Toutefois, à cette époque, la majorité de la communauté juive britannique était constituée d'immigrés de fraîche date, ce qui explique que la *Jewish Chronicle*, principal organe de la communauté, mena campagne tambour battant contre ce projet de loi. Les forces anti-restrictionnistes remportèrent la victoire quand Nathan Laski, président de la *Manchester Old Hebrew Congregation*, gagna à sa cause Winston Churchill.

> Churchill reconnut ultérieurement qu'il avait 'saccagé le projet de loi' pendant son examen en commission de la chambre des communes. Les libéraux menés par Churchill avaient 'noyé [le projet de loi] sous des flots de paroles, jusqu'à épuisement du temps de parole imparti' (…) Laski, euphorique, écrivit à Churchill : « J'ai deux décennies d'expériences électorales à Manchester, et sans chercher à vous flatter, je peux vous dire qu'aucun autre homme n'a pu éveiller l'intérêt comme vous l'avez fait. Par conséquent, je suis certain de votre réussite à venir' (G. Alderman, *The Jewish Community in British Politics*, p. 71).

Un mois plus tard, Churchill était élu député de Manchester-Ouest, circonscription à fort électorat juif.

Alderman montre que la législation restrictionniste était populaire, sauf chez les immigrés de fraîche date, qui étaient rapidement devenus majoritaires dans la communauté juive et qui, nous l'avons vu, furent en mesure d'exercer une influence décisive sur la législation migratoire. Quand un projet de loi plus modéré fut adopté en 1905, malgré l'opposition juive, les Juifs firent pression pour s'assurer des clauses d'exception en faveur des immigrés potentiels, victimes de « poursuites judiciaires » pour motif religieux ou politique ; mais concernant les victimes de « persécutions », ils n'y parvinrent pas. Le comité des députés juifs britanniques ne fit pas grand-chose contre ce projet de loi, et les parlementaires juifs qui étaient aussi ministres ne s'y opposèrent pas.

Mais chez les immigrés récents, pour beaucoup inscrits frauduleusement sur les registres électoraux, c'était un enjeu capital, au point que « lors des élections législatives de janvier 1906, cet électorat exerça une vengeance terrible contre les députés qui avaient soutenu l'adoption de la loi sur l'immigration des étrangers » (*ibidem*, p. 74). Dans leur écrasante majorité, les Juifs soutinrent les candidats qui s'étaient opposés à cette loi, et dans deux circonscriptions au moins, leur vote fut décisif, y compris celle de Manchester-Ouest où Churchill fut réélu. Le nouveau gouvernement libéral n'abrogea pas la loi en question, mais l'appliqua sans empressement.

Comme cette loi visait « les indésirables », il est fort douteux qu'elle eût empêchât l'immigration d'un grand nombre de Juifs, bien qu'elle dût en inciter un certain nombre à immigrer aux États-Unis plutôt qu'en Angleterre. Il est intéressant de constater que Churchill perdit son siège de député de Manchester en 1908, à la suite de défections chez ses partisans juifs qui lui reprochaient de n'avoir rien fait, en qualité de ministre putatif, pour abolir cette loi, et d'avoir rejoint la position des conservateurs sur la question des établissements scolaires religieux. Cela étant, Churchill demeura un ferme défenseur des intérêts juifs, « jusqu'au mois de juillet 1910, moment où Churchill, redevenu indépendant du vote juif, chanta les louanges de la législation de 1905 ».

Des éléments nous montrent que l'immigrationnisme juif, à l'image de ce qu'il était en Amérique, allait au-delà de la simple promotion de l'immigration juive en Angleterre. Dans son éditorial du 20 octobre 1961, la *Jewish Chronicle* s'opposait par exemple à la restriction de l'immigration issue du Commonwealth. On y expliquait que les Juifs se sentaient visés par la législation de 1905 en précisant ce qui suit : « Toutes les restrictions migratoires sont dans leur principe même des pas en arrière, en particulier pour ce pays, et un motif de contrariété pour tous ceux qui, dans le monde, voudraient voir se réduire, et non s'accroître, les limitations à la liberté de mouvement. Il s'agit d'une question morale, d'une question de principe ».

Pendant les années 1970, le parti conservateur s'opposait à l'immigration, car comme le disait le premier ministre Margaret Thatcher, la Grande-Bretagne menaçait d'être « submergée » par des gens à qui faisaient défaut « les caractéristiques britanniques fondamentales » (citée *in* Alderman, *ibid.* p. 148).

Les conservateurs tâchèrent de se gagner le soutien juif en cette matière, mais les organisations juives officielles, y compris le comité des députés juifs britanniques, répudièrent cette ligne anti-immigrationniste en faisant valoir l'argument suivant : « comme tous les Juifs britanniques sont des immigrés ou des descendants d'immigrés, il est répréhensible et même immoral pour un Juif de se prononcer pour le contrôle de l'immigration, ou au minimum pour un renforcement de ce contrôle » (*ibidem* p. 148-149). (Dans son éditorial du 24 février 1978, la *Jewish Chronicle* se prononçait pour une immigration non-restrictionniste, tout en se gardant d'en faire une ligne de conduite spécifiquement juive, sans doute parce que Keith Joseph, parlementaire et ministre juif du parti conservateur, avait fait appel au soutien des Juifs en tant que juifs, en faveur de la restriction de l'immigration. Pour la *Chronicle*, la priorité était de nier l'existence d'un vote juif.) Les Juifs qui soutenaient la ligne politique du gouvernement pensaient que l'accroissement de l'immigration pouvait conduire à un retour de bâton fasciste et par conséquent à un essor de l'antisémitisme.

En ce qui concerne le cas canadien, I. Abella a souligné l'importance du rôle des Juifs dans l'avènement du multiculturalisme au Canada, en particulier par l'activité de certains groupes de pression en faveur de la libéralisation des politiques migratoires. Arthur Roebuck, procureur général de l'Ontario, reçut des « tonnerres d'applaudissements », lors de la conférence de 1935 de l'Organisation Sioniste du Canada, quand il expliqua qu'il attendait « le moment où les circonstances économiques seraient moins dures qu'aujourd'hui et que nous pourrons ouvrir les portes, abolir les restrictions et faire du Canada la Mecque de tous les peuples opprimés du monde » (*in* M. Brown, *Jew or Juif ? Jews, French Canadians, and Anglo-Canadians, 1759-1914*, p. 256).

Dans le Canada du début du XXe siècle, les conflits entre Juifs et Gentils au sujet de l'immigration ressemblaient trait pour trait à ce qui avait lieu aux États-Unis et en Angleterre, y compris la motivation antisémite de ceux qui voulaient restreindre l'immigration. Comme aux États-Unis, les Juifs s'opposaient fortement aux mouvements nationalistes et ethnocentriques des Blancs majoritaires, comme le Parti Québécois, sans cesser d'être de fervents partisans du sionisme. Lors de la consultation électorale de 1995 sur le séparatisme québécois, laquelle offrit une très maigre victoire aux partisans de l'union avec le Canada, l'immense majorité des Juifs et des autres minorités militèrent pour le maintien des liens avec le Canada, élément que le dirigeant séparatiste Jacques Parizeau considérait comme la clé de la défaite de son camp.

Deux faits sont particulièrement remarquables : le renversement de situation dans la politique d'immigration du monde occidental a lieu à peu près en même temps (1962-1973) et dans tous ces pays, ce renversement reflète les orientations des élites et non pas celles de la grande masse des citoyens. Aux États-Unis, en Grande-Bretagne, au Canada et en Australie, les sondages d'opinion recueillant le sentiment des gens d'extraction européenne ont montré systématiquement un rejet massif de l'immigration de gens d'extraction non-européenne. Aussi bien K. Betts, dans *Ideology and Immigration : Australia 1976 to 1987*, que Z. Layton-Henry dans *The Politics of Immigration : Immigration, « Race » and « Race Relations » in Post-War Britain*, montrent que la politique migratoire a été menée par les dirigeants politiques de tous les partis de gouvernement, de façon que la peur de l'immigration fût exclue du débat politique.

Au Canada, la décision de répudier l'idée du « Canada blanc » fut prise par des dignitaires étatiques et non par des hommes politiques élus. La politique du Canada blanc fut tuée par les lois annoncées en 1962, au sujet desquelles F. Hawkins écrivit ce qui suit : « Ce changement si important ne fut pas provoqué par des initiatives parlementaires ou populaires, mais parce que certains hauts cadres, comme le Dr. [George] Davidson [Secrétaire d'État à la nationalité et à l'immigration, il obtint ultérieurement un fauteuil aux Nations Unies], avaient bien vu que le Canada ne pourrait plus être opérer au sein des Nations Unies, ou dans le Commonwealth multiracial, avec à leur cou le boulet d'une politique migratoire racialement discriminatoire ». Il n'y avait aucune aspiration populaire, ni en Australie, ni au Canada, en faveur de la rupture de l'ancienne préférence européenne en matière d'immigration.

> Le motif premier, et identique dans les deux cas, qui poussait les dirigeants canadiens et australiens à exclure tout d'abord les Chinois, puis les autres immigrés d'Asie, et enfin tous les immigrés non-blancs potentiels, était la volonté d'édifier et de maintenir des société et des systèmes politiques qui

fussent les plus proches possibles du Royaume-Uni, sur leurs terres éloignées et mises en valeur au prix de durs travaux. Ils voulaient aussi établir l'autorité incontestée de leurs peuples fondateurs, d'origine européenne (…) La propriété indiscutable de ces territoires grands comme des continents était perçue comme leur étant acquise pour toujours, non pas seulement du simple fait de leur possession, mais en vertu du labeur et des périls endurés par les premiers explorateurs et colons ; en vertu de ces années de travaux acharnés qui conduisirent à l'édification de la vie urbaine et rurale (…) L'idée que d'autres qu'eux, qui n'avaient pris aucune part aux efforts des pionniers, pussent tout bonnement arriver là en grand nombre pour exploiter les importantes ressources locales, ou pour tirer profit des efforts des colons d'antan, leur était parfaitement insupportable. (F. Hawkins, *Critical Years of Immigration : Canada and Australia Compared*, p. 23)

Étant donné que la politique favorisant l'immigration non-européenne, dans cette période et dans tout l'Occident, vient des élites et s'est réalisée en dépit de l'opposition populaire, il est du plus grand intérêt de remarquer que certains événements capitaux ont reçu une très faible publicité. Au Canada, le *Report of the Special Joint Committee* de 1975 représenta un tournant crucial qui allait modeler la partie de la loi sur l'immigration de 1978 portant sur l'immigration non-européenne, mais « il faut hélas avouer que la presse fit peu de bruit au sujet de ce rapport, tout comme les médias électroniques, ce qui fait que le public canadien n'en entendit pas beaucoup parler » (*ibidem*, p. 59-60).

> Lorsqu'on se considère après coup le débat national sur l'immigration et la population [du Canada], qui dura au moins six mois, on peut dire qu'il s'agissait d'une consultation ponctuelle avec le monde de l'immigration et avec les institutions et organisations canadiennes pour lesquelles l'immigration importe. Cette consultation n'a touché le « Canadien moyen », pour la raison suivante : le ministre et le gouvernement ne pensaient pas que le canadien moyen répondrait positivement, et que lui poser la question causerait plus de trouble que nécessaire. Moyennant quoi, ils jugèrent bon de ne pas allouer de fonds à de grandes mobilisations publiques et ne firent pas grand-chose pour impliquer les médias dans un débat national digne de ce nom. Par conséquent, la nouvelle loi sur l'immigration, si attendue, ne fut présentée qu'avec un tout petit retard, par rapport à ce qu'envisageaient initialement M. Robert Andreas [ministre de la main d'œuvre et de l'immigration] et ses collègues [l'auteur souligne le rôle du secrétaire d'état Alan Gotlieb, bras droit d'Andreas dans cette

affaire]. Certains regrettent qu'une occasion en or ait été manquée, qui aurait pu rassembler beaucoup de Canadiens dans la discussion de l'avenir de leur grand pays sous peuplé. » (*ibidem*, p. 63).

Ce n'est qu'une fois adoptée la loi de 1978 que le gouvernement canadien se lança dans une campagne d'information sur sa nouvelle politique d'immigration. F. Hawkins et K. Betts observent les mêmes choses au sujet de la politique migratoire du Canada et de l'Australie. En Australie, l'initiative du changement en cette matière revenait à des petits groupes de réformateurs qui apparurent dans certaines universités, pendant les années 1960. Betts souligne en particulier l'idée que certaines élites intellectuelles, universitaires et médiatiques, « formées à l'école des humanités et des sciences sociales », développèrent l'opinion qu'elles faisaient partie d'un endogroupe moralement et intellectuellement supérieur, en lutte contre l'exogroupe des non-intellectuels australiens, repliés sur eux-mêmes. Comme aux États-Unis, on rencontre l'idée qu'une société multiculturelle est un rempart contre l'antisémitisme. Miriam Faine, membre du comité de rédaction de l'*Australian Jewish Democrat*, affirmait : « Le renforcement du multiculturalisme ou de la diversité en Australie est la plus efficace de nos polices d'assurance contre l'antisémitisme. Le jour où l'Australie aura un gouverneur général sino-australien, je me sentirais mieux dans ma peau et plus confiante dans ma liberté de judéo-autralienne » (citée *in* D. McCormack, 'Immigration and multiculturalism', *Censorship, Immigration and Multiculturalism*, p. 11).

Comme aux États-Unis, le regroupement familial devint le centre de la politique migratoire au Canada et en Australie, ce qui entraîna les effets « en chaîne » que nous avons mentionnés plus haut. Hawkins montre qu'au Canada, le regroupement familial était la politique favorisée par les ministres de gauche qui souhaitaient augmenter le nombre d'immigrés issus du tiers-monde. En Australie, le regroupement familial gagna en importance dans les années 1980, concomitamment à la baisse d'importance du critère du développement de l'Australie pour ce qui est de l'admission à l'immigration. Dans ce contexte, le Conseil exécutif de la juiverie australienne adopta une résolution lors de sa réunion du 1er décembre 1996, exprimant son « soutien à l'idée que les intérêts à long terme de l'Australie sont servis au mieux par une politique migratoire non-discriminatoire, laquelle adopte une attitude bienveillante vis-à-vis des réfugiés et du regroupement familial et donne la préséance aux considérations humanitaires ».

La principale publication juive, la *Australia/Israel Review*, s'est systématiquement prononcée en faveur de taux élevés d'immigration issue de tous les groupes raciaux et ethniques. Cette revue a publié des portraits à charge de restrictionnistes et a également publié, à des fins d'intimidation et de punition, une liste de 200 personnes associées à *One Nation*, le parti anti-immigrationniste de Pauline Hanson (« Gotcha ! One Nation's Secret Membership List », 8 août 1998).

Il n'est pas injuste de conclure que les organisations juives ont uniformément défendu des taux élevés d'immigration, de toute extraction raciale et ethnique, dans les sociétés occidentales et qu'elles y ont également promu un modèle multiculturel.

Chapitre VIII

Conclusion : Où vont le judaïsme et l'Occident ?

Première partie

En conclusion de cet ouvrage, nous pouvons affirmer que le rôle des Juifs a été décisif, puisqu'ils ont développé des mouvements intellectuels et politiques extrêmement influents qui servent leurs intérêts dans les sociétés occidentales contemporaines. Cependant, ces mouvements ne sont pas tout. L'influence et le pouvoir juifs ont connu une croissance prodigieuse dans les sociétés occidentales en général, et aux États-Unis en particulier. Ginsberg fait remarquer que le statut économique des Juifs et leur influence culturelle se sont considérablement accrus aux États-Unis depuis les années 1960. Shapiro montre que les Juifs présentent un coefficient de surreprésentation de plus de 9 en ce qui concerne la richesse, bien qu'il s'agisse d'une estimation basse, étant donné que les biens juifs sont en grande part immobiliers, possessions difficiles à déterminer et faciles à cacher. Les Juifs, qui constituent environ 2,4% de la population des États-Unis, représentent la moitié des cent plus haut cadres de Wall Street et environ 40% des admis dans les universités de la *Ivy League*. Lipset et Raab font remarquer que les Juifs fournissent entre un quart et un tiers de toutes les contributions politiques, dont la moitié des contributions au parti démocrate et un quart des contributions aux parti républicain.

Le livre de J. J. Goldberg, *Jewish Power: Inside the Amercian Jewish Establishment*, soutient la thèse que le judaïsme américain est fortement organisé et abondamment doté. Il a acquis de fortes positions de pouvoir et a su faire triompher ses intérêts. Il y a un franc consensus pour ce qui touche aux affaires juives au sens large, en particulier concernant Israël et le bien-être des juiveries de l'étranger, l'immigration et la question des réfugiés, la séparation entre les églises et l'État, la question du droit à l'avortement et des libertés civiles. L'unanimité sur ces questions a quelque chose de troublant, compte tenu de l'étendue des désaccords sur les autres questions qui existent entre les organisations militantes juives et les mouvements intellectuels juifs que nous avons examinés. Les grands retournements politiques sur toutes ces questions, à partir de la révolution contre-culturelle des années 1960, sont contemporains de la période d'accroissement de l'influence et du pouvoir juifs aux États-Unis.

Depuis les années 1950, des études empiriques des hiérarchies ethniques ont suivi à la trace les changements affectant les ressources des divers groupes ethniques, y compris leur représentation dans l'élite. Ces études ont souvent souligné la surreprésentation des Blancs protestants aux strates les plus élevées des entreprises et des armées, mais elles ont eu le tort de négliger les différences entre les groupes en ce qui concerne l'engagement et l'organisation. Se fondant sur le modèle de Blalock qui définit le pouvoir d'un groupe par ses ressources, multipliées par sa mobilisation, F. Salter a proposé une estimation théorique de l'influence juive, comparée à celle des Afro-Américains et à celle des Américains blancs, dans *Ethnic Infrastructures U.S.A. : An Evolutionary Analysis of Ethnic Hierarchy in a Liberal Democracy* en 1998. Les Juifs sont beaucoup plus mobilisés que ces deux autres populations ethniques (on hésite à qualifier de « groupe » les Américains blancs). Salter fait remarquer que les organisations spécifiquement ethniques qui se consacrent à la défense des intérêts ethniques des Américains blancs sont des groupes politiques fondamentalement marginaux, aux maigres ressources et dont l'influence sur le courant politique dominant est faible.

Il souligne d'autre part que l'*America-Israel Public Affairs Committee* se situe à la deuxième place des 120 groupes de pression les plus puissants, selon un classement fait par les parlementaires et les agents des groupes de pression eux-mêmes ; Salter ajoute qu'aucune autre organisation ethnique n'atteint les 25 premières places de ce classement. En outre, l'AIPAC est l'un des rares groupes de pression qui organise des levées de fonds pour gagner des alliés à sa cause. Nous venons de voir que les Juifs apportent entre le tiers et la moitié de tous les financements des campagnes électorales fédérales, les contributions étant motivées par « Israël et le programme juif au sens large » (J. J. Goldberg, *op.cit.* p. 275). On peut donc calculer que les Juifs sont surreprésentés dans les contributions aux campagnes électorales avec un coefficient de 13 sur la base de leur proportion dans la population, et de 6,5 en procédant aux ajustements liés au niveau élevé de leur revenu moyen. En ce qui concerne les dons d'argent à destination de l'étranger, les Juifs arrivent nettement en tête. Dans les années 1920, bien avant l'explosion de l'aide juive à Israël qui date de l'après-Deuxième Guerre mondiale, les Juifs américains semblent avoir fait des dons aux Juifs de l'étranger qui étaient 24 fois supérieurs par tête à ceux auxquels les Irlandais américains avaient consenti pour aider l'Irlande dans sa lutte pour l'indépendance vis-à-vis de la Grande-Bretagne, alors que cette période correspond à l'apogée de la philanthropie ethnique irlandaise. Cette disparité s'est encore accentuée depuis la Deuxième Guerre mondiale. Salter propose une estimation basse, selon laquelle la mobilisation ethnique juive est quatre fois supérieure à celle des non-juifs Blancs, en se fondant sur la comparaison des dons d'argent par tête pour des causes ethniques non-confessionnelles.

D'après le modèle de Blalock, l'influence n'est pas mesurée par le seul niveau de mobilisation, mais aussi par le niveau de ressources que possède le groupe. Salter estime que les Juifs disposent de 26% des « ressources cybernétiques » des États-Unis (l'auteur entend par ce terme les richesses mesurables par la représentation dans le gouvernement, les médias, la finance, l'université, les entreprises et le divertissement). Ce niveau de contrôle des ressources est une moyenne qui cache la disparité entre certains domaines à forte représentation juive (> 40%) comme ceux des médias de masse, de la haute finance, des métiers de robe, de l'élite intellectuelle et du divertissement, et d'autres domaines à faible représentation juive (≤ 10%), comme ceux des législateurs, de l'élite entrepreneuriale et des directions militaires et religieuses. L'estimation globale de Salter est comparable à celle de R. Lerner et coauteurs dans *American Elites,* fondée sur des données recueillies dans les années 1970 et 80. Ils sont arrivés à la conclusion que les Juifs formaient 23% des élites américaines. Ces résultats sont parallèles aux niveaux de surreprésentation juive dans d'autres sociétés, comme celle de l'Allemagne du début du XXe siècle, où les Juifs formaient environ un pour cent de la population, mais disposaient d'environ 20% de l'économie (d'après W. E. Moss dans *Jews in the German Economy : The German-Jewish Economic Elite 1820-1935*) et où ils jouissaient d'une influence dominante dans les médias et la production culturelle (d'après I. Deak, *Weimar's Germany Left-Wing Intellectuals*, p. 28, et W. Laqueur, *Weimar : A Cultural History 1918-1933*, p. 73).

Si l'on place les valeurs de ces ressources et de ces niveaux de mobilisation dans l'équation de Blalock, on peut estimer que l'influence juive sur la politique ethnique (immigration, politique raciale, politique étrangère) correspond au triple de l'influence des non-juifs blancs américains. Ce résultat se maintient quelle que soit la façon de mesurer les ressources, à l'exception de la méthode « néo-marxiste extrême » qui ne fait entrer dans la pesée des ressources que l'élite entrepreneuriale, la branche législative du gouvernement, l'élite militaire, les fondations [établissements d'utilité sociale] et les revenus d'ensemble des groupes. Cette méthode aboutit à la conclusion que l'influence juive est en gros égale à l'influence des non-juifs blancs américains.

Comme nous l'avons vu, il existe un franc consensus chez les Juifs en ce qui concerne Israël et le bien-être des juiveries de l'étranger, l'immigration et la question des réfugiés, la séparation des églises et de l'État, la question du droit à l'avortement et des libertés civiles. Ceci implique que l'influence juive et les intérêts juifs sont prépondérants dans ces domaines. Cette conclusion s'accorde tout à fait à notre examen de l'influence juive dans la politique migratoire au septième chapitre, et au fait que tous ces domaines ont été l'objet de revirements politiques qui se sont conformés aux intérêts juifs et qui coïncident avec l'essor de l'influence juive aux États-Unis.

L'estimation de Salter, selon laquelle la mobilisation juive est de plusieurs fois supérieure à celle des non-juifs blancs américains, est bien illustrée par l'histoire de l'implication juive dans la politique migratoire : toutes les grandes organisations juives étaient intensément engagées dans la bataille contre les restrictions migratoires, et ce pendant une période d'un siècle et malgré des défaites qui auraient pu paraître dévastatrices. Cet effort se poursuit dans la période contemporaine. Comme nous l'avons vu au septième chapitre, l'opposition de la grande majorité de la population d'ascendance européenne à l'immigration massive d'individus issus de tous groupes ethniques et raciaux et l'apathie relative des autres groupes, y compris des Italo-Américains et des Polono-Américains qui auraient pu soutenir l'immigration des leurs, ont été des aspects déterminants de l'histoire de la politique migratoire.

L'« essor des Juifs », pour reprendre l'expression d'Albert Lindemann, a indéniablement provoqué des effets importants sur les sociétés occidentales contemporaines. Le chapitre précédent a montré que la présence de hauts niveaux d'immigration dans les sociétés occidentales correspond à cet intérêt juif perçu : rendre les sociétés non-homogènes, pluralistes du point de vue ethnique et culturel. Il n'est pas inutile de considérer les conséquences possibles à long terme d'une telle ligne politique.

Depuis quelques années, les intellectuels et militants des minorités ethniques expriment un rejet grandissant de l'idée du *melting-pot*, fondée sur l'assimilation entre groupes ethniques. Ils mettent l'accent dans leurs écrits sur les différences ethniques et culturelles ; ils voient l'assimilation ethnique et l'homogénéisation sous un jour défavorable. La tonalité de leurs écrits rappelle celle des intellectuels juifs de la fin du XIXe et du début du XXe siècle qui rejetaient le judaïsme réformé et ses conséquences assimilationnistes, en prenant parti pour le sionisme ou pour le retour au judaïsme conservateur ou orthodoxe, forme plus extrême de séparatisme culturel.

Ce mouvement qui se tourne vers le séparatisme ethnique est d'un intérêt considérable du point de vue évolutionnaire. La compétition entre groupes et la surveillance des exogroupes ont caractérisé les interactions entre Juifs et Gentils non seulement en Occident, mais aussi dans les sociétés musulmanes, et les exemples de compétition et de conflit entre groupes dans d'autres régions du monde sont trop nombreux pour être mentionnés. Le séparatisme ethnique est historiquement un ferment de division dans les sociétés, comme l'histoire du judaïsme le montre bien. Il a provoqué à plusieurs occasions des déchaînements de défiance et de haine, des guerres à fondement ethnique, des expulsions, des pogroms et des tentatives de génocide. Il y a peu de raison de croire que les temps à venir se dérouleront autrement. À l'heure actuelle, il y a des conflits à fondement ethnique sur tous les continents, et pour les juifs qui reviennent de leurs diasporas, la fondation de l'État d'Israël n'y a certes pas éteint les conflits à fondement ethnique.

Mon examen des études qui ont été menées sur les contacts entre groupes plus ou moins imperméables dans les sociétés historiques suggèrent que la compétition entre groupes et la surveillance des réussites respectives de l'endogroupe et des exogroupes, est la norme. Ces résultats corroborent l'étude psychologique des processus d'identité sociale que j'ai faite dans *SAID* (chap. 1). D'un point de vue évolutionnaire, ces résultats confirment l'idée que l'intérêt ethnique est quelque chose qui compte dans les affaires humaines ; l'ethnie demeure évidemment une source commune d'identité collective dans le monde contemporain. Manifestement, les gens sont conscients de leur appartenance collective et ont en général tendance à dévaluer les exogroupes et à entrer en compétition avec eux. Les individus ont également une vive conscience de la position de leur groupe vis-à-vis des autres pour ce qui est du contrôle des ressources et du succès reproductif. Ils sont en outre prêts aux mesures les plus énergiques pour prendre ou conserver le pouvoir économique et politique, au nom de ces impératifs de groupe.

Étant donné le séparatisme ethnique, il est utile de se demander quelles seraient les circonstances qui, d'un point de vue évolutionnaire, pourraient faire baisser le niveau des conflits entre groupes. Les théoriciens du pluralisme culturel comme Horace Kallen envisagent une situation où les différents groupes ethniques conservent leur identité distinctive dans un contexte d'égalité politique complète et de liberté économique. La difficulté inhérente à ce scénario, d'un point de vue évolutionnaire (ou même du point du vue du bon sens) est qu'il ne dit rien de ce qu'il adviendrait de la compétition pour les ressources et le succès reproductif dans une telle société. De fait, les conséquences de la bataille ethnique étaient déjà apparentes à l'époque de Kallen, mais « Kallen, entouré par un tourbillons de conflits, élevait son regard vers ce domaine idéal où la diversité et l'harmonie coexistaient » (Higham, *op. cit.* p.209)

Dans le meilleur des cas, on pourrait imaginer que les différents groupes ethniques pratiqueraient une réciprocité absolues les uns avec les autres, de sorte qu'il n'y ait pas de différences provoquées par l'exploitation d'un groupe ethnique par l'autre. Il n'y aurait pas non plus de différences liées à la réussite, comme l'appartenance à une classe sociale, le rôle économique (par exemple, celui du producteur contre le consommateur, du créditeur contre le débiteur, le patron contre l'ouvrier), ni de différences entre groupes ethniques liées à la fécondité. Tous les groupes seraient à peu près égaux en effectifs et en pouvoir politique ; s'il y avait des différences d'effectifs, des dispositions seraient prises pour s'assurer que les minorités jouissent d'une représentation équitable dans tous les marqueurs de la réussite reproductive et sociale. De telles conditions minimiseraient l'hostilité entre les groupes, puisqu'il deviendrait difficile d'attribuer le statut de tel groupe à aux actions de tels autres groupes.

Cependant, compte tenu de l'existence du séparatisme ethnique, il reste que l'intérêt bien compris de chaque groupe serait de chercher son avantage au détriment des autres groupes. Toutes choses égales par ailleurs, un groupe donné serait toujours mieux loti s'il pouvait s'assurer que les autres groupes eussent de plus faibles ressources, un statut social plus bas, une moindre fécondité et proportionnellement, moins de pouvoir politique que soi. L'état stable d'égalité hypothétique implique donc un système de rapports de pouvoir antagoniques, qui permet à chaque camp de s'assurer en permanence que l'autre n'est pas en train de tricher. Chaque camp cherche constamment le moyen de dominer et d'exploiter les autres ; chaque camp n'est disposé au compromis que lorsque l'autre le menace de représailles ; chaque camp n'est disposé à collaborer et à faire des sacrifices que s'il est forcé à le faire, par exemple sous la menace d'un danger extérieur. Il est évident que tout type de coopération empreinte d'altruisme authentique vis-à-vis de l'autre groupe est à écarter.

Dans ces conditions, la situation idéale d'égalité absolue dans la possession des ressources et le succès reproductif exigerait sans nul doute un très haut niveau de surveillance et impliquerait une méfiance mutuelle évidente. Toutefois, dans la réalité, il est fort improbable que se réalise un tel idéal, franchement sinistre. Dans la réalité, les groupes ethniques diffèrent en talents et en capacités ; ils diffèrent en nombre, en fécondité, et dans la façon dont ils encouragent des pratiques parentales qui conduisent à l'acquisition de ressources ; ils diffèrent aussi dans la part de ressources qu'ils détiennent à n'importe quel instant, et en puissance politique. Une égalité, ou une équité proportionnelle, seraient extrêmement difficiles à réaliser ou à maintenir sans des niveaux inouïs de surveillance et des contrôles sociaux d'une intensité extraordinaire, afin d'appliquer des quotas ethniques dans les domaines de l'acquisition des richesses, de l'admission aux universités, de l'accès aux postes les plus prestigieux, et ainsi de suite.

Comme les divers groupes ethniques ont des talents et des capacités différents, et des types de parentalité différents, il faudra adopter des critères variables pour être admis à un emploi et pour le conserver, en fonction des appartenances ethniques. Qui plus est, la réalisation de la parité entre les Juifs et les autres groupes ethniques impliquerait un haut niveau de discrimination contre des Juifs individuels aux portes des universités ou de certains emplois, et impliquerait même une lourde imposition qui viserait à contrebalancer la position avantageuse des Juifs dans la possession des richesses, puisque les Juifs sont à présent largement surreprésentés parmi les riches et les puissants aux États-Unis. Ceci serait particulièrement manifeste si les Juifs étaient distingués des Blancs, en tant que groupe ethnique à part. De fait, l'ultime évolution de certains *New York Intellectuals*, issus du stalinisme, les fit se muer en néo-conservateurs, très en pointe contre la discrimination positive et les mécanismes de quotas dans l'allocation des ressources. (H. M. Sachar mentionne, parmi les adversaires de la discrimination positive, les noms suivants : Daniel Bell, Sidney Hook, Irving Howe, Irving Kristol, Nathan Glazer, Charles Krauthammer, Norman Podhoretz et Earl Raab). Les organisations juives comme l'ADL, l'AJCommittee et l'AJCongress ont adopté des positions semblables.

Dans les années 1920, quand les États-Unis tâchaient de faire quelque chose face à la compétition juive dans les universités privées prestigieuses, on avait proposé des plans prévoyant que chaque groupe ethnique recevrait un quota de places à Harvard, conformément à la proportion des différents groupes raciaux et nationaux dans la population américaine. Des politiques de ce genre – invariablement dénoncées par les organisations juives – étaient appliquées à la même époque en Europe centrale. Elles reflètent l'importance de l'ethnie dans les affaires humaines, mais font en sorte que le niveau de tension sociale reste constamment élevé. En outre, il y a de très fortes chances de guerre ethnique, même quand une parité exacte est réalisée au moyen de très forts contrôles sociaux : comme nous l'avons indiqué, il est toujours avantageux pour un groupe ethnique d'obtenir l'hégémonie sur les autres.

Si l'on adopte un modèle de pluralisme culturel qui implique la libre compétition pour les ressources et le succès reproductif, les différences entre groupes ethniques sont inévitables ; d'un point de vue évolutionnaire, on peut prévoir qu'il s'ensuivra de l'animosité de la part des groupes perdants. Après l'émancipation des juifs dans les sociétés occidentales, on enregistra leur puissante tendance à l'ascension sociale, une forte surreprésentation dans les professions libérales et dans le commerce, la politique et la production de culture. En même temps, on assista à des éruptions d'antisémitisme qui venaient souvent des groupes qui se sentaient évincés dans la compétition pour les ressources, ou qui pensaient que la culture qui était en train d'être créée ne correspondait pas à leur intérêts. Si l'histoire du judaïsme offre une leçon, c'est bien que le séparatisme ethnique que l'on s'impose à soi-même tend à asseoir la compétition pour les ressources sur l'appartenance au groupe, et tend par conséquent à provoquer la haine, les expulsions et les persécutions. En partant du principe que les ethnies diffèrent par les talents et les capacités, supposer que le séparatisme ethnique pourrait conduire à une situation stable sans animosité ethnique exige soit que l'équilibre des pouvoirs soit maintenu par le biais de contrôles sociaux stricts, soit qu'au moins certains groupes ethniques ne se sentent pas concernés par le fait qu'ils sont en train de perdre au jeu.

Je pense que cette dernière possibilité est intenable à long terme. Qu'un groupe ethnique ne se sente pas concerné par le fait qu'il subisse une éclipse et une domination n'est pas une perspective à laquelle un évolutionniste pourrait s'attendre, ni même, bien sûr, un partisan de la justice sociale, quelle que soit son idéologie. C'est toutefois la morale implicite que certains historiens tirent de leur critique de l'attitude des Espagnols à l'endroit des Juifs et des Marranes pendant l'inquisition et l'expulsion. Benzion Netanyahu par exemple, dans *The Origins of the Inquisition in the 15th- Century Spain* semble parfois mépriser ouvertement l'incapacité des Espagnols à rivaliser avec les « nouveaux chrétiens » sans avoir recours à la violence de l'inquisition. De ce point de vue, les Espagnols auraient donc dû prendre conscience de leur infériorité et accepter d'être dominés économiquement, socialement et politiquement par un autre groupe ethnique. Une telle « morale » est peu susceptible de convenir au groupe qui est en train de perdre la compétition, et d'un point de vue évolutionnaire, cela n'a rien de surprenant. Goldwin Smith avait ainsi résumé la chose il y a un siècle :

> Une communauté a le droit de défendre son territoire et son intégrité nationale contre un envahisseur, en croisant le fer ou en menant des saisies. Dans les territoires des anciennes républiques italiennes, les Juifs avaient acheté des terres et commencé à pratiquer l'agriculture. Mais avant cela, ils s'étaient livrés au commerce. Sous l'Empire finissant, ils étaient les grands marchands d'esclaves ; ils achetaient les esclaves aux envahisseurs barbares, tout en pratiquant vraisemblablement le négoce du butin. Ils pénétrèrent l'Angleterre dans les bagages du conquérant normand. Il y eut sans aucun doute une lutte permanente entre leur art la force brute des populations féodales. Mais quelle privilège moral leur art aurait-il contre la force ?
>
> M. Arnold White dit aux Russes que s'ils laissaient libre cours à l'intelligence juive, les Juifs accéderaient en peu de temps à tous les emplois relevés et à tous les postes de pouvoir, à l'exclusion des indigènes qui les occupent présentement. D'aucuns exigent des Russes qu'ils obtempèrent et s'en réjouissent, mais ces philosophes ne savoureraient pas ce breuvage s'il était porté à leurs propres lèvres. La loi de l'évolution, dit-on, est la survie du plus apte. À quoi le rustre russe pourrait répondre que si sa force peut vaincre l'intellect exquis du Juif, le plus apte survivra et la loi de l'évolution sera observée. C'est d'ailleurs la force, et non point l'intellect exquis qui a décidé sur le champ de bataille de Zama que les Latins, non les Sémites, domineraient les peuples anciens et façonnerait le monde moderne. (*Essays on Questions of the Day*, p. 261)

Ironiquement, nombre d'intellectuels qui rejettent absolument la pensée évolutionnaire et toute suggestion que l'intérêt génétique ait une quelconque importance dans les affaires humaines, se prononcent en faveur de lignes politiques qui sont manifestement intéressées et ethnocentriques. Ils condamnent souvent le comportement intéressé et ethnocentrique des autres groupes, en particulier toute indication que la majorité d'ascendance européenne aux États-Unis est en train de développer une stratégie de groupe soudé et de haut niveaux d'ethnocentrisme, en réaction aux stratégies collectives des autres groupes. L'idéologie du séparatisme ethnique de groupe minoritaire, la légitimation implicite de la compétition entre groupes pour les ressources, ainsi que l'idée plus moderne voulant que l'appartenance au groupe ethnique soit un critère pour l'acquisition de ressources, doivent être prises pour ce qu'elles sont : des plans de stratégies évolutionnaires de groupe.

L'importance de cette compétition pour les ressources fondée sur le groupe ne saurait être surestimée. Je crois qu'il est peu probable que les sociétés occidentales fondée sur l'individualisme et la démocratie puissent longtemps survivre à la légitimation de la compétition entre des groupes imperméables, où l'appartenance au groupe est déterminée par l'ethnie. L'examen de la question dans *SAID* (chapitres 3 à 5) nous convainc qu'en définitive, seule une stratégie de groupe peut contrecarrer une autre stratégie de groupe, et que de telles sociétés tendent à se structurer autour de groupes soudés et mutuellement exclusifs. De fait, le mouvement multiculturel récent semble bien tendre vers une forme d'organisation sociale profondément non-occidentale, qui a été historiquement bien plus typique des sociétés compartimentées du Proche-Orient, centrées autour de groupes distincts et homogènes. Toutefois, à la différence de l'idéal multiculturel, ces sociétés connaissent des rapports très prononcés de domination et de subordination. Tandis que la démocratie semble tout à fait étrangère à ces sociétés compartimentées, les sociétés occidentales, qui sont en ce sens uniques dans le panorama des sociétés stratifiées, ont développé des institutions politiques individualistes, démocratiques et républicaines. Rappelons en outre que les plus grands exemples de collectivisme occidental, dont font partie le national-socialisme allemand et le catholicisme ibérique de l'époque de l'inquisition, ont été caractérisés par un intense antisémitisme.

Dans ces conditions, il y a une possibilité non-négligeable que les sociétés individualistes soient peu susceptibles de survivre à la compétition intra-sociale et fondée sur les groupes, laquelle est devenue monnaie courante et intellectuellement respectable aux États-Unis. Je suis d'avis que les États-Unis sont en train de suivre un sentier qui nous mène à une situation explosive, qui nous mène à la guerre ethnique et au développement d'enclaves collectivistes, autoritaires et racialistes. Bien que les convictions et les comportements ethnocentriques ne soient considérés comme moralement et intellectuellement légitimes que pour les seules minorités ethniques des États-Unis, la théorie et les données présentées dans *SAID* indiquent que le développement croissant de l'ethnocentrisme parmi les gens d'ascendance européenne est une conséquence probable des tendances à l'œuvre aujourd'hui.

Seconde partie

On peut penser que l'École de Francfort et la psychanalyse ont tenté, avec un certain succès, de mettre sur pied ce que Paul Gottfried et Christopher Lasch ont appelé un « État thérapeutique », destiné à pathologiser l'ethnocentrisme des gens d'ascendance européenne ainsi que leur volonté de conserver leur prépondérance culturelle et démographique. Toutefois, l'émergence de l'ethnocentrisme au sein de la population majoritaire des États-Unis, d'extraction européenne, semble être un dénouement probable, étant donné que le panorama social et politique des États-Unis se structure de plus en plus autour des groupes. Il semble qu'il doive en aller ainsi parce que les mécanismes évolutifs chez les êtres humains fonctionnent de telle sorte que la question de l'appartenance aux endogroupes et aux exogroupes se fait plus impérieuse dans les situations où la compétition pour les ressources est fondée sur les groupes (cf. *SAID*, chap. 1).

Pour contrecarrer ces inclinations, il faut donc soumettre les sociétés occidentales à une intervention « thérapeutique » qui combat les manifestations ethnocentriques de la majorité à plusieurs niveaux, mais d'abord et avant tout en instituant l'idéologie voulant que de telles manifestations soient des symptômes de psychopathologie et des motifs d'ostracisme, d'opprobre, d'accompagnement psychologique et d'intervention psychiatrique. Tandis que le conflit ethnique continue de s'accentuer aux États-Unis, on peut s'attendre à ce que des tentatives désespérées soient menées pour renforcer l'idéologie du multiculturalisme, au moyen de théories sophistiquées expliquant la psychopathologie de l'ethnocentrisme majoritaire, et par le biais de dispositifs de l'État policier visant à contrôler les pensées et les comportements non-conformes.

Je suppose que l'adoption du multiculturalisme par les groupes raciaux et ethniques non-juifs s'explique en grande partie par leur incapacité de faire face à la compétition dans une arène économique et culturelle individualiste. Par conséquent, le multiculturalisme a fusionné assez vite avec l'idée que chaque groupe devrait recevoir sa part de récompenses économiques et culturelles, proportionnellement à son importance dans la population. Comme nous l'avons vu, la situation qui en résulterait aurait de quoi contrarier les intérêts juifs. Compte tenu de leur intelligence élevée et de leur talent dans l'acquisition des ressources, les Juifs ne bénéficient pas des dispositifs de discrimination positive et autres privilèges collectifs que revendiquent les groupes minoritaires du bas de l'échelle sociale. Dans ces conditions, les Juifs entrent en conflit avec les autres groupes minoritaires à étiquette ethnique, qui emploient le multiculturalisme pour leur propres buts. (Cela étant, si l'on considère l'avantage compétitif que possèdent les Juifs à l'intérieur du groupe blanc, d'ascendance européenne, dans lequel ils sont logés à présent, ils pourraient considérer qu'ils profitent de ces dispositifs et privilèges destinés à dissoudre en bloc le pouvoir du groupe d'ascendance européenne, en partant du principe qu'ils n'en subiraient presque pas les effets. Et de fait, bien que les organisations juives s'opposent officiellement à ces apanages de groupe, on a constaté que les suffrages des Juifs de Californie, lors de la votation d'une loi hostile à la discrimination positive, étaient en proportion sensiblement inférieurs à ceux des autres groupes d'extraction européenne.)

Même si l'idéologie multiculturaliste a été inventée par des intellectuels juifs pour justifier la continuation du séparatisme et de l'ethnocentrisme des groupes minoritaires dans le contexte d'un État occidental moderne, certaines expressions du multiculturalisme pourraient bien engendrer un monstre, funeste au judaïsme. Irving Louis Horowitz a enregistré la croissance de l'antisémitisme dans l'enseignement de la sociologie, à mesure que ces départements employaient des individus impliqués dans des causes ethno-politiques et qui considéraient défavorablement la domination juive de la sociologie. Il existe un fort courant antisémite qui émane de certains idéologues multiculturalistes, partisans de l'afro-centrisme en particulier, à telle enseigne qu'au dire de M. Cohen, « le multiculturalisme d'aujourd'hui s'identifie souvent à une fraction de la gauche, qui a, pour le dire brutalement, un problème avec les Juifs » (*In defence of Shaatnez : A politics for Jews in a multicultural America, Insider/Outsider : American Jews and Multi-Culturalism*, p. 45).

Récemment, la Nation of Islam, dirigée par Louis Farrakhan, a adopté une rhétorique ouvertement antisémite. L'afro-centrisme est souvent associé à des idéologies racialistes, comme celle de Molefi Asante, qui affirment que l'ethnie est la base morale adéquate de l'identité personnelle et de l'estime de soi, et que la culture est étroitement liée à l'ethnie. Les idéaux occidentaux de l'objectivité, de l'universalisme, de l'individualisme et de la rationalité, et avec eux la méthode scientifique, sont rejetés pour le motif de leur origine ethnique. Asante défend une théorie racialiste naïve selon laquelle les Africains (les « gens du soleil ») sont supérieurs aux Européens (les « gens de la glace »).

Ces mouvements sont l'écho d'idéologies juives semblables, qui justifient le zèle ethnique juif et qui s'évertuent à produire des sentiments de supériorité ethnique au sein du groupe. Ces idéologies sont chose commune dans l'histoire juive, se concrétisant dans le thème de l'élection divine de leur peuple et dans l'idée qu'ils sont « la lumière des nations ». Au septième chapitre de *SAID*, nous avons donné des preuves indiquant que les historiens et les intellectuels juifs, depuis l'antiquité, ont souvent voulu montrer que les influences culturelles non-juives avaient des précédents spécifiquement juifs, ou même que des philosophes et des artistes de la gentilité étaient en réalité juifs. Cette tradition a été reprise récemment par Martin Bernal dans *Black Athena* (paru en 1987) et par José Faur dans *In the Shadows of History : Jews and Conversos at the Dawn of Modernity* (paru en 1992).

Il y a certainement, depuis l'époque des lumières, une tendance générale dans laquelle les Juifs forment l'avant-garde de mouvements politiques non-religieux, comme le mouvement pour le pluralisme culturel, qui sont destinés à servir les intérêts juifs et à plaire à certains secteurs de la gentilité. Mais il existe aussi une tendance qui aboutit au fractionnement desdits mouvements, qui provient de l'antisémitisme émergeant dans les secteurs de la gentilité auquel les idéologies en question cherchaient à plaire, de sorte que les Juifs abandonnent ces mouvements et cherchent leur avantage par d'autres moyens.

Nous avons fait remarquer dans le présent ouvrage que les Juifs avaient joué un rôle éminent dans la gauche politique au vingtième siècle. Nous avons aussi fait remarquer qu'en conséquence de l'antisémitisme présent chez les Gentils de gauche et dans les gouvernements communistes, les Juifs finirent soit par abandonner la gauche, soit par développer leurs propres variantes de gauchisme, qui tâchait de concilier l'universalisme gauchiste avec le primat de l'identité juive et de ses intérêts. Gore Vidal, exemple-type de l'intellectuel de gauche non-juif, avait violemment critiqué l'action des néo-conservateurs juifs qui favorisèrent la course aux armements pendant les années 1980 et qui s'allièrent avec les forces politiques conservatrices pour porter assistance à Israël. Ces accusations ont été interprétées comme antisémites, à cause de l'idée sous-jacente que les Juifs placent l'intérêt d'Israël au-dessus des intérêts américains. Vidal suggère aussi que le néoconservatisme procède de la volonté juive de s'allier aux élites de la gentilité pour se protéger de possibles mouvements antisémites qui émergeraient à la faveur de crises économiques.

De fait, la peur d'un antisémitisme venu de gauche a été une incitation majeure au moment de fonder le mouvement néoconservateur, terminus idéologique de nombreux *New York Intellectuals* dont nous avons retracé l'évolution intellectuelle et politique au sixième chapitre. Comme le souligne Gottfried, l'effet cumulé du néoconservatisme et de son hégémonie actuelle dans le mouvement politique conservateur aux États-Unis (qu'il s'est acquise en partie grâce à sa forte influence sur les médias et dans les fondations) a été d'orienter le mouvement conservateur vers le centre et, en effet, de tracer les limites de la légitimité conservatrice. À n'en pas douter, la légitimité conservatrice est définie par sa non-opposition aux intérêts spécifiquement juifs que sont la politique migratoire minimalement restrictive, le soutien à Israël, le soutien à la démocratie partout dans le monde, l'opposition aux quotas et à la discrimination positive, et ainsi de suite.

Toutefois, comme l'a écrit William F. Buckley dans *In Search of Anti-Semitism*, l'alliance entre les paléo-conservateurs non-juifs et les néoconservateurs juifs est fragile, ceux-ci accusant souvent ceux-là d'antisémitisme. L'essentiel du problème découle de la tension produite par les tendances nationalistes d'un secteur important du conservatisme U.S., jointes à l'opinion d'une partie des conservateurs non-juifs, selon laquelle le néoconservatisme juif n'est qu'un instrument au service d'objectifs juifs étroits et sectaires, concernant en particulier la question israélienne, la séparation des églises et de l'État et la discrimination positive. En outre, l'engagement néoconservateur en faveur de nombreuses causes sociales conservatrices est timoré, pour dire le moins. Ce qui est plus important encore, c'est que les néoconservateurs suivent une ligne fondamentalement ethnique en ce qui concerne l'immigration, tout en s'opposant aux intérêts ethniques des paléo-conservateurs qui veulent conserver leur hégémonie ethnique. La ligne directrice ethnique du néoconservatisme se manifeste également dans leur défense de l'idée que les États-Unis doivent pratiquer une politique extérieure très interventionniste, ayant en vue l'établissement de la démocratie partout dans le monde et les intérêts d'Israël, et non pas l'intérêt national spécifique des États-Unis. Enfin, le néoconservatisme a joué son rôle dans le mouvement conservateur américain pour contrebalancer la forte tendance juive à soutenir des candidats de gauche et d'extrême-gauche. Les intérêts ethniques juifs sont mieux servis en exerçant une influence sur les deux grands partis, afin de réaliser un consensus sur les questions chères aux Juifs, et, comme nous l'avons vu, le néoconservatisme a servi à tracer les limites de la légitimité conservatrice conformément aux intérêts juifs.

À mesure que l'antisémitisme se développe, les Juifs abandonnent les mouvements auxquels ils ont donné l'impulsion intellectuelle initiale. Ce phénomène pourrait tout à fait se reproduire dans le cas du multiculturalisme. De fait, les adversaires les plus en vue du multiculturalisme sont des néoconservateurs juifs et des organisations comme la *National Association of Scholars* (NAS), qui compte beaucoup d'adhérents juifs. (La NAS est un groupement d'enseignants qui combat les excès les plus voyants du féminisme et du multiculturalisme à l'université). Dans ces conditions, les tentatives de liaison entre les Juifs et les idéologies politiques non-religieuses pourraient bien être vouées à l'échec, à long terme. B. Ginsberg fait ressortir ce point lorsqu'il remarque que l'antisémitisme devient de plus en plus manifeste aussi bien chez les Américains de gauche et chez les conservateurs, que chez les radicaux populistes.

La question du multiculturalisme est une stratégie juive fort problématique. On pourrait dire que les Juifs veulent le beurre et l'argent du beurre. « Les Juifs se trouvent souvent pris en tenaille entre la défense fervente et la critique des lumières. Beaucoup de Juifs pensent que la substitution de l'idéal universaliste des lumières par une politique différentialiste et une « multiculture » fragmentée risque de menacer leur position acquise. Dans le même temps, ils reconnaissent qu'une « monoculture » homogène met en danger la particularité juive (...) Ils cherchent à mettre les vertus des lumières à l'abri des contrecoups de leur propre naufrage et à dégager un horizon inclusif loin du multiculturalisme, où règnent en maître la fragmentation et l'esprit de division » (Biale, Galchinsky & Heschel, Introduction : The Dialectic of Jewish Enlightment, in *Insider/Outsider : American Jews and Multi-Culturalism*, p. 7). Les société multiculturelles, marquées par une fragmentation et une tension ethnique constante, sont peu susceptibles de correspondre aux besoins des Juifs sur la durée, quand bien même elles subvertiraient la domination démographique et culturelle des peuples d'origine européenne sur les terres que naguère ils dominaient.

Moyennant quoi, il existe une fondamentale et insoluble friction entre le judaïsme et la structure politique et sociale prototypique en Occident. La très longue histoire de l'antisémitisme dans les sociétés occidentales, marquée par tant de récurrences après des périodes de sommeil, conforte un tel diagnostic. L'incompatibilité entre le judaïsme et la culture occidentale se manifeste aussi dans la tendance qu'ont les sociétés occidentales individualistes à briser la cohésion du groupe juif. Comme l'avait souligné Arthur Ruppin en 1934, toutes les manifestations modernes du judaïsme, allant de la néo-orthodoxie au sionisme, sont des réponses aux effets corrosifs des lumières sur le judaïsme, autrement dit, un ensemble de structures défensives érigées contre « l'influence destructrice de la civilisation européenne » (*The Jews in the Modern World*, p. 339). Du point de vue théorique, il y a de bonnes raisons de croire que l'individualisme occidental est incompatible avec le principe d'un conflit pour l'acquisition des ressources fondé sur les groupes, lequel a été la conséquence systématique de la montée en puissance du judaïsme dans les sociétés occidentales (cf. *SAID,* chap. 3 à 5).

Alan Ryan a saisi sur le vif cette friction dans son examen de la « contradiction latente » des lignes politiques défendues respectivement par Richard J. Herrnstein et Charles Murray, auteurs de *The Bell Curve : Intelligence and Classe Structure in American Life*, ouvrage passablement controversé. Ryan affirme que « Herrnstein est l'apôtre d'un monde où les gamins juifs doués, ou leurs équivalents, bien que d'origine modeste, tirent leur épingle du jeu et finissent par diriger Goldman Sachs ou le département de physique d'Harvard. Quant à Murray, il se fait l'apôtre du Midwest qui l'a vu grandir, un monde dans lequel le garagiste du coin ne s'est jamais posé la question de savoir s'il était plus ou moins intelligent que l'instituteur. Le problème est que ce monde-ci a été tant subverti par ce monde-là que la simple présence de ses bénéficiaires lui répugne. » (Apocalypse now ? *New York Review of Books* # 41 – 1994, p. 11).

La structure sociale qui aurait la faveur de Murray est marquée par un individualisme modéré, la présence de la méritocratie et de la hiérarchie, mais aussi d'une certaine cohésion et d'une l'homogénéité ethnique et culturelle. C'est une société où il existe un degré d'harmonie entre les classes sociales et qui tempère l'individualisme extrême au sein de l'élite par des contrôles sociaux.

En Occident, il y a une forte tendance à développer ce genre de sociétés, dès le moyen âge, mais qui n'est pas absente à mon sens de la civilisation romaine classique, de l'époque de la république. L'idéal de l'harmonie hiérarchique est au centre de la doctrine sociale de l'église catholique, qui fut élaborée à la fin de l'empire romain et qui connut son apogée lors du haut moyen âge. Cet idéal transparaît dans un grand courant de l'histoire intellectuelle allemande, qui commença avec Herder au dix-huitième siècle. L'un des traits les plus fondamentaux de cette harmonie hiérarchique européenne prototypique a été l'imposition sociale de la monogamie, forme de nivellement reproductif ayant desserré les liens entre richesse et succès reproductif. D'un point de vue évolutionnaire, les sociétés occidentales peuvent réaliser leur cohésion parce que les rapports sociaux hiérarchiques sont relativement dénués de conséquences reproductives.

Un monde de ce genre est menacé d'en haut par la domination d'une élite individualiste déliée de toute obligation vis-à-vis des individus de statut inférieur, qui peuvent l'être à cause de leurs moindres capacités intellectuelles ou de leur moindre fortune. Il est menacé du dedans par le développement d'une société constituée d'un ensemble de groupes séparés ethniquement, en compétition permanente et très imperméables ; le judaïsme fournit l'exemple historique de ce genre de groupe et les adeptes du multiculturalisme préconisent ce modèle de société. Il est enfin menacé du dessous par une plèbe d'individus de plus en plus nombreux, pourvus des attributs décrits par Herrnstein et Murray : irresponsables et incompétents en tant que parents ; enclins aux conduites criminelles, aux maladies mentales et à l'abus de drogues ; prédisposés enfin à une rapide expansion démographique. Ces gens ne sont pas capables de contribuer économiquement, socialement ou culturellement à la société de la fin du vingtième siècle, ou à une quelconque civilisation humaine fondée sur un degré substantiel de réciprocité, de volontarisme et de démocratie.

Étant donné que la persistance du judaïsme implique que la société sera composée de groupes plus ou moins imperméables en compétition, il faut conclure que la condamnation néoconservatrice du multiculturalisme est inconséquente intellectuellement. Les préconisations sociales des néoconservateurs impliquent une forme de multiculturalisme où la société dans son ensemble est culturellement fractionnée et socialement atomiste. Ces caractéristiques sociales ne permettent pas seulement l'ascension sociale juive, mais elles contrecarrent aussi le développement de groupes de Gentils antisémites et fortement soudés. Elles sont en outre incompatibles avec les privilèges de groupe et les programmes de discrimination positive qui seraient forcément préjudiciables aux Juifs. Comme le fait remarquer Horowitz :

> De hauts niveaux de fragmentation sociale, couplés à la liberté de culte, tendent à produire des formes bénignes d'antisémitisme, couplées à une condition juive stable. Le brillant intellect juif postulé émerge facilement sous des conditions pluralistes de ce genre, alors que l'intellect juif se dissout avec la même facilité sous des conditions politiquement monistes ou totalitaires. (*The Decomposition of Sociology*, p. 86)

Les néoconservateurs juifs acceptent aisément le principe d'une société radicalement individualiste dans laquelle les Juifs pourraient s'attendre à devenir économiquement, politiquement et culturellement dominants, tout en ne devant qu'une loyauté minimale aux classes sociales inférieures (formées essentiellement de non-juifs). Ce genre de société tend à produire des pressions sociales extrêmes, étant donné que les membres sérieux et responsables des classes laborieuses sont placés dans des conditions économiques et politiques de plus en plus précaires. À l'instar de l'activité intellectuelle de l'École de Francfort, la prescription néoconservatrice juive pour la société dans son ensemble s'oppose radicalement à la stratégie adoptée pour l'endogroupe. Le judaïsme traditionnel et dans une très grande mesure, le judaïsme contemporain, ont tiré leur force non seulement de leurs élites intellectuelles et entrepreneuriales, mais aussi de la loyauté inébranlable des Juifs sérieux, responsables et travailleurs de moindre statut et de moindre talent, qui formaient leur clientèle. Et il faut souligner ici qu'historiquement, les mouvements populaires qui ont tenté de restaurer cet état typiquement occidental d'harmonie hiérarchisée, contre l'exploitation des élites individualistes et le caractère diviseur des conflits entre groupe, ont souvent été marqués par une forte coloration antisémite.

Qui plus est, la *fons et origo* des politiques sociales et des renversements culturels qui ont provoqué la situation périlleuse qui se développe rapidement aux États-Unis réside très largement dans les mouvements intellectuels et politiques dominés par les Juifs que nous avons décrits dans ce volume. J'ai tâché de documenter le rôle de ces mouvements qui ont soumis la culture occidentale à une critique radicale, en particulier le mouvement intellectuel et politique gauchiste des années 1960. Or, c'est l'héritage de ce mouvement culturel qui a démontré son ascendant, en jetant les bases du mouvement multiculturaliste et en justifiant les politiques sociales qui gonflent les effectifs du sous-prolétariat et la présence démographique et culturelle des non-Européens dans les sociétés occidentales.

Du point de vue de ces critiques gauchistes, l'idéal occidental de l'harmonie hiérarchique et de l'assimilation est perçu comme irrationnel, romantique et mystique. La courtoisie occidentale n'est plus qu'un mince vernis qui masque une réalité faite d'exploitation et de conflit – « une grande *ecclesia super cloacum* [église bâtie sur des égouts] » (Cuddihy, *The Ordeal of Civility*, p. 142). À ce titre, il est frappant de constater à quel point tout un courant de la sociologie issu de Marx s'est échiné à souligner le conflit entre les classes sociales, plutôt que l'harmonie sociale. Irving Louis Horowitz fait par exemple remarquer que la sociologie américaine, sous l'influence des intellectuels juifs, a modifié à partir des années 1930 « la signification de l'Amérique, qui n'était plus vue comme une expérience consensuelle, mais comme une série de définitions conflictuelles », auxquelles appartiennent cette sensibilité accrue aux questions ethniques (*The Decomposition of Sociology*, p. 75).

Historiquement, cette manière de concevoir la structure sociale sous le prisme du conflit est associée à l'idée que l'inévitable lutte entre les classes sociales ne peut se résoudre que par le nivellement complet des résultats économiques et sociaux. L'idéal en question ne peut être atteint qu'en adoptant un point de vue environnementaliste radical sur les origines des différences individuelles quant à la réussite économique et autres réalisations culturelles, et en accusant les inégalités environnementales de chaque échec individuel. Or, comme cet environnementalisme radical est scientifiquement infondé, les politiques sociales fondées sur cette idéologie tendent à provoquer de hauts niveaux de conflit social et à accentuer la diffusion de l'incompétence intellectuelle et de la pathologie sociale.

Il faut reconnaître que d'un point de vue évolutionnaire, l'organisation sociale prototypiquement occidentale, faite d'une combinaison d'harmonie hiérarchique et d'individualisme atténué, est intrinsèquement instable. Cette condition a incontestablement contribué à la nature particulièrement dynamique de l'histoire occidentale. On a souvent remarqué que dans l'histoire de Chine, rien n'avait vraiment changé. Les différentes dynasties, marquées par une polygamie intensive et un despotisme politique tantôt modéré, tantôt extrême, se sont suivies les unes les autres sans changement social fondamental, pendant une très longue période de temps historique. Les données examinées par L. Betzig, dans *Despotism and Differential Reproduction*, montrent que le même diagnostic s'applique à l'histoire de l'organisation politique des autres sociétés humaines stratifiées.

En Occident toutefois, l'état prototypique d'harmonie sociale décrit plus haut souffre d'une instabilité chronique. Ses conditions initiales uniques, qui impliquaient un important degré de nivellement reproductif ont entraîné un dynamisme historique considérable. Ce qui mettait le plus souvent en danger la hiérarchie harmonique était le comportement individualiste des élites, tendance qui n'a rien d'étonnant pour un évolutionniste. Les premiers pas de l'industrialisation furent par exemple marqués par la désintégration de l'édifice social, de hauts niveaux d'exploitation et de conflit entre les classes sociales. Pour prendre un autre exemple, l'esclavage des Africains fut, à court terme, d'un bon rapport pour l'élite individualiste des aristocrates du Sud des États-Unis, mais il fut une calamité pour la société dans son ensemble. Nous avons également observé que les élites occidentales ont souvent prêté main forte aux intérêts économiques juifs, au détriment des autres secteurs de la population indigène, et qu'à différentes époques, les Juifs se sont faits les véhicules de l'orientation individualiste des élites non-juives, la favorisant ainsi en retour.

À ce titre, la collaboration entre des militants juifs et des industriels non-juifs intéressés par la perspective de main d'œuvre à bon marché, a été d'une importance considérable dans l'histoire de l'immigration aux États-Unis, au moins jusqu'à 1924. Récemment, des auteurs comme Peter Brimelow et Paul Gottfried ont attiré notre attention sur l'émergence d'une « nouvelle classe » supérieure constituée d'internationalistes, adversaires de l'État-nation fondé sur des liens ethniques et chauds partisans d'une immigration qui fait décroître l'homogénéité des sociétés traditionnelles. L'intérêt égoïste des individus de ce groupe est de coopérer avec leurs semblables dans d'autres pays, plutôt que de s'identifier aux échelons inférieurs de leur propre société. Bien que ce type d'internationalisme soit au plus haut point compatible avec le projet ethnique juif – et les Juifs sont sans aucun doute sur-représentés au sein de ce groupe – il faut considérer que les membres non-juifs de cette nouvelle classe poursuivent leurs propres objectifs étroitement individualistes.

L'individualisme des élites n'a toutefois pas été seul à mettre en danger l'harmonie hiérarchique occidentale. Comme nous l'avons établi dans SAID, cet idéal a été mis en pièces, lors d'époques historiques décisives, par un intense conflit de groupes entre le judaïsme et des segments de la société non-juive. Aujourd'hui, peut-être pour la première fois dans l'histoire, cette harmonie hiérarchique est menacée par le développement d'une plèbe, dont les membres sont dans une proportion démesurée membres des minorités raciales et ethniques, situation qui entraîne une intense conflictualité entre groupes. C'est en particulier la proportion démesurée d'Afro-Américains dans le sous-prolétariat américain qui rend problématique toute solution politique à cette mise en danger de l'harmonie hiérarchique.

Déjà parus

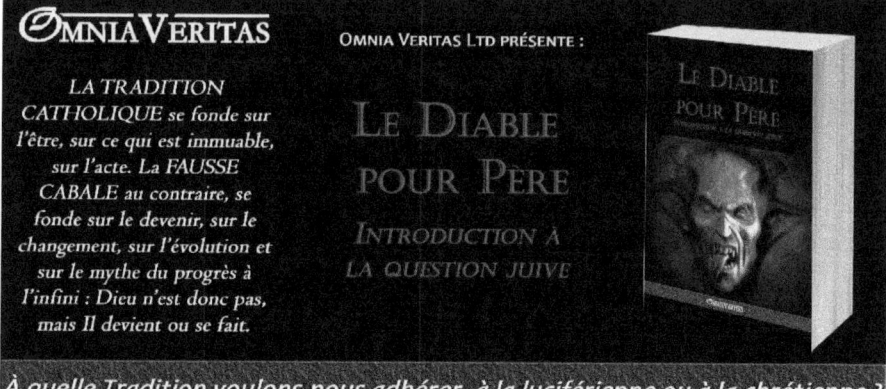

OMNIA VERITAS

Omnia Veritas Ltd présente :

LE JUIF SECTAIRE
ou la
TOLÉRANCE TALMUDIQUE
PAR
LÉON-MARIE VIAL

Ce volume est l'esquisse, à grands traits, de la tolérance des juifs, à travers dix-neuf siècles, à l'égard des chrétiens, spécialement des chrétiens français.

La France est perdue si elle ne brise à bref délai le réseau des tyrannies cosmopolites...

OMNIA VERITAS

Omnia Veritas Ltd présente :

LE PASSÉ,
LES TEMPS PRÉSENTS
ET LA QUESTION JUIVE

Quel est le peuple, quelle est la nation qui devrait être la première du monde par ses vertus, par son passé, par ses exploits, par ses croyances ?

Que s'est-il passé pour ce qui devrait être ne soit pas ?

OMNIA VERITAS

Omnia Veritas Ltd présente :

LES JUIFS ET
LE TALMUD
MORALE ET PRINCIPES
SOCIAUX DES JUIFS

C'est le juif, en effet, qui a modifié les conditions d'existence économique des nations, en créant un système financier qui lui permet d'accumuler, à plaisir, les ruines publiques ou privées.

Israël a toujours eu l'habileté de cacher son agression...

www.omnia-veritas.com

www.ingramcontent.com/pod-product-compliance
Lightning Source LLC
Chambersburg PA
CBHW071940220426
43662CB00009B/927